프로젝트 관리를 알면 프로젝트가 보인다

애자일 vs 워터폴의 프로젝트 관리 방법

민택기 저

NODE MEDIA
노드미디어

머리말

프로젝트 시대가 왔지만 국내의 프로젝트 환경은 아직도 열기를 느낄 수 없는 분위기이다. 프로젝트를 수행하는 모든 조직에서 모두들 프로젝트 관리를 적용하고 있다고 말하지만 그 방법과 내용은 국제적인 수준과 상당한 거리가 있다. 아주 작은 가내 수공업을 하는 공장에도 프로젝트는 있고 그들도 프로젝트 관리를 한다. 다만 경영자의 경험에 의해 그들이 만든 절차와 방법에 따라 프로젝트를 수행하고 관리한다. 어느 철공소의 벽에는 오래된 낡은 칠판이 하나 있고 거기에는 납품해야 할 철제 구조물의 납기일이 백묵으로 적혀있다. 그 철공소의 주인이 생각하는 프로젝트 관리는 납기일을 지키기 위해 눈에 보이게 칠판에 납기일 만을 적어놓고 경험에 의해 제작 공정과 필요한 재료의 구매 등을 머릿속으로 생각하며 진행하는 것이 전부이다. 물론 철공소의 프로젝트는 짧은 기간과 간단한 수준의 결과물이기에 사전에 정의된 방법과 절차에 따라 프로젝트를 진행할 필요 없이 경험을 바탕으로 단순하게 진행할 수 있다. 그러나 오늘날 조직에 수행하는 프로젝트는 직관적인 판단과 경험만으로 진행하기에는 그 규모나 복잡성이 철공소의 프로젝트와는 거리가 있다. 즉, 계획이나 진행 사항들이 가시화 되어야만 관리가 용이하기에, 좀 더 경쟁력 있는 조직은 단순하게 납기일만 표시하기 보다는 중간에 달성해야 할 주요 결과물과 그 시점을 계획하며 조금 더 구체적으로 관리해야 할 것이다.

　　국내에 많은 조직들이 다양한 응용 분야에서 프로젝트를 수행하고 있지만 프로젝트 관리에 대한 성숙도가 높지 않은 조직들도 많이 있으며, 심지어는 철공소에서 수행하는 관리 수준으로 프로젝트를 진행하는 경우도 종종 볼 수 있다. 프로젝트 관리라는 개념이 국내에 도입된지 오랜 시간이 지났지만 아직도 이를 접하지 못한 사람들도 많이 있다. 이미 출간된 다른 서적들은 주로 대학에서 교재로 사용할 목적으로 이론적인 부분을 강조하고 설명하고 있기에 실무에서 필요한 경우에 이를 참고하는데 한계가 있었다. 본서는 대형 프로젝트가 아닌 중소형 프로젝트를 수행하는 사람들을 위해 간략한 설명과 이해하기 쉬운 표현으로 프로젝트 관리를 접할 수 있게 기술하였다. 물론 프로젝트 관리 입문자들에게 유용한 내용이지만, PMP 자격을 취득한 사람이나 새롭게 프로젝트 관리자로 임명된 사람에게도 빠르게 프로젝트 관리를 이해하고 정리할 수 있게 설명하였다.

　　본서의 내용은 크게 전통적 프로젝트 관리인 예측형 방식과 애자일과 같은 적응형 방식으로 구분된다. 예측형 방식은 프로젝트 관리의 배경, 프로젝트 기획, 프로젝트 실행 및 통제, 프로젝트 종료의 네 부분으로 구성되었다. 프로젝트 관리의 배경은 일반적인 프로젝트 관리의 기본 개념을 소개하고 있지만, 나머지 부분은 프로젝트를 수행하는 순서와 유사하게 기획에서 종료까지 순차적으로 설명하였다. 많은 경우에 프로젝트 관리 이론이나 서적들이 착수에서 종료까지의 내용으로 다루고 있지만 본서는 프로젝트 착수를 별도로 구분하여 기술하지 않았다. 모든 프로젝트는 다양한 동기와 이유로 시작될 수 있다. 특히 작은 규모의 프로젝트는 공식적인 착수보다 조직에서 비공식적이거나 경영자의 지시에 의해 시작되는 경우가 많기에, 본서에서는 착수를 별도로 구분하지 않고 기획의 일부로 포함하여 설명하였다.

본서의 장점은 딱딱한 분위기를 줄이고 이해도를 높이기 위해 본문의 내용과 연관된 그림을 다수 삽입하였고, 해당 내용을 실무에 적용하기 쉽도록 양식이나 문서의 사례를 다수 포함하였다. 대부분의 사례 또한 특정 응용 분야가 아닌 모든 사람이 생활에서 접할 수 있는 일상적인 내용을 소재로 하였다. 본서는 프로젝트 관리 이론을 바탕으로 기술되었지만 이론서도 아니고 더욱이 방법론도 아니다. 또한 모든 응용 분야의 다양한 프로젝트에 모두 적용될 수 있는 만능의 내용이 될 수는 없다. 여러분은 본서를 통해 프로젝트 관리의 기본 지식과 응용 방법을 익히고 이를 바탕으로 각자 프로젝트의 특성에 적합한 방법을 선별하여 적용할 수 있다. 다만, 지금 여러분이 수행하고 있는 프로젝트 관리는 현재보다 체계적이어야 하며 보다 상세하게 계획되고 통제되어야 한다는 사실을 반드시 기억하여야 한다. 본서를 읽는 당신이 프로젝트 관리자로서 역량을 높이는 기회가 되길 기대한다.

차 례

제 1 부
프로젝트 관리의 배경

PART 1. 프로젝트 관리의 배경 / 11

1. 프로젝트란 / 13
2. 프로젝트의 특성 / 16
3. 프로젝트 관리란 / 23
4. 프로젝트 관리가 왜 필요한가 / 30
5. 프로젝트 라이프 사이클 / 34

제 2 부
예측형 프로젝트 관리와 전통적 방식

PART 2. 예측형 프로젝트 관리의 개념 / 45

1. 예측형 프로젝트 라이프 사이클 / 47
2. 프로젝트 관리 프로세스 / 53
3. 프로젝트 관리 분야와 세부 프로세스 / 56

PART 3. 프로젝트 기획 / 79

1. 프로젝트 착수 / 81
2. 프로젝트 계획 수립 / 89
3. 프로젝트 기준 계획 / 99
4. 프로젝트 보조 계획 / 193
5. 프로젝트 관리 계획 / 233

PART 4. 프로젝트 실행 및 통제 / 251

1. 프로젝트 실행 및 통제의 개념 / 256
2. 프로젝트 통제 회의 / 262
3. 통제의 대상 / 268
4. 프로젝트 성과 분석 / 273
5. 프로젝트 성과 보고 / 285
6. 통합변경통제와 변경관리 / 293
7. 프로젝트 이슈 관리 / 300
8. 프로젝트 기획 및 통제 절차 / 303

PART 5. 프로젝트 종료 / 307

1. 프로젝트 평가 회의 / 312
2. 프로젝트 종료 보고서 / 317

제 3 부
적응형 프로젝트 관리와 애자일 방식

PART 6. 애자일 프로젝트 관리의 개념 / 325

1. 애자일 방법론의 개념 / 327
2. 애자일 프로세스의 전반적 흐름 / 335
3. 애자일의 역할과 책임 / 343

PART 7. 애자일 프로세스의 탐구 / 351

1. 애자일 프로세스 개요 / 353
2. 비전 및 제품 구상 / 356
3. 제품 로드맵 / 359
4. 제품 백로그 / 361
5. 릴리스(출시) 계획 / 381
6. 스프린트(이터레이션) 계획 / 389
7. 스프린트(이터레이션) 실행 / 398
8. 스프린트 검토(Sprint Review) / 407
9. 회고(Retrospective) / 411

제 1 부

프로젝트 관리의 배경

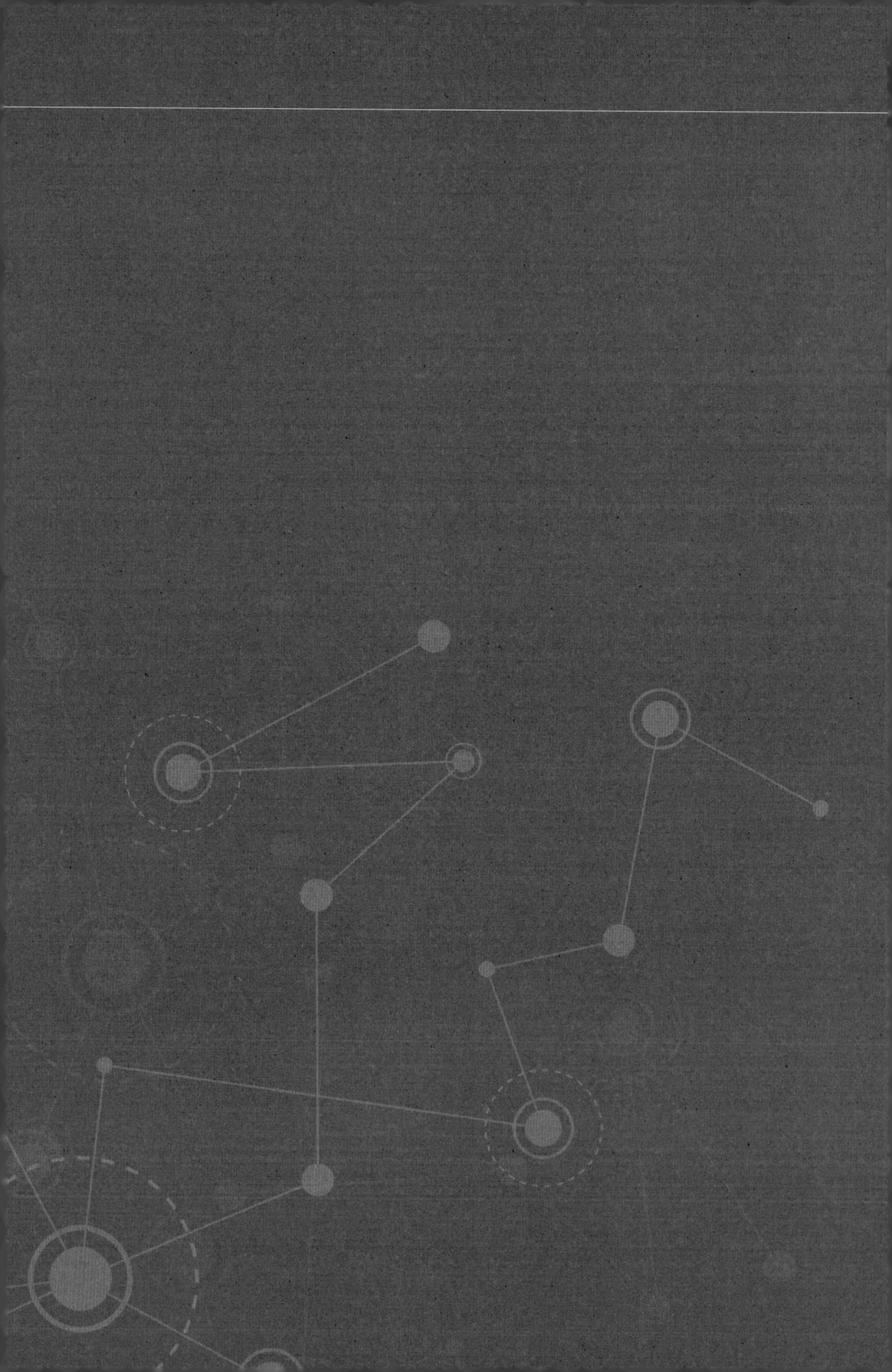

PART 1

프로젝트 관리의 배경

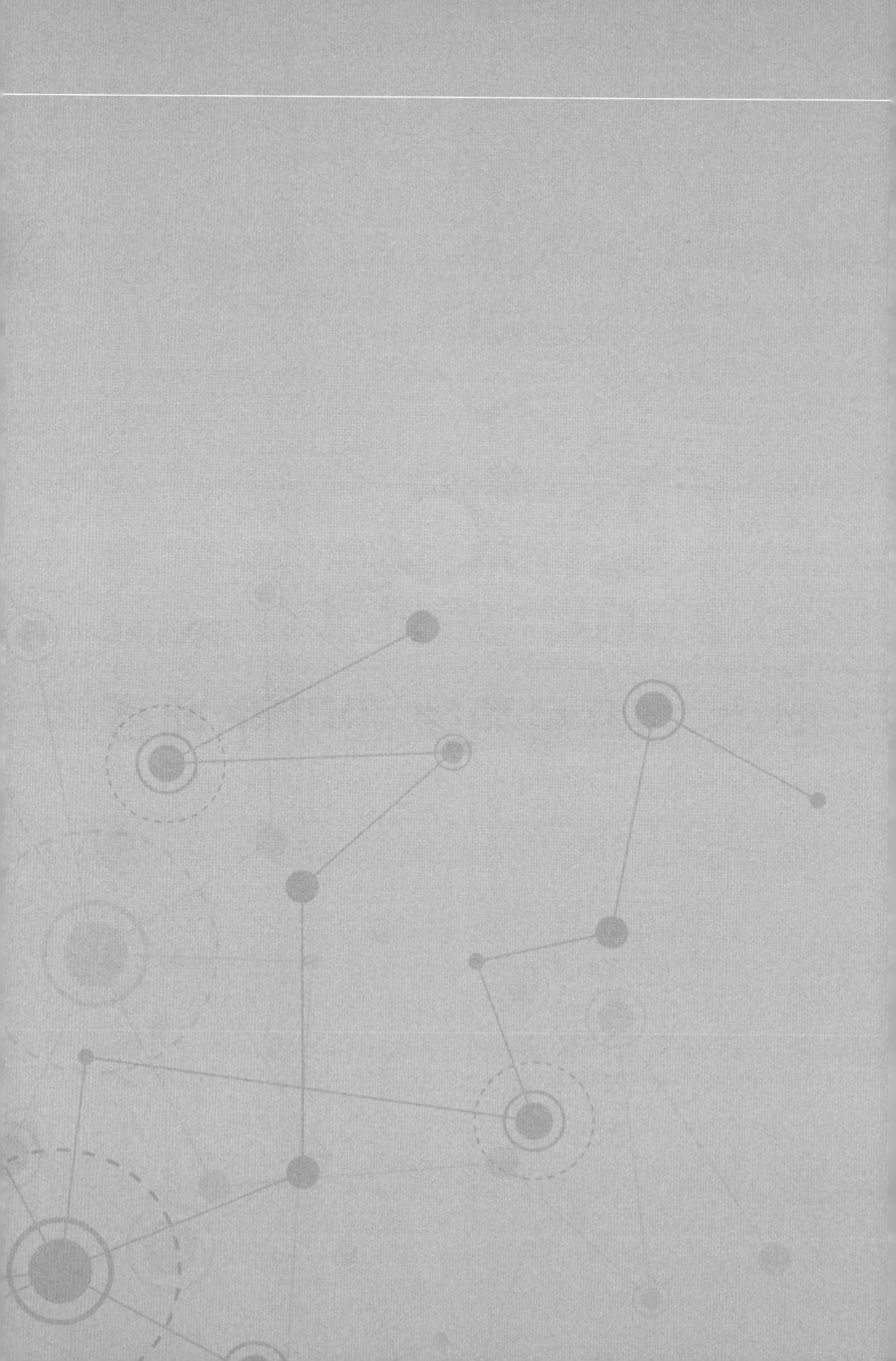

1. 프로젝트란

프로젝트란 고유성을 지닌 결과물을 도출하기 위해 한시적으로 노력을 투입하는 상호 연관성을 지닌 복합적 업무 구성체이다. 프로젝트(Project)라는 단어의 어원은 Projetum 또는 Projectus로부터 유래된 것으로 'Pro-(forward)+iacere(to throw)'의 의미인 '앞으로 내던지다 혹은 앞으로 펼치다'라는 의미에서 시작되었다. 오늘날 프로젝트의 개념이 앞으로 펼쳐질 사업들을 계획하고 실행하는 것으로 여겨지는 것은 바로 이러한 유래를 갖기 때문이다. 즉, 'Project'라는 단어는 '사업', '과제', '투영하다', '계획하다'라는 의미로 쓰이고 있는데, 이는 미래에 이루어야 할 일을 미리 내던짐으로써 방향을 잡고 계획을 세워 그 일을 이루어 나간다는 뜻이다.

프로젝트는 '사업' 혹은 '과제'라는 우리말로 사용되기도 하는데 이는 기업이나 조직에서 장기 전략의 목표를 달성하기 위한 하나의 수단으로서 이행하는 사업을 의미한다. 기업의 전략을 이행하기 위해서는 기업이 생존하기 위한 각종 신규 사업이나 기술 개발, 혹은 각종 개선과 혁신적 노력들이 프로젝트로 선정되고 이행된다.

프로젝트의 역사는 인류 문명의 발전과 함께 수행되었는데, 고대 피라미드나 만리장성 프로젝트에서부터 근대 수에즈 운하 건설이나 맨하튼 프로젝트까지 무수히 많은 사례들이 있다. 한국의 사례로는 18세기 말에 축성된 수원의 화성 프로젝트가 잘 알려져 있다.

오늘날 우리 주변에서 볼 수 있는 대표적인 프로젝트에는 제품 개발, 소프트웨어 개발, 건설이나 건축, 시스템 통합, 연구 개발 등이 있으며, 작게는 컨퍼런스 등의 행사 프로젝트나 영화 출시 및 서적 출간 등 다양한 프로젝트가 있다. 물론 개인에게는 가족 행사나 여행, 학생들의 과제 등과 같은 일들도 프로젝트라는 개념으로 바라볼 수 있다. 이와 같이 프로젝트는 반복적으로 일어나는 일이 아니며, 또한 너무 작은 일은 프로젝트라고 할 수 없다. 매일 반복되는 개인 생활이나 반복적으로 생산되는 동일한 제품들은 프로젝트라고 하지 않으며, 간단한 물품 구매와 같이 반복적이지 않고 일회성 업무지만 그 일의 규모 자체가 아주 작은 것 또한 프로젝트로 간주하지 않는다.

프로젝트와 연관된 개념으로는 프로그램과 프로젝트 포트폴리오가 있다. 연관성 있는 프로젝트들을 묶은 그룹을 프로그램이라고 하며, 조직의 전략적 목표를 위한 여러 프로젝트들이나 프로그램들을 구성한 것을 프로젝트 포트폴리오라고 부른다. 프로그램은 각 프로젝트로부터의 편익을 극대화하기 위해 그룹으로 관리한다면, 프로젝트 포트폴리오는 전략적 목적을 달성하기 위해 프로젝트 사업의 선정 및 구성과 함께 기업이나 조직 전체의 프로젝트 균형을 맞추기 위한 착수, 종료, 취소 등을 조정하는 것이다. 프로그램이나 포트폴리오는 조직 전체 혹은 전사적인 관점에 접근하는 용어들이지만 본서에서는 여러 프로젝트가 아닌 단일 프로젝트를 관리하는 방법을 소개한다.

기업이나 조직에서 수행하는 업무는 물론, 개인적으로 수행하는 생활에서도 프로젝트의 개념을 적용한다는 것은 모든 일을 체계적이고 효율적으로 수행한다는 의미로 생각할 수 있다. 이는 그 일들에 대한 시행착오나 실패를 줄여 손실을 최소화함으로써 목적을 달성할 수 있는 가능성을 높이는 프로젝트 관리라는 구조화된 방식을 적용할 수 있는 기회가 될 수 있다.

2. 프로젝트의 특성

프로젝트는 변화를 위한 도구로서 특정한 목적을 달성해야 하는 특징을 갖는다. 그 목적은 조직의 전략을 이행하기 위한 하나의 수단으로 다른 프로젝트와의 연관성을 갖지만 프로젝트라는 단일 관점에서 보면 프로젝트의 성공과 실패를 나타내는 전부일 수 있다. 조직에서 수행하는 업무 중에, 제품의 대량 생산, 소프트웨어에 대한 유지보수, 건축물에 대한 관리 등과 같은 일들은 조직의 일반 업무로서 일상적인 활동과 같이 지속적이고 반복적이다. 이러한 지속적이고 반복적인 일상 업무를 오퍼레이션 혹은 운영이라고 한다. 오퍼레이션에 대비되는 프로젝트는 지속적이지 않고 반복적이지 않다. 프로젝트는 한시적으로 특정 시점에 시작해서 특정 시점에 종료되는 시작과 끝이 명확한 일회성 사업이며, 매번

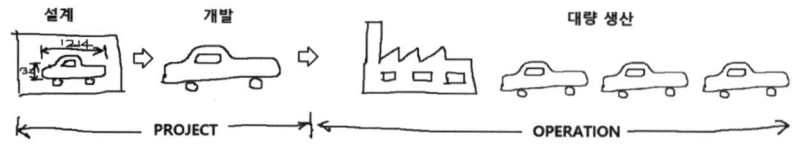

수행하는 프로젝트는 고유한 결과물을 생산한다.

전자 제품을 제조하는 기업에서는 지속적으로 새로운 모델을 개발하여 생산하고 판매한다. 새로운 모델의 개발은 하나의 프로젝트로 그 시작과 끝이 있으며 그 제품 모델은 매번 다른 고유한 특성을 갖는다. 개발이 완료된 제품은 생산 라인을 통해 지속적이고 반복적으로 동일한 제품이 제작된다. 그러므로 제품 개발은 프로젝트이지만 이를 생산하는 활동은 오퍼레이션이다. 우리가 본서에서 다루고자하는 내용은 일상 업무인 오퍼레이션이 아닌 프로젝트 업무이다. 기업에서 오퍼레이션이라고 하는 업무는 반복적이고 지속적인 일을 수행하는 것으로 반복 생산 업무나 일상적으로 처리되는 반복적 유지 보수 등의 업무를 말하며, 이는 매일 먹는 하루 세 번의 식사나 양치질과 같은 일들이다. 이는 프로젝트와 대비되는 업무로 표현된다. 그러나 프로젝트 업무는 대부분 오퍼레이션과 연결되며, 기업이나 조직은 이들 프로젝트와 오퍼레이션들의 반복에 의해 전략적 목적 달성이나 생존을 유지한다.

프로젝트는 업무 분야나 영역에 의해서 사람들을 묶으며, 그들에게 독특한 방법으로 상호 협력할 수 있는 기회를 제공한다. 또한 프로젝트는 다하면서도 유연성을 갖고 있으므로 조직은 그들 고객의 요구를 충족시키기 위해 적절한 방법으로 그들을 이용한다. 그러므로 프로젝트는 내부 또는 외부 고객의 요구를 만족시키기 위한 목적을 달성하기 위한 복합적인 활동들의 집합으로 다음과 같은 조건들을 충족시켜야 한다.

유일성을 갖는다

모든 단위 프로젝트는 일회성 업무로서 그 결과물이 이전에 만들어진 적이 없는 독특하고 유일한 산출물이나 서비스를 만들어낸다. 다시 말해 모든 프로젝트의 결과물은 매번 수행하는 프로젝트 마다 다르다는 것이다. 아파트를 건설하는 프로젝트는 그 결과물인 아파트가 매번 유사한 경우도 있겠지만, 결과적으로는 다른 지역과 지형에서 다른 공법이나 구조, 옵션 등을 갖출 수 있다. 그러나 신약을 개발하는 프로젝트와 같은 연구 프로젝트는 이전에 만들어낸 적이 없는 유일한 결과물을 창출해내므로 그 유일성이라는 정도가 크다.

일정한 정도의 새로운 것을 내포한다

프로젝트는 반복되지 않고 일회성으로 그 프로젝트 존재 자체뿐만 아니라 결과물도 유일성을 갖는다. 이를 위해서는 수행 과정에서 새로운 기법, 기술, 재료, 사람, 도구 등을 적용하게 되며, 이는 부가가치적 측면이나 프로젝트 환경, 조건에 의해 반복적 또는 새롭게 적용된다. 즉, 프로젝트는 많은 혁신적 관점이나 형태를 포함하는 업무들로 구성된다.

프로젝트 소유자가 존재한다

프로젝트는 주인이 있다. 조직 내부에서 수행되는 프로젝트는 최고 경영자나 경영층과 같은 내부 주인이 소유자가 되며, 외부에서 의뢰를 받아 계약에 의해 프로젝트를 수행하는 경우에는 발주자 측이 주인이 되어 프로젝트 소유자가 된다.

프로젝트 관리자가 있다

모든 프로젝트에는 그것에 대한 수행을 지휘하고 결과에 대해 책임을 지는 관리자가 정해진다. 프로젝트 관리자는 프로젝트를 대표하며, 그의 역량에 따라서 프로젝트의 성패가 좌우된다.

목적과 목표가 정해져 있다

프로젝트는 각각 다양한 목적을 갖는다. 어떤 프로젝트는 그것을 통해 직접적으로 수익을 실현하려는 경우도 있고, 결과에 따른 직접적 수익보다는 다른 프로젝트나 사업에 도움이 되는 기술 개발을 목적으로 하는 프로젝트도 있다. 또한 프로젝트의 결과물이 일반 시민이 사용할 시설이라면 단순한 수익과 관계가 없는 서비스가 그 목적이 될 것이다.

이런 목적을 달성하기 위해서는 정해진 목표가 뒤따른다. 프로젝트의 목표는 달성 가능한 수준에서 명확하고 구체적으로 표현되어야 한다. 운동선수가 '더 빨리, 더 높이, 더 멀리'라는 목표를 설정한다면, 그 목표에 대한 달성 여부를 측정하기 어려우므로 구체적으로 몇 미터, 몇 초와 같은 표현이 바람직하겠다. 프로젝트 목표 또한 일정이나 예산, 또는 개선하려는 정도를 계량적으로 표현하여야 한다.

일정이 수립된다

프로젝트는 언젠가는 끝나는 일이므로 완료 날짜가 정해진다. 가끔은 시작 날짜도 정해지지만 완료일이 정해지지 않은 프로젝트는 없다. 프로젝트 자체가 일회성 업무들이므로 그 시작과 종료가 명확하다. 또한 구체적으로 프로젝트를 수행하기 위한 주요 일정이나 세부 일정들이 항상 계획되며 이는 달성해야 하는 하나의 목표로 이용되기도 한다.

예산이 편성된다

프로젝트를 수행하기 위해서는 자원이 요구된다. 사람, 돈, 자재와 같은 자원을 이용하기 위해서는 예산이 계획되고 승인되어야 한다.

점진적으로 구체화된다

프로젝트 계획은 한 번에 수립될 수 없다. 이는 프로젝트 업무 중에 수행한 경험이 없는 새로운 부분이 항상 존재하며, 프로젝트 내부의 복잡성 때문에 상세하고 정확성이 높은 계획을 처음부터 수립할 수 없는 것이다. 그러므로 초기에는 개략적인 계획을 수립한 후에 시간의 흐름에 따라 프로젝트에 대한 정보들이 하나씩 구체화되면 그 정보에 근거하여 계획을 점차적으로 구체화시켜 나가야 한다. 프로젝트 초기에는 비록 정확하고 구체적이지는 않지만 개략적인 계획을 목표로 추진해 나가야 한다. 이것은 조심성과 함께 치밀하게 프로젝트를 수행해 나가는 방법이 된다.

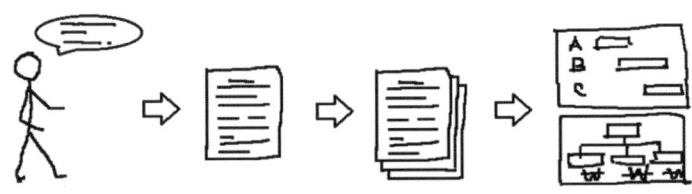

[그림1-1] 프로젝트의 점진적 구체화

모든 프로젝트 팀들은 프로젝트에 대한 성공을 다음과 같은 방법으로 판단한다.

- 최종 결과물에 대한 고객 만족
- 고객에게 예정된 시점에 결과물 인도
- 할당된 예산 또는 자원 범위 내에서 완료
- 프로젝트로부터 교훈이 될 수 있는 편익 획득

오퍼레이션과 달리 프로젝트는 다음과 같은 고유의 특성을 갖으며, 이들 특성으로 이해 관리의 필요성이 대두된다.

> **프로젝트의 특성**
> · 명확한 목표를 갖는다.
> · 시작과 끝이 존재한다.
> · 최종 산출물로 끝을 맺는다.
> · 고유한 결과물을 생산한다.

프로젝트의 한시성은 프로젝트를 완료하는 명확한 시점이 정해지게 되므로 그 시점까지 완료하기 위한 노력을 필요로 한다. 목표로 하는 종료 날짜를 준수하지 못한다는 것은 결과적으로 프로젝트의 실패로 이어지므로 이를 달성하기 위한 일정관리가 필요하다. 프로젝트 일정을 지키기 위해서는 요구되는 자원이나 예산이 확보되고 투입되어야 하기에 이에 대한 관리 노력이 또한 필요하다. 프로젝트의 고유성 또한 프로젝트에 대한 관리의 필요성을 유발한다. 매번 수행하는 프로젝트의 결과물은 동일하지 않고 고유의 특성을 지니므로 이 세상에서 동일한 프로젝트는 존재할 수 없다. 프로젝트의 고유한 정도는 개별 프로젝트마다 다르다. 동일하지는 않지만 이전에 개발된 제품을 개선해서 신제품을 개발하는 프로젝트는 이전 프로젝트와 유사성이 있으며, 아파트를 건설하는 경우도 이전의 프로젝트와 유사한 부분을 갖는다. 그러나 신물질 개발이나 신약 개발과 같은 프로젝트는 이전에 수행해본 경험이 전혀 없는 고유한 프로젝트가 될 수 있다. 프로젝트의 고유성이 크고 작음과 관계없이 모든 프로젝트는 고유성을 갖으며 그로 인해 이전에 경험하지 못한 새로운 일을 해야 한다. 이러한 프로젝트의 고유성으로 인해 프로젝트는 태동에서부터 불확실성을 갖고 시작한다. 불확실성을 갖는 프로젝트는 계획을 수립하기도 어려우며 어렵게 계획을 수립하여도 계획대로 진행되기 힘들다는 특성을 갖는다. 그래서 계획을 수립하는 노력에서부터 지속적으로 성과를 확인하고 성과를 반영한 계획 수정 등의 관리 노력을 통한 프로젝트 관리가 요구된다.

3. 프로젝트 관리란

프로젝트는 태생적으로 불확실성을 갖기 때문에 계획 수립과 실행 과정에서 많은 어려움에 직면한다. 과거로부터 다수의 사람들이 경험한 프로젝트에서 발생하는 주요 문제들의 공통된 사항들은 다음과 같다.

- 프로젝트의 일정은 항상 늦어진다.
- 산정된 작업 기간이나 원가가 비현실적이다.
- 프로젝트를 수행하는 인원이 불충분하다.
- 장비가 불충분하다.
- 예산이 부족하고 원가가 초과된다.
- 사람에 대한 문제가 발생한다.
- 고객의 요구 사항이 계속 변한다.

이와 같은 문제들을 어떻게 해결할 것인가에 대한 접근이 바로 프로젝트 관리이다. 프로젝트 관리는 과학(Science)이면서 동시에 기예(Art)이

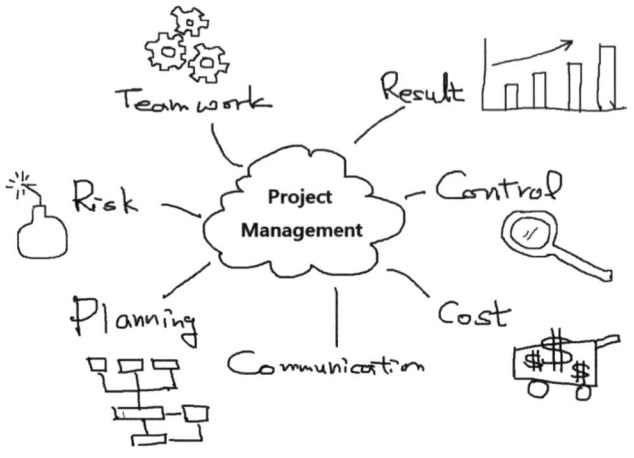

다. 협의의 의미를 따지자면, 프로젝트 관리는 요구되는 범위를, 주어진 시간 내에, 주어진 예산으로, 주어진 품질 수준에 맞게 프로젝트 결과물을 산출하기 위한 관리 기술이라고 표현할 수 있다.

프로젝트는 다양한 이해관계자의 서로 다른 염려 및 기대에 대한 명세서, 계획, 접근법의 조화가 필요하다. 특히 어느 정도의 일정 규모를 갖는 일을 수행하기 위해서는 계획이 필요하다. 계획 없이 일한다는 사실에는 모든 사람들이 부정적인 생각을 갖지만 실제 많은 분야에서 계획 없이 일하는 경우가 많이 있다. 계획 없이 일하게 되는 경우는, 우선 일을 수행하는 사람들이 자신의 경험을 믿고 그 머릿속에 모든 절차와 방법이 있으며 그것에 대한 강한 자신감을 갖기 때문이다. 물론 간단한 업무의 경우에는 계획 없이 경험만을 갖고 일을 추진해 나갈지라도 문제없이 완료되는 경우도 많이 있다. 그러나 복잡한 절차와 구조를 갖는 업무들에 대해서 계획 없이 수행한다면, 당연히 많은 문제들이 발생할 것이다. 오퍼레이션의 경우에는 반복적이고 지속적인 업무들이므로 계획의 중요성이 상대적으로 덜 대두되지만, 프로젝트는 유일성을 가진 업무들로써 이전에 가지 않았던 길을 가야 할 경우가 많이 있기에 관리의 중요성이 더욱 강조된다. 이러한 불확실성 때문에 프로젝트에서는 계획이 더욱더 절실하다고 볼 수 있다. 어두운 밤에 항해하는 선박은 멀리 보이는 희미한 등댓불을 지표로 삼아 운항하듯이 프로젝트의 끝은 멀고 희미하다.

선박이나 항공기들은 얼마만큼 가고 있는지 육안으로 판단하기 어렵기 때문에 지도와 항법 장치에 표시된 길을 가게 된다. 또한 주기적으로 어디까지 왔는지도 확인하고 잘못 가고 있을 때는 원래의 길로 경로를 수정해야 한다. 여기서 지도와 항법 장치에 표시된 길이 바로 계획이라면 이렇게 만들어진 계획에 따라 업무를 수행하다가 업무가 어디까지 진행되었는지 그리고 바르게 진행되고 있는지를 수시로 확인해야만 목표를 향해 갈 수 있다. 만일 주어진 중간 목표와 차이가 난다면 그것을 따라잡

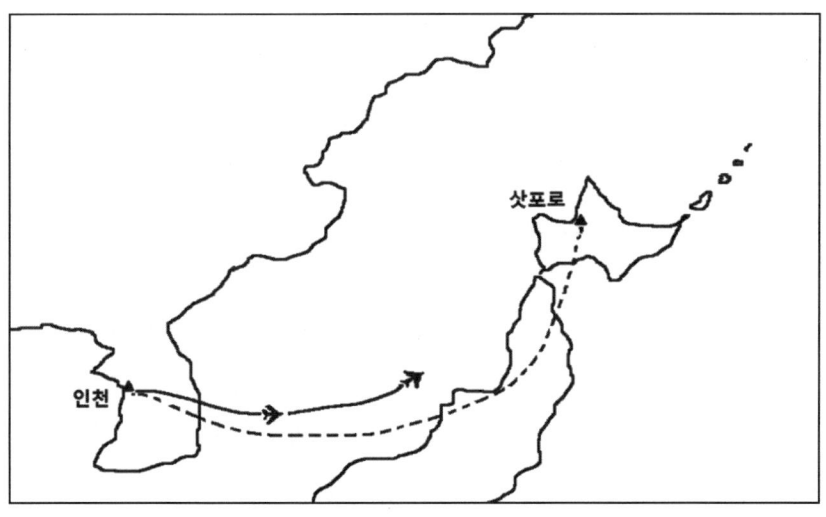

[그림1-2] 자동 항법 장치를 이용한 비행기 운항

기 위해 일련의 대응 조치가 필요하겠다.

많은 프로젝트 팀들이 유용하고 실질적인 계획을 어떻게 만드는지, 프로젝트의 진행 상황을 어떻게 알 수 있는지, 계획과의 차이를 보정해야 할 상황인지 어떻게 판단해야 하는지, 또는 계획에 대한 변경이 요구될 때에 어떻게 대응해야 하는지에 대한 지침서나 절차서도 없이 일을 한다. 프로젝트 관리는 프로젝트 팀에게 그들의 노력을 조정하는데 도움을 줄 수 있는 프로세스를 제공하는데, 그 노력이란, 고객을 위해, 조직에서 주어진 자원 제약하에서 제대로 된 산출물을 창출하는 것을 말한다.

Project Management에서 'Management'를 '관리' 혹은 '경영'으로 번역한다. 명확한 근거나 기준은 없지만 과거에는 단일 프로젝트라는 관점에서 하나의 프로젝트를 대상으로 성공적으로 수행하기 위한 '관리'에 중점을 두었지만 오늘날에는 전사적 차원에서 여러 프로젝트를 대상으로 하는 조직 차원의 '경영'이라는 관점으로 발전하였다. 본서에서는 단일 프로젝트의 관점으로 설명하므로 앞으로 '경영'보다는 '관리'로 칭하기로 한다.

관리의 기본 개념을 설명할 때 가장 흔하게 묘사되는 것이 바로 Plan(계획)-Do(실행)-See(확인), 그리고 계획으로의 Feedback(피드백)으로 이어지는 일련의 과정이다. 또한 '데밍의 바퀴'로 잘 알려진 PDCA 사이클인 Plan(계획)-Do(실행)-Check(확인)-Action(조치)에서 계획으로 다시 이어지는 과정도 잘 알려져 있다. 이러한 관리의 과정과 내용은 프로젝트에서도 목표 달성을 위한 관리로서 그대로 적용된다. 먼저 프로젝트를 계획하고, 이 계획을 실행하면 중간 결과물이 도출된다. 관리자는 프로젝트 실행이 계획대로 결과가 도출되었는지 비교하여, 계획대로 진행되지 않았다면 이를 바로잡기 위한 조치를 수행하거나 이를 계획에 반영하여 변경된 계획으로 수정하는 과정을 반복하는 것이다.

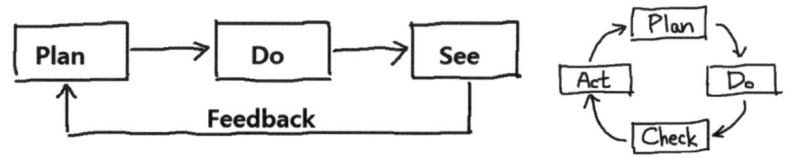

[그림1-3] 관리 사이클과 PDCA 사이클

프로젝트는 명확한 목표를 갖으며, 그 목표란 달성하려는 업무 목표, 일정 목표, 원가 예산 목표, 품질 목표를 통한 최종 결과물이다. 프로젝트 관리를 일반적으로 풀어서 표현하면, 주어진 시간 내에, 주어진 예산으로, 설정된 품질 수준의 결과물을 도출하기 위해, 수행해야 하는 업무들을 모두 완수하도록 하는 일련의 노력이다.

미국 프로젝트 관리협회(PMI)의 프로젝트 관리 지침서(PMBOK)에서는 프로젝트 관리를 다음과 같이 정의하고 있다. '프로젝트 관리란 프로젝트 요구사항을 충족하기 위해 지식, 기술, 도구, 기법 등을 프로젝트 활

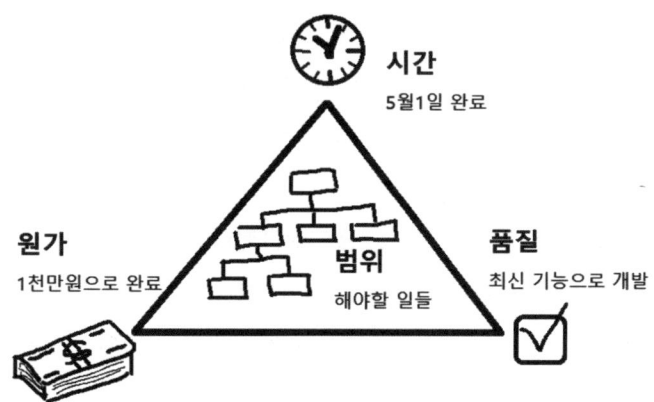

[그림1-4] 프로젝트 관리의 핵심 목표

동에 적용하는 것'. 여기서 요구사항이란 제품, 범위, 일정, 원가, 품질 및 기타 모든 요구사항을 의미하며, 궁극적으로 이들을 달성하기 위해 수행하는 업무에 각종 도구나 기법 등을 적용하는 것이 프로젝트 관리이다. 프로젝트 관리를 위해 실제 수행해야 할 일들은, 프로젝트 요구사항을 도출하고, 관련된 이해관계자의 요구와 기대를 만족시키려는 노력과 함께 범위, 일정, 원가, 품질 수준을 적절하게 조정하는 것이다.

앞으로 프로젝트 관리에서 해야 할 업무나 프로세스에 대해 상세한 설명이 있겠지만, 우선 일반적이고 포괄적인 개념으로 접근했을 때, 프로젝트 관리를 통해서 해야 할 일을 정리해보면 다음과 같다.

프로젝트 요구사항을 정의하고 식별한다

프로젝트의 첫 번째 성공 요소는 내부 또는 외부 고객이 요구하는 만족스러운 결과물을 인도하는 것이다. 만족스러운 결과물을 만들기 위해서는 그 요구 사항이 명확히 식별되고 정의되어야 한다. 프로젝트의 성격에 따라 때로는 고객 자신도 원하는 것을 정확히 정의하지 못하거나 표현하지 못할 수 있으므로 프로젝트 초기에서부터 지속적으로 그들의 생각과 요구를 이끌어내는 노력이 필요하다.

명확하고 달성 가능한 목표를 수립한다

프로젝트가 지니는 불확실성은 리스크를 유발할 수 있다. 일반적으로 더 많은 이득을 얻기 위해 상대적으로 리스크가 많은 프로젝트를 선택할 수도 있다. 그러나 목표를 애매모호하게 수립하거나 처음부터 불가능한 목표를 수립하기 보다는 현실적인 수준보다 좀 더 달성 가능한 도전적인 목표를 설정하는 것이 바람직하다. 이들 목표는 프로젝트를 진행하면서 현재의 상황에 맞게 수정해나가는 것도 중요한 프로젝트 관리 업무이다.

범위, 일정, 원가 및 품질에 대한 균형을 유지한다

프로젝트 관리의 지식체계는 이론적인 측면에서 짧은 역사를 갖고 있으므로 각 응용 분야마다 서로 다르게 관리 체계를 적용하고 있지만, 이 관리 체계의 공통된 분야는 범위관리, 일정관리, 원가관리, 그리고 품질관리이다. 즉 프로젝트 관리를 통해서 궁극적으로 관리해야 할 대상은 바로 핵심 분야인 범위, 일정, 원가, 품질 분야가 되는 것이다. 그러나 프로젝트를 수행하다 보면 일정이 더 필요한 상황이 발생하거나, 원가가 더 필요한 상황도 발생할 수 있다. 더욱이 범위를 추가하는 상황도 발생하게 된다. 만일 프로젝트 관리자가 일정을 단축하기 위해 낮은 기술 수준의 인력 대신에 높은 기술 수준의 인력을 투입한다면, 일정은 단축될 수 있으나 원가가 늘어나게 된다. 반대의 경우로, 원가를 줄이려고 낮은 기술 수준의 인력을 투입하다 보면 상대적으로 시간이 더 필요한 상황이 발생할 수 있다. 이렇듯이 범위, 일정, 원가 그리고 품질은 서로 상충 관계를 갖고 있으므로, 프로젝트 관리자는 이에 대한 적절한 균형을 유지하기 위한 의사결정을 내려야 한다. 즉, 현재의 프로젝트 상황에서 일정 단축이 최우선인지, 아니면 원가를 줄이는 것이 우선인지를 판단하고 이에 대처해야 한다.

4. 프로젝트 관리가 왜 필요한가

프로젝트 관리가 왜 필요한가를 실증하기 위한 연구들이 아직까지 많이 발표되지 않았기에 이러한 프로젝트 관리의 효과를 직접적이고, 계량화된 수치로서 제시하기에는 아직 어려움이 있다. 다양한 응용 분야에서 경험한 프로젝트 관리자들의 의견을 수렴하여 프로젝트 관리의 필요성을 정리해 본다.

프로젝트 관리를 해야 하는 가장 큰 이유는, '가시성(Visibility)'을 가장 크게 들 수 있다. 일반적으로 많은 사람들이 "보이는 것만이 관리된다."라는 말에 공감하듯이 프로젝트 또한 유일성을 갖고 있기 때문에 불확실성과 함께 그 미래가 불투명함으로 그 가시성을 확보하여 지속적으로 계획 대비 성과를 관리하는 것이 무엇보다 중요한 일이다. 현재의 시점으로부터 멀리 떨어져 있는 미래 시점의 프로젝트 목표는 가시성이 확보되지 않기에 프로젝트에서 해야 할 일들을 표적으로 삼아 추진해 나아가기에는 불확실한 부분들이 너무 많다. 즉, 무엇을 해야 할지, 그리고 얼마만큼 했는지 등에 대한 정보를 눈에 보이는 문서, 도표, 그림으로 표현하여 수시로 쉽게 볼 수 있게 하는 것이 필요하다. 프로젝트 초기에는 그 가시성이 더욱 더 확보되지 않아 보다 정확한 계획을 수립할 수 없으므로 그 시점에서 가능한 수준으로 상세하게 작업들을 세분하려는 노력을 통하여 구체화시키고, 그것을 지표로 하여 계획에 따라 프로젝트를 수행하는 것이다. 상대적으로 정확하고 가까운 미래를 우선 표적으로 정하여 프로젝트를 진행해가고, 시간 흐름에 따라 다음에 다가올 가까운 미래에 대한 계획을 다시 정확하고 구체적으로 수립하여 그것을 목표로 다시 정하고 수행하는 것이 적절한 프로젝트 관리의 개념이며 접근 방법인 것이다. 다시 말해, 프로젝트 관리는 프로젝트가 가야 할 방향과 지표를 나타낼 수 있도록, 그 가시성 확보를 위한 일련의 노력임에 틀림없다.

프로젝트 관리를 적용하면 얻을 수 있는 많은 이점들이 있지만, 일반적으로 프로젝트 관리 적용을 통해 얻을 수 있는 혜택은 다음과 같다.

개인에게 과도한 작업량을 부과하는 문제

많은 산업 분야에서 막연하게 주야로 밤을 새우며 근무하는 일이 무수히 발생하며, 모든 프로젝트 관리자나 리더들이 항상 인원 부족을 호소하는 것은 공통적인 현상이다. 그러나 그들은 실제 얼마만큼의 인력이 부족한지 아니면, 반대로 유휴 인력이 얼마나 있는지 제대로 파악하지 못하는 경우가 많이 있다. 프로젝트 관리의 자원 기획과 자원 관리가 그런 문제들을 해결할 수 있겠다. 프로젝트 세부 계획과 함께 각 작업에 투입되는 자원의 종류와 투입 노력의 수준을 파악함으로써 개개인에게 부과된 업무의 양을 파악하여 조정할 수 있다.

예산이 초과되거나 마감일이 지연되는 문제

프로젝트를 막연하게 진행하다 문득 막바지에 도달하게 되면 일정이 늦어지고 예산이 초과되고 있음을 알게 된다. 그러나 그때는 어떤 조치를 하기에 이미 늦었기 때문에 돌이킬 수 없는 상황이 된다. 주어진 시간과 예산 범위 내에서 프로젝트를 완료한다는 것은 매우 어려운 일이다. 그러나 프로젝트 관리를 통하면 구체화된 일정 및 원가 계획에 의거하여 주기적으로 그 현황을 점검하고 그 차이에 대응함으로써 계획으로부터 멀리 벗어나는 것을 사전에 줄일 수 있다. 다시 말해, 프로젝트 중간 마다 예정대로 진척되고 있는지, 그리고 예산이 계획된 만큼 집행되었는지를 파악하고, 만일 그 차이가 발생한다면 이에 대한 원인을 분석하고 계획대로 따라잡기 위한 방안을 미리 모색함으로써 프로젝트 목표에 최대로 근접한 결과를 만들도록 노력할 수 있다.

프로젝트 투입 인원들에 대한 경험과 기술 부족 문제 및 불충분한 자원 문제

프로젝트 팀원들은 항상 최상의 경험과 기술을 갖은 사람들로만 구성된 드림팀이될 수 없다. 또한 항상 충분한 인원을 보유하면서 프로젝트를 수행할 수 있는 상황은 흔하지 않다. 부족한 인력으로, 그리고 경험과 기술이 부족한 팀원들과 함께 프로젝트를 수행하게 된다면, 사전에 어떤 능력을 보유한, 어떤 수준의 인력이, 어느 시점에, 얼마만큼 요구되는지에 대한 인력 계획을 우선적으로 수립하는 것이 필요하다. 만일 인력이 부족하다면 사전에 요구되는 자원을 획득하기 위한 노력을 기울이거나 다른 방안을 모색할 수 있겠다. 또한 구성원들의 경험과 기술이 부족하다면 사전에 기술 교육이나 훈련을 통하여 업무를 수행할 수 있는 역량을 길러나가는 것도 하나의 방법이 될 수 있다.

다른 프로젝트나 업무 할당에 대한 인원 충원 문제 및 내부 갈등 문제

프로젝트 팀 구성이나 업무 할당에서 조직 구성원 및 관리자들 사이에 충돌이 일어나거나 업무를 수행하는 과정에서도 많은 갈등이 발생한다. 이것은 개인이나 부문의 이해관계에 관한 문제로서, 조직에서 프로젝트 수행에 요구되는 표준 및 절차 그리고 각자의 역할과 책임이 사전에 명확하게 정의되어 있다면 팀원들과 부문 간의 갈등을 줄일 수 있다.

불필요한 재 작업이나 중복 작업 문제

프로젝트를 수행하고 나면 많은 기술적 문서들과 관리상 문서들이 남게 되는데, 그 결과를 요약 정리한 프로젝트 종료 보고서에는 그들이 수행한 프로젝트의 계획과 결과뿐만 아니라 여러 가지 개선 사항이나 교훈 등을 포함한다. 이런 정보에 대한 공유가 제대로 이루어지지 않는다면, 유사한 다른 프로젝트에서 개발한 도구나 방법이 또 다른 프로젝트에서도 다시 중복 개발되어 사용되는 일이 발생할 것이다. 또한 다른 프로젝트에서 경험한 리스크나 이슈를 동일하게 직면하는 경우도 발생할 것이다. 프로젝트 완료 보고서 및 정리된 각종 문서들과 정보들이 조직 내에 다른 사람들과 공유된다는 것은 그들에게 동일한 시행착오나 재 작업을 피하게 한다. 그러나 이러한 정보 정리 작업은 프로젝트 팀원들에게는 매우 귀찮은 일이므로, 조직 차원에서 보상이나 인센티브 등을 통해 독려해야 한다.

5. 프로젝트 라이프 사이클

　세상의 모든 것은 영원하지 않으며 시작과 끝이 있다. 생명체, 기업, 제품, 프로젝트 등 모든 것은 세상에 등장하여 언제인가 사라진다. 이를 라이프 사이클, 생명주기, 혹은 생애주기라고 한다. 일반적으로 잘 알려진 제품 라이프 사이클(product life cycle) 혹은 상품 라이프 사이클은 특정 제품이 시장에 출시되어 사람들이 이용하다가 언제인가 더 이상 필요치 않아 시장에서 사라지는 하나의 과정을 말한다. 과거에 일명 삐삐라고 불렸던 무선호출기가 판매되어 인기를 얻었던 시절이 있었지만 휴대 전화의 등장으로 더 이상 볼 수 없게 된 사례가 있다. 이러한 제품의 등장에서부터 퇴장까지를 제품 라이프 사이클(product life cycle) 혹은 제품 생명주기라고 한다.

　제품 라이프 사이클은 일반적으로 도입단계, 성장단계, 성숙단계, 쇠퇴단계로 세분하여 구분한다. 이 단계들을 거치면서 새로운 니즈와 트렌드를 반영한 다양한 제품들이 개발되고 발전되는 과정을 거친다. 즉, 초기의 제품보다 더 많은 기능이나 더 효율적인 기능이 추가된 제품이 지속

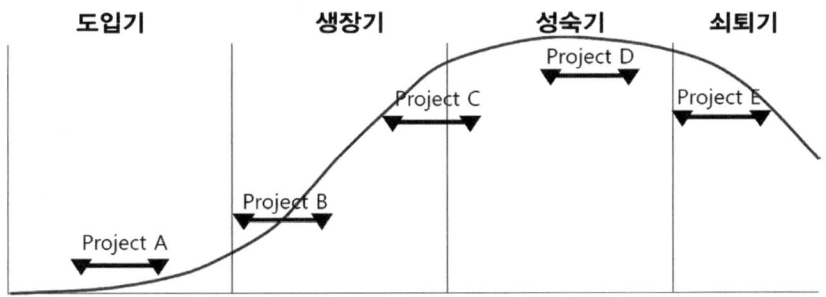

[그림1-5] 제품 라이프 사이클과 프로젝트 라이프 사이클

적으로 개발된다. 이렇게 개발되는 각각의 시도가 바로 하나의 프로젝트가 되며 제품 라이프 사이클 안에는 여러 프로젝트들을 포함하는 것이다. [그림1-5]와 같이 프로젝트 라이프 사이클은 제품 라이프 사이클 안에 있는 여러 프로젝트 중에 하나의 프로젝트로 그 시작과 끝을 보여준다.

　프로젝트 라이프 사이클은 프로젝트의 시작과 종료까지의 범위를 지정하는 것이며, 이 프로젝트 라이프 사이클 또한 여러 개의 단계로 구성된다. 프로젝트 라이프 사이클은 규모나 복잡성에 관계없이, 모든 프로젝트는 시작 구성과 준비 단계, 계획 단계, 작업 실행 단계, 종료 단계를 포함한다. 라이프 사이클을 여러 개의 단계로 구분하는 이유는 한 단계씩 수행하고 그 단계의 결과를 확인하는 과정을 통해 불확실성을 줄이기 위함이다. [그림1-6]은 한 단계씩 순차적으로 진행되는 전통적인 프로젝트 라이프 사이클의 형태를 나타내고 있다.

　오늘날 고객이나 시장의 다양한 요구에 대한 빠른 변화에 대응하기 위한 프로젝트 환경이 도래하여 프로젝트 개발 방법이나 접근 방법이 다양해지고 이를 적용하기 위한 다양한 방법론들이 등장하면서 프로젝트 라이프 사이클의 형태도 다양화되었다. 프로젝트 라이프 사이클은 일반적으로 프로젝트 동안 얼마나 잦은 변경이 일어나는지 그리고 얼마나 자

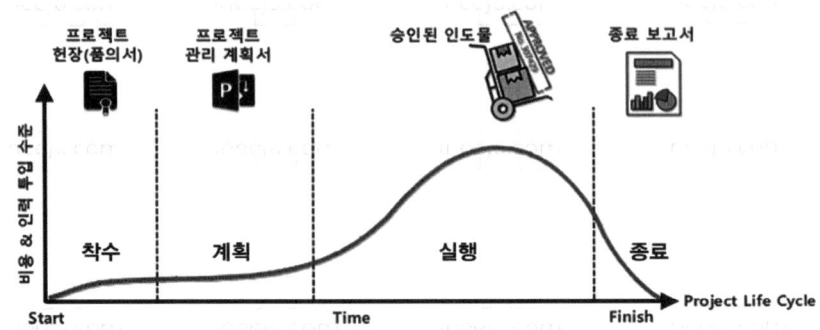

[그림1-6] 전통적인 프로젝트 라이프 사이클의 예

주 중간 결과물을 인도(delivery)해야 하는지에 대한 정도를 기준으로 종류를 구분한다. 프로젝트 라이프 사이클의 종류는 다음과 같다.

- 예측형 라이프 사이클(Predictive life cycle) - 전통적인 접근 방식으로 순차적 프로세스, 즉 대부분의 계획이 선행되어 한 번의 통과만으로 실행되는 방식
- 반복형 라이프 사이클(Iterative life cycle) - 미완료된 작업에 대한 개선 및 수정 작업을 수행할 수 있는 피드백을 허용하는 접근 방식
- 증분형 라이프 사이클(Incremental life cycle) - 고객이 즉시 사용할 수 있는 완료된 일부 인도물을 제공하는 접근 방식
- 적응형 라이프 사이클(Adaptive life cycle) - 작업 항목을 수정하고 자주 전달하는 반복적이고 점진적인 접근 방식
- 혼합형 라이프 사이클(Hybrid life cycle) - 전통적인 라이프 사이클과 애자일 방식의 라이프 사이클을 혼합한 접근 방식

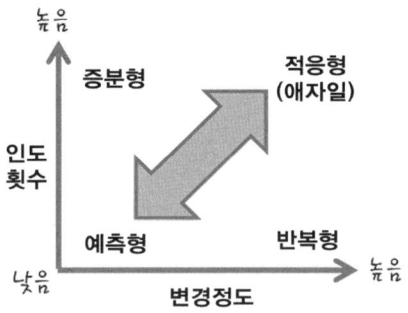

예측형 라이프 사이클(Predictive Life Cycle)

예측형 라이프 사이클은 계획 중심(Fully Plan-Driven)의 라이프 사이클로 일명 폭포수 모델(Waterfall model)로 잘 알려져 있다. 이는 라이프 사이클 초기에 범위, 일정, 원가와 프로젝트 관리 계획을 결정할 수 있는 환경의 프로젝트에 적용하며 사전에 프로젝트 전체 단계를 계획 및 예측하고 각 단계를 순차적으로 또는 일부 중첩하여 병행하는 방법으로 프로젝트를 진행하는 방법이다.

주로 프로젝트의 요구사항이 초기에 명확하며 많은 변경 사항이나 추가가 없는 프로젝트일 때 적용 가능한 라이프 사이클 형태이며, 최초의 결과물인 고객에게 전달될 인도물이 나오기까지 시간이 오래 걸린다.

건설 프로젝트나 제품 개발 프로젝트와 같은 1세대 프로젝트들은 요구사항과 결과물이 명확하고, 기술적 복잡성도 낮으며 경험 및 기술이 많이 축적된 경우가 많아 예측형 라이프 사이클의 적용이 효과적이다.

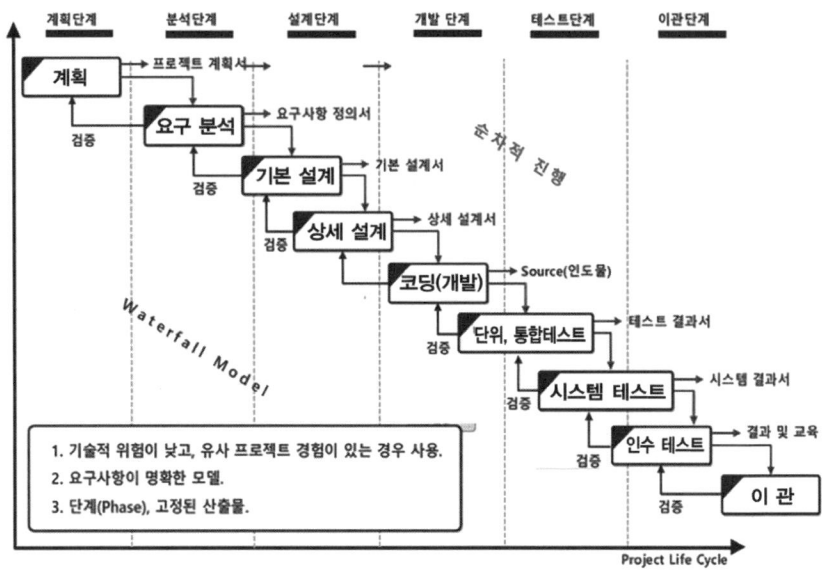

[그림1-7] 예측형 라이프 사이클의 예

반복형 라이프 사이클(Iterative Life Cycle)

반복형 라이프 사이클은 불확실한 요구사항에도 불구하고 정확한 최종 산출물 개발이 중요할 경우에 적용할 수 있는 방법으로 제품의 정확도가 높이 요구되면서 시간과 비용에 대한 이슈가 대두된다. 프로젝트 라이프 사이클 초반에 범위가 결정지만 명확한 요구사항에 대하여 고객과 프로젝트 팀 사이에 갭이 클 경우에 적용할 수 있다. 또한 프로젝트 규모나 내용이 복잡하고 변경이 빈번하게 발생할 경우에 적용할 수 있는 방법으로, 인도 속도보다 고객 피드백을 통한 학습 최적화 방법으로 기간이 오래 소요되어도 정확한 산출물 개발이 필요한 경우에 적합하다. 프로젝트 마지막 부분인 이관 단계에서 고객에게 최종 산출물이 프로젝트 종료와 함께 한 번 인도되며, 이관 단계 이전에는 고객에게 전달되는 인도물은 없다.

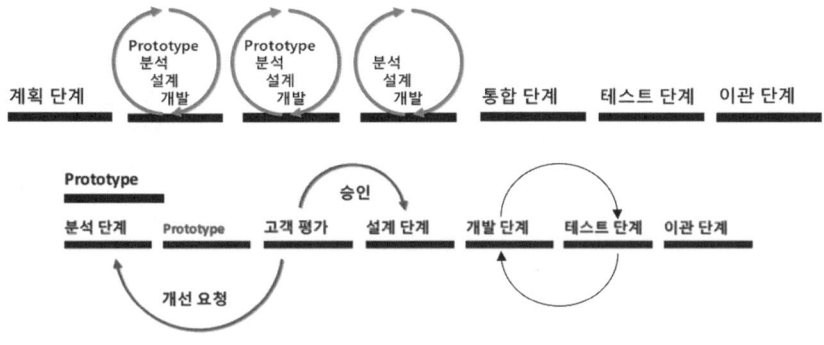

[그림1-8] 반복형 라이프 사이클의 예

증분형(점진적) 라이프 사이클(Incremental Life Cycle)

증분형 혹은 점진적 라이프 사이클은 제품 기능의 연속적 제공 즉, 연속적인 추가나 증분을 요구하는 프로젝트 환경에서 사용할 수 있는 라이프 사이클로 빠른 결과물 인도 혹은 가치 인도가 핵심이다. 이는 고객이 즉시 사용 가능한 완성된 인도물을 빠르게 제공하는 것으로 이 인도물은 반드시 사용 가능한 결과물이 아니라 단일 특징이나 완료된 작업 일부가 될 수도 있다.

증분형 라이프 사이클은 프로젝트 초반에 정의한 범위를 우선순위별로 구분하고 4주 전후 단위로 추가된 범위 혹은 증분된 범위를 주기적으로 배포하거나 출시한다. 범위와 기능이 추가되는 각 인도물의 개발 기간은 반드시 서로 동일한 주기를 갖을 필요는 없다. 이 방법은 마감된 인도물들을 반복적으로 고객에게 제공함으로써, 빠른 결과물을 얻을 수 있는 장점을 갖는다.

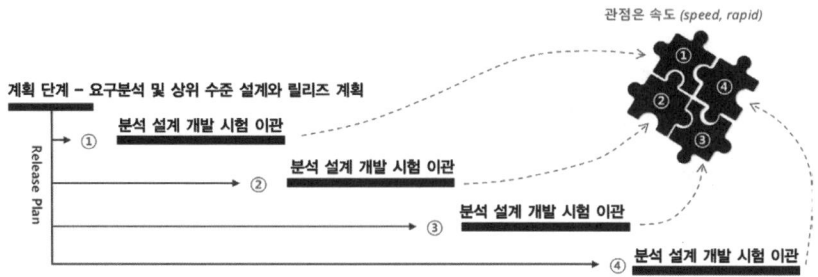

[그림1-9] 증분형 라이프 사이클의 예

적응형 라이프 사이클(Adaptive Life Cycle)

프로젝트 인도물이 정확할 때까지 반복 수행하면서 빈번한 인도와 피드백을 통해 고객 가치를 제공하는 방법이다. 잘 알려진 애자일(Agile), 스크럼(Scrum), 익스트림 프로그래밍(XP) 등이 바로 이 라이프 사이클을 적용한다.

적응형 라이프 사이클은 반복형 라이프 사이클과 증분형 라이프 사이클의 특징이 혼합된 개념으로 작업 항목을 수정하고 자주 전달하는 반복적이고 점진적인 접근 방식이다.

애자일과 관련된 상세한 내용은 본서의 제3부에서 설명한다.

| 분석 설계 구축 시험 | 분석 설계 구축 시험 | 분석 설계 구축 시험 | 분석 설계 구축 시험 | 반복 …. | 분석 설계 구축 시험 | 분석 설계 구축 시험 | 분석 설계 구축 시험 |

[그림1-10] 적응형 라이프 사이클의 예

혼합형 라이프 사이클(Hybrid Life Cycle)

하이브리드 형식의 혼합형 라이프 사이클은 적응형 라이프 사이클인 애자일 방법과 전통적인 폭포수형 방식을 혼합하여 적용하는 방법이다. 이는 프로젝트 요구사항, 인도 시기, 제약 조건 등을 고려하여 프로젝트 일부에 애자일과 폭포수형 라이프 사이클을 부분적으로 적용한다.

애자일과 같은 적응형 라이프 사이클을 전적으로 도입하기에 부담되거나 부작용이 있는 조직에서는 프로젝트 일부 단계에 애자일을 적용하여 익숙해진 후에 전체를 적용하는 경우도 있다. 예를 들면, 전통적인 예측형 프로젝트에 익숙한 조직이 프로젝트의 전형적인 단계인 요구분석 단계, 설계 단계, 구축 단계, 시험 단계, 이관 단계 중에서 구축 및 시험 단계만 애자일을 적용하여 점차적으로 성숙도를 높여갈 수 있다.

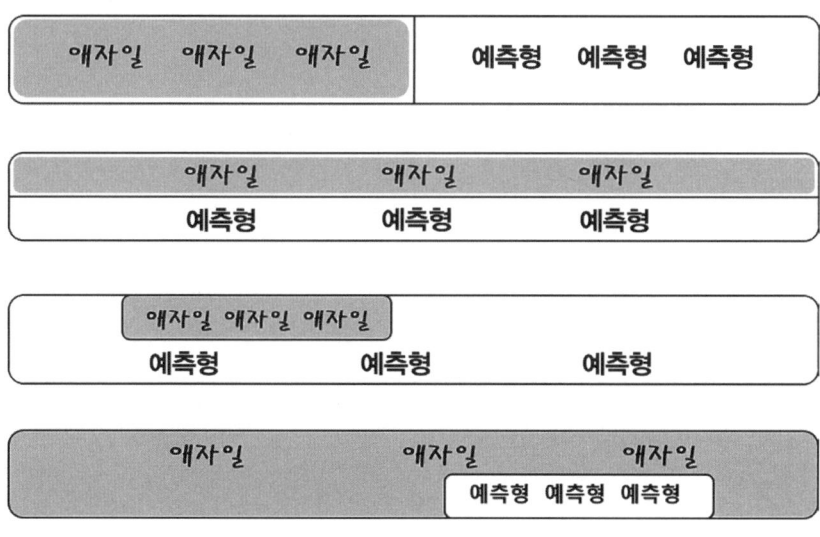

[그림1-11] 혼합형 라이프 사이클의 예

프로젝트는 다양한 규모, 복잡도, 요구사항, 환경 등을 갖기에 하나의 방법론 혹은 접근방법만으로 적용할 수 없다. 앞서 살펴본 다양한 프로젝트 라이프 사이클 또한 해당 프로젝트의 특성에 적합하게 적용되어야 한다. 본서는 가장 대표적인 프로젝트관리 접근 방법으로 크게 전통적인 예측형 방식과 애자일과 같은 적응형 방식으로 구성하여 기술한다.

제1부에서는 프로젝트관리 공통 사항을 다루며, 제2부에서는 전통적인 예측형 프로젝트관리 방법을, 그리고 제3부에서는 애자일 스크럼 중심의 프로젝트관리 방법을 설명한다.

제 2 부

예측형 프로젝트 관리와 전통적 방식

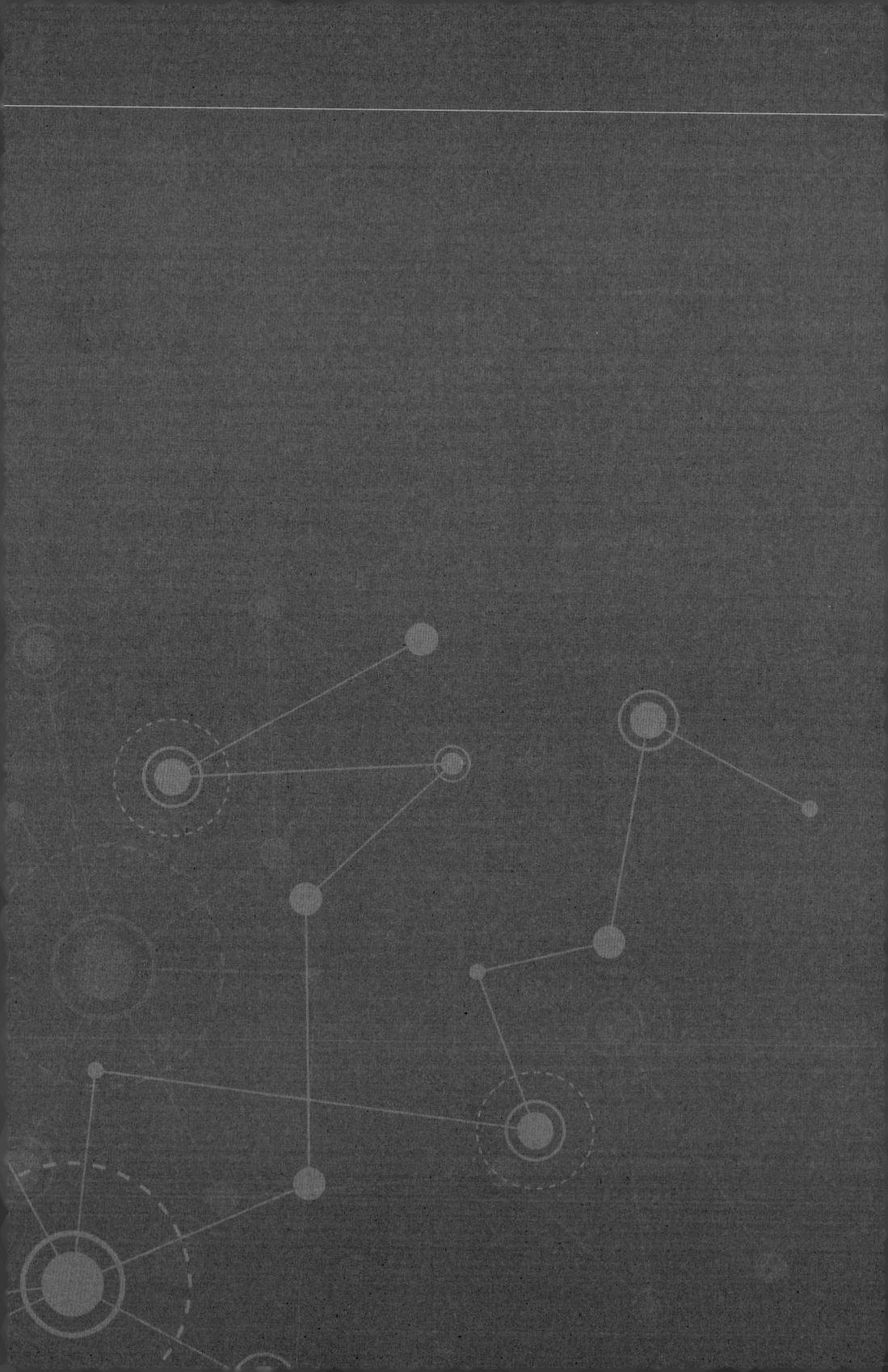

PART 2

예측형 프로젝트 관리의 개념

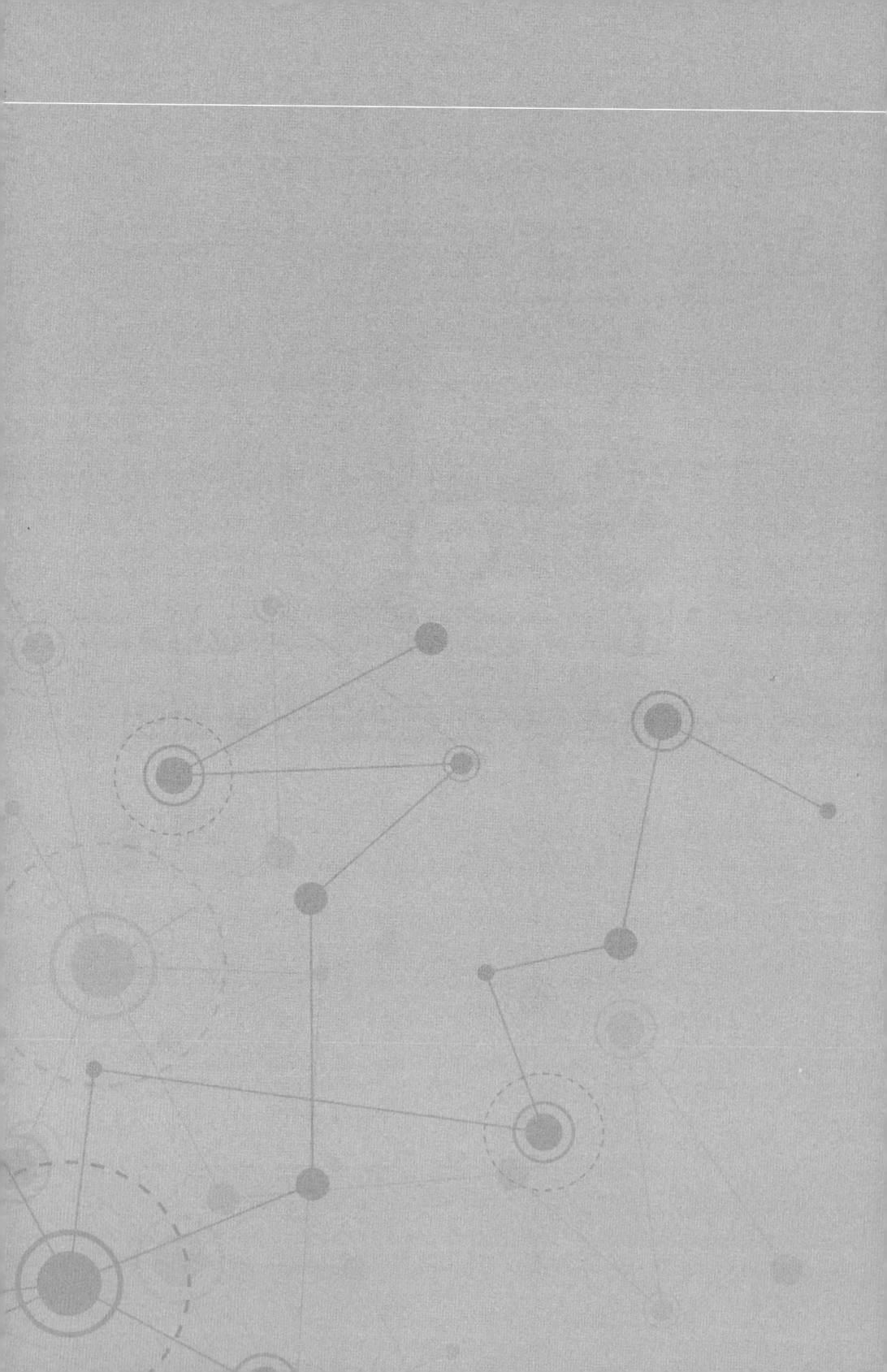

1. 예측형 프로젝트 라이프 사이클

　프로젝트 전체를 한 눈에 볼 수 있으며 프로젝트에 특정 구조를 제공해주는 것이 프로젝트 라이프 사이클이다. 프로젝트 라이프 사이클을 정의하는 목적은, 프로젝트 시작과 끝을 명확하게 정의할 수 있고, 단계적 수행으로 프로젝트의 불확실성을 줄여주며, 프로젝트의 구조를 통해 프로젝트 범위를 정의할 수 있으며, 수행 방법론을 개발할 수 있는 기반을 제공한다.

　먼저, 프로젝트 라이프 사이클은 프로젝트의 시작과 끝을 명확하게 정의해준다. 타당성 조사를 필요로 하는 사업이 있다고 가정할 때, 타당성 조사의 시작부터가 프로젝트 시작인지 아니면 타당성 조사가 끝난 이후가 프로젝트 시작인지 명확하지 않다. 이는 각자 생각과 경험으로 서로 다른 시작점을 정의할 것이다. 또한 제품 개발 프로젝트에서 프로젝트 종료 시점을 '시험 생산' 직전으로 할 것인지 아니면 '대량 생산' 직전으로 할 것인지 각자 생각이 다를 수 있다. 이와 같이 프로젝트 구성원들이 프로젝트 시작과 종료 시점을 서로 다르게 생각한다면, 수행할 업무 범위에 대해 서로

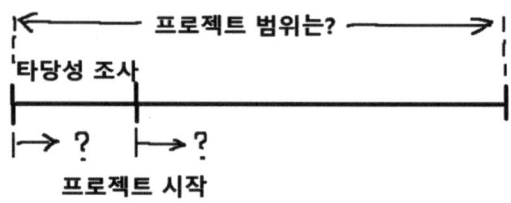

[그림2-1] 프로젝트 라이프 사이클

다르게 판단할 수 있다. 과연 '시험 생산'이 프로젝트 범위에 포함되는지 여부는 종료 시점을 어디까지로 정할 것인가에 달려있는 것이다. 이와 같이 프로젝트는 그 시작과 끝이 어디까지인지 모든 구성원들이 명확하게 인지할 수 있도록 라이프 사이클로 정의되어야 한다.

다음으로, 프로젝트 라이프 사이클은 단계적으로 수행하는 구조를 통해 불확실성을 줄여준다. 프로젝트는 고유성이라는 특성으로 인해 태생적으로 불확실성을 수반한다. 프로젝트 시작에서부터 종료에 이르기까지 지속적으로 업무를 진행하다가 프로젝트 후반에 가서 프로젝트 상황을 파악하고 그 시점에서 조치한다면 이미 만회하기에는 역부족이다. 그러나 프로젝트 전체를 몇 개의 단계로 구분한 후에 한 단계씩 진행하면서 그 결과를 확인한 후에 다음 단계로 넘어간다면 그만큼 불확실성을 줄일 수 있다.

프로젝트 라이프 사이클의 단계를 구분하는 방법은 프로젝트 특성과 응용분야별로 상이하다. 라이프 사이클을 몇 개의 단계로 구분할지, 그리고 각 단계의 이름을 무엇이라고 할지를 정의하는 기준은 각자의 몫이다. 다만 각 산업 분야나 응용 분야에서 많이 사용되는 잘 알려진 라이프 사이클 단계들을 인용해서 정의하는 것이 무난하다. 프로젝트 단계와 각 단계의 이름이 결정되면 각 단계에서 도출되는 중간 산출물을 정의하여야

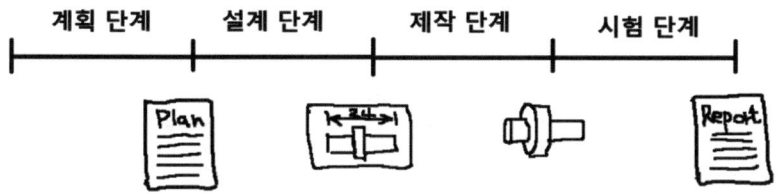

[그림2-2] 프로젝트 라이프 사이클과 단계

한다. 검증 가능한 중간 산출물인 인도물들은 각 단계의 완료 여부를 판단하는 근거가 된다. 즉, 한 단계가 완료되면 그 단계에서 도출된 인도물들을 확인하여 그 단계가 완료되었음을 검증하고 다음 단계의 착수 여부를 결정할 수 있다. 프로젝트 라이프 사이클을 상세하게 정의할 수 있는 조직이라면, 각 단계의 중간 산출물 정의와 함께 각 단계에서 수행해야 할 주요 업무들도 더불어 정의하여 유용한 라이프 사이클 구조를 구축할 수 있다. 이는 추후 프로젝트 방법론을 구축할 때, 프로젝트 라이프 사이클의 각 단계에서 수행해야 할 세부 프로세스들에 대한 설명과 절차, 그리고 사용되는 각종 양식 등을 개발한다면 체계화된 방법론으로 발전시킬 수 있다.

프로젝트 라이프 사이클의 시작과 끝은 프로젝트가 수행해야 할 전체 범위를 의미하며, 각 단계들은 세부 범위를 나타내게 된다. 동일한 결과물을 도출하는 프로젝트도 각각 수행하는 방법이 다를 수 있으며, 그 수행하는 업무들이 모여 프로젝트 범위가 된다. [그림2-3]과 같이 강아지 집을 설치하기 위한 프로젝트에서도 그 수행 방법에 따라 각 단계가 달라진다. 강아지 집을 설치하는 방법에는 단순히 완제품을 구매하여 설치할 것인지, 조립품을 구매하여 설치할 것인지, 혹은 새롭게 디자인하여 설계하고 제작하는 방법으로 설치할 것인지에 따라 달라진다.

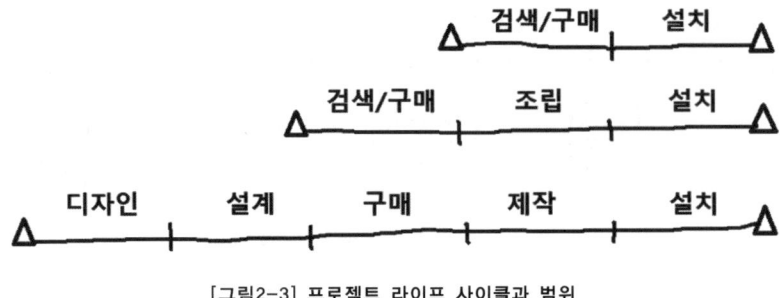

[그림2-3] 프로젝트 라이프 사이클과 범위

결국 프로젝트 라이프 사이클의 각 단계들은 프로젝트가 수행할 전반적인 프로젝트 범위가 되며, 추후 프로젝트를 계획할 때 상세 범위 계획에 유용하게 반영된다. 라이프 사이클 단계의 경계는 프로젝트 주요 시점을 정하는 일정 계획의 마일스톤으로 쓰여진다. 또한 프로젝트 단계의 완료와 새로운 단계의 착수 여부를 결정하는 프로젝트 통제에도 필요한 관문이다. 일반적인 프로젝트 라이프 사이클의 형태의 예는 [그림2-4]와 같다.

일부에서는 프로젝트 라이프 사이클과 제품 개발 라이프 사이클을 구분하는 경우가 있다. 이 경우에 제품 개발 라이프 사이클은 앞서 설명한 프로젝트 라이프 사이클을 말하며, 프로젝트 라이프 사이클은 프로젝트관리를 위한 단계들로 구성된 라이프 사이클을 말한다. 예를 들면, 프

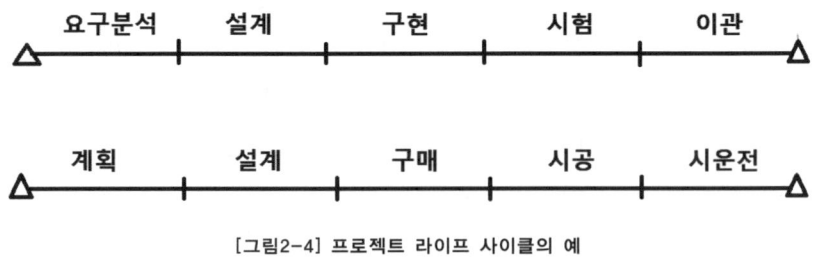

[그림2-4] 프로젝트 라이프 사이클의 예

로젝트 관리를 위한 라이프 사이클을 착수, 기획, 실행, 종료의 네 단계로 구분한다면, 이는 규모가 작은 프로젝트에서는 이 단계들을 순차적으로 한 번씩 거치면서 프로젝트가 완료될 수 있다. 그러나 오늘날 대부분의 프로젝트 관리 업무는 단계별로 한 번씩 수행되는 것이 아니라 이들 단계가 지속적으로 반복한다는 개념으로 접근하기에 이를 단계나 라이프 사이클로 표현하지 않는 추세이다.

[그림2-5]와 같이 프로젝트 라이프 사이클은 요구분석, 설계, 구축, 시험운영의 4개 단계로 구성되어 있고, 각 단계에는 프로젝트 관리를 위한 착수, 기획, 실행, 종료의 4가지 프로세스들이 있다. 프로젝트 관리 프로세스를 단계로 구분하지 않는 이유는 착수나 종료의 경우에는 명확히 단계로 구분 가능하지만 기획과 실행은 중첩되어 수행하므로 단계로 구분되지 않기 때문이다. 첫 번째 단계에서의 착수는 프로젝트의 시작을 공식적으로 승인하는 착수가 되지만 뒤따르는 나머지 단계들에서의 착수는 해당 단계의 시작을 공식적으로 시작하는 프로세스를 의미한다. 같은 방식으로 각 단계의 마지막 프로세스인 종료는 단계의 종료를 의미하며, 마

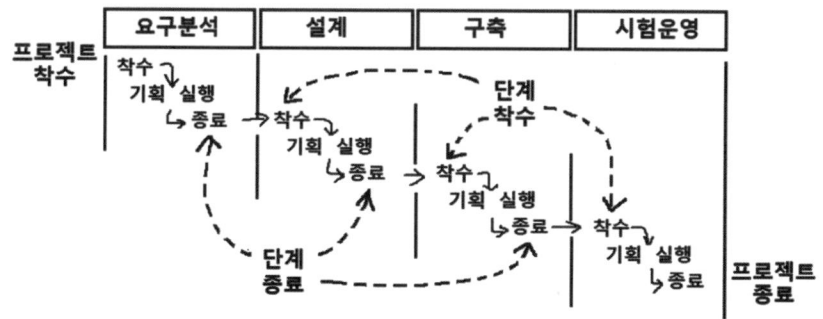

[그림2-5] 프로젝트 관리와 프로젝트 라이프 사이클

지막 단계의 종료는 프로젝트 종료 업무를 처리하는 프로세스이다. 이들 프로세스는 구분이 명확하지만 기획이나 실행의 경우는 그 적용이 다르다. 즉, 프로젝트의 모든 계획이 완료된 후에 실행에 옮기기 보다는 일부 계획이 수립된 상태에서도 실행을 할 수 있기에, 이들이 중첩되어 수행될 수 있는 특성 때문에 단계로 구분하기 어렵다는 것이다. 또한 실행이라는 의미도 프로젝트 계획의 수행과 수행결과에 대한 감시 및 통제를 모두 포함하는 개념이기에 실행과 통제는 외형상으로 동시에 이루어지는 업무이다. 그러므로 이들을 프로젝트 관리 단계로 표현하기 보다는 프로젝트 관리 프로세스로 표현하는 것이 대부분의 프로젝트에서 적절하다.

2. 프로젝트 관리 프로세스

프로세스라는 의미를 단순히 표현하면 '수행하는 업무'를 뜻하므로 프로젝트 관리 프로세스란 '프로젝트 관리 업무'를 말한다. 다만 프로세스는 그 업무를 수행하기 위한 인력, 재료, 정보 등의 입력물이 있고 특정 도구나 기법 혹은 절차를 통해 결과물로 나오는 산출물로 표현한다.

어떤 업무를 프로세스 형태로 한번 정의하게 되면, 그 입력물과 기법, 산출물 등을 알 수 있으며, 추후에 그 정의된 프로세스를 기반으로 하여 업무를 수행한다면 해당 업무를 손쉽게 수행할 수 있을 것이다. 만일 특정 업무를 수행하려 한다면, 사전에 정의된 프로세스들이 바로 수행해야 할 업무나 작업들의 목록이 된다. 그 중에 하나의 업무인 프로세스를

[그림2-6] 프로젝트 관리 프로세스

수행하기 위해서는, 명시된 입력물을 투입하거나 참고하고 정의된 도구와 방법을 이용하여 수행한다면, 바로 그 결과물을 얻을 수 있는 것이다. 프로세스는 누구라도 쉽고 일관되게 수행할 수 있도록 준비된 구조화된 방법의 표현이다.

프로젝트 관리 프로세스는 프로젝트 관리 업무들을 정의한 것으로 범위관리, 일정관리, 원가관리 등의 다양한 내용들로 구성된다. 그 프로세스들의 성격을 보면 PDCA 사이클과 같이 기획(Plan)을 하는 프로세스, 실행(Do)이나 통제(Check및 Action)를 하는 프로세스 등으로 다양하다. 예를 들면, 일정관리를 위해 프로젝트 스케줄이라고 부르는 일정표를 작성하는 프로세스는 기획의 성격을 갖지만, 일정대로 진척되는지 주기적으로 진도를 확인하고 이에 대한 조치를 수행하는 프로세스는 실행 및 통제의 성격을 갖고 있다. 다만 경영의 기본으로 적용되는 일반적인 PDCA 사이클과 프로젝트 관리의 다른 점은, 프로젝트를 시작하는 착수의 성격을 갖는 프로세스나 프로젝트를 공식 종결하는 종료 프로세스들이 추가될 수 있다는 것이다.

미국 PMI의 PMBOK에서는 프로젝트 관리 업무를 프로세스 형식으로 표현하고 있다. 예를 들면, 일정 관리를 위한 프로젝트 관리 업무에는 활동 정의, 활동 순서 배열, 활동 기간 산정, 일정 분석 및 개발, 일정 통제 등으로 정의하고 있으며, 원가관리를 위한 업무에는 원가 산정, 예산 책정, 원가 통제 등의 업무로 정의하고 있다. 이 프로젝트 관리 업무들을 프로세스 형식으로 표현함으로써 이들을 프로젝트 관리 프로세스라고 부른다. 또한 이 프로세스들을 관리 특성별로 그룹핑 하였는데, 앞서 설명한 PDCA 사이클과 유사한 전형적인 관리의 개념을 적용하여, 착수, 기획, 실행, 감시 및 통제, 종료의 5가지 프로세스 종류로 구분하였다. 이를 프로젝트 관리 프로세스 그룹이라고 부른다. 앞서 언급된 프로젝트 라이프 사이클의 설명에서 예를 들었던 착수, 기획, 실행, 종료가 바로 이 프로세스 그룹이다. 그러므로 프로젝트 관리 프로세스 그룹이란 프로세스 형식으로 표현된 프로젝트 관리 업무들을 관리 특성별로 그룹핑한 것이며 프로젝트 관리 단계는 아니다.

조직이 프로젝트 관리 성숙도를 높이기 위해서는, 프로젝트 관리 업무들인 프로세스를 정의하고 이를 이용하여 구체적인 방법론까지 구축함으로서 일관성 있고 체계화된 관리가 되도록 하는 것이 중요하다.

3. 프로젝트 관리 분야와 세부 프로세스

프로젝트 관리 프로세스는 착수, 기획, 실행 및 통제, 종료 등의 특성을 갖는 업무들로 구분할 수 있지만, 이러한 업무 특성 별 구분 방법 외에도 관리 분야를 기준으로 구분할 수 있다. 이 분야를 구분하는 방법은 프로젝트 목표와 연결되는 범위관리, 일정관리, 원가관리, 품질관리 등의 핵심 분야와 이 목표를 달성하기 위한 도구 역할을 하는 리스크관리, 자원관리, 의사소통관리, 조달관리, 통합관리 등의 지원 분야로 구성된다. 기업을 경영하기 위해서는 재무 및 회계, 마케팅, 인사 및 조직, 운영 관리 등의 분야가 있는데, 이들 중 일부만 관리되거나 각각 독립적으로 관리된다면 기업은 원활하게 관리될 수 없다. 마케팅 및 판매를 위해서는 운영을 통한 제품 생산이 이루어져야 하며, 생산을 위해서는 자금과 인력이 투입되어야 하듯이 경영자에 의해 각 분야들이 상호 유기적으로 작용하면서 관리되어야 한다. 이처럼 프로젝트 관리도 여러 분야들이 프로젝트 관리자에 의해 통합적인 노력을 통해 유기적으로 관계하며 조정되어야 한다.

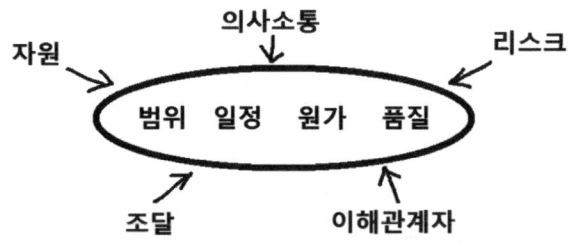

[그림2-7] 프로젝트 관리 분야

이 장에서는 프로젝트 관리의 각 분야에 대한 전반적인 개념을 설명하며, 좀 더 세부적인 내용은 다음 장의 프로젝트 기획에서부터 구체적으로 설명된다.

3.1 프로젝트 범위관리의 이해

'범위'라는 단어를 생각하면 학창시절의 '시험 범위'가 떠오르는 사람도 있을 것이다. 프로젝트에서 '범위'는 관리 업무에 대한 범위와 제품에 대한 범위를 모두 포함한다. 먼저 제품 범위는 개발하고자 하는 프로젝트 결과물의 기능이나 형상을 어느 정도까지 개발할지를 의미하는 것이며, 프로젝트 범위는 이를 개발하기 위해서 프로젝트 업무를 어디까지 수행해야 하는지를 의미한다.

'범위를 관리한다'는 의미를 생각해 보면 다음과 같다. 가장 우선되는 것은 계획한 프로젝트 결과물을 완료하기 위해서 해야 할 일들을 정하는 것으로, 프로젝트 업무를 어디까지 수행해야 할지를 상세히 결정해서 그것들을 나열한다. 만일 수행해야 할 일 중에서 누락된 업무가 있다면, 결국에는 목표로 하는 프로젝트 결과물이 완성될 수 없을 것이다. 수행해야

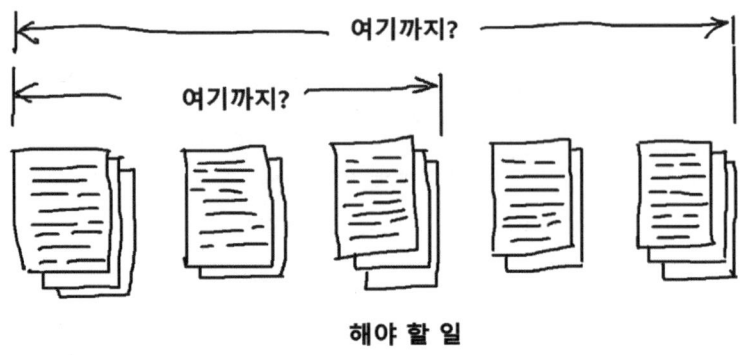

[그림2-8] 프로젝트 범위

할 업무들을 상세히 나열한 후에는 이들을 실행에 옮긴다. 실행한 결과로서 프로젝트 과정에서 다양한 중간 산출물들이 산출되면, 이들이 정확하게 만들어졌는지 각각 확인함과 동시에 사전에 정한 기준을 충족하는지 여부를 최종 확인하여 충족 여부를 검증한다. 이렇게 각 업무 결과들이 검증되는 과정을 거쳐야만 프로젝트 최종 결과물의 산출이 문제없이 진행될 것이다. 또한 프로젝트를 진행하는 과정 동안에 누락된 것을 발견하여 업무 범위를 추가하거나 더 이상 필요 없는 업무 범위를 확정하여 제외시키는 방법으로 범위 계획을 변경시키는 관리 업무도 범위 관리에 포함된다. 이러한 변경 사유는 제품에 대한 직접적인 변경에서부터 프로젝트 상황이나 성과와 관련된 문제 등을 해결하기 위한 경우까지 다양하게 적용된다.

범위관리업무 프로세스를 이러한 내용과 비교하여 생각하면 다음과 같다. 가장 먼저 범위관리계획수립을 통해 범위를 관리하는 방법을 계획한다. 이미 조직에는 관리 방법이나 절차, 또는 기준이 존재할 수 있으므로, 프로젝트에서 이 문서를 새롭게 작성하는 경우도 있겠지만 주로 기존의 관리 방법이나 기준이 정의된 문서를 참고하여 해당 프로젝트에 적합하게 적용할 수 있는 내용으로 수정하여 작성한다.

관리 방법이 계획되면 요구사항수집을 한다. 이는 수행해야 할 업무 범위를 정의하기 전에 관련된 이해관계자의 요구나 다양한 문서 등을 참고하여 프로젝트 범위에 반영할 요구사항 목록을 만드는 것이다. 다음으로 범위 정의를 수행한다. 이는 다양한 요구사항을 반영하여 프로젝트에서 개발할 제품에 대한 개요와 프로젝트에 대한 개요 등을 포함한 범위 개요를 통해 프로젝트에 대한 전반적인 개념을 범위 중심으로 정리하는 것이다. 이 업무는 프로젝트의 점진적 구체화의 특성으로 한 번에 상세 계획을 수립하기 보다는 개략적인 개요에서부터 시작하여 상세 계획에 이르는 과정의 첫 관문이다. 범위정의를 통해 작성된 프로젝트범위기술서는 범위 중심의 프로젝트에 대한 전반적인 내용을 설명한다. 이를 근거로 상세 범위를 계획하는 것이 작업분류체계(WBS) 작성이다. 프로젝트의 전반적인 범위 중심의 개요를 근거로 하여 수행해야 할 업무가 될 상세 범위를 나열하고, 이를 효율적으로 관리하기 위한 계층 구조 형식의 상세 범위를 작업분류체계라 한다. 이는 프로젝트에서 수행할 모든 작업을 빠짐없이 그리고 불필요한 작업의 포함 없이 나열하는 상세 범위계획이다.

범위계획에 대한 실행 결과를 검증하는 것이 범위 확인이다. 범위 확인은 프로젝트가 실행되면서 작업분류체계에 포함된 각 작업 덩어리들이 완료되면서 해당 작업으로부터 인도물이 산출되는데, 주기적으로 이 인도물들을 검증하는 것이다. 품질 기준 등을 포함한 사전 정의된 검증 기준에 따라 작업 완료 여부를 확인한다. 마지막으로 범위 통제는 프로젝트가 계획대로 잘 진행되고 있는지 감시하기 위해 범위계획 대비 실적을 비교하여 그 차이를 확인하고, 만일 차이가 있을 경우에 그 차이를 만회하기 위한 시정 조치나 범위 변경을 수행할 것을 결정한다.

이와 같이 범위는 제품, 서비스 또는 결과의 특성과 기능 등을 나타내는 제품 범위와 그러한 특성과 기능을 갖춘 결과물을 도출하기 위해 수행되어야 하는 작업을 나타내는 프로젝트 범위를 모두 표현할 수 있다. 프로젝트 라이프 사이클에서 범위는 연속적이고 점진적으로 정의되고 관리되는 방식을 사용하므로 프로젝트 착수에서부터 프로젝트 인도물이 정의되기 시작하며 범위 변경이 점진적으로 관리된다. 일반적으로 프로젝트 범위가 완료되었는지 확인은 프로젝트 관리 계획서를 기준으로 비교하여 검증하며 제품 범위의 완료 여부는 제품 요구사항을 기준으로 비교하여 검증한다.

3.2 프로젝트 일정관리의 이해

프로젝트 일정관리는 프로젝트 목표로 정한 기간 내에 혹은 적절한 시기에 끝내기 위한 노력이다. '일정을 관리한다'는 의미는 프로젝트를 막연하게 진행하는 것이 아니고 일정표 또는 스케줄이라고 하는 일정 계획에 따라 진행되도록 하여 프로젝트 종료일이 지연되지 않도록 관리하는 것이다. 이를 위해서는 일정계획을 수립하여 기준이 되는 일정표를 작성하고 프로젝트 실행과 함께 주기적으로 일정에 대한 진척과 현황을 파악하는 일을 함으로써 목표한 기간 내에 완료할 수 있게 하는 관리 방식을 말한다. 여기서 '일정에 대한 진척과 현황'이란 의미는 각 작업 활동에 대해 계획된 시작 날짜 대비 실제 시작된 날짜, 그리고 계획된 종료 날짜 대비 실제 종료된 날짜 등을 파악하고, 동시에 진도율이나 해당 작업의 수행에 소요된 실제 작업일수와 잔여 작업일수 등에 대한 정보들을 말한다.

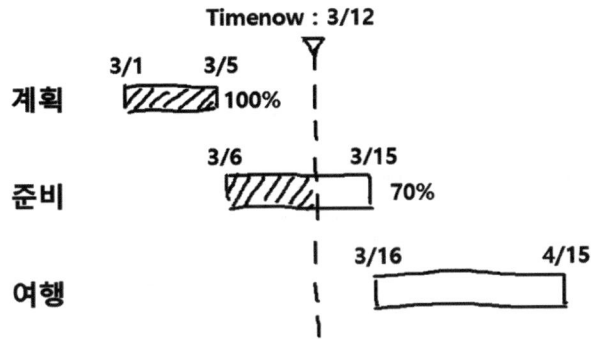

[그림2-9] 프로젝트 일정관리

이렇게 파악된 일정 현황 정보를 바탕으로 현재 일정 성과에 대한 분석을 통해 계획 대비 실적의 차이를 확인하고 향후 일정 예측을 통해 일정 지연이 예상될 경우에는 이를 만회하기 위한 시정조치나 일정에 대한 변경 요청을 수행한다.

프로젝트 일정관리업무 프로세스들을 살펴보면, 모든 프로젝트 관리 분야들이 그렇듯이 가장 먼저 일정관리에 대한 방법이나 기준 및 절차 등을 먼저 계획하는 일정관리계획 수립이 선행된다. 예를 들면, 일정표를 작성할 때, 각 작업 활동에 대한 기간의 단위를 월(Month), 주(Week), 일(Day) 혹은 시간(Hour) 중에 어느 것으로 할 것인지와 같은 기준을 사전에 정해야 한다. 또 다른 예는, 프로젝트 진행 중 일정이 지연된다면 어느 정도 일정 지연까지 두고 볼 것인지 아니면 어느 정도의 일정 지연부터 그 지연 원인을 파악하고 대책을 세울 것인지에 대한 허용한계 기준을 사전에 정해야 한다. 이런 일정 수립 기준이나 방법 등을 계획하는 것이 '일정관리계획 수립' 프로세스이다.

일정관리계획이 수립된 후에는 본격적으로 일정 계획을 수립하는 과정이 필요한데, 기본적으로 일정 계획을 수립하기 위해서는 활동 목록, 활동 순서, 활동 기간의 세 가지 요소가 필요하다. 먼저 활동A, 활동B, 활동C 등과 같은 프로젝트가 수행할 세부 활동 목록을 정하는 활동 정의를 수행한다. 다음은 활동순서배열로 '작업 활동A가 완료된 후에 B를 수행하고, B가 완료된 후에 C를 수행할 수 있다.'라고 하는 작업 활동 순서를 결정한다. 활동 순서 결정과 동시에 할 수 있는 것은 활동기간산정으로 각 활동을 수행하는데 요구되는 소요기간을 각각 추정하는 것이다. 이 세 가지 요소들이 확정되면 일정표를 작성할 수 있는 준비가 완료되는 것이다. 여기까지의 프로세스를 거치면 일정표가 완성되는 것이 아니라 우선적으로 작업의 기간과 순서만 완성되는 것이며, 아직은 각 작업의 시작일과 종료일이 결정되지 않은 상태가 된다. 최종적으로 각 작업에 대한 시작일과 종료일을 확정하기 위해서는 앞서 완성된 기간과 순서 등의 일정 요소를 토대로 여러 가지분석이 필요하며 이를 일정개발이라고 한다. 여기서 분석이란, 활동들에 대해 추정한 기간과 순서에 의한 일정이 프로젝트 목표 날짜보다 얼마나 더 길게 소요되는지 확인하고, 이를 프로젝트 목표 일정에 맞추기 위해 일정 내에서 어느 작업 부분을 어떻게 줄여야 하는지를 분석해서 결정하는 것이다. 이를 위해서 주경로법(CPM)과 같은 방법들을 이용하여 분석하고 목표일에 맞는 최적의 일정으로 조정한 후에 결정된 작업 활동의 최종 시작일과 종료일을 확정한다. 이렇게 개발된 일정대로 프로젝트를 진행 하면서 앞에서 언급한 바와 같이 일정이나 진척에 대해 계획 대비 실적을 주기적으로 파악하고, 만일 지연된 경우에는 이를 만회하기 위한 시정 조치를 취하거나 변경요청을 하는 것이 바로 일정통제이다.

　프로젝트 일정관리는 프로젝트 범위에 정의된 프로젝트 결과물을 완료하는 방법과 시기를 나타내는 상세 일정 계획을 제공한다. 프로젝트 일정은 프로젝트와 관련된 모든 이해관계자들이 프로젝트 내용과 상황을 파악할 수 있도록 하는 기대사항 관리를 위한 도구이자 성과 보고의 기준으로 사용되는 의사소통 도구이다.

3.3 프로젝트 원가관리의 이해

많은 사람들이 자신의 용돈을 관리하며, 집안 살림을 하는 사람들도 가계부를 통해 관리한다. 계획 없이 무작정 돈을 쓰다가는 결국 문제가 발생한다. 프로젝트도 마찬가지이다. 예산을 정해서 예산 내에서 돈을 써야만 프로젝트를 성공했다고 볼 수 있다. 예산 내에서 원가를 집행하기 위해서는 당연히 예산을 편성해야 하며, 예산을 편성하기 위해서는 예산을 구성하는 각 원가 내역을 추정하여 집계를 내야 한다. 그리고 모든 관리가 그렇듯이 주기적으로 계획한대로 지출되고 있는지 확인하는 과정을 통해 예산에 맞춰 집행하려는 노력을 해야 한다. 예를 들면, 가족들이 여행을 가기 위해서는 필요한 비용을 예상해야 하고 전체 예산 규모를 정한 후에 집행해야 한다. 만일 아무 생각 없이 즉흥적으로 계속해서 돈을 쓴다면 그 끝은 어디인지 알 수가 없다. 그래서 여행 중에도 전체 예산을 고려하여, 더 비싼 식사를 할 것인지 혹은 생각하지 못했던 기념품을 구매할 것인지 여부를 결정해야 한다. 이것이 프로젝트에서의 원가관리의 개념이다.

프로젝트 원가관리 프로세스를 살펴보면, 가장 먼저 원가관리계획수립 프로세스가 있다. 이는 원가를 관리하는 방법, 절차, 기준을 사전에 정하여 계획하는 것이다. 원가를 산정할 때 화폐 단위를 원화, 달러화, 혹은 인력의 작업량 중에서 어느 것으로 할지를 사전에 결정해야 한다. 또한 프로젝트 진행 중에 원가 예산 집행이 그 시점에 계획된 예산보다 초과 집행되었을 때, 단지 두고 볼 것인지 아니면 적극적으로 원인을 파악하고 대책을 조정할 것인지에 대한 허용 한계도 사전에 그 기준을 정해 놓아야 한다. 이것이 원가관리계획이며 이 계획은 조직에서 관리하고 있는 기존의 방식을 단지 우리 프로젝트에 적합하게 수정하여 관리계획으로 수립해 두는 것이다.

관리 기준이나 방식이 결정되면 본격적으로 예산 계획을 수립해야 하는데, 먼저 예산 편성을 위해서는 프로젝트 범위에 해당되는 작업들에 대해 그 원가를 각각 산정하는 노력이 필요하다. 예를 들면, 하나의 활동 혹은 작업패키지를 대상으로 그 작업을 완료하기 위해 요구되는 인건비, 재료비, 경비 등의 내역을 추정한다. 이 업무가 바로 원가 산정 프로세스이다. 이렇게 추정된 원가를 합산하여 전체 예산을 편성한다. 그러나 예산 편성은 단순히 원가를 합산하는 것만이 아니고, 그 밖의 요소인 물가상승을 고려한 물가상승충당금이나 리스크를 고려한 관리예비비 등을 포함하여 전체 예산으로 합계를 낸다. 이 전체 예산은 프로젝트 시간대별로 집계하여 집행 계획을 수립하며, 동시에 관리하기 좋게 각 관리계정별로 할당한다. 예를 들면, 여행 프로젝트를 위해 준비에서 귀가에 이르는 모든 작업들을 작업분류체계(WBS)로 만든 후에 각 작업패키지별로 원가를 산정한다면 전체 여행프로젝트 원가가 집계될 것이다. 이 총원가에 어떤 일이 일어날지 예상할 수 없는 리스크를 고려해서 예비비까지 편성하면 진정한 프로젝트 예산이 된다. 이렇게 편성된 예산은 관리하기 좋게 각 계정으로 구분하여 할당한다. 예를 들면, 식비, 숙박비, 교통비 등의 계정으로 구분한 후에 각 계정 별로 집행을 관리한다. 마지막으로, 원가통제 프로세스는 다른 통제 관련 프로세스들과 마찬가지로, 프로젝트 진행 동안 주기적으로 프로젝트 예산 계획 대비 실적을 비교하고 일정한 수준을 초과할 경우에 대책을 수립하거나 조정하는 노력을 수행하기 위해 시정 조치를 포함한 변경을 하거나 예산 추가와 같은 프로젝트 변경을 요청할 수 있다.

프로젝트 원가관리는 프로젝트 활동을 완료하는데 요구되는 인적 및 물적 자원의 원가와 주로 관련이 있다. 프로젝트에서 원가가 얼마나 들었는지 측정하는 방식과 시기는 각자 다를 수 있으므로 사전에 정의해야 한다. 원가관리를 위해서는 프로젝트와 관련된 이해관계자의 요구사항을 반영하여 원가를 추정하고 예산을 집행하며 성과를 측정하여야 한다. 프로젝트를 착수하기 이전에 개발하고자 하는 제품이 미래에 가져올 예상되는 수익 등의 재무성과를 분석하는 업무는 프로젝트 사전 단계에서 수행하거나 프로젝트 원가관리에 포함될 수 있다.

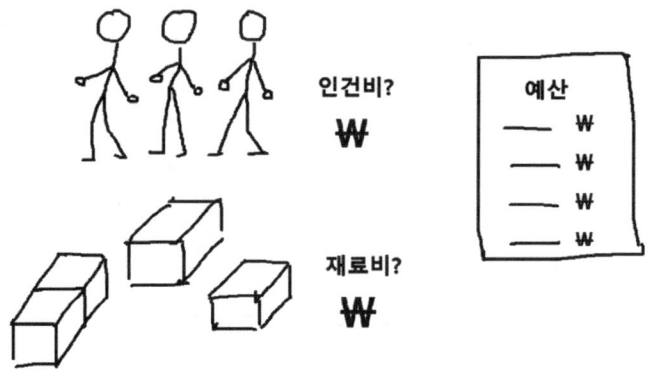

[그림2-10] 프로젝트 원가관리

3.4 프로젝트 품질관리의 이해

프로젝트 품질관리는 회사에서 생산되는 제품의 품질관리와는 차이가 있다. 프로젝트 품질관리는 조직의 품질이 아니고 그 대상이 프로젝트의 최종 결과물인 제품에 대한 품질이나 프로젝트의 관리 품질과 관련된다. 프로젝트의 관리 품질은 프로젝트 성과 등과 같이 프로젝트가 계획대로 잘 진행되고 있는지를 대상으로 하지만, 프로젝트 제품의 품질은 이해관계자의 품질 요구를 반영하여 수립한 기능, 성능 등의 품질 목표나 품질 표준과 관련된다. 궁극적으로는 그 목표나 표준을 계획으로 정의하고 이를 달성하기 위해 여러 품질 활동을 수행하고 점검하는 것이 프로젝트 품질관리이다.

간단한 예를 들어보자. 가족이 여행을 가는 프로젝트가 있다고 가정하자. 프로젝트 최종 결과물은 여행이라는 결과이다. 물론 인도물로 표현하자면, 여행 결과인 사진, 예산 결산, 기념품, 그리고 무형의 결과인 만족감이 있겠지만, 여기서는 포괄적으로 여행이라는 결과로만 생각해 보자. 여행이라는 결과물의 품질 목표나 표준을 생각한다면 그 목표를 가족들의 여행 만족도로 생각할 수 있다. 그래서 그 만족도의 목표를 100점 만점에 90점으로 설정한다. 그리고 이 목표를 달성하기 위해 해야 할 품

[그림2-11] 프로젝트 품질관리

질 관리 활동을 계획한다. 우선 가족 여행 프로젝트의 주요 업무 프로세스를 생각해보면, 예약, 이동, 숙박, 식사, 관람 등을 생각할 수 있다. 이들이 만족되어야만 결과적으로 여행 프로젝트의 만족도도 높아질 것이다. 그래서 프로젝트를 실행하는 동안 이들 업무 프로세스를 개선하는 노력을 하기 위해, 그 중에서 숙박, 교통, 예약 관련 프로세스를 핵심으로 정했다. 우리 가족이 수행하는 예약 업무는 일반적으로 인터넷을 검색하고 그 내용을 비교하여 상대적으로 유리한 숙박이나 교통수단을 결정하는 업무 절차를 프로세스로 진행한다. 그렇지만 궁극적으로 여행 품질 목표를 달성하기 위해서 지속적으로 이 프로세스를 개선하기 위한 노력을 해야 하는데, 예를 들면 여행 도중에 교통수단이 생각보다 불편하다면 이를 반영하여 다음 이동지역의 교통수단을 결정하기 위한 프로세스를 단순한 인터넷 검색에 그치는 것이 아니라 지역 안내센터 정보 수집 등의 다른 정보 확보 방법을 추가하는 것으로 절차를 개선할 수 있다.

이것을 프로젝트 품질관리 업무 프로세스와 비교하면 다음과 같다. 먼저 품질관리계획수립 프로세스는 프로젝트 품질 및 인도물 품질에 대한 요구사항과 표준을 식별하고 이를 준수함을 입증할 방법을 문서화하는 것이다. 앞에서 예를 든 가족 여행 프로젝트에서 여행 만족도를 90점으로 설정한 것이 품질 표준에 해당하며, 이를 달성할 방법으로 여행 중에 이동 수단이나 숙박과 관련하여 지속적으로 계획된 수준을 만족하는지 검사하고 이를 반영하여 교통수단 및 숙박 장소 결정을 위한 예약 프로세스를 개선하는 방법 등을 품질관리계획에 명시한다. 이를 실행에 옮긴다면, 여행 중에 발생하는 이동 수단이나 숙박 문제에 대해 해결하고 개선하려고 하는 활동을 지속적으로 하는 것이 품질관리(또는 품질보증) 프로세스이다. 또한 감시 및 통제의 목적으로 프로젝트 중간에 나오는 결과물들이 품질 표준에 부합되는지 확인하기 위해 숙박 및 교통의 이용의 결과를 확인하고 불만족할 경우에는 원인을 제거할 수 있는 방법도 제시하기 위하여 지속적으로 검사와 수정을 요청한다. 이것이 품질통제 프로세스이며, 이 결과는 다시 품질관리 프로세스에 반영되어 프로세스 개선 활동을 수행하게 한다.

프로젝트 품질관리는 프로젝트와 프로젝트 결과물에 대한 관리를 포함한다. 프로젝트 결과물의 특성에 관계없이 모든 프로젝트에 품질관리가 적용되지만 품질을 측정하는 방법과 품질 관리 기법은 프로젝트 산출물이 고유성을 갖기 때문에 다르게 적용될 수 있다. 품질관리에서 가장 유명한 말 중에 하나는 '예방은 검사보다 우선되어야 한다.'라는 표현이다. 이미 제품이 만들어진 후에 이를 검사하는 과정에서 불량이나 오류 등의 품질 문제를 찾기보다는 사전에 설계 단계에서부터 예방 차원의 조치를 통해 품질을 제품에 반영하는 것이 더 바람직하다. 오류를 예방하는 데 드는 비용보다는 일반적으로 검사를 통해 발견되는 오류를 시정하는 데 드는 비용이 훨씬 크다. 가장 효과적인 품질 관리는 프로젝트와 제품에 대한 기획이나 설계 단계에부터 품질을 고려하여 반영하는 통합적 노력이 이루어질 때, 그리고 품질에 대한 인식을 높이고 이를 위해 노력하는 전사적 차원의 조직 문화가 조성될 때 이루어진다.

3.5 프로젝트 자원관리의 이해

프로젝트 자원에는 인적자원과 물적자원이 있다. 물적자원은 장비, 자재 등 다양한 것들이 있지만 편의상 쉽게 이해하기 위해 자재만을 생각하자. 자원을 관리한다는 의미는 필요한 시점에 적합한 자원을 투입할 수 있는 것을 목표로 한다. 이를 위해서는 각 작업 활동별로 어떤 종류의 자원이 언제 얼마만큼 필요한지를 계획해야 하며, 이 계획에 따라 필요한 시점에 필요한 자원을 확보하는 노력도 해야 한다. 확보된 자원에 대해서는 적절한 시점에 프로젝트 실행에 투입하면 되는데, 물적자원은 확보된 자원을 그대로 투입하면 문제가 없지만 인적자원은 투입 자원의 개인 역량이나 팀웍과 같은 팀의 역량에 따라 성과가 달라질 수 있다. 그래서 인적자원은 그들의 역량을 높이고 유지하기 위한 노력을 지속적으로 하는 관리 업무가 필요하다. 예를 들면, 개인 능력을 향상 시키기 위한 교육을 시키거나 팀웍이나 팀 역량을 높이기 위한 팀 빌딩 활동을 통해 프로젝트 성과를 높이기 위한 노력을 프로젝트 기간 동안에 지속적으로 수행하여야 한다.

이들 내용을 자원관리 업무 프로세스 중심으로 살펴보면 다음과 같다. 먼저, 자원을 관리하는 방법을 계획하는 '자원관리계획수립'은 크게 인적자원을 위한 팀관리계획과 물적자원관리계획으로 구분하여 자원관리계획서를 작성한다. 여기서 팀관리계획은 팀원들의 역할과 책임, 조직구조, 인력충원 방법 등의 내용으로 구성되며, 물적자원관리계획은 적정한 물적자원 확보와 확보된 물적자원의 최적화 방법을 기술한다. 다음으로는 '활동자원산정' 업무 프로세스로 각 활동들에 요구되는 자원의 종류와 수량, 시기 등을 추정하여 '자원요구사항'을 작

[그림2-12] 프로젝트 자원관리

성한다. 작성된 '자원요구사항'에 의거하여 필요한 시점에 필요한 자원을 확보하는 노력을 하게 되는데, 물적자원의 확보는 단순하지만 인적자원의 경우에는 적합한 능력을 보유한 인력을 확보하기 위한 다양한 노력을 기울여야 한다. 이렇게 확보된 인적자원에 대해서는 개인의 역량 및 팀의 역량을 높이기 위한 '팀 개발' 프로세스를 수행하는데, 그 방법으로 교육, 포상, 의사소통, 동기부여, 팀 구축 활동 등을 수행할 수 있다. 이 결과로 얻어진 '팀 성과 평가'를 바탕으로 추가적인 노력이 필요한지 판단하거나 현재 성과를 최적화하기 위해서 팀원들의 성과를 지속적으로 추적하고, 상호 피드백을 주고받으며, 각종 이슈들을 해결하면서 팀에게 필요한 변경 사항들을 관리하는 것이 '팀 관리'라는 업무 프로세스이다. 여기서 필요한 '팀 변경사항 관리'란 추가 교육, 직무 변경 등 다양한 조치를 포함한다. 마지막으로 '자원 통제' 업무 프로세스는 물적자원을 위한 프로세스로 물적자원에 대한 계획 대비 실제 자원의 활용율을 비교하고 필요한 조치나 변경을 요청하는 것을 의미한다.

프로젝트 자원에는 장비, 자재, 설비, 기반시설 등의 물적 자원과 프로젝트 역할과 책임이 배정된 개인 등의 팀 자원을 모두 포함한다. 팀 자원과 물적 자원을 관리하는 데는 그 특성과 환경에 따라 각기 다른 스킬과 역량이 요구된다. 프로젝트 관리자는 인적자원관리를 위하여 팀원 확보, 역할과 책임 부여, 팀원 관리, 의사소통, 동기 부여, 권한 부여, 문제 해결, 갈등관리 등에 적절한 노력을 기울여야 한다. 또한 물적 자원 관리는 프로젝트를 성공적으로 완료하는 데 필요한 물적 자원을 배정하고 이들의 활용에 효율적 노력을 투입하여야 한다.

3.6 프로젝트 의사소통관리의 이해

프로젝트 의사소통관리에서 '의사소통'이란 의미는 단편적으로 생각하면 '정보소통'이라고 표현할 수 있다. 의사소통관리는 프로젝트를 진행하는 동안에 정보를 어떻게 효율적으로 공유할 것인가를 다루는 것으로, 의사소통관리의 대표적인 실무는 '회의'와 '보고'이다. 풀어서 설명하면, 각종 회의와 보고서에 대해, 사전에 어떤 정보를, 누구로부터 수집하여, 어떤 내용으로, 누구에게, 언제, 어떤 방법으로 전달할 것인지를 미리 계획하고 이를 실행하는 것이다. 프로젝트에서 회의 종류는 고객과의 회의, 팀원 회의, 프로젝트 성과 회의, 품질관련 회의, 진척회의 등 다양하다. 각 회의에 대해 주간, 월간, 분기 등의 어떤 주기로 실행할지, 누가 참석할지, 회의에서 어떤 내용을 다룰지를 계획하는 것이다. 보고서도 마찬가지로, 진척 보고서, 성과보고서, 이슈 보고서, 리스크 보고서 등 다양한 보고서가 있는데 프로젝트 동안에 어떤 보고를 할 것인지, 그리고 그것에 어떤 내용을 포함할지, 보고서를 받아 볼 배포 대상자는 누구인지, 어떤 주기로, 어떤 방법으로 배포할지를 계획한다. 프로젝트를 진행하면서 이렇게 계획된 회의를 진행하고 계획된 보고서들을 작성하여 배포하게 된다. 또한, 계획대로 소통이 이루어지고 있는지를 감시하고 확인하는 업무까지 의사소통관리에 포함된다.

이러한 프로젝트 의사소통관리를 관리 업무 프로세스 중심으로 설명하면 다음과 같다. 먼저 '의사소통관리계획 수립'은 회의, 보고서, 프레젠테이션 등의 의사소통 내용과 방식을 수립하는 업무 프로세스이다. 이 계획을 수립하기 위해서는 누가 어떤 정보를 원하는지에 대한 이해관계자의 정보 요구를 바탕으로 하며 보유한 전산시스템과 같은 조직 자산 등을 고려해야 한다. 이렇게 수립된 의사소통계획의 실행으로 프로젝트 정보

[그림2-13] 프로젝트 의사소통관리

를 정해진 시점에 수집, 생성, 배포하는 것이 '의사소통 관리' 업무 프로세스이며, 이 프로세스 산출물은 배포 활동에 대한 결과물인 '프로젝트 의사소통'이다. 마지막 업무 프로세스는 감시 및 통제의 목적으로 수행하는 '의사소통 감시'이다. 의사소통 감시는 의사소통계획 대비 실적을 분석하며 소통의 효과를 설문 등의 방법으로 확인하여 이해관계자들의 정보 요구사항이 충족되고 있는지 확인하는 것이다. 그 결과가 미흡하면 시정조치를 포함한 변경요청을 통해 의사소통을 보완할 수 있다.

　의사소통은 개인이나 단체 사이에 정보를 교환하는 것으로 회의, 프레젠테이션과 같은 활동이나 이메일, 소셜 미디어, 각종 프로젝트 보고서나 문서와 같은 의사소통 도구를 통해 정보를 주고받는 방법을 말한다. 또한 의사소통 활동은 항상 공식적인 내부 소통만 다루는 것이 아니라 대내 및 대외, 공식 및 비공식, 서면 및 구두 활동을 모두 포함한다. 잘못된 의사 전달이나 소통을 방지하기 위해서는 의사소통 매체나 방법을 신중하게 선택해야 한다.

3.7 프로젝트 리스크관리의 이해

프로젝트에서 이미 발생된 사건들을 '이슈' 혹은 '문제'라고 하며, 잠재적으로 발생 가능한 사건은 '리스크'라고 한다. 리스크는 발생 가능한 사건이므로 사건이 발생한 후에 대응이나 조치를 취하는 것이 아니라 사전에 선제적 대응을 통해서 미리 리스크를 제거하거나 완화하는 노력이 바로 프로젝트 리스크관리이다. 물론 오늘날의 개념에서 리스크의 정의는 위협과 기회를 모두 포함하고 있기에 위협은 줄이고 기회는 높이는 노력이 리스크관리의 보다 정확한 개념이다. 길을 건널 때, 아무 곳에서 무단횡단하지 않고 횡단보도에서 신호가 바뀐 후에 좌·우측을 살피면서 건너는 행위도 바로 리스크 관리다. 우리는 이미 도로상에 교통사고라는 리스크가 존재함을 알고 있으며, 이에 대한 사전 대응으로 횡단보도 이용이나 좌우를 살피는 행위로 리스크를 줄이는 리스크관리 활동에 익숙하다.

좀 더 구체적인 리스크관리 활동의 예를 들면 다음과 같다. 가족들이 히말라야로 여행을 계획하고 있으며 각종 계획을 수립하고 준비를 하는 상황이라고 가정한다. 숙소 예약에 실패하거나 수준이 낮은 숙소를 예약할 수 있는 상황에 대비하여 조금 더 조기에 인터넷에서 숙소를 검색하여

[그림2-14] 프로젝트 리스크관리

비교하고 예약을 시도할 수 있다. 그리고 여행 중에 고산병으로 고통이 심해서 여행을 망칠 수 있는 가능성에 대비하여 예방주사를 맞거나 미리 고산병 약을 복용하는 일도 있을 것이다. 또한 현지 치안이 불안해서 발생할 수 있는 안전 문제도 미리 생각해 볼 수 있겠다. 여행을 떠나 즐거운 시간을 보내는 중에도 현지에서 새롭게 예상되는 리스크를 생각해서 사전에 대비해야 한다. 예를 들면, 현지 기온이 예상보다 낮아서 감기에 걸릴 가능성이 있다면 사전에 그 가능성을 식별하고 감기약 복용이나 추가 옷 구매 등으로 대비해야 할 수 있다. 기존의 예방주사나 약을 복용했지만 결과적으로 효과가 없거나 적을 경우에는 새로운 대응으로 현지에서 판매하는 고산병 약을 복용할 수도 있겠다.

　이러한 내용을 리스크관리업무 프로세스를 중심으로 다시 설명하면 다음과 같다. 먼저 리스크관리를 수행하기 위해서는 그 방법과 기준을 정해야 한다. 예를 들면, 리스크의 크기를 분석할 때 사용되는 확률과 영향의 척도를 '높음, 보통, 낮음'의 세 단계로 할 것인지 아니면 '매우 높음, 높음, 보통, 낮음, 매우 낮음'의 다섯 단계로 할지를 결정하여야 한다. 아울러 '높음'이나 '낮음'이 어느 정도 수준의 리스크를 의미하는지 등을 사전에 결정해야 한다. 이러한 리스크관리 방법과 기준을 정하는 것이 바로 '리스크관리계획 수립'이다. 리스크관리계획이 수립되면 이를 기준으로 본격적인 리스크관리를 계획하는데 그 처음은 '리스크 식별'이다. 리스크 식별은 프로젝트에 발생 가능한 잠재적 리스크를 찾아내는 것으로, 여행 프로젝트에서 예상되는 숙소 예약의 실패 가능성이나 고산병으로 인한 고통, 현지 치안 불안 등을 예상하는 리스크 목록을 만드는 것이 바로 리스크 식별이다. 이렇게 식별된, 예약 실패, 고산병 발병, 현지 정국 불안 등의 모든 리스크에 대비하여 사전에 대응 방안을 수립하여 실행한다면 여행 프로젝트는 그야말로 안전하게 진행될 것이다. 그러나 현지 정국 불안으로 내전 등이 발생할 가능성은 매우 낮음에도 불구하고 이에 대비하여 방독면이나 비상식량까지 준비한다면 불필요한 낭비가 될 것이다. 이런 낭비를 줄이기 위해서 각 리스크의 크기를 분석하여 우선순위를 정하고 상대적으로 상위에 해당하는 리스크들에 대해서만 대응 방안을 계획한다. 이 분석 활동이 바로 '정성적 혹은 정량적 리스크 분석'이며, 분석 결과 우선순위가 높은 리스크들에 대해 사전 대응 방안을 마련하는 것이 '리스크 대응계획 수립' 업무 프로세스이다. 리스크 대응 방안은 프로젝트 계획에 반영하여 계획되며, 추후에 이 계획대로 실행에 옮기는 것이 '리스크 대응실행'이다. 이러한 프로세스들이 프로젝트 초기에 한 번 이루어지는 것이 아니라 프로젝트 진행과 함께 반복적으로 수행하게 된다. 프로젝트를 진행하는 동안에 그 환경과 상황에 따른 새로운 리스크를 식별해 내고, 기존의 대응 방안에 대한 효과가 있었는지 확인하여 새로운 대응 방안을 마련하거나, 기존 리스크에 변화가 있었는지를 파악하여 이를 프로젝트 성과와 통합 조정하는 차원에서 시정조치를 포함한 변경요청을 하는 것이 바로 '리스크 감시'이다.

　모든 프로젝트는 태생적으로 불확실성을 갖기에 리스크가 존재한다. 조직은 해당 리스크를 감내한 대가로 얻는 보상의 정도를 판단하여 균형을 이루면서 가치를 창출하기 위해 프로젝트 리스크관리를 한다. 일정관리나 원가관리 등에서도 리스크를 관리하지만 프로젝트 리스크관리는 프로젝트 관리 전체에 대한 통합적인 측면에서 리스크를 식별하고 관리하는 데 중점을 둔다. 리스크는 프로젝트 전체 라이프 사이클 동안에 지속적으로 나타나기에 프로젝트 리스크관리업무는 반복적 혹은 주기적으로 수행해야 한다.

3.8 프로젝트 조달관리의 이해

프로젝트를 수행하는 과정에서 필요로 하는 자재, 장비, 혹은 인력 등은 모두 프로젝트 조직에서 제작하거나 조달할 수 없다. 그러므로 자체 조달이 어려운 것은 프로젝트 팀의 외부로부터 구매하거나 조달하여야 한다. 물론 외부로부터 조달을 할 경우는, 생산 시설이 없거나 기술적 문제 등과 같이 자체 제작이나 조달이 어려울 경우도 있지만, 자체 조달보다는 외부 조달이 원가를 줄일 수 있는 환경일 때도 가능하다. 또한 자체 제작보다는 외부 조달이 리스크를 줄일 수 있는 경우도 포함될 수 있다. 경우에 따라서 조달 업무는 프로젝트 전체 혹은 일부를 외부 업체에 하청을 통해 수행할 수도 있다. 프로젝트 조달관리는 프로젝트 전체나 일부를 외부 조직에 의뢰하는 외주관리, 장비나 재료 등을 단순히 구매하는 구매관리, 조달 업체와의 관계를 관리하는 계약관리를 모두 포함한다.

가족 여행 프로젝트의 예로 돌아가서 설명하면 다음과 같다. 해외여행을 위해 여행사의 패키지를 통째로 구매하는 방법도 있고, 모든 것을 스스로 준비하는 자유 여행도 있기에 사전에 어떤 방식으로 여행할 것인지를 결정해야 한다. 만일 자유 여행으로 계획한다면 구매 조달해야 할 것들이 많아진다. 항공권, 숙소, 교통, 입장료뿐만 아니라 개인 용품

[그림2-15] 프로젝트 조달관리

까지 구매해야 한다. 이처럼 여행을 가기 전에 먼저 계획해야 할 것이 바로 '어떤 것을 구매해야 할 것인지'를 결정하는 것이다. 아울러 어디서 어떤 방법으로 구매해야 할지도 결정해야 한다. 여행 패키지 상품, 여행용 가방, 여행 보험 상품 등과 같이 조달해야 할 사항을 결정해서 문서화하고 언제, 얼마의 수량을, 어떻게 조달할 것인지에 대한 방법과 유력한 판매자를 미리 알아두는 것이 '조달관리계획 수립'이다.

만일 패키지 여행을 가기로 결정했다고 가정하면, 어떤 여행 업체들이 있는지 파악하고 그들로부터 여행 상품 내역과 가격 견적을 받아보고 비교한 후에 업체를 결정한다. 업체를 선정하는 과정을 통해 계약을 체결하고 계약서에 서명하는 과정이 바로 '조달 수행' 업무 프로세스이다. 여행 프로젝트에서도 조달해야 할 것이 하나만은 아니다. 새롭게 여행 가방을 장만해야 하거나 여행 보험 상품도 구매해야 하듯이 구매할 것들이 다양하다. 구매해서 조달해야 할 것들은 여행 프로젝트 라이프 사이클 동안에 계획한 시점에 맞춰 업체를 조사하고 선정하여 구매하여야 한다.

마지막으로, 조달 업무 프로세스는 '조달 통제'로, 조달 관계 관리 및 계약 이행 감시, 그리고 필요시 변경 요청을 수행하고 최종적으로 계약을 종결하는 업무이다. 우리는 가족 여행을 위해 여행업체가 계획대로 출발할 수 있게 진행하고 있는지 확인하는 일부터 여행 동안에 제공하기로 된 서비스를 모두 제공하는지 등을 모두 감시해야 하며, 제대로 이행되지 않을 경우에 항의 또는 계획 변경을 요구할 수도 있다. 또한 그들이 계약금, 잔금, 가이드 비용 등과 같이 대금을 요청하면 이를 지불하는 행위도 조달 통제에 해당하며, 이들 행위를 계약관리라고 부르기도 한다.

프로젝트 관리자는 직접 조달 업무를 수행하지는 않지만 계약 관계에 대한 적절한 의사결정을 위해 조달 업무 프로세스에 대해 잘 알고 있어야 한다. 프로젝트 관리자는 모든 조달이 프로젝트에서 요구되는 사항들을 만족하도록 관리해야 하며 조달 전문가와 협력하여 조직의 조달 정책에 준하는 적절한 조달을 수행해야 한다.

PART 3

프로젝트 기획

1. 프로젝트 착수

프로젝트를 수행하기 위해서는 인력과 자금이 투입되어야 한다. 이를 위해서는 프로젝트 스폰서 혹은 경영층으로부터 공식적인 승인을 받아서 조직의 공식 프로젝트로 등록되어야 한다. 일반적으로 프로젝트를 공식적으로 승인 받는 과정을 프로젝트 착수라 한다. 미국 프로젝트 관리 협회(PMI)의 프로젝트 관리 지침서 등과 같은 일부 프로세스 중심의 프로젝트 관리 방법에서는 착수를 기획 이전에 수행하는 별도의 업무로 구분하고 있으나 본서에서는 기획이라는 큰 틀에서 전개하기로 한다.

프로젝트를 시작하게 되는 계기는 여러 가지가 있다. 시장에서 수요가 예상되어 제품을 개발하는 경우, 전략적 혹은 사업상 필요에 의해 시작하는 사업의 경우, 고객의 요청에 의해 계약을 체결하여 수행하는 경우, 기술의 발전에 맞추기 위한 제품이나 법적인 요건을 맞추기 위한 사업 등으로 다양하다. 이들은 크게 내부 프로젝트와 수주와 계약에 의한 외부 프로젝트로 구분할 수 있다. 외부 프로젝트는 계약이 성립되어 프로젝트를 당연히 수행해야 하기에 공식적 착수의 의미가 상대적으로 미약하지만 내부 프로젝트의 경우에는 공식적 승인이 필수적이다.

계약에 의한 프로젝트도 사전에 사업성 분석 등을 통해 입찰이나 제안에 참여할 것인지 여부를 판단하기도 하여 이를 프로젝트 관리의 일부로 다루기도 한다. 또한 내부 프로젝트의 경우에는 타당성 조사나 예비 분석 등의 사업성 분석을 통해 프로젝트 착수 여부를 결정하거나 기타 조직 내부 절차에 따라 상품 기획이나 제품 기획의 결과를 통해 착수가 결정되기도 한다. 간단한 프로젝트의 경우에는 경영자의 결정에 의해 구두로 시작되는 경우도 있다. 이렇게 다양한 프로젝트 착수 절차들이 존재하지만 가장 일반적인 절차는, 사업에 대한 비즈니스 케이스(Business Case)를 개발하여 사업 타당성을 판단하고 이것을 토대로 프로젝트를 공식 승인하는 프로젝트 헌장(Project Charter)을 발행하는 방법이다. 비즈니스 케이스는 의사결정권자에게 합리적으로 잠재적 사업의 투자에 대한 사업 가치를 판단하도록 하는 타당성 연구 자료이다. 경영층은 이 자료를 기반으로 프로젝트 착수 여부를 결정하여 프로젝트 헌장을 발행할 수 있다.

프로세스 중심의 프로젝트 관리 지침서 등에서는, 착수 업무가 프로젝트 착수와 프로젝트 라이프 사이클의 각 단계에 대한 착수 업무를 모두 포함하는 개념이다. 이 경우에 프로젝트 초기에 프로젝트를 공식 승인하는 것도 착수이지만 프로젝트 라이프 사이클의 각 단계의 시작에서 해당 단계의 착수를 승인하는 업무도 착수 프로세스로 정의할 수 있다. 단계의 착수는 이전 단계의 종료를 포함하여 초기 프로젝트 착수의 승인 내용을 다시 검토하여 다음 단계에 반영할 수 있게 하는 것이며, 초기 프로젝트에 검토된 내용들이 현재 단계에서 만족스럽지 못할 경우에는 프로젝트 단계의 착수를 미루거나 프로젝트를 중단할 수도 있다.

프로젝트 비즈니스 케이스

모든 프로젝트는 구상에서부터 시작한다. 그 구상을 프로젝트 범위 안에 포함시킬 것인지, 아니면 프로젝트 착수 이전의 별도 작업이나 별도 프로젝트로 제외시킬 것인지는 각자 결정해야 할 것이다. 구상을 통해 새로운 프로젝트의 아이디어가 출현하지만, 이들 아이디어가 모두 프로젝트로 실행되는 것은 아니다. 프로젝트 실행을 위해서는 자원과 자금이 소비되기에 프로젝트로부터 얻을 수 있는 편익이 무엇인가를 파악하여 판단하여야 한다. 이를 위해 프로젝트의 목표나 문제점, 그리고 그로부터 얻을 수 있는 이익 등을 파악하고 비교하여야 한다. 이들 작업은 일반적으로 프로젝트 이전 단계에서 수행하며, 조직의 전략을 이행하기 위한 수단으로 전략적인 방향과 일치되는 프로젝트를 선정하는 과정이다. 일부에서는 프로젝트 포트폴리오 관리 측면에서 이들 후보 프로젝트들을 분석하고 평가한다. 이와 같이 프로젝트를 실행에 옮기기 위해서는 프로젝트 스폰서가 비즈니스 케이스(Business Case)를 의뢰하게 되며, 조직의 경영진은 비즈니스 케이스를 통해 프로젝트의 범위와 가치를 정하고 후보 프로젝트가 투자에 적합한지에 대한 사업성을 평가하게 된다.

이처럼 비즈니스 케이스는 사업의 경제성을 중심으로 정리된 타당성 분석 자료로서 사업에 대한 정의가 구체화되지 않고 명확하지 않은

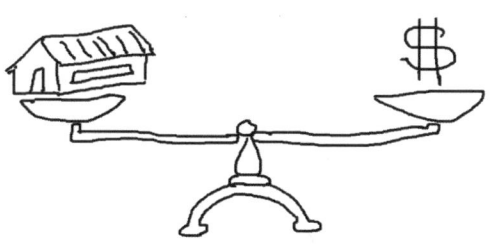

상황에서 사업의 각 요소들이 제공할 편익의 타당성을 확인하고 프로젝트 수행을 승인하기 위한 기초로 사용된다. 비즈니스 케이스에는 다음과 같은 내용들을 포함하며, 이 내용을 토대로 분석하고 명확하게 평가되어야 한다.

- 프로젝트 목적
- 해결되어야 할 문제나 이슈
- 프로젝트 결과로부터 획득할 편익
- 주요 요구사항
- 예비 프로젝트 범위
- 예상되는 리스크와 기회
- 사업 경제성 분석

여기서 프로젝트 목적은 프로젝트의 최종 결과물이 무엇인지를 설명하며, 해결되어야 할 문제나 이슈라는 것은 프로젝트를 통해 해결되기를 기대하는 문제나 이슈에 대한 설명이다. 프로젝트 편익은 프로젝트로부터 얻을 수 있는 유형이나 무형의 이익을 의미하며, 주요 요구 사항에는 이해관계자들의 제품에 대한 요구나 기술적인 요구 사항뿐만 아니라 관리적인 요구 등의 모든 주요 요구를 포함한다. 예비 프로젝트 범위에는 포함되어야 할 작업과 제외되어야 할 작업을 명시하는데, 주로 최종 결과물을 산출하는데 요구되는 작업들을 결정하게 된다. 예상되는 리스크와 기회는 부정적인 결과를 초래할 수 있는 잠재적인 주요 리스크와 긍정적인 결과를 초래할 수 있는 기회 요인을 평가하여 위협 요인보다 기회 요인의 점수가 더 많은지 분석한다. 마지막으로 경제성 분석에는 비용 대비 편익 분석이나 투자수익률 등에 대한 분석을 포함한다.

비즈니스 케이스는 사업에 대한 재무적 평가와 함께 프로젝트에 대한 타당성을 입증할 수 있기에 일반적으로 새로운 프로젝트를 승인 받기 위해서는 비즈니스 케이스가 필요하다. 그러나 비즈니스 케이스에 포함되는 분석 자료의 정확성에 대한 문제나 사업 선정을 위해 리스크 분산을 고려한 프로젝트 포트폴리오 등은 비즈니스 케이스의 결과에 대한 신뢰 여부를 유발한다. 또한 리스크를 감내하더라도 혁신적인 사업을 시도하는 경우에도 비즈니스 케이스는 의미 없는 과정이 될 수 있다. 그러나 비즈니스 케이스가 해당 사업의 진행을 결정하는 일반적인 방법으로 유용하기에 적절한 전략적 의사결정이 함께 이루어져야 한다.

프로젝트 헌장

프로젝트 헌장(Project Charter)이란, 사업 수행을 위한 프로젝트 선정을 공식적으로 승인해주는 문서이며, 프로젝트 관리자를 임명하면서 프로젝트 관리자에게 조직의 인력과 자금을 사용할 수 있는 권한을 부여하는 문서이다. 프로젝트 헌장이 발행되어 프로젝트를 공식적으로 착수하기 위해서는 프로젝트 관리자가 함께 임명되어야 한다. 이는 상징적인 요식 행위가 아니라 추진할 프로젝트의 내용과 조건을 프로젝트 관리자에게 명확히 전달할 수 있는 방법이다.

프로젝트 헌장은 주로 프로젝트 관리자의 상급자인 경영층이나 스폰서 등이 발행하여 프로젝트 관리자에게 수여하는

것이 원칙이다. 그러나 경우에 따라서는 프로젝트 관리자가 먼저 임명되고 경영층의 지시에 의해 프로젝트 관리자가 이를 작성하여 경영층에게 승인을 받는 경우도 많이 있다. 국내의 경우에는 과거부터 프로젝트를 승인 받기 위해 개발계획서 혹은 추진계획서 등의 다른 명칭을 가진 문서를 품의서로 작성하여 경영층으로부터 승인을 받는 것이 일반적이다. 즉, 프로젝트 헌장은 프로젝트 승인을 받기 위한 품의서라고 생각하면 된다.

프로젝트 헌장에는 프로젝트에 대한 개괄적인 내용과 프로젝트를 통해 산출하려는 결과물에 대한 정보를 기술하며 다음과 같은 내용들을 포함할 수 있다.

- 프로젝트 목적
- 프로젝트 목표
- 개괄적 프로젝트 설명
- 프로젝트 범위 개요 및 주요 인도물
- 주요 요구사항
- 프로젝트 성공 기준 및 승인 기준
- 목표 일정 혹은 마일스톤 일정
- 승인된 예산 규모
- 주요 리스크
- 프로젝트 완료 조건 및 기준
- 임명된 프로젝트 관리자 이름 및 권한

프로젝트는 내부적인 사업 요구나 외부의 요청 혹은 영향으로 인해 착수되며, 이를 위해 타당성 분석서, 사업 요구 분석서, 비즈니스 케이스 등을 작성하고 이를 토대로 프로젝트 착수를 결정하면 프로젝트 헌장을 통해 프로젝트 내용을 개괄적으로 작성하여 발행함으로써 조직에 공식적으로 프로젝트로 등록되는 것이다. 프로젝트 헌장에 명시된 프로젝트 관련 내용은 향후 프로젝트 관리자에 의해 프로젝트 계획을 수립하기 위한 지침과 기본 정보가 된다.

프로젝트 헌장 (Project Charter)	
프로젝트 이름 : PM 실무 교육 과정 개발	프로젝트 번호 : S1744

프로젝트 설명

프로젝트 개요

교육사업부는 인력관리부의 요청으로 금년 말까지 PM 실무 교육 과정을 개발한다. 교육사업부가 개발한 교육 과정의 운영은 인력관리부로 이관되어 운영된다. 이 과정은 사내 프로젝트관리 교육의 첫번째 과정이 될 것이다.

프로젝트 목표

2010년부터 사내 직원을 교육할 수 있는 PM 실무 교육 과정을 개발한다.

프로젝트 범위

교육 수강자용 교재 및 강사 교육 매뉴얼, 웹 기반의 교육 전 소개 및 운영 시스템 개발

프로젝트 예산

35,000,000원

역할과 책임

프로젝트 스폰서 : 김OO	프로젝트 관리자 : 박OO
주요 팀원 : 김xx, 이xx, 최xx, 정xx	

프로젝트 정보

주요 인도물

교육 교재, 강사 매뉴얼, 프레젠테이션 슬라이드, 사례 연구

가정 및 제약 사항

- 교재 개발을 위해 외부 인력을 이용하지 않는다.
- 운영시스템을 시스템개발부에서 개발한다.
- 교육 과정 교재는 ¾분기 내에 완료한다.

주요 리스크 및 기회 요인

사내 개발 인력의 전문성이 낮아 교육 과정의 품질이 저하될 수 있다.

프로젝트 인수 기준

과정 교재 및 시스템이 시범운영팀의 승인을 받아야 한다.

[그림3-1] 프로젝트 헌장 사례

2. 프로젝트 계획 수립

2.1 계획의 점진적 구체화

프로젝트 계획서는 프로젝트 팀원들의 프로젝트 수행에 필요한 기준이 되는 것은 물론이며, 모든 이해관계자 사이의 프로젝트에 대한 이해를 공유하기 위해 공식적으로 승인된 계획이 수립되어야 한다. 프로젝트 계획은 프로젝트를 실행하고 통제할 수 있는 기준과 지침이 되므로 구체적이고 실현 가능한 목표를 설정하여 경영층을 포함한 이해관계자의 참여를 촉진할 수 있다. 계획은 프로젝트 성과 측정의 기준으로 이 계획을 공유한다는 것은 의사소통의 도구로 이용한다는 의미로서 이해관계자 사이의 적절한 의사소통의 장이 될 수 있다.

프로젝트 계획은 어느 한 순간에 상세하게 작성되기는 어렵다. 과거에 많은 경험이 있는 유사한 프로젝트의 경우에는 기존에 수립되었던 계획을 토대로 일부 수정하는 정도의 노력으로 쉽게 상세 계획을 작성할 수 있다. 그러나 경험이 없고 불확실성이 큰 신규 프로젝트의 경우에는 처음부터 상세 계획을 수립하기는 어렵다. 모든 프로젝트들은 고유성이 있음

> **프로젝트 계획의 기본 사항**
> - 실행을 위한 안내서이며 지침서이다.
> - 프로젝트 이해관계자 사이의 의사전달 체계이다.
> - 범위, 일정, 원가의 상충되는 세 요소에 대한 적절한 균형이 필요하다.
> - 여러 대안을 선택하기 위한 의사결정과 문서화의 결과물이다.
> - 계획 수립 과정에서 가정한 모든 사항을 문서화하여야 한다.
> - 진도 및 성과 측정으로 통제를 위한 기준을 설정하는 것이다.
> - 계획의 내용과 상세 정도를 결정하기 위한 관리의 변수를 고려한다.

으로 태생적으로 불확실성을 보유하기에 계획 수립 과정은 점진적인 구체화를 통해서 이루어진다. 1961년 6월에 미국의 케네디 대통령이 의회에서 연설한 내용에는 다음과 같은 한 마디가 포함되어있다. "우리는 이 나라에서 10년 내에 5억3천1백만 달러의 예산으로 인간을 달에 착륙시키고 안전하게 귀환하는 목표를 달성할 수 있을 것으로 믿는다." 이 연설의 배경에는 과거 소련이 인류 최초로 유인 우주선을 발사하여 지구 밖으로 비행하고 귀환하는 역사적 사건에 대한 미국의 대응이었다. 이 연설의 한 마디가 결국에는 인류 최초로 인간이 달에 착륙한 거대한 아폴로 프로젝트의 시작이었던 것이다. 이와 같이 대형 프로젝트조차도 간단한 착수 개념에서부터 시작하여 상세 계획으로 점진적 구체화 과정을 거치는 것이다.

제주도로 가족 여행을 가는 프로젝트를 다시 상상해보면, 프로젝트의 시작은 부모가 제주도로 가족 여행 갈 것을 먼저 결정하게 된다. 이후에 여행 시기가 결정되고, 여행기간, 이동 방법, 숙박 시설 등이 점차 결정된다. 또한 제주도에서 어떤 관광지를 갈 것인지, 어떤 음식을 먹을지 등을 점진적으로 결정한다. 그 과정에서 예산이나 조건 등을 고려하여 조

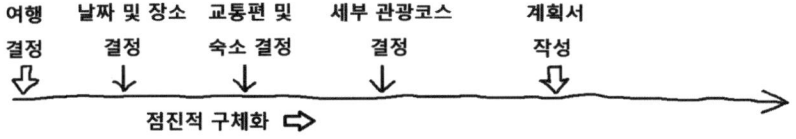

[그림3-2] 계획의 점진적 구체화

정해가며 계획을 수립하게 된다. 이렇듯이 모든 프로젝트는 착수에서 시작하여 점진적으로 구체화되는 계획 수립 과정을 거친다.

2.2 계획 수립 과정과 결정 사항

프로젝트는 의사결정권자의 공식적인 승인이 이루어져야 비로소 조직에 등록이 되며 프로젝트 승인을 전후해서 프로젝트 관리자가 임명된다. 임명된 프로젝트 관리자는 프로젝트의 공식 승인으로 예산과 인력을 집행할 수 있는 권한이 부여된다. 비즈니스 케이스 혹은 타당성 조사 등을 통한 프로젝트 선정 및 프로젝트의 공식 승인을 위해 수행하는 일련의 과정들을 프로젝트 착수라고 부르기도 한다. 그러나 프로젝트 승인과 같은 착수는 항상 공식적으로 발생하는 것이 아니고 일부 프로젝트에서는 이미 고객과 계약을 체결하여 공식적으로 프로젝트를 시작하는 경우도 있고, 때로는 경영자의 구두 지시로 시작되는 경우도 있다. 그래서 본서에서는 착수 업무를 별도로 다루지 않고 계획 수립을 위한 일련의 과정으로 설명한다.

프로젝트 계획을 수립하는 절차는 일반적인 계획 수립 절차와 다름이 없다. 다만 프로젝트의 각 전문 분야 담당자의 노력과 함께 프로젝트 관리자의 통합적 노력이 요구될 뿐이다. 계획 수립의 시작은 프로젝트에 대한 정보 분석이다. 가장 먼저 프로젝트의 목표를 정하고 이 목표와 함께 달성해야 할 전체적인 범위를 결정한다. 이 과정은 이미 경영층이나 고객에 의해 정해지기도 하지만 프로젝트 관리자는 이해관계자들의 요구와 기대를 반영하고 프로젝트 환경 및 영향 요인들을 고려하여 결정한다. 프로젝트 초기에 결정되는 이들 내용에는 고객에 대한 정의, 프로젝트 목표, 주요 범위, 주요 가정 및 제약, 개략적인 예산 규모, 프로젝트 산출물, 프로젝트 단계, 목표 일정, 주요 리스크, 초기 조직 등을 포함한다.

프로젝트 정보 분석으로 전반적인 목표와 범위가 확정되면 프로젝트 세부 분야별로 계획 작성을 시작한다. 해당 분야의 담당자나 리더에 의해 상세 작업 범위, 일정, 원가, 인력 계획을 수립하며 리스크나 품질에 대한 계획도 추가할 수 있다. 수립된 세부 계획은 프로젝트 관리자가 취합하여 통합하는 과정을 거친다. 프로젝트 각 직능 분야가 원하는 계획으로 조정하고 균형을 이루도록 하는 통합적 노력을 우선적으로 수행한 후에, 최종 확정은 기획 회의나 킥오프 회의를 통해 토의하고 조정을 통해 결정한다. 확정된 계획은 고객 혹은 경영층의 승인을 받은 후에 적절한 내용을 프로젝트 팀원 및 이해관계자에게 배포한다.

확정된 계획은 프로젝트를 진행하면서 프로젝트 환경의 변화, 프로젝트 진척 및 성과, 각종 경험 및 지식의 활용 등을 고려하여 보완되거나 수정될 수 있다. 다만 계획의 수정은 내부에 규정된 변경관리절차에 따르

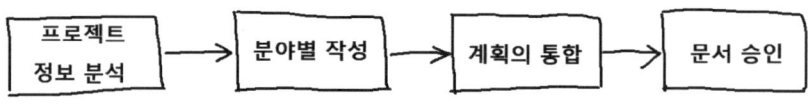

[그림3-3] 계획수립절차

며 최종적으로 승인권자의 승인을 받아 변경 내용을 전파하고 그 변경이 이행되고 있는지 확인하는 과정으로 실행된다.

또한 계획이 계획으로서 역할을 다하기 위해서는 모든 계획 수립에 공통적으로 적용되는 SMART 계획 법칙을 프로젝트 계획 수립에서도 적용되어야 한다. 잘 알려진 SMART 계획 법칙이란, 구체적인(Specific), 측정 가능한(Measurable), 달성 가능한(Achievable), 현실적인(Realistic), 시간 제약적인(Time-limited)의 영문 첫 글자를 모아서 이름 붙인 계획 수립의 정석을 표현한 것이다.

구체적인(Specific)

모호하고 불명확한 계획보다 명확하고 구체적인 계획을 세워야 한다. '금년 말까지 이 프로젝트를 완료하겠다.'는 표현보다는 구체적인 완료 날짜는 물론이고 구체적으로 수행할 주요 작업의 완료 날짜나 세부적인 작업들에 대한 일정을 명시해야 한다.

측정 가능한(Measurable)

프로젝트 결과물이나 중간 산출물들에 대한 완료 여부를 검증할 수 있도록 측정 가능한 목표나 계획이 수립되어야 한다. 프로젝트에서 작업이나 범위를 달성했는지 여부를 평가하기 위한 인수 기준이나 승인 기준 등이 측정을 가능하게 한다.

달성 가능한(Achievable)

프로젝트는 제한된 시간과 자원 혹은 예산을 바탕으로 수행한다. 프로젝트 조직이 보유한 가용 자원, 여건, 시간, 환경 등을 고려하여 이들 제약하에서 프로젝트를 수행하더라도 달성 가능한 계획을 수립한다.

현실적인(Realistic)

너무 거창하거나 실현이 어려운 계획보다는 현실적인 계획을 수립한다. 기술적으로 구현하기 어려운 결과물이나 너무 많은 요구사항을 모두 포함시키는 프로젝트 결과물은 현실적이지 못하다.

시간 제약적인(Time-limited)

설정된 목표와 계획은 반드시 마감 시한을 정해야 한다. 프로젝트는 한시적인 노력으로 종료 시점을 명확히 목표로 정하여야 하며, 이 목표를 달성하기 위한 구체적인 시간 목표도 수립되어야 한다. 이러한 시간적 제약을 극복하기 위한 범위, 예산, 자원 등에 대한 계획도 함께 통합 조정되어야 한다.

2.3 프로젝트 계획서의 구성

프로젝트 계획서에 포함되는 내용은 응용 분야나 조직마다 상이하다. 또한 프로젝트 계획이 점진적 구체화를 통해 개략적인 계획에서 상세한 계획으로 점차 작성되기에 그 내용 구성도 점진적으로 달라질 수 있다. 프로젝트 계획을 이해하기 위해서는 프로젝트 기준선 혹은 베이스 라인이라는 개념을 이해해야 한다. 프로젝트 기준선이란 프로젝트 실행 동안에 성과를 측정하기 위한 목표로 설정된 기준 계획을 의미한다. 예를 들면, 프로젝트 초기에는 프로젝트가 완료되어야 할 종료일이라는 목표 날짜만 결정된다. 이후에 계획이 점진적으로 구체화되면서 이 목표 완료일을 달성하기 위한 중간 마일스톤이 확정되고, 이를 토대로 마스터 일정이라고 하는 대일정 계획이 바차트로 확정된다. 이 대일정 계획은 다시 세부적인 작업 활동으로 분할되어 상세한 바차트로 계획되고, 이를 토대로 작업 활동들 사이에 작업 순서를 표시하는 의존관계까지 확정되면 일정 계획으로 완성이 된다. 이렇게 완성된 일정 계획도 프로젝트의 제품 사양, 환경이나 수행 방법 등 다양한 요인들로 인해 구체화와 수정이 계속될 수 있다. 언제까지 일정 계획의 수정과 구체화를 계속할 수 없으므로 어느 시점에서는 그 계획을 목표 계획으로 확정 승인하여야 한다. 이렇게 확정 승인된 계획을 기준선이라 하며 확정된 기준선은 함부로 변경 수정할 수 없다. 기준선을 변경하기 위해서는 변경절차를 통해 승인권자의 승인을 받아서 변경할 수 있다. 기준선으로 확정된 시점부터는 그 계획을 기준으로 하여 프로젝트의 성과가 좋고 나쁨을 측정하게 된다.

 범위 계획이나 원가 계획 또한 점진적 구체화 과정을 거쳐 특정 시점에서 기준선으로 확정 승인된다. 기준선에는 범위 기준선, 일정 기준선, 원가 기준선이 있으며, 이들 기준선을 합쳐서 프로젝트 기준선이라고 한다. 이와 같이 프로젝트 계획서의 구성은 점진적으로 구체화되어 다르게 구성될 수 있지만 [그림3-5]에서는 확정된 기준 계획의 경우에 대한 두 가지 프로젝트 계획서의 예를 표현한다. 프로젝트 기준 계획에 대한 설명은 뒤에서 상세히 설명한다.

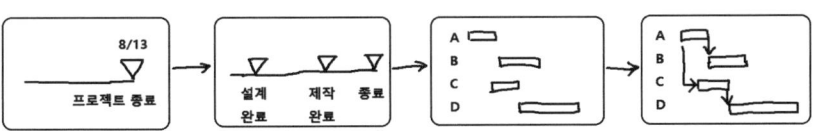

[그림3-4] 일정기준선 확정 과정

프로젝트 계획서	프로젝트 계획서
• 프로젝트 기준선 　- 범위기준선 　- 일정 기준선 　- 원가 기준선 • 보조 관리 계획서 　- 범위관리계획 　- 일정관리계획 　- 원가관리계획 　- 품질관리계획 　- 자원관리계획 　- 의사소통관리계획 　- 리스크관리계획 　- 조달관리계획 • 기타 계획 　- 변경 및 형상관리계획 　- 프로젝트 라이프 사이클 　- 개발 방식	• 프로젝트 헌장 • 프로젝트 관리 접근방법 및 전략 • 프로젝트범위기술서 • 작업분류체계(WBS) • 예산 산정, 일정 및 책임 할당 • 범위, 일정, 원가기준선 • 주요 마일스톤과 완료일자 • 핵심 기술 인력 및 원가 • 세부 관리계획 　- 범위, 일정, 원가 관리계획 　- 품질, 인적자원, 의사소통, 　 위험, 조달 관리계획 • 이슈 및 미결사항

[그림3-5] 프로젝트 계획서의 구성 예

2.4 프로젝트 착수 회의

프로젝트 착수 회의(Kick-off Meeting)의 착수는 영어로 'Kick-off'라고 하며, 축구에서 경기를 시작하는 것과 같은 개념이다. 다만 프로젝트 시작 회의라 부르지 않고 착수 회의라고 부르는 까닭에 프로젝트 착수 회의가 프로젝트 착수와 관계하는 것으로 혼동할 수 있다. 프로젝트는 계획과 실행의 단계가 명확히 구분되는 것이 아니고 중첩되기에 계획이나 실행 중에 어떤 특정 프로세스와 관계한다고 정의하기 어려우며, 특히 프로젝트 착수 회의의 목적이 일부 조직마다 다르게 적용되기에 어느 시점에 수행해야 할지는 정하기 어렵다. 다만 프로젝트 착수 회의는 프로젝트 실행의 시작을 알리는 회의임에는 틀림없다. 프로젝트 착수 회의는 범위기술서를 비롯한 프로젝트 상세 계획을 승인 받고 팀을 구성하여 프로젝트가 시작되었음을 널리 알리는 것이다. 프로젝트 착수 회의는 다음과 같은 내용을 포함한다.

- 프로젝트 팀 구성원을 소개하고 서로 인사하는 자리가 된다. 프로젝트 스폰서가 프로젝트 관리자를 소개하는 자리가 될 수도 있고, 이미 프로젝트 관리자가 임명되었다면, 고객이나 공급 업체까지 소개하는 기회가 될 수 있다.
- 프로젝트의 명확한 목적과 목표, 그리고 비즈니스나 회사 전략과의 연계성을 설명한다.
- 모든 구성원들이 프로젝트에 대해 사명(Commitment)을 다짐하는 시간이 되도록 한다.
- 중요한 역할과 책임을 정의하거나 정보 소통 채널을 구축하고, 팀 헌장과 같은 팀이 함께 일할 때 지켜야할 규칙 등을 정할 수 있다.

- 프로젝트 착수 회의의 가장 중요한 목적은 프로젝트 계획을 검토하는 것으로, 프로젝트 각 부문의 상세 계획을 각자 발표하고 내용을 협의 조정하여 통합적 계획의 완성도를 높인다.

이와 같이 프로젝트 착수 회의는 다양한 활동과 결정이 수행되는 과정이므로 프로젝트에 따라 많은 시간이 소요되는 경우도 있기에, 일부 조직에서는 착수 회의를 여러 차례 개최하는 경우도 있다. 착수 회의를 통해 이해관계자들과 팀원들이 프로젝트를 정확하게 이해하고 참여를 통한 책임 의식을 갖게 되어 결국에는 팀의 단결과 성과를 얻을 수 있기에 회의에 투자하는 시간과 노력은 많은 대가를 담보한다.

3. 프로젝트 기준 계획

프로젝트 계획을 구성하는 핵심적인 내용은 범위, 일정, 원가에 대한 계획이다. 이 세 가지 계획은 프로젝트 목표와 연결되며 이 목표의 달성 여부가 곧 프로젝트 성패를 좌우한다. 그러므로 프로젝트를 실행하는 동안에 성과를 측정하는 기준 계획인 프로젝트 기준선에 이들 세 가지 기준선이 포함된다. 계획을 수립하는 과정은 어느 것이 먼저 작성되어야 하는지 명확하지는 않으나 일반적으로 수행해야 할 범위를 먼저 정하고 이어서 그 범위를 수행하기 위한 일정이 계획되며 이후에 그 일정 작업들의 원가를 산정하여 예산을 편성하는 것이 일반적이다. 만일 범위가 줄어들거나 늘어난다면 그 변경된 분량의 업무만큼 일정도 변경되고 원가 예산도 변경해야 하기 때문이다.

상세한 계획 수립 방법을 설명하기 전에 전반적인 계획 수립 과정에 대해 먼저 설명한다. 계획의 점진적 구체화 차원에서 프로젝트 기획 초기에는 프로젝트에 대한 개괄적인 내용이 정리되어야 한다. 간단한 문서인 프로젝트 범위기술서는 프로젝트에 대한 설명과 최종 결과물인 제품에 대한 설명을 중심으로 언제까지, 무엇을, 어디서, 어떻게, 왜 수행해야 하는지를 작성한다. 이는 한 두 장 정도의 분량으로 프로젝트에 대한 기준이 되는 문서이다.

프로젝트 범위기술서에는 프로젝트에 대한 전반적인 내용을 설명하고 있으므로, 여기에 명시된 프로젝트를 수행하여 결과물을 산출하기 위해서 해야 할 작업들을 나열하는 것이 다음 단계이다. 빠짐없이 나열된 작업들이 바로 프로젝트에서 수행할 범위들이며, 이를 범위 계획으로 표현하는 대표적인 방법이 작업분류체계(WBS)이다. 이는 단순하게 작업들을 나열하기 보다는 체계적으로 표현하고 관리하기 위해 계층 구조로 분할한 형식으로 표현하는 방법을 이용한다. 수행해야 할 모든 작업들을 분할하여 나열하고 나면 이들 작업들에 대해 언제, 어느 정도의 기간 동안 수행할 지에 대한 일정 계획을 수립한다. 이것이 일정 계획이며 일반적으로 일컫는 스케줄 혹은 일정표로 표현된다. 물론 일정 계획을 수립할 경우에는 투입되는 자원도 함께 고려하여야 한다. 일정 계획에 나열된 작업들을 완료하기 위해서는 투입되는 인적자원, 자재, 장비 등이 요구되는데, 이들에 대한 원가를 추정하는 것이 다음 절차이다. 하나의 작업에 투입되는 인적자원과 물적자원들에 대한 인건비, 단가, 수량 등을 추정하여 원가를 산정하고 각 작업의 원가들을 합산하여 전체 예산으로 편성한다.

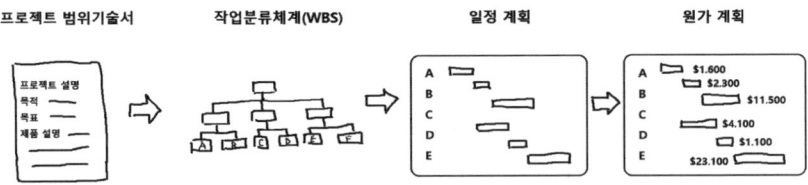

[그림3-6] 프로젝트 계획 수립 과정

이러한 과정을 거치면서 범위계획, 일정계획, 원가계획이 완성되지만 이들 과정은 한 번의 노력이기 보다는 반복적으로 수행하는 점진적 구체화를 통해 세련되게 구체화된다.

프로젝트 계획 초기에는 프로젝트의 전반적인 개요와 주요 수행 범위가 파악되고 결정되어야 한다. 이 단계는 사전에 결정된 경영층의 구체적 지시 사항이나 고객과의 계약을 근거로 쉽게 작성할 수도 있지만, 그런 사전 정보들이 없는 프로젝트의 경우에는 체계화된 점검표나 방법론을 이용하여 프로젝트 내용을 정의할 수 있다. 기본적인 점검은 6하 원칙을 이용하여 프로젝트를 구체화할 수 있다. 이 방법을 적용하여 작성된 내용을 근거로 프로젝트 고객, 주요 사업 요구사항, 프로젝트 목표, 수행 기간, 접근 방법 등을 정리하면 프로젝트의 내용이 가시화된다.

프로젝트 개요 파악

- 프로젝트의 고객은 누구인가?
- 달성하고자 하는 주요 사업 요구사항은 무엇인가?
- 프로젝트의 목표는 무엇인가?
- 프로젝트의 규모 및 복잡성은 어느 정도인가?
- 프로젝트 수행 기간은?
- 요구를 해결하기 위한 방법이나 프로젝트 접근 방법은?

전반적인 프로젝트 개요를 수립하는데 있어 가장 중요한 부분 중 하나는 프로젝트 목표를 수립하는 것이다. 프로젝트 목표는 추후 계획 수립에 필수적인 근거이며 모든 팀원들이 그 결과에 초점을 맞추어 한 방향으로 갈 수 있는 기준이 된다. 또한 프로젝트 실행 중에 작업의 우선순위를 정하는 기준이 되며 팀원들에게 명확한 목적과 함께 동기를 부여할 수 있다. 프로젝트 종료 후에 프로젝트 성공 여부를 판단하는 기준도 바로 프로젝트 목표가 된다.

프로젝트 목표는 우선 현실적이어야 한다. 이해관계자의 요구를 만족시킬 수 있어야 하며 조직이 갖고 있는 제한된 자원이나 자금 등의 여건 내에서 달성할 수 있어야 한다. 특히 프로젝트 목표는 전략적 목표나 사업 목표에 부합되어야 한다. 이러한 조건들이 결국에는 프로젝트 팀원들로부터 동의를 얻을 수 있으며 프로젝트에 발생되는 모든 접근 방법에 기꺼이 참여할 수 있게 한다. 또한 프로젝트 목표는 그 달성 여부를 판단할 수 있도록 측정 가능해야 한다. 목표는 명확하고 측정 가능하며 계량화가 가능해야 성공 여부를 평가할 수 있다. 측정 가능한 목표로는 시간, 원가, 품질, 수량, 정의된 결과물이나 인도물 등이다. 무엇보다 프로젝트 목표에 대한 잘못된 이해가 없도록 명확히 기술되어야 한다.

3.1 프로젝트 범위 계획

프로젝트 범위를 설정하는 것은 계획 수립의 시작이다. 수행해야 할 범위가 정해져야 이를 수행하기 위한 시간과 자원 그리고 예산 등을 결정할 수 있기 때문이다. 상세한 범위 계획을 수립하기 위해서는 이해관계자들의 요구 사항을 수집하여 프로젝트의 결과물이나 수행 방법 등에 반영하여 프로젝트의 전반적인 범위를 정의한 후에 이를 실행하기 위한 세부 범위 계획으로 구체화하는 과정을 거친다.

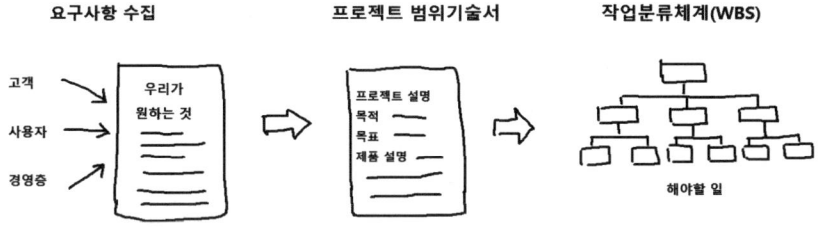

[그림3-7] 범위 계획 수립 과정

3.1.1 요구사항 수집

범위 계획의 시작은 요구사항수집에서 시작된다. 앞서 강아지 집을 설치하는 프로젝트를 예로 들면, 강아지를 키우는 자녀가 기성품 강아지 집 보다는 세상에서 하나밖에 없는 강아지 집을 원한다고 가정한다. 이러한 요구를 반영하면 단순한 구매가 아니라 새로운 디자인과 설계에 의해 새로 제작하는 과정을 거치는 작업 범위를 계획해야 한다. 이와 같이 프로젝트에는 이해관계자들의 다양한 요구 사항이 있으며 이를 만족시키는 것이 바로 프로젝트 관리의 핵심이다. 요구사항은 제품 분석, 인터뷰, 브레인스토밍, 프로토타입 등의 다양한 방법으로 수집할 수 있지만, 무엇보다 이해관계자들의 다양한 요구를 수집하는 것이 중요하다. 요구사항은 크게 비즈니스적인 요구와 기술적인 요구로 구분하는데, 구체적으로는 사업적 요구, 제품의 기능적 요구 및 비기능적 요구, 프로젝트 제약 조건 등의 요구, 관리적 요구, 품질 요구 등이 있다. 수집된 목록의 요구사항들은 우선순위를 정하고 프로젝트에 어떻게 반영할지 그 대상을 선정한다. 선정된 요구사항들을 요구사항 정의서 혹은 요구사항 추적 매트릭스 등의 문서에 기록하여 프로젝트에 반영하고 지속적으로 관리한다. 이 문서들의 특징은 요구사항의 중요성 및 반영 여부를 결정지을 수 있으며, 해당 요구 사항이 프로젝트 진행 동안 어느 부분에 어떻게 반영될지를 결정하고 이를 이행했는지 여부까지 확인하는 역할을 한다.

요구사항 정의서						
ID	요구사항	처리내용	분류	중요도	수용여부	출처
		프로젝트 목표에 반영	사업적 요구	상	O	경영층
		WBS 인도물에 추가	품질 요구	중	X	품질팀
		제품 설계에 추가	프로젝트 요구	하		고객
		제품 개발에 반영	기능적 요구			
		제품 테스트에 반영	비기능적 요구			

[그림3-8] **요구사항정의서 양식**

　　요구사항은 본질적으로 미묘한 요구들이 많이 있으며, 그 요구들도 지속적으로 변화한다. 이는 이해관계자의 변화, 예산 변화, 기술 변화, 환경 변화 등으로 요구에 대한 변화가 동적으로 작용하기 때문이다. 또한 요구사항이 정확히 정의되기도 전에 해답을 찾는 경우도 있다. 프로젝트 계획과 마찬가지로 요구에 대한 정의는 점진적으로 구체화해야 하며 초기에 개방적으로 많은 내용들과 대안들을 논의하면서 점차 줄여가는 방법이 효과적이다.

요구사항 정의에서 주요 문제

- 틀리게 정의된 요구사항
- 부정확하고 애매모호한 요구사항
- 요구사항의 변화

프로젝트 계획수립에서 이해관계자를 정확히 파악하고 해당 이해관계자에게 가급적 직접 요구를 파악하여 요구사항을 정확하게 정의해야 한다. 또한 언어상의 표현이 부정확하거나 갈등을 줄이기 위한 적절한 합의, 전문지식 부족, 불명확한 정보 등으로 인한 모호한 요구사항 작성을 피해야한다. 요구사항이 무시되거나 반대로 과다한 융통성을 적용하는 경우, 또는 불충분한 정보로 기술된 요구사항 등의 문제는 결과적으로 누더기가 된 프로젝트 결과물을 생산하거나 시간과 예산 초과 등을 초래한다.

프로젝트에서 요구사항관리는 라이프 사이클 동안 지속되어야 한다. 프로젝트 착수 단계에서는 사업기획, 제안 요청, 혹은 프로젝트 헌장을 작성하게 되며, 여기에는 프로젝트 이해관계자들의 전반적인 요구사항을 파악하여 포함시킨다. 특히 프로젝트에 대한 구체적인 요구사항 보다는 환경, 기술, 법규나 제도, 사업이나 전략 등과 관련된 요구사항을 정의하는 노력이 요구된다. 이들 요구사항을 바탕으로 프로젝트 기획 단계에서는 상세 계획에 반영하기 위한 구체적인 요구사항에 대한 수집과 정의가 이루어져야 한다. 이를 위해 앞에 소개한 요구사항정의서와 같은 다양한 양식을 이용하여 세부 요구사항을 정의하고 이를 프로젝트 범위 계획과 기타 세부 계획에 반영한다. 프로젝트 실행 및 통제 단계에서 요구사항관리는 주로 요구사항을 분석하고 반영이나 이행 여부를 확인하고 추적하는 노력을 한다. 실행 동안에는 상세한 요구사항에 대한 분석을 통해 요구사항정의서나 요구사항 명세서를 보완하고 고객이나 의사결정권자에게 승인과 확정을 받는 과정을 수행한다. 통제 과정에서는 요구사항이 프로젝트에 반영되었는지 확인하고 이들 요구사항을 반영한 결과물에 대한 확인 등의 요구사항 추적이 필요하다. 요구사항 추적에는 [그림3-9]와 같

요구사항 추적 매트릭스							
프로젝트 이름		OO 제품 개발		프로젝트 ID		P2020N10	
ID	요구사항	사업목표	프로젝트목표	WBS	설계	개발	시험
R001	인장 강도 130 이상				10-1-5		
R002	동시 공학 적용한 공정					A200-5	
R003	경쟁사보다 조기 출시		일정 계획				
R004	응답 성능 확보			3.2.4			T104

[그림3-9] 요구사항 추적 매트릭스 양식

은 요구사항 추적 매트릭스를 사용하여 각 요구사항을 어떤 곳에 반영하였는지 표시하고 확인한다.

3.1.2 프로젝트 범위기술서

요구사항수집은 범위정의에 반영되며 프로젝트 주요 범위들을 포함한 프로젝트 개요는 프로젝트범위기술서(Project Scope Statement)로 문서화된다. 프로젝트 관리에서 프로젝트 계획이 심장을 박동하여 혈액을 공급하는 것이라면 프로젝트 범위기술서는 호흡작용으로 산소를 만드는 것으로 비유된다. 그만큼 프로젝트 생존의 필수 요소이다. 프로젝트 범위기술서는 프로젝트 목표와 산출물에 대한 설명과 함께 프로젝트 결과에 대한 성공 기준을 제시하는 문서이다. 그러나 일부 프로젝트 관리자는 문서의 필요성을 느끼지 못하여 범위기술서를 생략한 채 상세 계획을 수립하거나, 단지 조직의 관리 절차에 이 문서를 만들도록 규정하고 있기에 마지못해 형식적으로 작성한 후에 프로젝트 동안 다시는 들여다보지 않는 경우도 있다.

아파트 인테리어 공사를 수행하는 프로젝트의 예를 든다. 고객이 프로젝트 관리자에게 식탁이 있는 부엌과 거실 사이를 구분할 수 있는 가변 벽이 있으면 좋겠다고 요구했다. 프로젝트 관리자가 가변 벽을 설치하여 공사를 진행하고 마무리 작업 중에 고객이 찾아왔다. 고객은 두 공간을 구분할 수 있는 것이 좋겠다고 말했을 뿐, 가변 벽을 설치하라고 하지 않았다면서 천장에 아치를 넣어 두 공간을 구분해 달라고 한다. 이 상황에서 새로이 구조를 변경한다면 추가의 원가와 시간이 요구되므로 프로젝트 관리자는 난감한 상황을 맞이하게 된다. 그러나 프로젝트 초기에 고객과 논의하고 동의한 프로젝트 범위기술서를 갖고 있다면 고객에게 당당하게 그 내용을 보여주고 추가 비용과 시간을 요청할 수 있을 것이다.

프로젝트 범위기술서는 프로젝트를 진행하는 동안 모든 판단 및 의사결정의 기준이 된다. 프로젝트 진행 동안에 여러 방안이 제시되어 어떤

프로젝트 범위기술서의 내용

- 프로젝트 목적과 목표
- 고객
- 범위 개요
- 주요 인도물
- 프로젝트 요구사항
- 프로젝트 성공 기준
- 초기 프로젝트 팀
- 제약 및 가정 사항
- 프로젝트 불포함 사항
- 프로젝트 우선순위

선택을 해야 할지 결정하기 힘들다면 곧바로 범위기술서를 꺼내서 확인하면 된다. 이를 위해 내부 혹은 외부 고객이 원하는 것을 프로젝트에 반영하기 위해서 프로젝트 라이프 사이클 동안 지속적으로 범위기술서를 검토하는 노력이 요구된다. 프로젝트 현황 회의는 일반적으로 완료된 내용과 다음 기간에 완료할 계획 등을 논의하지만 현황회의 등을 통해 매번 범위기술서에 나열된 산출물을 지속적으로 검토해야한다. 정기적으로 범위기술서를 검토하는 일은 이해관계자의 요구와 기대가 프로젝트에 포함되도록 하는 것이며 결국에는 프로젝트의 성공 가능성을 높이는 것이다.

프로젝트 범위기술서의 내용은 응용 분야나 조직마다 서로 상이하고 구체적으로 작성되는 정도도 다르다. 만일 프로젝트가 착수될 때, 이미 사전에 작성된 프로젝트 헌장, 제품 기획서, 계약서 등이 존재한다면 이를 다시 정리하는 정도의 물리적인 문서화 작업만으로 범위기술서가 작성될 수 있다. 범위기술서를 구성하는 전반적인 내용은 다음과 같다.

프로젝트 목적과 목표

프로젝트의 목적과 목표는 조직의 전략적 혹은 전술적 목적으로 조직의 사업 방향과 일치하도록 해야 한다. 회사가 10년 후에 원천 기술을 확보하여 기술을 선도하는 기업으로 전략적인 방향을 수립하였다면, 해당 프로젝트는 당장의 수익보다는 원천 기술을 확보하여 회사의 역량을 높이는데 도움이 되도록 목적과 목표를 수립해야 한다. 목표는 다양한 형태로 표현될 수 있다. 기술적인 목표, 관리상의 절차와 같은 목표, 조직에 도움이 되기보다는 개별적인 목표 등이 모두 가능하다. 그러나 앞에서 기술한 바와 같이 시간, 비용, 품질, 기능 등과 같이 측정 가능해야만 목표 달성 여부를 통해 프로젝트 성공을 판단할 수 있다.

범위 개요

상세 범위 계획은 범위기술서를 근거로 추후에 작성되므로, 우선적으로 프로젝트의 전반적인 범위를 기술한다. 이 범위 개요는 처음 이 프로젝트를 접하는 사람도 어떤 프로젝트인지 그 내용을 쉽게 이해할 수 있도록 작성되어야 한다. 예를 들면, 신개념의 진자책을 개발하는 프로젝트에 대한 범위 개요를 작성한다면, 당연히 개발하려는 제품의 특성을 포함한 제품 개발이 주요 범위이다. 그러나 제품 개발과 동시에 해외 판매망을 구축할 예정이고 제품을 생산할 생산 시설까지 구축해야 한다면 이들 모두를 프로젝트 범위에 포함되어야 한다. 이는 요약 형태로 항목을 나열하거나 문장 형태로 이어서 기술할 수 있다.

〈OO 프로젝트 범위개요〉
① OO기술을 적용한 시력 보호 전자책 개발
② 전자책 판촉을 위한 해외 판매망 구축
③ 연간 전자책 10만대를 생산할 수 있는 생산 시설 구축

프로젝트 요구사항

앞에서 설명한 요구사항수집은 이해관계자들의 각종 요구를 반영하여 프로젝트 범위에 포함시키는 작업으로 프로젝트 초기에 작성되는 범위기술서에는 주요한 요구사항이 포함될 수 있다. 주로 기능적인 요구와 같은 제품 요구나 사업적 요구, 관리상의 요구, 품질 요구 등의 이해관계자 요구 사항 중에 프로젝트 초기에 파악되는 주요 요구 사항을 기술한다.

제품 승인 기준

프로젝트 결과물에 대한 완료여부를 결정하기 위한 기준으로 제품 승인 기준이 정의되어야 한다. 계약에 의한 프로젝트의 경우에는 고객 인수 기준 혹은 내부 프로젝트일 경우에는 경영층 인수 기준이라고 할 수 있는데, 프로젝트 성공 기준이라고 하기도 한다. 이는 프로젝트 결과물의 성능, 기능, 품질 등을 중심으로 사전에 결과물에 대한 검증 기준을 설정하여 목표로 정하는 방법이다. 이 기준은 조직에서 설정한 목표 기준이나 국가나 산업 표준 등으로 표현할 수 있다.

제약 및 가정 사항

프로젝트를 수행하는데 자유롭게 선택하거나 결정할 수 없는 요인들의 한계를 정한 것이 제약이다. 제약은 범위와 유사할 수 있으나 어떤 부분이 범위의 밖에 있는지 혹은 부여된 한계를 넘어서 안 되는 가를 명시한 것이다. 대표적인 것이 일정, 자원, 예산, 품질에 대한 한계이며 관리 방법, 조달 조건, 법률적 제약, 조직의 관례, 경영층의 지시 등이 제약으로 작용한다.

가정은 일반적으로 프로젝트 계획 수립의 일환으로 이루어진다. 계획은 많은 내용들이 사전에 가정하거나 전제한 사항을 기반으로 수립된다. 예를 들면, 특정 엔지니어들이 다수 부족한 프로젝트에서 프로젝트 팀에 엔지니어가 시의 적절하게 채용되어 투입될 것으로 가정하여 자원 계획을 포함한 일정 계획을 수립하게 된다. 주요 가정 사항들은 추후 상세 프로젝트 계획 수립에 반영되어야 할 내용이므로 프로젝트 초기에 주요 가정 사항을 정의하는 것이 필요하다. 일부 가정 사항은 제약 사항이 될 수도 있다. 예를 들면, 특정 자재나 장비는 정책적으로 해외에서 구매하지 않고 국내에서 조달하는 것으로 가정한다면, 이는 가정이 될 수도 있지만 동시에 국내로 제한한다는 제약이 될 수도 있다.

초기 프로젝트 팀 구성

프로젝트 조직 구성과 함께 역할 및 책임을 정하는 일은 프로젝트 라이프 사이클 동안 지속되지만 프로젝트 초기에 개략적인 팀 구성 방법을 정의하거나 계획 수립에 우선적으로 투입될 구성원들을 편성할 필요가 있다. 만일 지금까지 프로젝트 관리자가 선정되어 있지 않다면 이 시점에서라도 프로젝트 관리자를 임명하고 범위기술서에 적시해야 한다.

프로젝트 마일스톤 일정

마일스톤 일정은 프로젝트에서 수행하는 작업 등의 소요 기간과 날짜 등을 나타내는 것이 아니라, 프로젝트의 주요 시점들을 표시하는 일정 계획이다. 예를 들면, 계획 수립 완료 날짜나 제품 시험 완료 날짜 등과 같이 프로젝트의 주요 이벤트가 시작되거나 완료되는 시점 만을 정하여 표시하는 방법이다. 이 마일스톤에는 프로젝트 라이프 사이클의 주요 단계에 대한 시작 시점이나 완료 시점을 포함할 수 있다.

프로젝트 예산

프로젝트 범위기술서의 작성은 프로젝트 기획 초기이므로 프로젝트에 대한 내용들이 구체화되지 않은 상태이다. 프로젝트의 세부 사항들이 결정되지 않은 상태이므로 당연히 세부적인 원가 추정이 불가능하여 개략적인 예산을 수립할 수밖에 없다. 이는 과거에 수행했던 유사 프로젝트의 기록들을 참고하여 조정한 예산으로 개략적으로 편성한 수치이며 추후에 상세 예산이 편성되면서 수정될 수 있다.

초기 리스크 요인

프로젝트는 태생적으로 불확실성을 보유하기 때문에 이로 인해 발생 가능한 잠재적인 문제점인 리스크를 내포하고 있다. 프로젝트 초기에 예상되는 주요 리스크들을 식별하여 범위기술서에 기술한다면 이후의 상세 계획 수립 단계에서 이 리스크들을 고려한 대안의 선택과 의사결정을 가능하게 한다. 기획 단계에서 상세 리스크를 식별할 때는 구체적인 리스크들에 대한 식별이 필요하지만 범위기술서에 포함되는 리스크는 프로젝트에 크게 영향을 미치거나 발생 가능성이 높은 리스크나 리스크 원인들을 식별하여 포함시킬 수 있다.

프로젝트 범위기술서 (Project Scope Statement)

1. 문서 정보
- 프로젝트 명 : 카페 개업 프로젝트
- 문서 ID : 2020P01   작성자 : 박○○   작성 일자 : 2020.1. 5

2. 범위 개요
- 아마추어 연주자들의 연주 기회를 제공할 수 있는 장소 및 지역 주민의 사랑방 역할을 할 수 있는 공간을 포함하는 카페를 개업한다.

3. 프로젝트 배경 및 목적
- 본사 유통망을 통한 비용 효율적 식음료 재료 구입의 장점을 이용하여 수익을 창출하고 직원 가족들이 카페 직원으로 참여할 수 있는 기회를 만들어 가족 수입 증대 및 가족회사라는 이미지로 애사심을 높인다.

4. 비전 및 목표
- 비전 : 카페의 성공적 개업으로 점차 지점을 확대하여 가족 중심 기업이미지를 구축한다.
- 일정 목표 : 2020년 6월 1일 개업 (총 3개월)
- 예산 목표 : 총 10억원

5. 주요 요구사항
- 지역 주민들을 대상으로 취미 활동이 가능한 모임 장소 제공 등의 다양한 지원이 가능한 카페 개념을 도입한다.
- 커피 콩을 직접 볶거나 원두를 직접 내려서 마시는 체험이 가능하게 한다.
- 아마추어 음악가가 원할 경우에 카페 고객을 대상으로 악기 연주가 가능한 공간을 마련한다.
- 프로젝트관리 기법을 적용하여 프로젝트 착수부터 종료까지 진행한다.
- 주기적으로 프로젝트 진행 상황을 CEO에게 보고한다.
- 모든 프로젝트 의사결정은 프로젝트팀과 회사직원 중에서 선발된 운영위원회의 합의로 한다.

6. 가정 및 제약 사항
- 타사의 프렌차이즈가 아닌 본사의 고유 브랜드를 내세운 카페를 창업한다.
- 프로젝트 예산은 필요 시 추가할 수 있으나 프로젝트 투입 인력은 마케팅부 김대리와 이대리 2명의 직원으로 한정한다.
- 직원 가족들을 풀타임 혹은 파트타임으로 채용하여 점원으로 투입한다.
- 원재료 확보는 본사 거래처 중에서 선정한다.
- 개업일은 목표일 대비 15일 전후까지 허용한다.
- 프로젝트 관리자는 식당 창업 컨설턴트를 선정하여 의뢰한다.

7. 초기 조직 구성
- 프로젝트 관리자 : 창업컨설턴트
- 외주팀 : 김대리 (부동산, 재료 구매, 직원, 마케팅 준비)
- 시공팀 : 이대리 (시설, 장비, 운영 준비)

8. 프로젝트 마일스톤 일정
- 분석 및 계획 완료 : 2020년 3월10일
- 매장위치 결정 및 임대계약 : 2020년 4월 1일
- 시공 완료 : 2020년 5월20일
- 개업식 : 2020년 6월 1일

9. 프로젝트 예산
- 총 예산 : 10억원
- 매장 임대 보증금 :4억원, 시설 및 인테리어 : 2.5억, 장비 및 집기 : 2억, 재료비 : 0.5억, 기타 경비 : 1억

10. 주요 리스크
- 적합한 창업컨설턴트 선정이 어렵다.
- 채용할 직원 가족들의 능력 검증 등의 선발 과정이 명확하지 못하다.
- 적절한 매장 위치 선정이 지연될 수 있다.
- 카페 운영 경험 부족으로 인한 초기 운영이 미숙하다.
- 회사의 카페 창업으로 인한 인근 영세 카페 업자들이 반발할 수 있다.

[그림3-10] 프로젝트 범위기술서 사례1

프로젝트 범위기술서
프로젝트 명 : 노들섬 개발 프로젝트 (ID : HA06-01)
프로젝트 범위 개요 • 서울시의 랜드마크가 될 수 있도록 시간의 다리 건설. • 1960년대의 노들섬(중지도)의 모습을 재현할 수 있는 스케이트장 건설. • 기존의 생태계를 보존하는 방법의 일환으로 숲 미로 건설 (7080조형물설치). • 현재의 특징을 나타낼 수 있는 건물 및 포토존 설치. • 미래 발전 기술을 체험 할 수 있는 드론 체험장 및 카트장 설치.
프로젝트 추진 배경 • 울 내 특색 있는 관광지 부족 • 국내에서 가장 인구밀도가 높은 서울 지역 내 사람들이 여유롭게 쉴 수 있는 휴양지 부족 • 개발되지 않고 버려져 있는 노들섬을 다시 재생시켜 활용할 필요성
프로젝트 비전 및 목표 • 비전 : 노들섬을 통한 세대 교감 및 활동적인 체험의 장을 제공하는 공간으로의 탈바꿈 • 원가 : 680억원 • 일정 : 2017년1월1일~ 2021년3월31일 • 품질 : 서울시 품질 표준 및 지침 만족
프로젝트 요구사항 • 신인 작가들을 초빙하여 시대를 대표하는 디자인 적용 • 건축물과 시설은 자연 친화적 소재 적용 • 사용자 안전을 고려한 시설의 설계 • 원가절감 및 승인된 예산의 ± 10% 범위 유지 • 서울시 이미지 제고 및 실현 가능한 계획 수립
제품 승인 기준 • 서울시 표준 Target Quality Level 달성 • 서울시 도시재생부의 만족도 9.5점 이상 획득 • 건축물 안전 수준 평가 및 보고 만족 • 건설공사의 설계도서 작성기준(건설교통부2005년)에서 제시하는 기준 만족
프로젝트 제약 및 가정 사항 • 예산 680억원, 기간 27개월 • 디자인 및 설계는 공개 모집하여 외부 용역으로 수행한다. • 프로젝트 관리 인력은 기존 조직 및 인력으로 수행한다. • 노들섬 생태보호구역에 대한 개발 규제를 해제한다. • 시공은 해당 경험을 보유한 A, B, C사 중에서 선정한다. • 프로젝트 기획 인원은 관련부서로 한정한다(서울시 도시재생본부). • 프로젝트 외주 업체 품질담당자가 단계별 시공품질을 점검한다. • 프로젝트는 시범 운영 평가 및 완료에서 운영관리팀으로 이전하는 시점에 종료한다.
초기 프로젝트 팀 • 프로젝트 관리 : PM1팀 • 기능 조직 : 디자인, 설계, 시공관리2팀, 조달1팀, 품질관리부
프로젝트 마일스톤 일정 • 요구사항 분석 완료 : 2017. 2. 1 • 기본계획수립 : 2017. 5. 19 • 설계 완료 : 2017. 9. 30 • 토목 및 기초 공사 완료 : 2018. 3. 31 • 구조물 공사 완료 : 2018. 12. 31 • 시설 평가 : 2019. 1. 31 • 시범 운영 : 2019. 3. 31
프로젝트 예산 • 총예산 : 680억원 • 타당성 검토 : 15억원 • 설계 비용 : 130억원 • 시공 비용 : 525억원 • 운영 및 평가비용 : 10억원
초기 위험 요소 • 대규모 건설 프로젝트 경험 부족으로 인해 범위 변경의 가능성 증가. • 설계 부문 인력 부족으로 인한 일정 지연. • 외부 업체의 지원 부족(임차인 부족, 후원 및 기부 부족)으로 인한 일정 지연 • 환경 단체 반대로 인한 공사 지연

[그림3-11] 프로젝트 범위기술서 사례2

3.1.3 작업분류체계(WBS)

프로젝트의 분류체계

프로젝트뿐만 아니라 모든 사업을 수행하는 과정에는 추진해야 할 순서가 있다. 그 사업 수행 순서 중에서 가장 먼저 해야 할 일은, 목표 달성을 위해 해야 할 일들을 결정하는 것이다. 프로젝트 결과를 도출하기 위해서 무엇을 해야 할지, 즉 해야 할 일들이 결정되어야 그것을 실행하기 위한 소요시간이나 필요한 자원과 원가를 계획할 수 있다. 여기서 해야 할 일들이란 것이 바로 프로젝트 범위를 의미한다. 물론 복잡하지 않고 간단한 프로젝트일 경우에는 직접 수행할 업무들을 나열함과 동시에 일정 계획을 수립할 수 있겠지만 프로젝트라는 명목으로 수행하는 일정 규모의 모든 사업은 그렇게 진행할 수 없다. 예를 들면, 카페를 창업하는 프로젝트를 수행하기 위한 일정 계획과 예산을 편성하기 위해, 우선 수행해야 할 작업 활동 목록을 먼저 나열해 본다고 가정한다. 오랜 시간을 들여 해야 할 일들을 꼼꼼히 나열한다 할지라도, 과연 그 목록이 수행해야 할 작업 활동으로 빠짐없이 작성되었는지 의문이 생길 것이다. 반복적으로 유사한 프로젝트를 수행한 전문가라 할지라도 경험과 기억만을 가지고 해야 할 작업 목록을 정하고 업무를 추진하는 것은 매우 위험하다. 더욱이 이전에 경험이 없는 불확실성을 지닌 프로젝트의 경우에 수행해야 할 작업 활동을 빠짐없이 나열한다는 것은 더욱 불가능한 일일 것이다. 그러므로 프로젝트 관리에서는 활동 목록을 나열하기 이전에 프로젝트에서 해야 할 작업들을 가능한 누락되지 않도록 작성하는 범위 계획 방법을 적용한다. 만일 수행해야 할 작업 활동이 일부 누락된 상태로 일정이나 예산 계획으로 수립된다면 적절한 시점이 아닌, 시간이 흐른 뒤에 이를 발견함으로써 프로젝트 일정 지연이나 추가 예산 등의 영향을 초래할 것이다. 이와 같이 범위 계획에서 누락된다는 것은 프로젝트 수행에 커다란 영향을 미치므로 프로젝트 기획 초기부터 수행할 범위를 빠짐없이 정의하는 노력이 지속되어야 한다.

카페 창업

· 상가 결정
· 메뉴 결정
· 커피 머신 구입
· 인테리어 공사
· 판매 직원 채용
· 커피잔 구입

다시 카페 창업 프로젝트의 예를 들어 설명한다. 당신이 만약 카페를 창업하기로 마음먹었다면, 가장 먼저 창업을 위해 해야 할 일들의 목록을 작성할 것이다.

카페 창업 프로젝트를 위해 수행해야 할 작업 목록들을 나열한 후에 그 내용을 살펴보면, 누락된 작업들을 찾을 수 있을 것이다. 그 누락된 작업이 사전에 발견된다면 문제가 없겠지만 수행 시기가 지나간 다음에 발견된다면 낭패를 볼 것이다. 급하게 작업을 추가하고 추가 작업을 위한 문제 해결과 예산 및 인력 추가 등은 프로젝트를 힘들게 만든다. 또한 사전에 나열된 작업 목록 중에 상세한 내용 대신에 포괄적 내용으로 작업을 표현하고 있는 것도 문제가 될 수 있다. 목록 중에서 '상가 결정'의 예를 보면, 상가를 결정하기 위해서는 후보지 물색, 상권 분석, 계약 체결 등의 세부 작업이 필요하다. 그러나 포괄적으로 '상가 결정'이라고 목록을 결정한다면 언제까지 후보지를 결정할지, 상권 분석은 언제까지 완료해야 할지에 대한 계획을 수립할 수 없다. 세부 작업에 대한 계획이 마련되지 않는다면, 그 작업들은 눈에 보이지 않고 이에 대한 관심 부족으로 관리되지 않아서 결국 프로젝트 중간 목표인 상가 계약에 대한 목표 날짜가 지연될 수 있을 것이다. 이와 같이 프로젝트에서 해야 할 작업들은 누락되어서도 안 되지만 적절한 수준으로 세분화 되어야 한다. 프로젝트 범위를 정하는 것은 수행해야 할 업무들을 빠짐없이 나열하는 것이다. 다만 이들 목록을 작성할 때 단순하게 나열하기 보다는 체계화된 분할 방법을 이용하면 더욱 효과적이다. 그 체계화된 분할 방법이 바로 WBS라고 하는 작업분류체계이다.

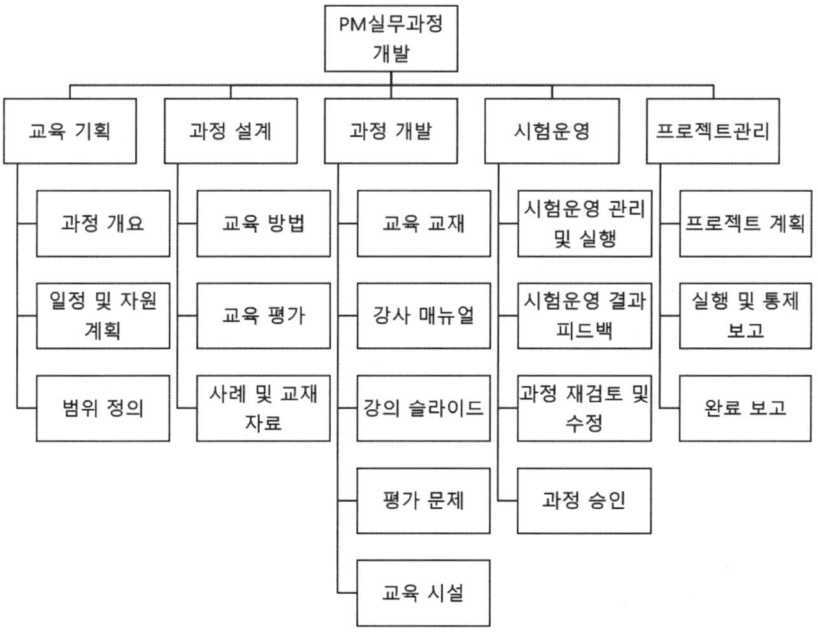

[그림3-12] 작업 분류 체계(WBS)의 예

일반적으로 실무에서 'WBS'라고 일컫는 작업분류체계는 Work Breakdown Structure의 약자로서 본 내용에서는 '작업분류체계'라는 용어 대신 'WBS'라고 표기하기로 한다. WBS는 다른 분류체계들과 마찬가지로 계층구조형식인 위에서 아래로 내려가면서 상세하게 분할하는 방법으로 표현한다. 프로젝트에서 계층구조형식으로 표현되는 분류체계에는 작업분류체계 외에도 조직분류체계, 자원분류체계, 리스크분류체계 등으로 다양하다. 조직분류체계는 프로젝트 조직의 구조를 나타내며, 자원분류체계는 프로젝트에 투입될 자원들의 종류를 분류하고, 리스크분류체계는 프로젝트에 예상되는 잠재적 리스크들의 종류를 분류한다. 이들 분류체계는 모든 분류체계가 그렇듯이 관리의 효율성을 높이기 위해 적용된다. 내용들을 분류하거나 그룹으로 묶을 경우에 사전에 부여된 코드를 이용하여 손쉽게 식별하고 수행할 수 있으며, 목록 전체를 한 눈에 보기 쉽게 가시화할 수 있는 도구로 이용된다.

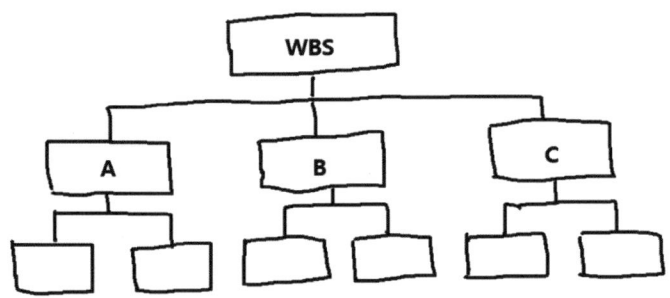

[그림3-13] **작업분류체계(WBS)**

WBS의 필요성

WBS는 프로젝트의 주요 인도물을 더 작고 관리 가능한 구성 요소로 세분화하는 것으로 프로젝트 초기에 정의된 범위기술서의 제품 설명, 요구사항, 가정 및 제약 등을 기초로 작성한다. 여기서 관리 가능하다는 것은 상위 수준의 작업 보다는 하위 수준으로 분할한 작업 덩어리에서 소요 기간이나 원가를 산정할 수 있어야 하며, 그 작업 수준에서 진척 등의 성과를 측정할 수 있어야 한다는 의미이다. 또한 WBS는 프로젝트 범위에 대한 이해관계자들 사이에 공통의 이해와 확인을 위한 목적으로 작성되므로 MECE(Mutually Exclusive, Collectively Exhaustive)원칙에 따라 누락되는 작업이 없어야 함은 물론이고 동시에 중복되는 작업없이 전체를 나타내야 한다. WBS에 포함되지 않은 작업은 프로젝트 범위 밖으로 간주될 수 있으며, 반대로 프로젝트 범위 밖의 작업이 WBS에 포함된다면 불필요한 자원과 예산을 낭비하게 된다.

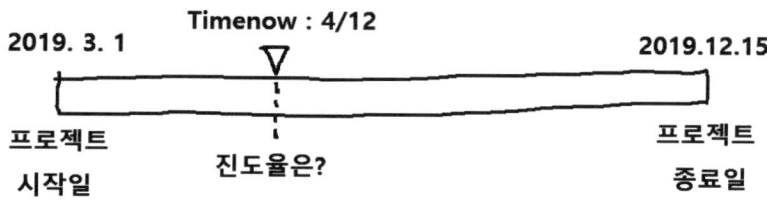

[그림3-14] 프로젝트 감시와 통제의 한계

[그림3-14]와 같이 프로젝트 일정을 단 한 개의 작업으로만 표시한 일정 계획이 있다고 가정한다. 프로젝트가 진행 중이며 그 시점까지의 진척을 측정한다고 가정했을 때, 프로젝트 작업은 단지 한 개이므로 프로젝트 전체 진척률을 측정하기란 어려울 것이다. 정확한 진척률을 측정하기 위해서는 프로젝트 작업을 세분화하고 그 때까지 수행한 작업들을 대상으로 진척을 측정한 후에 합산하여 전체 진척률을 표현하는 것이 훨씬 정

확할 것이다. WBS의 용도는 프로젝트 수행에 필요한 모든 작업을 빠짐없이 포함시켜서 궁극적으로 프로젝트 결과물을 도출하는데 이용된다. 이처럼 더 작고 관리하기 쉬운 구성 요소로 세분화하는 목적은 다음과 같다.

첫째는 원가, 시간, 자원 산정의 정확성을 높일 수 있다. WBS의 상위 수준에 대한 시간 및 원가 등의 산정이 하위 수준의 작업들에 대한 산정치들을 합산한 것 보다는 덜 정확할 것이다. 세부 작업들에 대한 산정치가 큰 덩어리의 작업에 대한 산정치보다 더 정확할 것이다.

둘째, 성과 측정 및 통제를 위한 기준선을 정의할 수 있다. WBS의 상위 수준보다는 하위 수준에서 계획한 것이 정확한 성과 측정 기준이 됨은 물론이고 하위 수준 작업들의 성과를 측정하여 상위 수준으로 합산하는 것이 더욱 정확도가 높을 것이다. 프로젝트 전체 성과를 확인하려면 상세 작업들의 성과를 확인하여 집계하는 것과 같은 개념이다.

셋째, 책임과 역할에 대한 할당이 가능하다. 관리의 목적으로 프로젝

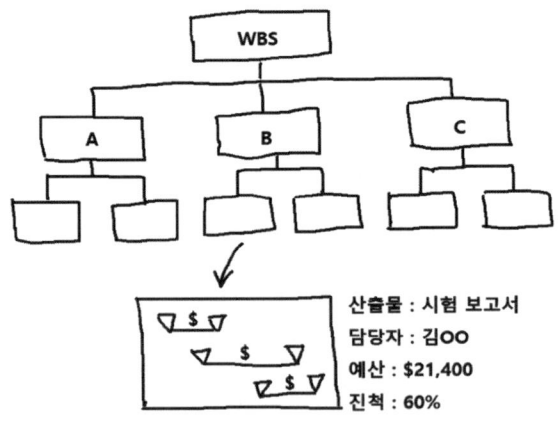

[그림3-15] WBS와 워크패키지

트의 세부적인 모든 작업들에 대해서는 각각 책임과 역할을 정하는 것이 기본이다. 프로젝트 전체에 대한 책임은 프로젝트 관리자가 보유하게 되지만, 각각의 프로젝트 세부 작업에 대한 책임을 부과하기 위해서는 WBS에 명기된 하위 수준의 모든 작업들에 대해서 책임을 명시한다.

그 밖의 WBS 요소들은 각 요소들로부터 리스크를 식별하는데 이용되거나 조달해야 할 항목들을 결정하는 등의 상세 계획 수립에 필수적인 입력물이 된다. 이런 이유로 WBS는 프로젝트 계획 수립과 통제의 기초가 되는 기본적 프로젝트 관리 도구로서 프로젝트의 골격이 되므로 프로젝트 팀이 WBS를 개발한 후에 프로젝트 관리자의 승인은 물론이고 경우에 따라서는 경영층이나 고객의 승인까지 요구될 수 있다.

WBS의 기본 개념

WBS는 프로젝트의 전체 범위를 이해하는데 사용되므로 계층 구조 형식으로 프로젝트에서 수행해야 할 작업을 빠짐없이 포함시켜야 한다. 이를 위해 상위 수준에서 하위 수준으로 내려갈수록 세분화하여야 한다. 분할을 통해 세분화하는 과정에서 모든 작업 덩어리들은 누락은 물론 중

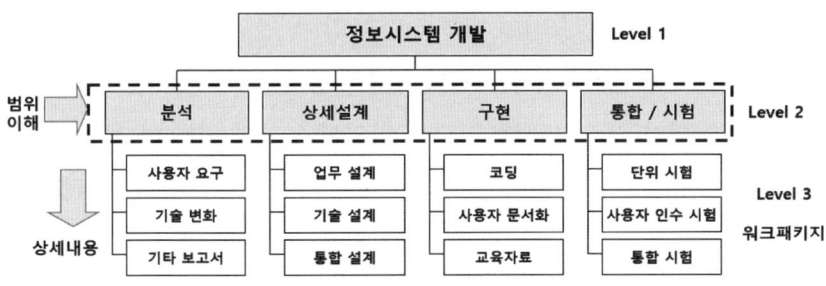

[그림3-16] 작업분류체계(WBS)의 구성

복이나 중첩되는 일이 없어야 한다. 최상위 수준인 프로젝트 수준을 레벨 1이라고 하고 그 아래로 내려가면서 레벨2, 레벨3 등으로 표시한다. 프로젝트 규모나 특성에 따라 분할하는 레벨이 다르겠지만, 일반적인 프로젝트는 레벨4~5 정도까지 분할하는 경우가 많다. 이 하위 수준을 표현하는 레벨 중에서 가장 하위 레벨에 해당되는 작업을 워크패키지라고 부른다.

최고 하위 수준의 구성 요소인 워크패키지는 산출물 또는 인도물 중심으로 분할하는 것이 원칙이다. 워크패키지를 행위나 활동 중심이 아닌 산출물 중심으로 분할하는 이유는 각 워크패키지에 대한 작업 완료 여부 등을 쉽게 확인하기 위함이다. 예를 들면, 설계 작업을 수행하는 워크패키지를 수행할 때, 담당자에게 작업이 완료되었는지 물었다면 이 담당자 입장에서 머릿속으로 구상을 끝냈기에 설계가 완료되었다고 대답할 수 있다. 이 워크패키지의 산출물은 승인된 설계도이지만 이를 수행하기 위한 행위나 활동에는, 머릿속으로 구상하기, 데이터 수집하기, 분석하기, 설계도 그리기, 설계도 승인 받기 등으로 세분화 될 수 있다. 이 중에서 머릿속으로 구상하는 활동은 완료 여부를 검증하기 어렵기 때문에 검증 가능한 최종 산출물인 승인된 설계도를 염두에 두고 작업 덩어리를 분할하는 것을 권장하는 것이다.

앞에서 WBS의 필요성에 대한 설명과 같이, 만일 작업 덩어리의 크기가 너무 크다면 관리하기가 어렵기 때문에 통제가 되지 않아 프로젝트가 문제될 수 있다. 만일 10개월 분량의 작업이 있다면 이는 하나의 워크패키지가 아닌 그 상위의 요약된 작업이 될 것이며, 그 상태로는 관리가 불가능할 것이다. 적절한 크기의 워크패키지를 만들기 위해서 몇 가지 경험 규칙을 이용할 수 있다. 일부 프로젝트에서는 너무 작은 크기로 작업을 세분화할 경우에 많은 관리의 노력을 투입하여, 소위 '관리를 위한 관리'

가 될 수 있다는 의견도 있다. 그러나 작은 단위의 작업은 정확한 산정치를 제공하며 작업의 진척이나 현황을 빠르게 파악하고 조치할 수 있는 기회와 함께 명확한 책임 소재를 구분할 수 있다는 장점이 있다. 많은 프로젝트 관리자들이 프로젝트를 작은 단위로 나누는 것을 주저하지만 그 가치는 훨씬 크다.

80시간 법칙

WBS의 최고 하위 레벨인 워크패키지를 과연 어느 정도 크기의 작업 덩어리로 세분화 할 것인가를 생각해 볼 필요가 있다. 80시간 법칙이란, 하나의 워크패키지를 대략 80시간 정도의 시간이 소요되는 업무 분량 정도로 세분화한다는 의미이다. 이 80시간은 프로젝트 통제를 위한 진척이나 성과 측정을 주간 단위로 하여 상황점검회의를 시행하는 경우에 적용될 수 있다. 대부분의 프로젝트는 일주일에 한 번씩 진척을 측정하므로 작업패키지가 80시간, 즉 2주 정도 분량의 업무이기에 그 작업을 진행하는 중간에 한번 내지 두 번 정도 진척을 확인할 수 있도록 하는 목적이다. 일부에서는 '8/80 법칙'이라는 유사한 법칙의 적용을 권장한다. 이는 최소 8시간에서 최대 80시간, 즉 1일에서 2주 정도 되는 분량의 작업으로 분할할 것을 권장하는 방식이다. 그러나 규모가 크고 기간이 긴 프로젝트에서는 작업 크기가 너무 작다면 관리의 노력이 너무 들어가기에 워크패키지를 적절한 크기로 적용해야 한다.

보고 주기 법칙

앞서 설명한 80시간 법칙도 바로 이 보고 주기 법칙에 의한 방법이다. 워크패키지의 크기를 일정 및 진척상황 점검 주기나 상황 점검 주기에 따라 결정하는 방식이다. 일반적인 프로젝트에서는 일정 및 진척상황 점검회의 주기의 2~3배 정도의 크기로 분할하여 작업 실행 중간에 1~2회 정도 진척을 점검하는 것을 권장한다. 예를 들면, 10년 이상 소요되는 연구 프로젝트의 경우에는 1~2주 정도 연구 결과를 확인한다면 그다지 진척이 크게 이루어지지 않았을 것이다. 이 경우에 상황점검회의를 1개월 주기로 한다면 워크패키지의 크기를 2~3개월 정도로 분할할 수 있다. 그러나 적극적으로 프로젝트를 관리해야 할 중요한 프로젝트라면 이들 점검 주기보다 작은 크기를 권장한다.

유용성 법칙

워크패키지를 더욱 세분화할 경우에 유용해질 수 있다면 작업을 더 분할할 수 있다. 여기서 유용해진다는 의미는, 더욱 세부적으로 분할함으로써 작업 산정이 더욱 쉬워지거나, 작업 배정이 더 쉬워지거나, 혹은 작업의 추적이 더 쉬워질 경우를 말한다. 작업은 작을수록 상대적으로 불확실성이 낮기 때문에 산정의 정확도를 높일 수 있으며, 세분화를 통해 책임자나 담당자를 명시하기 편하고 개인 단위의 일정 계획 수립도 쉬워진다. 또한 작은 작업일수록 실질적인 상황 점검 포인트를 만들기에 정확한 진척 보고가 가능하게 되는 것도 유용해진다는 의미이다. 이러한 이유가 있다면 더 세부적으로 분할하는 것을 권장하는 것이 유용성 법칙이다.

WBS 작성 방법

1단계: 하향식으로 시작하기

WBS는 프로젝트 범위기술서에 정의된 인도물의 산출을 위하여, 가장 상위 수준을 프로젝트로 하여 하향식으로 내려가며 세부적인 분류를 진행해나가는 방식으로, 필요한 모든 작업들을 정의한다. WBS를 작성할 때 가장 어려운 부분은 첫 번째 수준인 레벨2를 어떻게 분류할 것인가 하는 문제이다. 하향식 방법은 최상위 계층인 레벨1에는 프로젝트 이름을 명시하고, 그 다음 계층에 주요 인도물이나 상위 수준의 주요 작업을 나열하는 것으로 분류를 시작한다. [그림3-17]은 주말 농장을 만드는 프로젝트로 '배치계획, 작물, 울타리'의 3가지 주요 인도물을 레벨2에 나열하였다. 프로젝트 범위기술서에는 프로젝트의 최종 인도물뿐만 아니라 중간 인도물도 명시되어 있으며, 그 중간 인도물들을 레벨2에 나열할 수 있다. 그 밖에도 레벨2에는 프로젝트의 주요 작업이나 라이프 사이클의 단계를 나열할 수 있다. 어떤 방법으로 접근하든지 궁극적으로 프로젝트 범위기술서에 있는 프로젝트 인도물을 산출하기 위한 방법이 될 것이다.

하향식으로 분할하면 워크패키지는 상위 요약 작업의 부분집합이 되어야 한다. 분할이 완료된 후에 최하위 수준인 워크패키지에서 시작하여 계층구조를 따라 올라가면서 해당 작업이 상위 작업의 부분집합인지를 확인하는 과정이 필요하다. 이들 요약 작업은 하위 작업을 합하여 도출되므로 적절한 수준에서 의미 있는 정보를 수집하고 제공할 수 있다. 그러

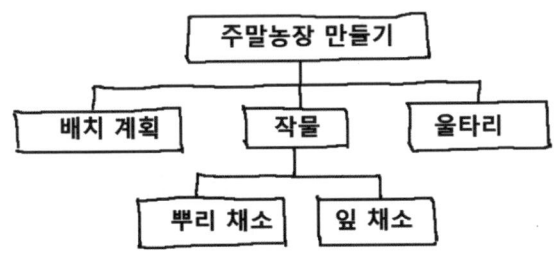

[그림3-17] 주말 농장 만들기 프로젝트의 인도물 분류

므로 범위 계획을 수립하는 과정에서 작업이 누락되지 않도록 하기 위해서는 워크패키지들을 합하여 상위 요약된 작업이 되는지 반드시 확인하여야 한다.

2단계: 인도물 산출을 위해 요구되는 모든 작업에 이름 부여하기

작업 이름을 부여할 때는 단순한 명사형으로 하기 보다는 해당 작업이 결과물을 산출하는 '행위'가 묘사되도록 표현한다. 예를 들면, '작물'은 '작물 심기', '울타리'는 '울타리 설치하기'로 이름을 부여한다. 모호한 작업 이름이나 모호한 활동 이름은 회피해야 한다. 예를 들면, '분석'이나 '조사'와 같은 이름을 갖는 작업은 우리가 충분히 알고 있고 상상할 수 있는 작업이지만 명확한 산출물이 없기에 막연한 작업이 될 수 있다. 이 경우에는 '소프트웨어 요구사항 정의', '공급업체 목록 작성'과 같이 분석이나 조사의 결과물을 포함하는 것을 권장한다. 또한 '데이터베이스'라고 간략한 명사만 표기한다면 이 작업에서 어떤 활동이 필요한지 알기 어려울 것이다. 데이터베이스의 설계에서 테스트까지 여러 활동들이 있으므로, '데이터베이스 설계'와 같이 활동을 포함시켜 작업을 명확히 해야 한다.

작업 이름이 부여되면 그 작업의 산출물을 도출하기 위해 요구되는 더 낮은 수준의 상세 작업으로 세분화하여 하위 레벨을 만든다. 일반적으로 프로젝트 관리자나 프로젝트 관리팀에서 상위 레벨을 정의하고 그 이하 레벨에 대해서는 해당 작업의 전문가나 담당자에게 분류해 나가도록 함께 작업한다. 이는 좀 더 전문성이 있는 경험자로 하여금 완벽한 WBS를 만들도록 하는 목적과 함께 프로젝트 계획 수립에 참여도를 높여 책임감과 동기부여를 하기 위함이다. 이렇게 나열된 작업들은 프로젝트에서 해야 할 일들을 한눈에 볼 수 있기에 막연했던 프로젝트 계획이 구체화되고 전체적인 그림을 그리게 되어 상세 계획 수립이 쉽게 이루어질 수 있음을 느끼게 된다.

3단계: WBS의 구조화하기

WBS를 워크패키지 수준까지 나열한 후에 필요에 의해 그 구조를 다른 접근 방법으로 재배열할 수 있다. 즉, 특정 워크패키지를 다른 상위 레벨의 작업의 하위 레벨로 옮길 수 있다. 프로젝트 관리의 목적, 혹은 이해관계자의 관심 사항이나 프로젝트 보고의 목적에 따라 그 분류 체계를 다르게 구조화할 수 있다. 이는 프로젝트의 여러 측면을 강조할 수 있는 방법으로 [그림3-18]은 프로젝트 작업들이 서로 다르게 분류되는 구조를 보여주고 있다.

작물의 종류를 강조하는 구조	작업의 순서를 강조하는 구조

2.0 작물 심기
  2.1 뿌리 채소 심기
    2.1.1 뿌리 채소 밭 갈기
    2.1.2 뿌리 채소 모종하기
    2.1.3 뿌리 채소 물주기
  2.2 잎 채소 심기
    2.2.1 잎 채소 밭 갈기
    2.2.2 잎 채소 모종하기
    2.2.3 잎 채소 물주기
	2.0 작물 심기
	  2.1 밭 갈기
	    2.1.1 뿌리 채소 밭 갈기
	    2.1.2 잎 채소 밭 갈기
	  2.2 모종하기
	    2.2.1 뿌리 채소 모종하기
	    2.2.2 잎 채소 모종하기
	  2.3 물주기
	    2.3.1 뿌리 채소 물주기
	    2.3.2 잎 채소 물주기

[그림3-18] WBS의 다양한 접근 방식의 예

WBS의 분할 기준

프로젝트 범위 계획 수립을 위한 WBS 작성에서 가장 어려움을 겪는 부분이 바로 두 번째 레벨을 어떻게 분류할 것인가 하는 문제이다. 분류 기준을 정하는 것은 응용분야 혹은 프로젝트 특성에 따라 다르기 때문에 적용 사례에 대한 충분한 이해와 검토를 거쳐 작성해야 한다.

다양한 분류 방법에 대한 예를 다음과 같이 들 수 있다. 첫째, 구성요소별로 분류하는 방법이다. 이는 프로젝트 결과물에 대한 물리적 구성요소를 기반으로 하는 것이다. 자동차 개발의 경우에는 차체, 새시, 전기장치, 엔진, 구동장치 등의 구성요소로 구분할 수 있으며, 카페 창업의 경우에는 매장, 유틸리티, 장비, 내부시설, 운영인력 등으로 분류할 수 있다. 시스템 통합 프로젝트의 경우에는 시스템의 구성요소들이 각 분류 요

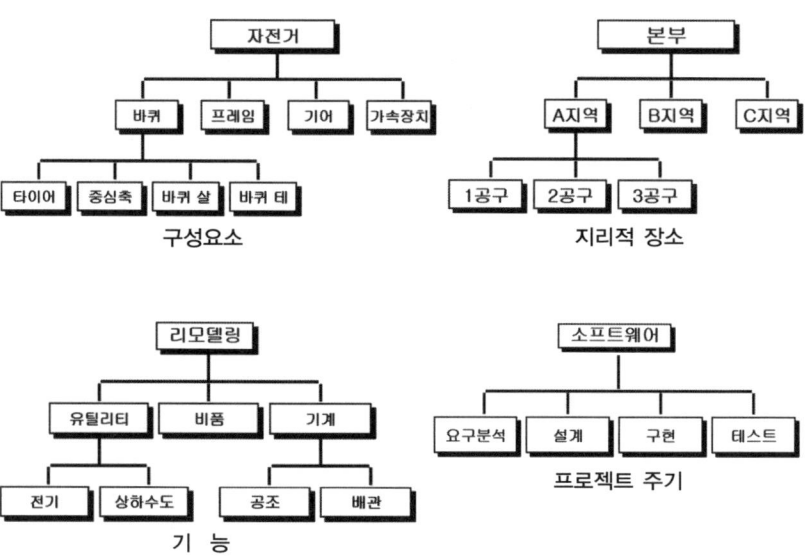

[그림3-19] WBS 구조의 다양한 접근 방식

소가 될 수 있다. 예를 들어, 기업의 새로운 경영정보시스템을 구축하는 프로젝트가 있고, 이 시스템은 경영자 정보 시스템, 전사적 자원관리 시스템, 공급체인관리 시스템, 고객관계관리 시스템 등의 서브 시스템으로 구성된다면 이 서브시스템을 WBS의 구성 요소로 사용할 수 있다. 둘째, 지리적 장소 별로 분류하는 방법이다. 프로젝트 사이트가 지리적으로 여러 곳에서 진행될 경우에 사용할 수 있는 방법이다. 셋째, 기능별 분류 방법이다. 주로 건설이나 엔지니어링 등의 프로젝트와 같이 시설이나 설비와 관련된 프로젝트에 적용될 수 있다. 마지막은 프로젝트 라이프 사이클 주기에 의한 분류 방법이다. 일반적으로 가장 많이 사용되는 방법 중에 하나로 프로젝트 라이프 사이클의 각 단계를 대상으로 분할하는 방법이다.

이들 분할 방법은 프로젝트마다 다르게 적용되지만 가장 일반적으로 적용될 수 있는 방법이 프로젝트 주기별 분할 방법과 구성 요소별 분할 방법이다. 프로젝트 규모가 작고 간단한 프로젝트의 경우에는 프로젝트 주기별 분할 방법으로 모두 표현할 수 있으나, 일정 수준의 규모나 복잡성을 지닌 프로젝트라면 주기별 분할 방법과 구성 요소별 분할 방법을 혼합하여 표현할 수 있다. 이들과 유사한 분류 방법으로 기능에 따른 분할 방법과 인도물 중심의 분할 방법으로 구분하여 적용하기도 한다.

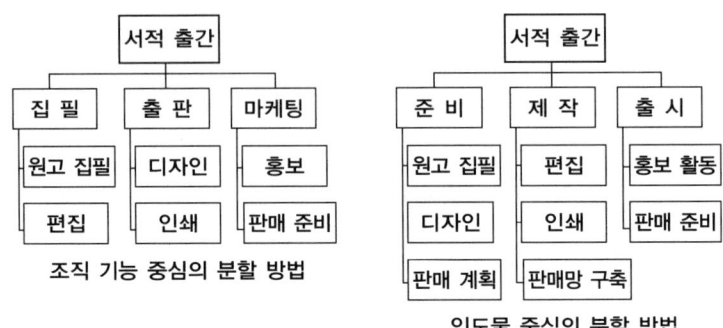

[그림3-20] WBS 분할 방법의 예

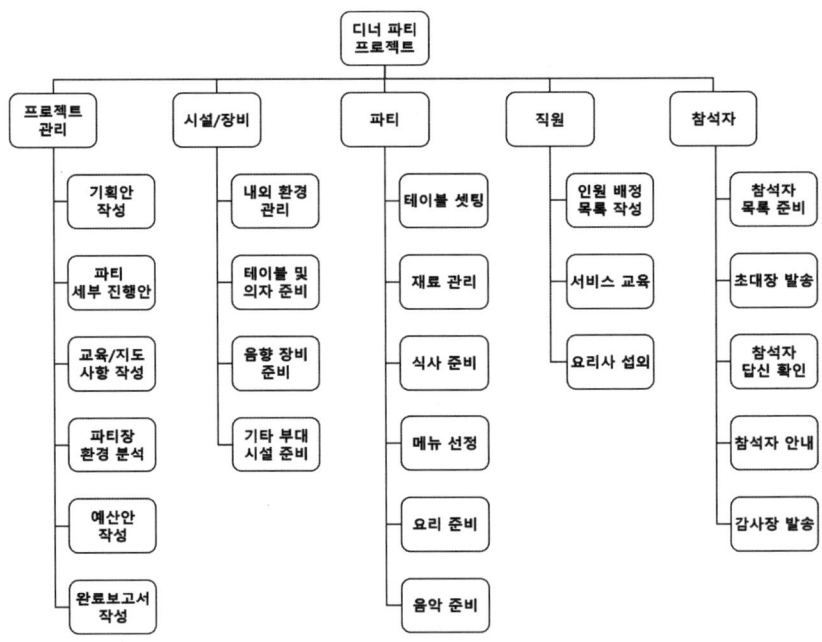

[그림3-21] 프로젝트 구성요소별 WBS 분할 방법의 예

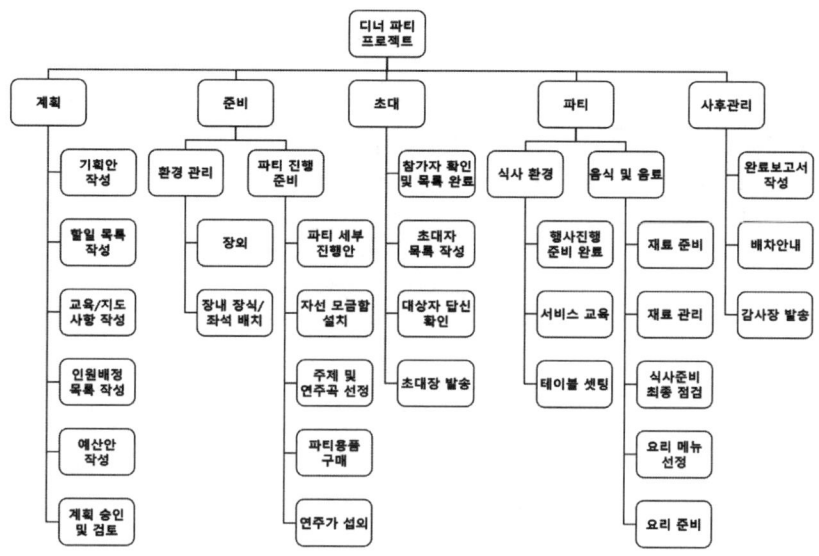

[그림3-22] 프로젝트 주기별 WBS 분할 방법의 예

　　WBS를 작성하는 접근 방법 중에서 대표적인 하나의 방법을 구체적인 예를 들어 설명한다. 앞서 언급했듯이 WBS 작성에서 일반적으로 가장 많이 쓰이는 접근 방법은 구성 요소별 분할과 프로젝트 주기별 분할을 혼합한 형태이다. 예를 들기 위해 카페 창업 프로젝트를 적용하여 본다. 먼저 구성 요소별로 구분하는 방법은 매장, 제품, 직원, 홍보로 구분하는 것이다. 그리고 프로젝트 주기별 분할을 위해 프로젝트 라이프 사이클 단계를 계획 단계, 조사 단계, 계약 단계, 시공 단계, 준비 단계로 정의하여 레벨2를 결정한다. 그리고 그 하위 수준인 레벨3은 각 단계에서 산출되는 인도물들로 정의하면 된다.

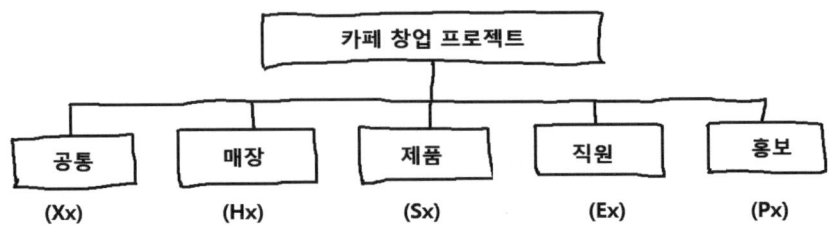

[그림3-23] 구성 요소별 분할 방법

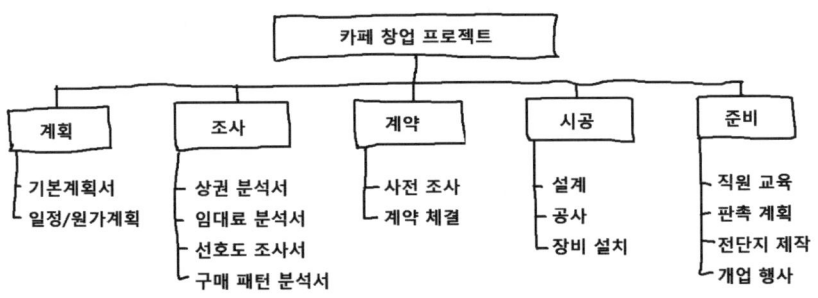

[그림3-24] 프로젝트 주기별 분할 방법

    두 가지 형태의 분할 방법이 확정되면 이를 토대로 최종 WBS를 작성할 수 있다. 먼저 프로젝트 주기별 분할의 레벨2를 최종 WBS 레벨2로 정하고, 해당 레벨의 항목인 각 단계와 연관된 구성요소들을 레벨3으로 분할한다. 그리고 해당 단계의 인도물을 각 구성요소의 하위 수준인 레벨4로 분할하여 완성한다. 이때 공통이라는 항목은 특정 구성요소에 해당하지 않고 프로젝트 전체에 공통으로 산출되는 인도물을 묶을 때 적용한다.

(Level 1) 단계	(Level 2) 산출물	WBS코드	(Level 3) 워크패키지
계획 (100)	공통 (X)	X110	기본계획서
		X120	일정 및 원가계획서
조사 (200)	매장 (H)	H210	상권 분석서
		H220	임대료 분식서
	제품 (S)	S210	선호도 조사서
		S220	구매 패턴 분석서
계약 (300)	매장 (H)	H310	사전 조사
		H320	계약 체결
	제품 (H)	S310	사전 조사
		S320	계약 체결
	직원 (E)	E310	사전 조사
		E320	계약 체결
	홍보 (P)	P310	사전 조사
		P320	계약 체결
시공 (400)	매장 (H)	H410	설계
		H420	공사
		H430	장비 설치
준비 (500)	직원(E)	E510	직원 교육
	홍보 (P)	P510	판촉 계획
		P520	전단지 제작
		P530	개업 행사

[그림3-25] 카페 창업 WBS

WBS 코드 체계

프로젝트의 체계적인 관리를 위해서는 다양한 코드 체계가 정의되어야 한다. 일반적인 관리에서 코드 체계를 수립하는 이유는 여러 범주의 기준으로 쉽게 분류하기 위함이며 이를 통해 데이터를 집계하거나 분석

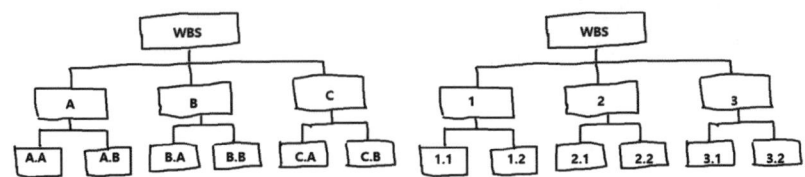

[그림3-26] WBS 코드 체계(Code of Account)

하고 보고하기 위함이다. 프로젝트 관리를 위해서도 다양한 분류 코드가 적용되며 그 중에 가장 골격이 되는 것이 바로 WBS 코드(Code of Account)이다.

WBS코드는 상위 수준에서부터 계층 구조로 하위 수준에 이르며 그 자릿수를 늘려가면서 부여한다. 방법은 크게 문자 코드와 숫자 코드를 이용하거나 숫자와 문자를 혼합하여 부여할 수 있다. [그림3-26]과 같이 단순하게 문자나 숫자를 순차적으로 부여하기도 하지만, [그림3-27]과 같이 프로젝트에 따라 코드의 각 자릿수 별로 의미를 부여하여 사용한다.

예를 들면, 'KDE150'이라는 코드가 부여된 구성 요소가 있다고 가정하자. 여기서 첫째 자리인 'K'는 프로젝트 코드를 의미하며, 둘째 자리인 'D'는 프로젝트 라이프 사이클 단계 중에서 설계 단계의 'Design'을 뜻한

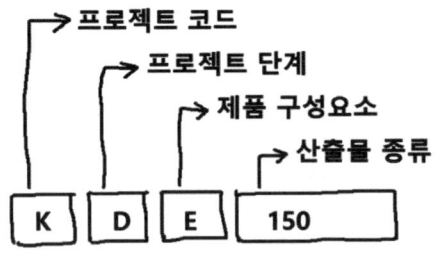

[그림3-27] WBS 코드의 구성

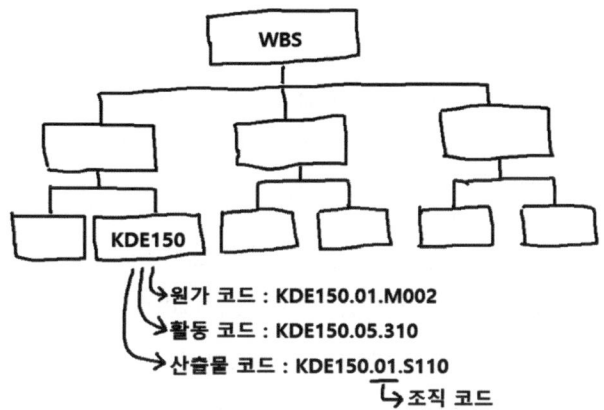

[그림3-28] WBS 코드의 확장

다. 세 번째 자리는 설계 단계와 관련된 구성요소인 '전기장치'의 'Electric' 을 의미하며, 나머지 하위 숫자는 그 산출물의 종류를 의미한다.

    이들 코드는 범위관리는 물론이며 일정관리, 원가 및 예산관리, 품질관리, 자원관리, 리스크관리, 조달관리를 위해 다양하게 확장되어 사용된다. WBS에서 하나의 워크패키지가 'KDE150'라는 코드를 부여 받았다면, 이는 'KDE150.XXX'과 같이 확장하여 다른 관리 코드를 형성할 수 있다. 여기서 'XXX'는 일정을 수립하는 활동 코드로 사용되거나, 원가 및 자원 코드, 혹은 리스크나 품질 코드로 확장되어 이용된다.

    코드 'KDE150'는 K프로젝트의 설계 단계 중에서 전기장치설계를 의미하는데 이 설계도를 작성하기 위해서는 구체적인 활동들로 구성된다. 예를 들면, 데이터 수집, 데이터 분석, 설계도 그리기, 설계 검토, 설계 승인 등이 그 워크패키지의 산출물인 전기장치 설계도를 만들기 위한 활동들이 된다. 이들 활동은 각각 110, 120, 130, … 등의 일련번호를 부여하지만, 이 일련번호 앞에 WBS 코드를 포함하여 최종 활동 코드가 완성된다.

'KDE150.110'은 K프로젝트의 설계 단계 중에서 전기장치설계를 위한 '데이터 수집'이란 활동 코드를 의미한다. 이와 같은 방법으로 원가 및 예산 코드를 부여할 수 있다. 또한, 'KDE150.M002'라는 원가 코드에서 뒷부분인 '.M002'는 재료(Material)를 의미하는 'M'과 재료 종류를 나타내는 '002'로 구성되며, 결과적으로 K프로젝트의 설계 단계 중에서 전기장치설계에 필요한 특정 재료의 재료비를 나타내는 원가 코드가 된다.

그 외, WBS 코드를 확장하여 그 요소와 관련된 품질 표준, 조달 항목, 예상되는 리스크 항목 등에 코드를 부여할 수 있으며, 모든 코드 내에 조직 코드를 삽입하여 해당 코드가 갖는 객체가 누가 담당 혹은 책임인지를 명시할 수 있다.

3.2 프로젝트 산정

추정이란 미래를 예측하는 것이며, 하나의 작업 결과를 산출하기 위해 요구되는 시간과 원가를 예측하기 위한 노력이다. 미래에 대한 예측 자체가 불확실성 상황에서 이루어지므로 그 추정은 실제 결과와 반드시 일치하지 않는다. 그럼에도 불구하고 경영층이나 고객은 정확한 추정치를 요구하며 잘못된 추정에 대해 부정적인 생각이 강하다. 이것이 불확실한 상황에서 미래를 예측해야 하는 프로젝트에서 추정의 정확성을 높여야 하는 이유이다. 프로젝트에서는 추정이라는 표현 대신에 산정(Estimation)이라는 용어를 더 많이 사용한다. 프로젝트는 유일한 결과물을 생산하므로 태생적으로 불확실성을 지니기에 산정이 매우 어렵다. 각 작업들의 조합이 서로 다르고 유일하거나 예측하기 어려운 많은 요인들을 내포하고 있기에 더욱 산정이 어렵다.

산정 방법은 다양하게 제시되고 있으며 많은 관리자들이 다양한 경험과 다양한 데이터를 근거로 산정 작업을 해왔다. 이들 산정 작업에서 피해야 할 것과 준수해야 할 것들이 있다. 먼저 산정에서 피해야 할 것들은 다음과 같다.

첫 번째는 구체적인 명세 없이 추정하여 산정하는 것이다. 경영층과의 회의에서 갑자기 일정이나 원가 예산에 대한 산정치를 물어볼 경우가 있다. 대답을 미루거나 길게 생각을 한다면 무능한 사람으로 비춰질 수 있기에 단순하게 낙관적이고 육감적인 추측으로 대답을 한다. 그 상황에서는 세부 사항들을 모두 고려하여 정확한 산정치를 추정할 수는 없는 것이다. 이처럼 프로젝트의 내용이 구체화되지 않은 상태에서 추정하여 산정치를 구하는 것은 가급적 피해야 한다. 회의 중에 질문하는 상황에서는 좀 더 프로젝트의 요구사항이나 내용에 대한 질문을 통해 프로젝트를 구체적으로 파악한 후에 추정하는 것을 권장한다. 상대방이 구체적 요구 사항이나 정보 없이 계속해서 산정치를 요구하면서 압박한다면 어림 추정(Ballparking)을 할 수 있다. 어림 추정에서는 잘못될 수 있는 경우를 계산에 포함하여 비관치와 같은 추정치의 배로 답할 수 있다.

두 번째로 피해야 할 것은 산정치에 대한 부풀림이다. 프로젝트는 불확실성하에서 추정하기에 산정치를 통한 계획은 항상 그대로 수행되지 않는다. 산정한 것보다 더 많은 시간과 원가가 필요로 하는 경우가 대부분이다. 프로젝트 과정에서 팀원들의 질병이나 이탈로 프로젝트가 지연되거나 프로젝트 도중에 식별된 리스크에 대응해야 하는 경우로 인해 추가 시간이나 원가를 투입해야 하는 상황이 빈번하다. 이 경우는 합법적인 상황으로서 예비비나 예비 시간을 투입하거나 변경 요청을 통하여 추가 시간이나 예산을 확보할 수 있다. 그러나 처음부터 잘못될 상황을 고려하여 산정치를 부풀리는 것은 다르다. 프로젝트를 지연되지 않게 조기에 완료하거나 예산 내에서 완료할 목적으로 예상되는 산정치를 부풀리는 것은 적법하지도 않을 뿐만 아니라 생산적이지 못하다. 정직한 태도로 산정치를 구해야만 실제 프로젝트 자료를 활용한 원래의 추정치를 토대로 예산을 삭감하려는 상대방과 대항할 수 있다. 부풀려서 높게 편성된 산정치로 인해 부정적인 평가를 받음으로써 가치가 있는 프로젝트가 승인되지 않을 수도 있고, 부풀려진 예산으로 인해 조직에서 수행해야 할 가치 있는 다른 프로젝트가 선정되지 못하거나 예산이 축소될 수 있다.

반대로, 산정 과정에서 준수하거나 권장해야 할 사항들은 다음과 같다.

첫째, 산정은 과거 실적 자료를 바탕으로 한다. 프로젝트의 불확실성과 다양한 변수들은 아무리 많은 경험을 가진 사람일지라도 그들의 경험을 바탕으로 한 직관적 판단은 신뢰도가 낮을 수밖에 없다. 비록 과거의 프로젝트가 현재 계획하는 프로젝트와 동일하지는 않을지라도 많은 유사한 부분을 갖고 있다. 경험이 많은 전문가의 판단은 오히려 과거 실적을 바탕으로 현재 프로젝트와 비교하여 추정치를 보정하는데 이용하는 것이 적절하다. 프로젝트의 실적 자료를 보존하는 것은 개인이 수행하기에는 부적합하며 조직 차원에서 데이터를 축적할 수 있는 시스템적인 방법으로 데이터베이스를 구축하여야 한다. 이를 통해 지속적으로 축적된 데이터가 개선된 산정치를 점차 제공하며 구성원의 단순한 경험이나 기억에 의존하는 주관적 판단보다는 정확성을 높여줄 수 있다.

둘째, 산정치를 대상으로 협상하려 하지 말고 균형점을 협상해야 한다. 경험이 많은 전문가가 과거 실적 자료를 바탕으로 적절한 추정 방법에 의해 산정치를 추정했다 할지라도, 많은 경우에 그 예산과 시간을 삭감하려는 시도에 직면하는 경우가 많이 있다. 이 추정치는 프로젝트 범위 기술서를 바탕으로 현실적인 일정, 원가, 품질에 대한 균형을 나타내므로, 일정이나 원가와 같이 어느 한 부분을 삭감하는 것은 전체적인 산정의 균형을 깨트리는 것이다. 그러므로 산정치에 대한 삭감을 요구할 때는 그 산정치가 프로젝트 범위기술서 및 WBS와 어떻게 연결되는지를 설명하여 산출물을 일부 포기하거나 작업자의 생산성 조정으로 일정을 변경해야 한다는 점을 설명한다.

셋째, 산정은 적절한 사람에게 맡겨야 한다. 산정치를 위한 추정 방법이나 기법과는 상관없이 추정할 작업에 대한 경험과 이해를 할 수 있는 사람이 산정에 참여하여야 한다. 산정에 참여하는 사람이 추정의 목적과 추정 방법을 이해하는 것이 우선되어야 단순한 낙관적 추정이 아닌 실질적인 추정치를 얻을 수 있다. 추정 작업에는 실제로 작업을 수행할 담당자를 특히 포함시키는 것도 중요하다. 담당자만이 자신의 상황이나 능력의 한계, 그리고 작업 배경 등을 스스로 판단할 수 있으며, 스스로 추정한 산정치에 대한 책임감이나 동기부여는 물론 작업 결과에 대한 성취감을 갖게 할 수 있다.

산정 기법

단계적 산정법

프로젝트의 내용이 구체화되지 않은 프로젝트 초기 단계에서 프로젝트 전체의 일정이나 원가를 산정하는 것은 매우 어려운 일이다. 단계적 산정법은 프로젝트 전체에 대한 산정을 개략적으로 하나 현재 단계에 대해서만 상세한 일정과 원가를 산정하는 방법이다. 일부에서는 연동 기획(Rolling Wave Planning)이라도 한다. 이 방식을 적용하기 위해서는 프로젝트 라이프 사이클과 각 단계가 정의되어 있어야 한다. 모든 프로젝트 라이프 사이클 초기에는 불확실성이 많지만 프로젝트가 진행되면서 프로젝트 정보가 구체화됨에 따라 프로젝트의 불확실성이 줄어든다. 그러나 고객이나 경영층 입장에서는 여러 의사결정을 위해 정확한 시간이나 원가에 대한 산정치를 원한다. 단계적 산정법은 이런 문제를 인식하고 전체 프로젝트를 단계로 구분하여 각 단계를 하나의 프로젝트로 간주하여 세부적으로 산정하고 기획하는 방법이다.

[그림3-29]를 보면, 첫 번째 단계인 요구분석 단계에서 프로젝트 라이프 사이클 전체에 대한 개략 산정(Order-of-Magnitude)을 한 후, 요구분석 단계에 대한 상세 산정을 한다. 프로젝트 라이프 사이클의 첫 번째 단계가 종료되면, 다음 단계인 설계 단계의 착수 여부를 결정한다. 이는 프로젝트 착수에서 결정된 사항들이 아직 유효한지를 검토하고 프로젝트 내용의 추가나 변경된 내용을 반영하여 다음 단계의 착수를 결정하거나 심지어는 프로젝트 중단도 결정할 수 있다. 두 번째 단계를 포함한 나머지

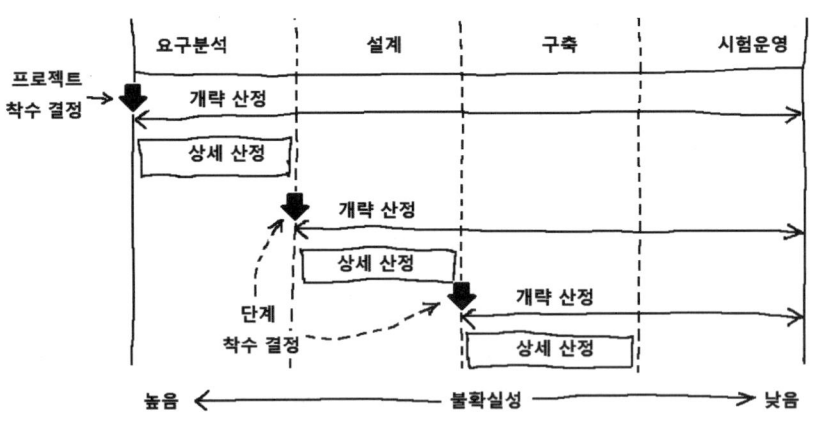

[그림3-29] 일반적인 제품개발 프로젝트 라이프 사이클

프로젝트 전체에 대한 개략 산정과 함께 두 번째 단계인 설계 단계에 대해 상세 산정을 실시한다. 이때 개략 산정치는 첫 단계에서 확정된 정보와 경험한 내용으로 인해 정확도가 더욱 높아질 것이다.

프로젝트 관리자와 프로젝트 팀은 하나의 단계에 몰입할 수 있기에 이러한 방법을 선호하지만, 경영자나 고객 입장에서는 프로젝트 팀이 프로젝트 전체 예산에 대한 책임을 회피하고 매 단계마다 편하게 예산을 요구하는 것처럼 생각할 수 있다. 프로젝트 초기에 구체적인 산정치를 요구하는 것이 프로젝트 목표 일정을 지키고 예산 증가를 막을 수 있을 것이라고 생각한다. 그러나 프로젝트 초기에 충분한 정보가 없는 상황에서 산정한 일정과 원가는 부정확한 추정으로 인한 리스크를 유발할 수 있다. 현실적인 일정이나 예산이 아닌 부정확한 계획으로 완료할 것을 강요한다면 예상하지 못한 상황이나 리스크로 인해 추가 예산이 필요할 수도 있고, 이로 인해 프로젝트를 포기하거나 무리하게 진행하여 궁극적으로 조직에 손실을 입힐 수 있다. 아무리 낮은 예산으로 산정하여 계획하도록 압박할지라도 이 역시 프로젝트팀이 달성하지 못할 계획이 되어 모두에게 부정적인 영향을 미칠 뿐이다. 매 단계마다 새로운 산정을 한다는 것은 경영층이나 고객 입장에서는 새로운 의사결정을 할 수 있는 기회가 될 수 있다. 새로운 단계에서 얻은 산정 결과를 바탕으로 프로젝트를 취소하여 실패 비용을 줄일 수도 있고, 제품 범위나 프로젝트 범위를 조정할 수 있고, 심지어는 필요한 새로운 팀으로 교체할 수도 있다. 이러한 의사결정 방식은 대가없이 이루어질 수 없다. 새로운 집을 짓는 프로젝트에서 건축할 장소와 설계가 없다면 어떤 시공 업체도 건축 비용을 제시하지 못할 것이다. 설계가 완료된 후에 건축 비용이 너무 높다면 프로젝트를 취소할 수 있을 것이다. 무리하게 프로젝트를 진행하여 더 많은 손실이 발생하는 것을 막을 수 있지만, 이미 수행된 선행 작업들에 대한 대가를 지불하여 정보를 얻는다는 점이 바로 이 산정 방법의 특징이다.

단계적 산정법은 프로젝트 라이프 사이클의 각 단계를 하나의 프로젝트로 다루어 단계적 산정 접근 방법을 적용한다. 이는 프로젝트 라이프 사이클 동안 단계별로 범위, 일정, 원가, 품질에 대한 균형을 검토하는 기회가 된다. 이 산정법은 프로젝트 초기에 부정확한 정보에 의한 정확도가 낮은 산정치를 이용한 기획보다는 조금 더 상세하고 많은 정보로 만들어진 산정치에 의한 계획으로 프로젝트를 수행할 수 있다는 장점이 있다.

배분 산정법

배분 산정법은 WBS의 상위 수준에서 프로젝트 전체 산정치를 결정한 후에 프로젝트 단계나 작업 등의 하위 수준으로 배분해 나가는 산정 방식으로 하향식(Top-Down) 산정법으로 알려져 있다. 하향식으로 배분하기 위해서는 전체 프로젝트 산정치를 산출하기 위한 유사한 프로젝트가 있어야 하며 그 내용과 특성이 현재 프로젝트와 유사하여야 한다. 또한 전체 프로젝트 산정치를 하위 수준으로 배분하기에 전체 산정치가 정확해야 하위 수준의 산정치도 정확할 수 있다. 이 산정 방법은 상향식

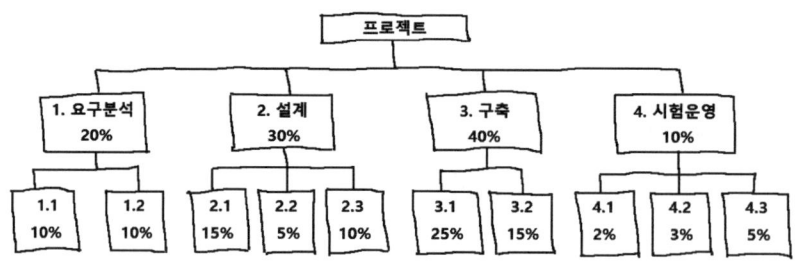

[그림3-30] WBS를 기준으로 한 배분 비율

(Bottom-Up) 산정 방법에 비해 정확도가 높지 않지만 프로젝트 초기에 사업 타당성 분석이나 프로젝트 선정 등의 의사결정에 사용될 수 있도록 짧은 시간에 수행할 수 있다. 하위 수준의 배분 비율은 일관된 비율로 나눌 수도 있지만, 일반적으로는 과거 프로젝트의 실적 정보를 기준으로 할당 비율을 정한다. 이는 곧 각 프로젝트 단계와 작업들의 규모가 어느 정도 되는가를 나타낸다.

배분 산정법은 앞에서 설명한 단계적 산정법과 함께 사용하면 더욱 효과적인 추정 방법이 될 수 있다. 하나의 프로젝트 단계에 대한 산정 작업을 할 때에 이미 완료된 이전 단계들의 실제 결과치를 배분 공식에 적용하여 개략 산정치의 정확성을 높일 수 있다.

[그림3-31]과 같이 각 단계의 배분 비율은 0.2, 0.3, 0.4, 0.1이다. 프로젝트의 초기 단계에서 추정한 프로젝트 전체 산정치는 1억원이며, 첫

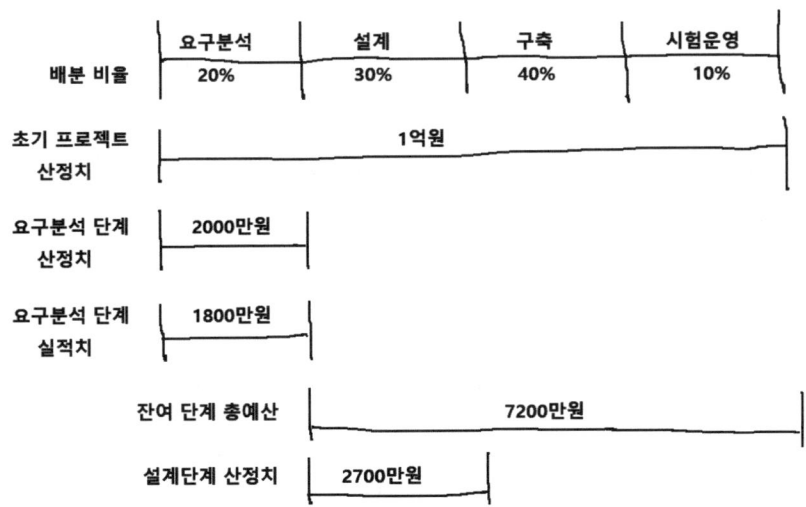

[그림3-31] 단계적 산정법을 이용한 배분 산정법의 적용

단계인 요구분석 단계는 1억원의 0.2 비율인 2천만원으로 산정하였다. 요구분석 단계를 종료한 결과, 실제 원가는 1,800만원이 되어, 이 실적 비율을 근거로 개정된 총예산을 추정하면 다음과 같다.

개정된 총예산 = 첫 단계 실제원가/ 첫 단계 배분비율 = 1,800만원 / 0.2
= 9,000만원

그러므로 첫 번째 단계를 제외한 나머지 단계에 대한 프로젝트 예산은 다음과 같다.

잔여 단계 총예산 = 개정된 총예산 − 첫 단계 실제원가
= 9,000만원 − 1,800만원
= 7,200만원

그리고 두 번째 단계인 설계 단계의 산정치는 다음과 같다.

설계 단계 산정치 = 개정된 총예산 × 설계 단계 배분비율 = 9,000만원 × 0.3
= 2,700만원

모수 산정법

모수(Parameter) 산정법은 프로젝트 전체의 작업 규모를 산출하거나 특정 작업의 규모를 산출하기 위한 계량화된 기반이 되는 작업의 기본 단위(Basic unit of work)를 찾아 결정하는 방식이다. 모수 산정법을 위한 추정은 과거 자료에 근거하지만 동시에 확실한 모수를 개발하여야 한다.

단일 작업을 대상으로 모수산정법을 적용하는 예를 들면 다음과 같다. 어떤 조직에서 300쪽 분량의 결과보고서를 작성하려 한다. 과거의 프로젝트를 기준으로 모수 산정 모델을 개발했는데, 기본 작업 단위는 쪽수로 한다. 2인 작업자 기준으로 하여 평균적으로 하루에 30쪽을 작성하였다. 그러므로 결과 보고서 작성에 소요되는 기간은 10일로 산정한다. 만일 작업자의 수가 변경된다면 모수도 변경될 것이다.

프로젝트 전체 작업의 규모를 대상으로 하는 모수 산정법 적용의 예는 다음과 같다. 어떤 농부가 $10,000m^2$ 새로운 농지를 개간하려고 한다. 과거에 농지를 개간할 때, 평지는 하루에 $500m^2$를 개간하였기에 20일로 추정하였다. 그러나 전체 면적 중에 산지가 $5,000m^2$ 포함되어 있고, 산지를 개간하는 경우에는 평지보다 많은 시간이 소요되어 하루에 $250m^2$를 개간하였다. 그래서 모수 산정 모델을 수정할 필요가 있음을 알았다. 또한 날씨로 인해 작업을 할 수 없어 지연되는 경우를 적용하여 10%를 추가하였다. 결국 모수가 1개였던 공식을 평지, 산지, 날씨에 대한 요인으로 3개의 공식을 적용하였다. 이 모수 산정의 모델은 다음과 같다.

$$총작업기간 = \left(\frac{총면적 - 산지면적}{평지일일평균작업면적} + \frac{산지면적}{산지일일평균작업면적} \right) \times 지연비율$$

$$= \left(\frac{10,000 - 5,000}{500} + \frac{5,000}{250} \right) \times 1.10 = 33일$$

작업 단위의 세부 산정치를 산출할 경우에, 먼저 모수 산정 모델을 이용하여 워크패키지를 추정하고 상위 수준으로 추정치를 합산하면 산정의 정확도를 높일 수 있다. 단계적 산정법의 경우에는 단계 시작점에서 다음 단계의 산정치를 산출하는데 모수 모델을 이용할 수 있다. 모수 모델의 변수는 프로젝트 명세가 정확할수록 모델이 정확하다. 이러한 모수 산정법은 주로 프로젝트 라이프 사이클의 구축 단계에서 많이 적용된다.

상향식 산정법

상향식(Bottom-up) 산정법은 하위 수준의 세부 작업을 산정한 후에 상위 수준으로 합산하는 방법으로 추정에 소요되는 기간과 노력이 많이 든다. 일반적으로 활동 단위나 워크패키지 단위에서 산정을 시작하며 그 정확도가 전체 추정치의 정확도를 결정한다. 상향식 산정법은 정확도가 높지만, 프로젝트 라이프 사이클의 초기에는 프로젝트에 대한 정보가 부족하여 상향식 산정법을 이용하기 어렵다. 그러므로 상향식 산정법은 세부적인 단계별 산정치를 추정하는 경우에 많이 사용된다.

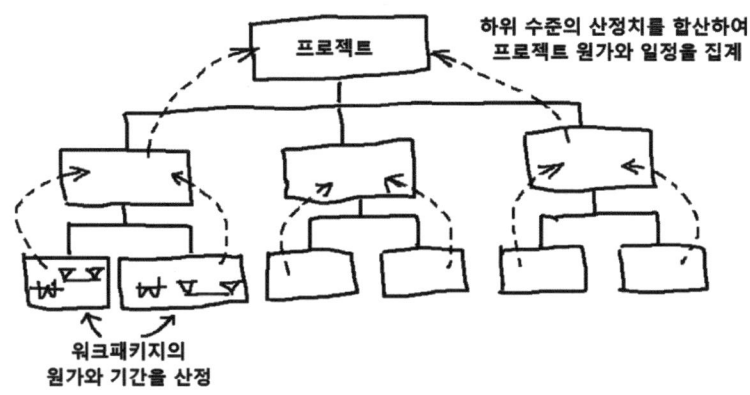

[그림3-32] 상향식 산정법

3.3 프로젝트 일정 계획

프로젝트 계획 중에서 일정 계획은 스케줄이라는 표현으로 많이 알려져 있다. 프로젝트 스케줄인 일정 계획을 수립하고 관리하는 목적은 프로젝트가 목표로 하는 시의 적절한 때에 프로젝트를 완료하기 위함이다. 대부분의 프로젝트에서는 가능한 빨리 프로젝트를 끝내는 것을 목표로 할 수 있으나 행사 프로젝트와 같은 일부 프로젝트는 목표한 날짜에 프로젝트를 완료해야한다. 계획된 일정은 프로젝트 실행과 함께 주기적으로 진척을 파악하고 계획된 일정에 대해 현재 진행 일정을 비교하고 분석하여 계획된 일정을 유지하도록 조정하고 통제하는 노력을 하게 된다.

프로젝트 일정 계획을 수립하기 위해서는 3가지 요소가 필요하다. 그 3가지는 수행할 활동 또는 작업 요소들의 목록, 각 활동을 수행하는데 요구되는 소요 기간, 활동들 사이에 선후 작업 순서를 나타내는 의존관계이다.

[그림3-33]과 같이, 이들 3가지 요소를 통해 만들어진 결과는 스케줄이 아니며, 단지 계획자가 생각하는 활동의 순서와 기간에 맞춰 연결된 그림일 뿐이다. 여기에 각 활동 별 시작일과 종료일이 모두 확정되어야 비로소 일정 계획으로 완성되는 것이다. 물론 각 활동의 시작일과 종료일

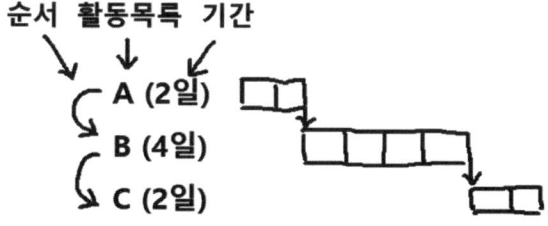

[그림3-33] 스케줄의 3요소

[그림3-34] 일정 계획 수립 절차

을 결정하기 위해서는 다양한 기법을 적용하는 일정 분석이라는 일정 개발 과정을 거쳐야 한다.

일정 계획을 수립하는 순서는 [그림3-34]와 같이 이루어지며 범위기술서에 명시된 프로젝트 내용을 수행하기 위한 활동들을 식별하거나 동시에 WBS에 식별된 각 워크패키지를 수행하기 위한 활동들을 식별하는 것으로부터 시작된다. 이를 활동 정의라고 하며 그 결과물이 바로 활동목록이다. 수행해야 할 활동 목록이 식별되면 이 활동들 사이에 작업 순서인 선후 의존관계를 결정하는데, 이를 활동 순서 결정이라 한다. 활동 순서 결정은 활동 기간 산정과 동시에 수행하거나 순서에 구애됨 없이 순차적으로 수행될 수 있다. 이렇게 완성된 일정 모델은 여러 일정 분석 기법을 사용하여 최종 일정 계획으로 완성되며, 그 과정에서 프로젝트에 예상되는 리스크나 각 활동에 예상되는 리스크를 고려하여 활동 기간, 작업 순서, 자원 배정 등을 조정한다. 일정 분석을 통해 최종 일정 계획을 완성하는 과정을 일정 개발이라고 한다.

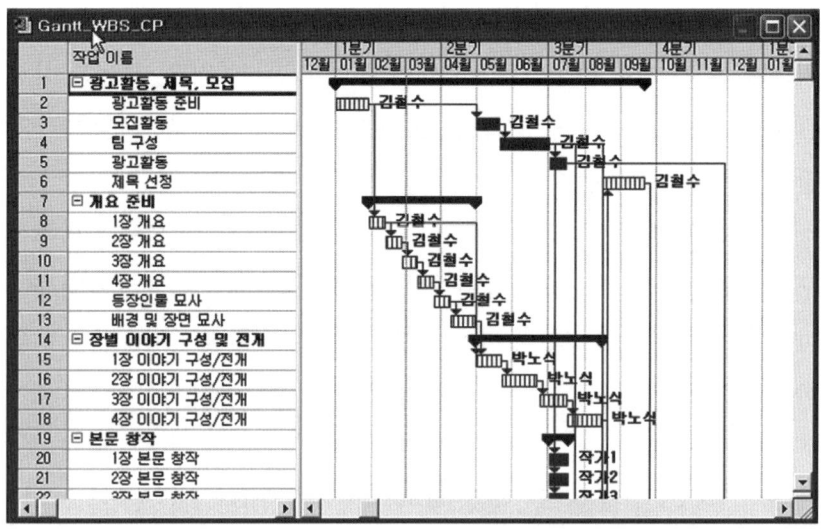

[그림3-35] 프로젝트 일정 계획의 예

활동 정의

활동 정의는 일정표를 구성하는 활동 또는 작업 요소들을 식별하여 활동 목록을 만드는 과정이다. 이는 WBS에서 식별된 인도물들을 생산하기 위해 추진해야 할 특정 활동을 식별하는 것으로 일반적으로 활동(Activity) 혹은 작업(Task)이라고 한다. 활동정의는 WBS와 같이 분할 방법을 통해 세분화되며, 이는 워크패키지를 관리적으로 통제하기 쉽게 하기 위함이다.

가장 일반적인 활동 정의 방법은, WBS의 워크패키지를 대상으로 그 워크패키지의 산출물을 확인하고, 그 산출물을 도출하기 위해 요구되는 구체적인 행위나 단계 등으로 세분화하는 것이다. WBS의 워크패키지가 그 작업의 완료 여부를 검증하기 위해 산출물 중심으로 분할한다면, 활동은 그 산출물을 완성하기 위한 행위나 활동들로 세분화한다. 즉, 하나의 워크패키지는 여러 활동으로 분할하는 것이 일반적이지만, 상세한 일정 관리가 어려운 환경의 프로젝트일 경우에는 하나의 워크패키지를 하나의 활동 목록으로 적용할 수도 있다.

그러므로 활동정의의 결과인 활동목록은 WBS의 연장으로 완벽하게 구성해야 한다. 또한 필요한 경우에는 팀원들이 그 일을 어떻게 수행해야 하는지 이해할 수 있도록 각 활동에 대한 설명을 포함하는 기술서를 작성하기도 한다.

번호	활동 ID	활동 이름	선행활동	담당자
1	1.1	자료수집		김OO
2	1.2	타당성조사		이OO
3	1.3	타당성 보고서	1, 2	최OO
4	2.1	사용자 인터뷰	3	박OO
5	2.2	현재 시스템 분석	3	정OO
6	2.3	요구사항 정의	3	유OO
7	2.4	시스템 분석 보고서	5, 6	박OO
8	3.1	입력 출력	7	최OO
9	3.2	자료처리 및 DB	7	김OO
10	3.3	평가	8, 9	황OO
11	3.4	설계보고서	10	민OO
12	4.1	소프트웨어 개발	11	이OO
	:	:		
21	6.4	완료보고서	20, 21	김OO

[그림3-36] 활동 목록의 예

활동 순서 결정

오랫동안 일정표 작성에 가장 많이 이용되어 온 방법은 갠트 차트 (Gantt Chart)이다. 1차 대전 중에 헨리 갠트라는 엔지니어가 계획 및 관리

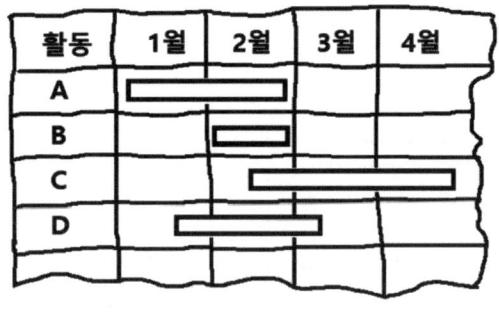

[그림3-37] 갠트 차트

의 목적으로 고안한 이 도표는 작업 활동 별로 막대 그림을 이용하여 기간에 맞춰 가로로 그리는 방식이다. 작업 활동을 진행하는 동안 그 진척을 막대 위에 실적을 그려 표시함으로써 작업 일정의 현황을 파악하고 관리를 가능하게 한다. 이를 막대 형식으로 그리기 때문에 바 차트(Bar Chart)라고 부르기도 한다. 갠트 차트는 일정표로 그리기 쉬우며 프로젝트 일정 현황을 쉽게 볼 수 있다는 장점이 있기에 100년이 지난 오늘날의 프로젝트에도 여전히 유용하게 사용되는 기법이다.

갠트 차트는 반복적인 프로젝트와 같이 수행해야 할 일정 계획이 유사한 경우에는 유용하게 사용할 수 있으나, 일반적인 프로젝트에서는 활동 상호간의 의존관계를 알 수 없기에 작업 진척이나 일정 변경에 따른 다른 작업에 미치는 영향 등을 분석하기 어렵다는 한계를 갖는다. 그래서 오늘날 활동의 순서나 의존관계가 포함된 네트워크 일정표나 로직 바 차트와 같은 방법들이 사용되고 있다.

[그림3-38]과 같이 갠트 차트는 활동 A가 하루 지연된다 하더라도 다른 작업 일정이나 프로젝트 전체 일정에 어느 정도의 지연을 초래하는지 분석하기 어렵다는 단점을 갖는다. 그러나 작업 A와 작업 B를 연결하여

[그림3-38] 갠트 차트와 의존 관계

의존관계를 설정한다면, 작업 A의 지연으로 작업 B가 지연되고 결과적으로는 프로젝트 전체가 지연됨을 파악할 수 있다. 이것이 활동들 사이에 의존관계를 연결하는 이유이다.

활동들 사이에 의존 관계인 적절한 로직을 결정하는 작업은 해당 분야의 경험을 갖고 있는 담당자가 수행해야 한다. 로직을 결정하는 일반적인 방법은 활동 목록들 사이에 의무적 혹은 필수적인 관계들을 먼저 찾아서 연결한 후에 나머지 활동들은 임의적 혹은 선택적으로 연결하는 것이다. 의무적 혹은 필수적 관계란, 활동들 사이에 명확한 선후 관계를 파악할 수 있는 작업들을 의미한다. 예를 들면, 보고서를 출력하기 위해서는 컴퓨터 켜기, 워드 프로세서 구동, 문서 작성, 출력의 작업 과정이 필요하다. 이들 활동 중에서 문서 작성을 먼저 수행하고 컴퓨터 켜기를 나중에 수행하는 등의 작업 순서가 중첩되거나 바뀌는 것은 불가능하다. 당연하지만 반드시 그 작업 순서를 순차적으로 따라야 가능한 작업들이다. 시간의 흐름에 따라 작업하는 경우나 기술적 순서에 따라 작업할 수밖에 없는 명확한 순서를 알 수 있는 작업들도 여기에 해당된다. 활동 순서를 연결할 때는 이들 의무적 관계를 갖는 활동들을 우선적으로 파악하여 의존관계를 결정한다.

의무적 혹은 필수적 관계를 모두 설정한 후에, 나머지 작업들에 대해서는 일정 계획 수립자의 임의로 의존관계를 연결한다. 실제 프로젝트 일정에서는 임의적 관계를 갖는 활동들이 많이 존재하며 이들 임의적 연결이 프로젝트 일정 계획의 품질에 큰 영향을 미친다. 여기서 임의적으로 관계를 연결한다는 의미는 기획자의 경험과 직관을 기준으로 임의대로 연결하는 것이시만, 이는 단순하게 임의로 연결하기보다는 그 작업 수행에 대한 최상의 실무 관행(Best Practice)에 의거하여 결정한다. 그래서 선호성 논리라고 부르기도 한다. 예를 들면, 이사를 가기 전에 벽을 도배하고 바닥 장판을 까는 작업을 수행하려 한다고 가정하자. 작업 당일에 장판 업자가 오전에만 작업이 가능하고 도배 업자는 오후에만 작업 가능하다면 의무적으로 그 순서에 따르겠지만, 그런 제약이 없을 경우에는 두 작업을 동시에 하거나 어느 작업을 먼저 수행해도 문제는 없을 것이다. 그러나 일반적으로 가장 무난하게 수행하는 방법은 도배 작업 후에 장판 작업을 하는 것으로, 이 작업 순서가 바로 최상의 실무 관행이기 때문이다.

갠트 차트 혹은 바차트에 의존관계를 연결한 도표를 로직 바차트(Logic Bar Chart)라 한다. 로직 바차트는 갠트 차트의 단점을 보완하고 장점을 이용할 수 있는 유용한 도식 방법이지만, 이 또한 한계가 있다. 실제 프로젝트 일정표에 적용되는 활동들의 수는 프로젝트 규모나 특성에 따라 다양하지만 작게는 수백 개에서 많게는 수십만 개에 이른다. 많은 수

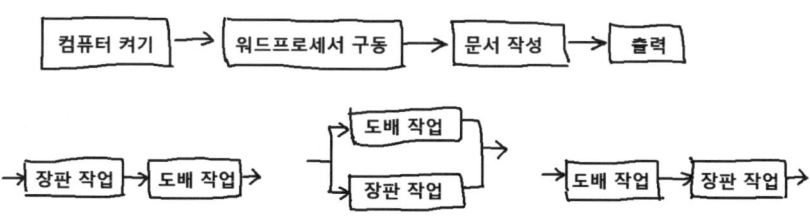

[그림3-39] 의무적 의존 관계와 임의의 의존 관계

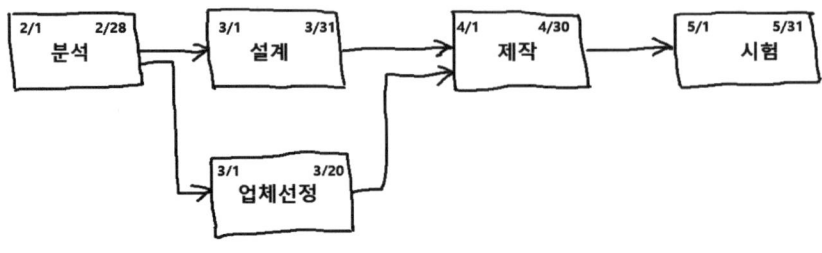

[그림3-40] 네트워크 다이어그램

의 활동들을 로직과 함께 바차트로 표현하면 그 그림이 매우 복잡하여 식별하고 가시화하기에는 불편하다. 그래서 많은 수의 활동이 포함된 일정표를 간편하게 볼 수 있는 방법이 네트워크 다이어그램이다.

    네트워크 다이어그램 중에서 가장 많이 사용되는 방법은 PDM (Precedence Diagramming Method) 방식이다. PDM 방식은 활동을 동일한 크기의 박스 형태로 표현하고 활동과 활동 사이의 의존 관계를 화살표로 표시한다. 활동을 표시한 박스 내에는 활동 이름, 소요기간, 시작일, 종료일, 여유기간, 담당자, 원가, 진척률 등의 원하는 정보를 포함할 수 있다. 비록 활동 기간에 따라 길이를 다르게 표현하지 않기에 시각적으로 한계를 갖는 방식이지만 많은 수의 활동을 포함하는 일정 계획을 한 눈에 보기에는 적합한 방법이다. PDM 방식의 가장 큰 장점 중 하나는 활동들 사이에 4가지 형태의 의존관계에 대한 다양한 표현이 가능하다는 것이다. 프로

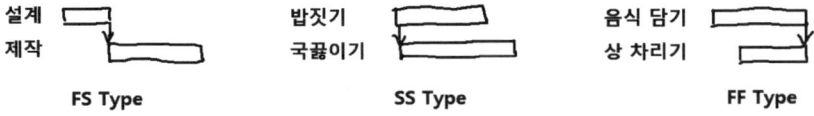

[그림3-41] PDM네트워크 다이어그램의 의존 관계

젝트 일정에서 가장 많이 나타나는 의존관계는 선행 작업이 완료된 후에 후행 작업을 시작해야 하는 시작-종료(FS: Finish to Start) 관계이다. 그러나 FS 관계 외에도 동시에 시작할 수 있는 시작-시작(SS) 관계나 종료-종료 (FF) 관계 등을 적용할 수 있다.

활동들 사이에 선후 의존관계를 표현할 때, 그 종속 관계를 조정하는 기법도 함께 병행되어야 보다 더 실질적인 일정 계획이 수립될 수 있다. 그 종속 관계를 조정하는 기법이 바로 리드(Lead)와 래그(Lag)에 대한 개념이다. 리드는 후행으로 연결된 활동과의 설정된 의존 관계보다 앞당겨 수행되는 개념이고, 래그는 선행 활동과 후행 활동 사이의 의존 관계에서 기다리는 시간을 의미한다.

활동 사이의 의존 관계를 설정하는 것은, 추후 프로젝트 일정 관리에서 미래를 내다볼 수 있는 프로젝트 감시와 통제에 유용한 계획이 될 수 있지만, 반면에 잘못된 연결 관계나 적절하지 않은 의존 관계는 잘못된 판단이나 일정상의 제약으로 작용될 수 있다. 그러므로 프로젝트 일정 계획이 현재 프로젝트의 수행과 최대한 일치하기 위해서는 기획자가 앞서 설명한 여러 기법을 적절하게 적용할 수 있는 능력이 요구된다.

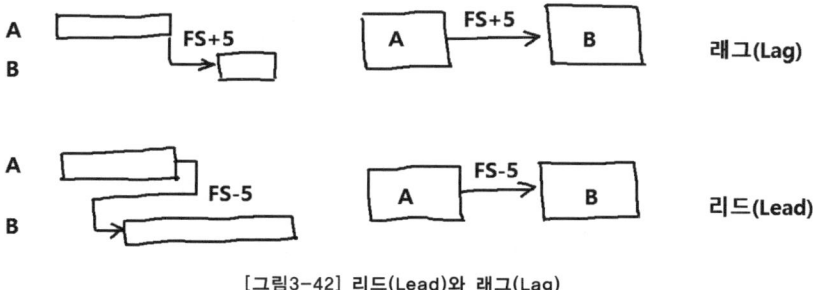

[그림3-42] 리드(Lead)와 래그(Lag)

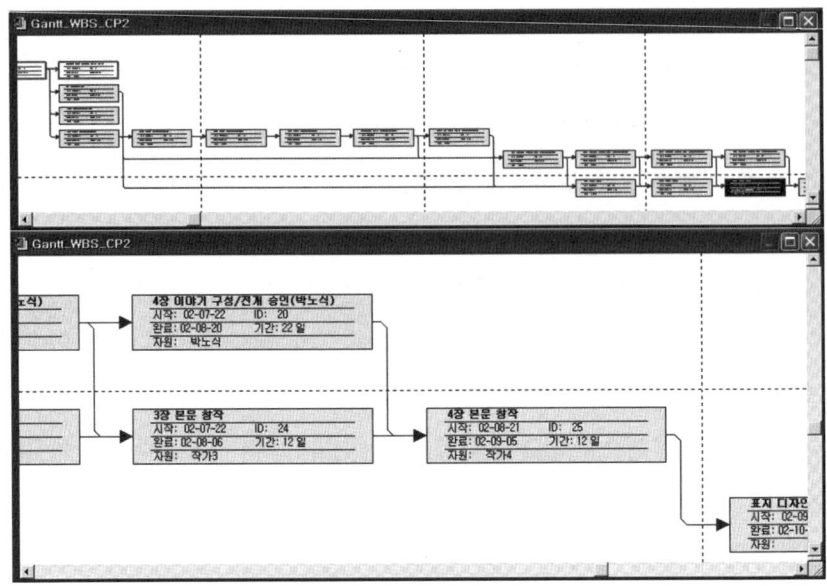

[그림3-43] 네트워크 다이어그램의 예

활동 기간 산정

정의된 활동들을 완료하는데 소요되는 기간을 추정하는 것을 활동 기간 산정이라고 한다. 활동 기간을 추정하기 위해서는 프로젝트에 정의된 범위와 자원, 그리고 리스크 등의 다양한 요인을 고려해야 한다. 특히 해당 활동에 투입되는 자원의 양과 자원의 능력에 따라 소요 기간이 달라질 수 있다. 프로젝트 기획자는 담당하는 활동의 기간을 산정하는 방법으로 경험과 직관적 판단을 많이 이용한다. 경험이 많은 기획자의 판단은 상대적으로 산정치의 정확도가 높을 수 있지만 이 직관적 판단 또한 정확성을 보장할 수 없다. 정확하지 않은 기간 산정치를 기반으로 수립된 일정 계획 또한 관리의 목적을 달성하는데 장애가 될 뿐이다.

먼저, 활동들의 소요 기간을 산정하기 전에 기간(Duration) 단위를 무엇으로 할지 결정해야 한다. 가장 일반적인 일정 계획은 일(Day) 단위로 산정하지만, 장기 프로젝트의 경우에는 주(Week)등을 기준으로 산정하기도 한다. 이는 사전에 수립된 일정관리계획에 명시된 기준에 따른다.

활동 기간 산정의 정확도를 높이기 위해서는 과거에 수행했던 활동들의 실제 소요 기간에 대한 축적된 기록을 기반으로 하는 것을 권장한다. 미래의 프로젝트를 위해 실제 수행된 활동의 소요 기간을 기록으로 남기기 위해서는 프로젝트 관리 시스템의 사용이 필요하지만 개인적 기록 활동을 통해 데이터를 축적하는 것도 프로젝트 관리자의 능력이며 역량이 될 수 있다. 대표적인 활동 기간 산정 방법에는 유사산정법, 모수산정법, 3점 산정법 등이 있으며, 앞서 산정에 대한 설명에서 유사 산정법이나 모수산정법에 대한 언급이 있었기에 여기서는 간략하게 설명한다.

유사산정법은 과거에 수행한 유사한 프로젝트의 기간을 참고하여 활용하는 방법으로, 프로젝트 초기에 프로젝트 범위나 내용이 구체화되지 않은 상태에서 타당성 조사나 프로젝트 검토 등을 수행할 경우에 이용할 수 있는 방법이다. 정확도는 높지 않으나 빠른 시간 내에 쉽게 산정할 수 있는 장점을 가진 방법으로, 유사 프로젝트 전체 기간을 참고하여 세분화시키는 하향식 방법으로 잘 알려져 있다. 이 방법은 참고하는 프로젝트와 수행 프로젝트의 규모나 특성 등을 비교하여 고려하는 전문가 판단을 통해 기간을 적절하게 보정하는 능력이 요구된다.

모수산정법은 계량화된 기반을 통해 기간을 산정하는 방식으로 활동에 요구되는 산출물의 단위 소요 기간이라는 데이터를 이용한다. 예를 들면, 어떤 설계 활동의 기간을 추정하려 하는데, 그 활동을 통해 모두 5장의 설계 도면이 제작되어야 하고, 도면 한 장당 5일의 기간이 소요된다고 가정한다면, 결국 그 활동의 기간은 25일로 산정할 수 있을 것이다. 모든 활동들이 명확한 산출물을 갖거나 계량화된 기반을 보유할 수 없으므로 일부 활동들에 대해서만 적용이 가능하다.

마지막으로 3점 산정법은 일정 분석 기법인 PERT(Program Evalua-tion and Review Technique)에서 사용한 기간 산정 기법으로 낙관치(Optimistic), 보통치(Most Likely), 비관치(Pessimistic)의 세 값을 먼저 도출한다. 예를 들면, 어떤 활동을 수행하는데 모든 환경이나 상황이 낙관적이어서 그 활동을 완료하는데 소요될 수 있는 최소 기간을 낙관치라 하며, 프로젝트 상황이나 환경이 좋지 않아서 소요될 수 있는 최악의 기간을 비관치라 하고, 가장 일반적으로 완료할 수 있는 가능성이 가장 높은 기간을 보통치라고 한다. 이 세 가지 점(Point)을 대상으로 평균값을 계산하여 활동 기간으로 결정하는 것이 3점 산정법이다. 이 과정에서 평균값을 계산하는 방법은 어떤 통계 분포를 적용할 것인가에 따라 다르다. 다음과 같이 PERT에서 적용된 베타 분포의 평균값을 이용하는 것이 일반적이며, 오늘날 전산화와 함께 데이터의 정확성이 높아진 환경에서는 삼각 분포의 평균을 이용할 수 있다.

베타 분포에 의한 기간산정치= {낙관치 + 4(보통치) + 비관치} / 6
삼각 분포에 의한 기간산정치= (낙관치 + 보통치 + 비관치) / 3

비반복적인 프로젝트와 같은 불확실성이 높은 프로젝트의 경우에는 PERT에 의한 기간 산정 방법을 이용하지만 반복적인 프로젝트의 경우에는 주경로법(CPM: Critical Path Method)에 의한 기간 산정법을 이용할 수 있다. 주경로법에 의한 기간 산정 방법은 3점 산정이 아닌 해당 활동의 최빈값을 기간으로 결정하는 1점 산정으로 결정한다.

프로젝트 전체 기간과 원가를 계획하기 위해서는 워크패키지나 활동 단위로 원가와 일정을 추정하여 합산해야 하며, 프로젝트 산정에서 설명한 바와 같이 이런 방식을 상향식 산정법이라고 한다. 산정의 결과물은 기간이나 원가에 대한 산정치뿐만 아니라 산정과정에서 내린 가정이나 전제를 비롯한 각종 정보 등을 기록한 산정 기준도 작성되어야 한다. 예를 들면, 특정 재료 비용을 1500만원으로 산정했다면, 산정 기준 문서에는 '재료를 해외에서 긴급하게 항공으로 운송하는 것으로 가정한 산정치'라는 기준이 되는 전제를 기록해야 한다. 이 산정 기준 또한 체계적인 방법으로 기록을 남겨야 프로젝트 진행 동안 그 가정이나 배경을 참고하거나 판단할 수 있는 기준이 되며, 추후 다른 프로젝트 산정에도 중요한 정보로 활용될 수 있다.

프로젝트 작업에 대해 일정을 산정한다는 것은, 그 작업이 시작해서 종료할 때까지의 기간을 추정하는 것이다. 이 산정치를 소요 기간(Duration)이라고 하며, 소요 기간 안에는 그 작업이 소모할 수 있는 모든 시간을 포함하여야 한다. 예를 들면, '업체 결정'이라는 작업에서 실제 업체를 결정하는 시간은 1시간 내에 완료할 수 있지만 결정을 내리기 위한 자료 조사를 포함하면 더 긴 소유 기간이 필요하다. 또한 자료 조사를 별도의 작업으로 분리한다고 해도, 결정을 내리기 위한 회의 소집에 시간이 필요하다면 그 기간을 모두 포함하여야 한다. 또한 '재료 구매'라는 작업의 경우에는 재료 주문은 짧은 시간이지만 배달까지 포함하여 기간을 산정해야 현실적이 된다.

현실적인 일정 계획을 수립하기 위해서는 원가나 자원 등의 변수나 제약을 고려하여야 한다. 그러므로 일정 계획과 원가 계획은 순차적인 작업이지만 통합이나 조정 과정에서 동시에 균형을 맞추는 노력이 필요하다. 다음과 같이 원가를 추정하기 위한 원천들이 기간 산정과 일련의 관계가 있음을 설명한다.

작업량 산정치(Labor Estimates)

작업에 소요되는 작업량은 투입 인력수에 기간을 곱하면 된다. 예를 들면, 2명의 인력이 2일 동안 작업을 한다면, 1일 8시간 근무를 기준으로 총 32시간의 작업량이 될 것이다. 작업량 산정치 외에 어떤 기술이 필요한지에 대한 기술적 요구사항이나 기술 수준 등도 함께 기록한다. 기간을 산정 할 때, 총 작업량을 기준으로 인적 자원 계획과 함께 기간을 결정한다.

장비 사용량 산정치(Equipment Estimates)

이 산정치는 프로젝트의 기간 및 장비 비용을 추정하기 위한 기초 자료가 된다. 여기서 말하는 장비는 전문화된 소프트웨어에서부터 포크레인과 같은 실제 자원까지, 그 작업을 수행하는데 요구되는 모든 도구들을 말한다. 작업량과 마찬가지로 장비 시간도 시간으로 추정해야 한다. 다만, 워드프로세서나 복사기와 같은 일반적 장비는 포함시키지 않는다.

재료 산정치(Material Estimates)

프로젝트에 소요되는 재료는 프로젝트 원가에 주요한 원천이 되지만 기간과는 무관하다고 생각할 수 있다. 재료를 산정치에 포함시키는 이유는 각 재료가 필요한 시점을 파악할 수 있기 때문이다. 이러한 일정 요구사항이 주문 일정이나 배달 일정 등을 결정하게 할 수 있다.

작업의 소요 기간을 추정하기 위해서는 그 작업에 투입되는 작업량을 기반으로 할 수 있다. 작업의 소요 기간을 산정할 때는 우선적으로 정상적인 가용 작업량을 가정하고 추정해야 한다. 다음으로 해당 작업에 몇 명의 작업 인력을 투입할 것인가에 따라 추정하는 소요 기간이 달라질 것이다. 즉, 해당 작업에 한 사람을 투입할 것인지, 아니면 두 사람을 투입할 것인지에 따라 소요기간이 달라질 것이며, 해당 작업자의 1일 근무시간이 8시간인지, 아니면 10시간인지에 따라 기간은 달라질 것이다.

또한 소요 기간의 추정은 생산성과도 관계한다. 단순한 작업에 인력을 추가하면 소요 기간은 항상 단축된다. 그러나 작업에 배정된 인력의 수가 변경되고 총 작업 시간이 그대로 임에도 생산성이 달라지지 않는 경우도 있다. 지식 작업자가 소요되는 작업에서는 작업자의 증가가 항상 생산성 증가와 소요기간 단축을 가져오는 것은 아니다. 예를 들면, 2명의 엔지니어가 복잡한 작업을 수행하고 있을 때, 작업자를 추가로 투입한다고 할지라도 결과물의 품질이 눈에 띄게 달라지지도 않으면서 오히려 작업만 지연될 수가 있다. 생산성을 측정할 때 고려해야 할 또 한 가지는, 한 프로젝트에 대한 전담 인력이 여러 프로젝트를 수행하는 인력보다 생산성이 높다는 점이다. 파트 타임 작업자의 시간을 산정할 때, 각 작업자의 일일 프로젝트 작업 시간까지 파악할 필요는 없다. 일일 작업 시간을 파악한다면 이에 비례해서 기간을 산정하게 될 것이다. 그 보다는 해당 작업자 스스로 해당 작업 내에서 본인이 담당한 부분을 언제 시작할 것인지를 결정하게 한다. 세부 계획 수립에서 기획자는 작업의 시작일과 종료일을 결정할 뿐, 실제 작업의 시작 시점은 작업자가 결정하게 한다.

일정 개발

앞서 설명된 프로젝트 일정 계획 수립을 위한 세 가지 요소는 활동 목록, 활동 순서, 활동 기간으로, 이들을 적용하면 활동의 기간과 순서가 표시된 도표를 만들 수 있다. 그러나 작업 순서를 정하지 않고 단지 바차트로 일정표를 개발할 경우에는 활동 목록과 활동 기간에 의해 일정이 개발될 수 있다. [그림3-44]는 활동 목록과 기간의 두 가지 요소를 바탕으

WBS	활동	자원	시작일	종료일	상태
1	교육 기획				
1.1	과정 개요				
1.1.1	과정 개요서 작성	김OO	2020/02/16	2020/02/20	
1.1.2	과정 개요서 검토 및 확정	이OO	2020/02/21	2020/02/25	
1.2	일정 및 자원 계획				
1.2.1	일정 계획 수립	최OO	2020/02/26	2020/03/02	
1.2.2	자원 계획 수립	정OO	2020/03/03	2020/03/05	
1.3	범위 정의				
1.3.1	범위 검토	이OO	2020/03/06	2020/03/09	
1.3.2	범위 확정	이OO	2020/03/10	2020/03/12	
2	과정 설계				
2.1	교육 방법				
2.1.1	교육 방법 정의	박OO	2020/03/13	2020/03/15	
2.1.2	교육 방법 검토	황OO	2020/03/16	2020/03/19	
2.1.3	교육 방법 확정	이OO	2020/03/20	2020/03/21	
2.2	교육 평가				
2.2.1	평가 방법 검토	남OO	2020/03/22	2020/03/23	
2.2.2	평가지 개발	남OO	2020/03/24	2020/03/26	
2.3	사례 및 교재				
2.3.1	사례 선정	유OO	2020/03/27	2020/03/31	
2.3.2	교재 안 작성	황OO	2020/03/27	2020/04/16	
2.3.3	사례 및 교재 안 검토	황OO	2020/04/17	2020/04/20	
2.3.4	사례 및 교재 확정	이OO	2020/04/21	2020/04/25	
3	과정 개발				
3.1	교육 교재				
3.1.1	교재 초안 작성	유OO	2020/04/26	2020/05/16	

[그림3-44] 프로젝트 일정 계획의 예

로 일정 계획을 수립한 경우로 각 활동의 시작일과 종료일, 담당하는 자원 이름 등을 포함한다.

앞서 설명한 일정 계획 수립 과정에서 세 가지 요소인 활동 목록, 활동 순서, 활동 기간을 모두 적용하는 경우에는 [그림3-45]와 같이 각 활동의 기간과 순서만은 표현할 수 있지만, 이 그림에는 아직 각 활동들에 대한 구체적인 시작일과 종료일이 확정되어 있지 않다. 각 활동의 시작일과 종료일을 확정하기 위해서는 일정에 대한 분석 과정 요구되며 이를 일정 개발이라고 한다. 일정 계획 수립 과정에서 지금까지 추정한 기간과 활동 순서에 의한 일정은 실제 프로젝트 목표 일정과 다를 수 있으므로, 프로젝트 목표 종료일에 맞는 일정으로 조정하는 과정을 통해 최적의 일정 계획으로 완성하는 노력이 바로 이것이다.

일정 분석은 프로젝트가 목표로 하는 시기에 완료하기 위해 작업 활동의 상호작용을 파악하고 계산하여 조정하는 일련의 과정이다. [그림 3-45]와 같이 기획자가 산정한 기간과 활동 순서에 의해 일정 계획을 작성해보니 프로젝트 전체 기간은 15일로 나타난다. 그러나 고객의 요청으로 13일 만에 프로젝트를 완료해야 한다면 일정을 조정해야 한다. 프로젝

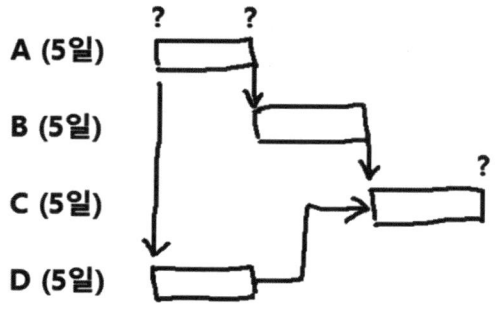

[그림3-45] 일정 개발을 위한 일정 모델

트 목표일에 맞춰 일정을 조정하는 방법은, 순차적으로 수행해야 하는 활동들을 앞당겨서 일부 중첩시켜 수행하면 프로젝트 전체 기간을 줄일 수 있을 것이다. 또 다른 방법으로는 특정 활동에 인력을 추가로 투입함으로써 5일 기간의 활동을 3일 만에 완료하는 방법도 있다. 만일 이 방법을 사용한다면 과연 어느 활동에 추가 인력을 투입하여 기간을 줄일 것인가 하는 것이 일정 분석의 하나이다. 일정 개발에서 사용되는 일정 분석 기법은 다양하지만 대표적인 기법에는 주경로법(CPM: Critical Path Method), 자원평준화법, 일정 단축법 등이 있다.

먼저, 가장 많이 사용되는 분석 기법인 주경로법(CPM)의 개념부터 설명한다. [그림3-46]의 일정에서 기간 단축을 시도하여 프로젝트 목표 날짜에 맞는 일정 계획을 수립하려 한다면, 과연 어느 활동에 인력을 추가 투입하여 기간을 줄일 것일지를 결정해야 한다. 활동 D는 활동 C가 시작되기 전까지 완료하면 문제가 없으므로 여유 시간을 보유한 작업이다. 이에 반해 활동 A, B, C는 그들 중에 하나의 활동이라도 계획보다 늦어진다면 프로젝트 전체 기간을 지연시키는 것으로 판단되므로 그 활동들은 여유 시간이 없는 활동임을 알 수 있다.

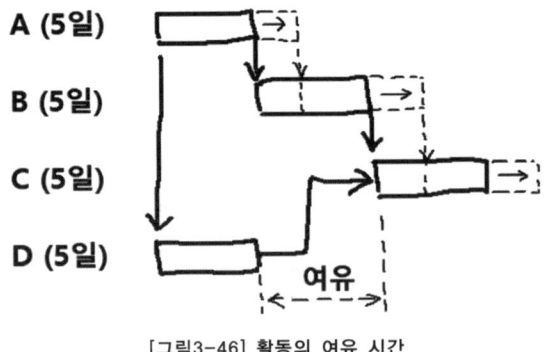

[그림3-46] 활동의 여유 시간

만일 인력을 추가 투입하여 프로젝트 전체 기간을 줄여야 한다면, 여유가 있는 활동 D의 기간을 줄여봐야 전체 프로젝트 기간 단축에는 영향을 미치지 않을 것이다. 이에 반해, 활동 A, B, C 중에서 하나의 활동을 줄인다면 후속 작업들도 앞당겨져서 전체 기간이 단축될 것이다. 이와 같이 여유가 없는 활동들을 주경로 활동(Critical Activity)라고 하며, 이들 활동들로 연결된 A-B-C 경로를 주경로(Critical Path)라고 부른다. 주경로를 일부에서는 주공정이라고 부르기도 한다. 일정 분석을 위해 일정 계획에서 주경로를 찾아내는 노력은 프로젝트 전체 일정을 조정하기 위함이다. 주경로법(CPM)은 현재 가장 널리 사용되는 프로젝트 관리 기법으로 각 작업 기간과 의존 관계를 기준으로 프로젝트의 전체 기간을 계산하는 프로젝트 관리 방법이다. 또한 주경로(CP)란, 여유가 없는 작업들로 연결된 경로이며, 동시에 프로젝트를 완료하기 위해 가장 긴 시간을 필요로 하는 경로를 의미한다.

주경로법을 이해하기 위한 몇 가지 용어와 개념은 다음과 같다.

- **빠른 시작일자**(Early Start Date: ES): 네트워크의 로직과 일정의 제약사항 안에서 활동이 개시될 수 있는 가장 빠른 시점
- **빠른 종료일자**(Early Finish Date: EF): 활동이 종료할 수 있는 가장 빠른 시점
- **늦은 시작일자**(Late Start Date: LS): 후속활동의 시간 지연 없이 시작할 수 있는 가장 늦은 시점
- **늦은 종료일자**(Late Finish Date: LF): 후속 활동의 시간 지연 없이 활동을 완료할 수 있는 가장 늦은 시점

[그림3-47]과 같이 단 두개의 활동만으로 구성된 프로젝트가 있다고 가정한다. 활동 A는 활동 B에 비해 기간이 짧기 때문에 활동 B가 완료되기 전까지 완료하면 되므로 5일간의 여유를 갖는다. 그러나 활동 B는 1일이라도 지연되면 프로젝트 전체 기간을 지연시키는 여유가 없는 활동이므로 주경로 활동(Critical Activity)이다. 활동 A의 경우에는 1일차에 시작해서 5일차에 종료할 수도 있지만 가장 늦게 수행할 수 있는 일정은 6일차에 시작해서 10일차에 종료하는 것이다. 여기서 가장 빨리 시작할 수 있는 날짜인 1일을 ES(가장 빠른 시작일), 가장 빨리 종료할 수 있는 날짜인 5일을 EF(가장 빠른 종료일)이라 한다. 또한 가장 늦게 시작할 수 있는 날짜인 6일을 LS(가장 늦은 시작일), 가장 늦게 종료할 수 있는 날짜인 10일을 LF(가장 늦은 종료일)라고 한다. 이와 같이 ES, EF, LS, LF 일자를 확인하는 이유는 해당 활동의 여유를 계산하기 위함이다. 그림과 같이 활동 A는 5일의 여유(Float)를 갖는다. 이 일정표는 간단하므로 쉽게 여유 시간을 계산할 수 있지만, 활동이 많고 복잡한 일정표에서는 간단하게 여유를 계산할 수 없다. 각 활동의 여유를 계산하는 방법은 다음과 같다.

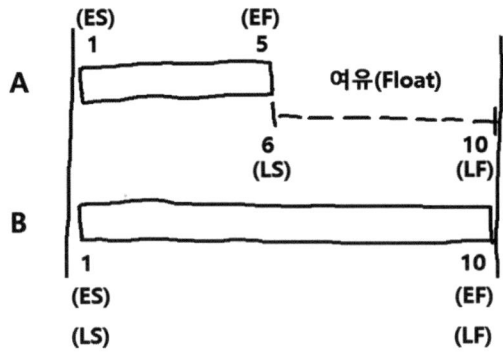

[그림3-47] 활동의 시작 시간과 종료 시간

여유(Float) = LS - ES 또는 LF - EF

주경로법에 사용되는 몇 가지 용어를 이해했으면, 다음으로는 주경로법에서 각 활동의 여유를 계산하여 주경로 작업과 주경로를 찾는 방법을 설명한다. 다음과 같은 용어들을 이용하여 분석한다.

- **전진 계산**(Forward Pass): 각 작업(Activity)들의 가능한 가장 빠른 시작 날짜(ES) 또는 가능한 가장 빠른 완료 날짜(EF)를 계산
  전진 계산은 Early Time을 계산하는 과정으로, 네트워크의 좌측에서 시작하여 우측으로 진행하면서 각 활동의 빠른 시작 일자와 빠른 종료일자를 개발하는 것이다.
- **후진 계산**(Backward Pass): 각 작업(Activity)들의 가능한 가장 늦은 시작 날짜(LS) 또는 가능한 가장 늦은 완료 날짜(LF)를 계산
  후진계산은 Late Time을 계산하는 과정으로, 프로젝트 완료시점에서 거꾸로 완료시간을 계산하는 방법으로 늦은 시작 일자와 늦은 종료 일자를 산출하는 것이다.
- **전체 여유 시간 계산**(Total Float): 각 활동(Activity)들이 프로젝트 완료 날짜에 영향을 주지 않고 지연될 수 있는 여유 시간

[그림3-48]에서 전진 계산은 각 활동의 ES와 EF를 계산하는 것으로 프로젝트의 시작인 네트워크의 좌측에서부터 시작하여 기간을 더해 나간다. 빠른 종료일인 EF의 계산은 '그 활동의 빠른 시작일인 ES+기간-1'이 되며, 해당 활동에 연결되는 후속 활동은 종료일 다음날로 기록한다. 활동이 수렴되는 집합점인 활동 E는 선행 활동인 C와 D가 모두 완료되어야

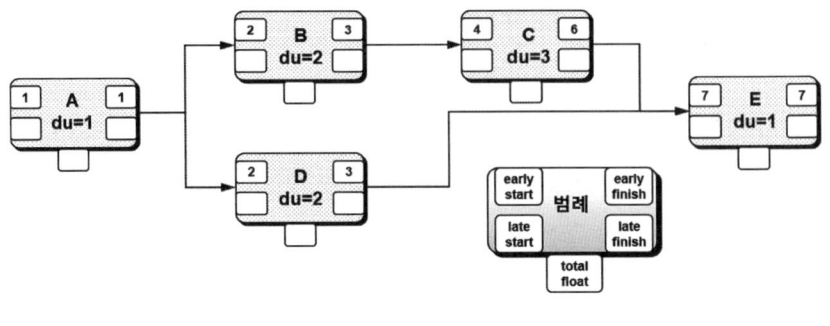

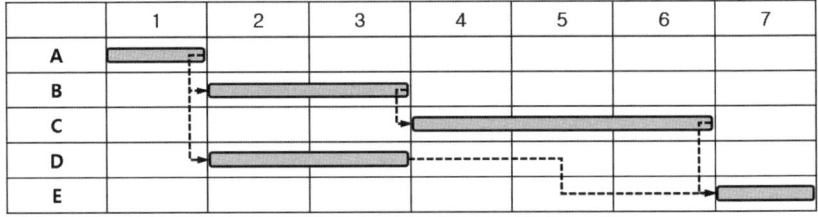

[그림3-48] 전진 계산

만 시작할 수 있으므로 두 활동 중에서 가장 늦게 완료되는 활동 C의 종료일의 다음날에 시작할 수 있다. 전진 계산을 통해 프로젝트의 마지막 활동인 E의 종료일인 7일이 프로젝트 전체 기간이 된다.

[그림3-49]에서 후진 계산은 각 활동의 LS와 LF를 계산하는 것으로, 프로젝트 전체 기간인 7일이 마지막 활동의 LF가 되어 역으로 빼는 방법이다. 네트워크에서는 가장 우측에서부터 시작해서 좌측으로 빼면서 나아간다. 이 때 활동의 늦은 시작일인 LS의 계산은 '그 활동의 우측에 있는 늦은 종료일(LF)-기간+1'이 된다. 이렇게 계산된 LS의 바로 전날이 그 좌측에 위치한 선행 활동의 LF가 된다. 여기서 활동 A는 후속 활동인 B와 D로 분기되는 분기점이므로 활동 A의 LF 계산은 후속 활동인 B와 D의 LS 중에서 작은 날짜의 전날로 한다. 그 이유는 두 후속 활동의 시작일을 모

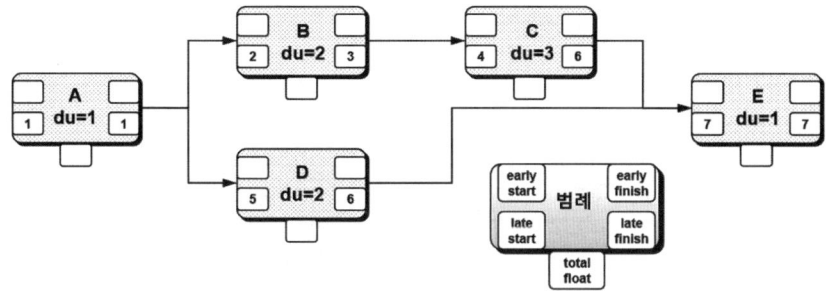

[그림3-49] 후진 계산

두 만족시키기 위해서는 둘 중에서 빠른 날짜 이전에 완료되어야 가능하기 때문이다. 즉, 활동 B는 2일, 활동 D는 5일에 시작해야 하기에 선행 활동인 A는 늦어도 1일까지 완료되어야 두 활동의 시작을 모두 만족시킬 수 있다. 이러한 후진 계산은 바차트에서 보는 바와 같이 모든 작업을 가장 늦게 할 수 있는 일정으로 모든 활동들은 여유 한도 내에서 가장 오른쪽으로 몰리게 된다.

　이와 같이 ES, EF, LS, LF 날짜가 계산되면 이제는 각 활동의 여유를 계산할 수 있다. 앞서 설명한 바와 같이 해당 활동의 'LS-ES', 혹은 'LF-EF'를 계산하면 그 활동의 여유 기간이 계산된다. 이렇게 계산된 여유를 총여유(Total Float)이라고 한다. 이 총여유가 0인 활동은 A, B, C, E이며, 이들이 바로 주경로 활동이고 A-B-C-E로 이어지는 경로가 바로 주경로(CP)

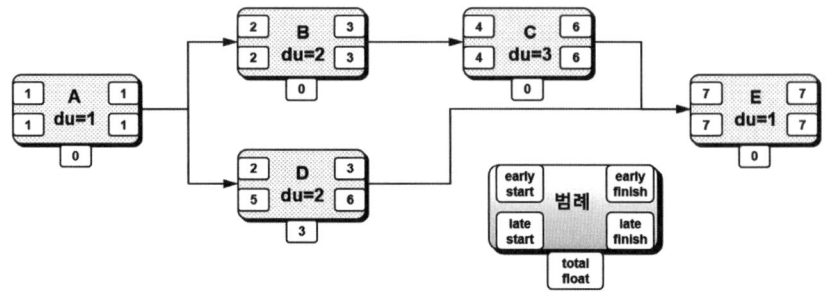

[그림3-50] 활동의 여유와 주경로

이다. 상대적으로 3일의 여유가 있는 활동인 D는 비주경로 활동이 된다.

주경로는 총여유가 0인 활동들로 연결된 경로이다. 이 주경로의 길이는 네트워크 중에서 가장 긴경로이며 동시에 그 길이가 프로젝트 전체 기간이 된다. 그러므로 일정 분석에서 프로젝트 기간을 목표일에 맞춰 조정하기 위해서는 가장 긴 경로이며 동시에 프로젝트 전체 기간이 되는 주경로를 찾아서 줄이면 된다. 또한 확정된 일정을 대상으로 프로젝트를 진행하는 동안에 주경로 분석을 하는 이유는, 주경로 작업들은 여유가 없기에 그 활동의 지연이 곧바로 프로젝트 전체 일정의 지연을 초래하므로 우선적으로 관심을 가져야 하는 요주의 대상이 되기 때문이다. 프로젝트가 지연되지 않게 하기 위해서는 주경로 활동에 자원을 우선 배정하는 등의 주의가 요구된다.

주경로법(CPM)과 같은 일정 분석에서 함께 사용되는 방법에는 자원평준화가 있다. 자원평준화는 각 활동에 배정된 자원이 가용한 자원량을 초과하지 않도록 일정을 조정하는 방법이다. [그림3-50]과 같이 모든 활동이 1주의 기간이 소요되며, 활동 B는 디자이너 1명이 요구되고 나머지 활동 A, C, D는 프로그래머 1명이 요구된다. 만일 프로젝트에 편성된 팀원

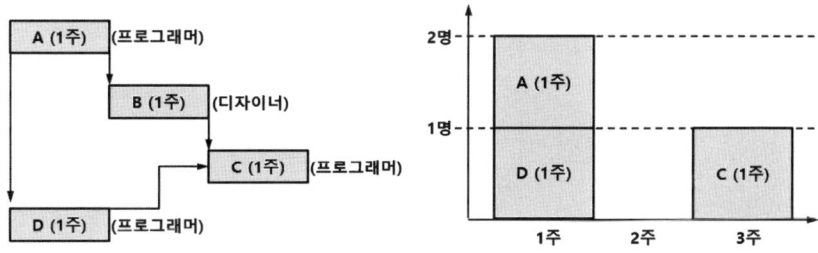

[그림3-51] 자원평준화

중에 프로그래머가 1명밖에 없다면, 1주차에는 활동 A와 D에 각 1명씩 모두 2명이 요구되므로 일정 계획상에 과부하가 걸린다. 이를 조정하는 것을 부하 조정이라고 하며 그 해법에는 여러 가지가 있다. 그 해법 중 하나는 프로젝트 전체 기간을 1주 연장하여 활동 A를 2주차로 미루어 프로그래머가 활동 A와 D를 순차적으로 수행하게 하는 방법이다. 또 다른 해법은, 활동 D가 2주차까지 여유를 갖는 일정이므로 수행 일정을 2주차로 변경하는 것이다. 이러한 방법들이 모두 부하를 조정하여 가용 자원 내에서 프로젝트 수행이 가능하도록 평준화시키는 방법이다.

   그 밖의 일정 분석 방법에는 일정단축법이 있다. 이는 최초 수립한 프로젝트 일정을 프로젝트 목표 일정에 맞추도록 프로젝트 전체 기간을 줄이는 방법으로 두 가지 접근 방법이 있다. 그 두 가지는 크래싱(Crashing)과 패스트 트래킹(Fast Tracking)이며, 이들 모두 주경로를 줄여서 프로젝트 전체 기간을 단축하는 방법이다. 크래싱(Crashing)은 주경로 활동 중에서 특정 활동을 선택하여 원가나 자원 등을 추가 투입하여 기간을 줄이는 방법이다. 이 방법은 원가가 증가한다는 점이 특징이므로 단축시킬 활동을 선택할 때, 단축에 소요되는 원가가 가장 작은 활동으로 선택하여야 한다. 패스트 트래킹(Fast Tracking)은 주경로 활동 중에서 순차적으로 수행할

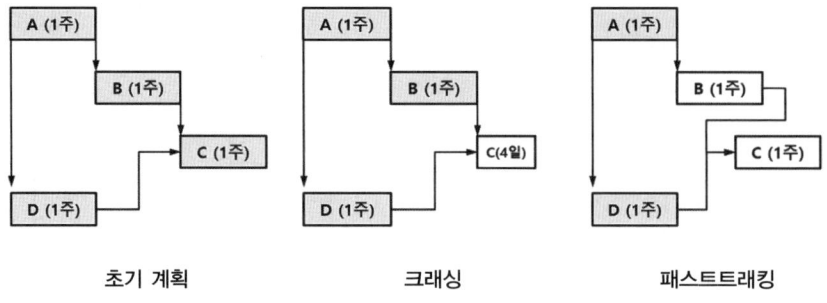

[그림3-52] 일정단축법

활동을 중첩되게 앞당겨 수행하는 방법이다. 이 방법은 후속 활동을 미리 앞당겨 수행하기 때문에 리스크가 발생할 수 있으므로 경험이 많고 불확실성이 적은 프로젝트 활동에 적용하는 것이 적합하다.

앞에서 설명된 주경로법(CPM), 자원평준화, 일정단축법은 프로젝트 일정에 포함된 각 활동의 시작일과 종료일을 최종 확정하는 일정 분석 기법으로, 각 기법을 동시에 적용하고 고려되어야 한다. 이렇게 일정 개발을 통해 확정된 일정 계획은 승인권자의 승인을 획득하여 프로젝트 진행 동안 성과 측정을 위한 일정 기준선으로 등록되어야 한다.

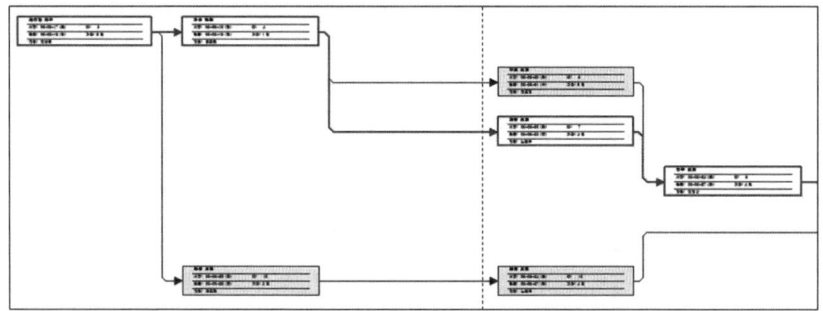

[그림3-53] 네트워크 다이어그램의 사례

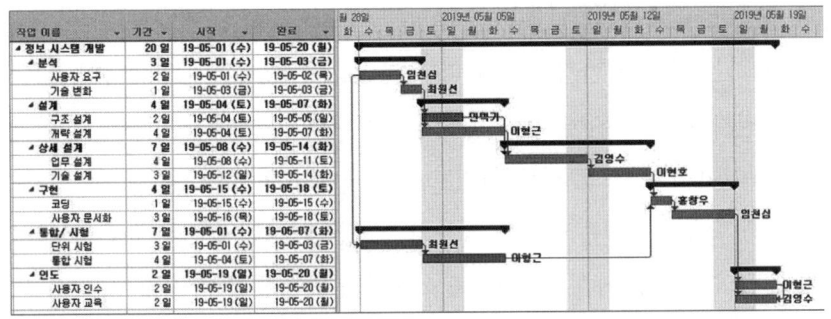

[그림3-54] 프로젝트 일정표의 사례

3.4 프로젝트 원가 계획

원가(Cost)란 생산과 구매와 같은 대상물의 취득을 위해 발생하는 경제적 희생으로, 특정한 목적을 달성하기 위하여 소비된 자원을 화폐 단위로 표시될 수 있는 경제 가치의 소비를 말한다. 원가와 비용이 종종 혼용되어 사용되므로 정확하게 개념을 구분할 필요가 있다. 원가는 경제 활동과 같이 특정 제품이나 서비스를 생산하기 위해 경제 가치의 소비로서 대상 별로 계산하는 반면, 비용은 경제 활동을 위해 소비된 경제 가치를 의미하며 손익계산을 위한 경제 가치의 소비로서 기간에 따라 구분하여 계산한다. 프로젝트는 주로 제품이나 서비스와 같은 결과물을 창출하는 노력이 대부분이지만 일부 경제적 가치를 확인하는 경우도 있다. 그러므로 프로젝트는 원가와 비용 모두에 해당되지만 프로젝트 관리가 원가의 개념이 더욱 강조되므로 비용보다는 원가로 더욱 많이 쓰는 경향이다. 본서에서도 비용 대신에 원가로 칭하기로 한다.

일반적인 원가의 개념

원가는 다양한 관리 목적에 따라 분류 기준을 정하여 구별하며, 체계적인 원가 관리를 위해 이들 분류에 대한 종류와 개념을 이해하는 것이 우선되어야 한다. 프로젝트 관리자는 성공적인 프로젝트를 위하여 프로젝트 관리에 적용되는 원가의 종류와 개념을 이해해야 하는 것은 물론이며 조직과 연계된 재무적 개념 또한 이해하고 응용할 수 있는 능력이 요구된다. [그림2-55]는 기업에서 사용하는 원가 분류 및 종류에 대한 의미를 설명한 것이다.

원가분류 기준	원가 종류	의미
원가 집적대상의 추적 가능성	직접원가	원가 목적물(제품, 부문, 고객, 활동 등)에 따라 추적 가능
	간접원가	원가 목적물(제품, 부문, 고객, 활동 등)에 따라 직접 추적 불가능 (원가 목적물에 원가 배분 - 감가상각비, 수선유지비 등)
제조 활동과의 관련성	제조원가	제품 생산과정에 직접 투입된 원가(재료원가, 노무원가)
	비제조원가	제품 생산과정에 직접 투입되지 않은 원가(판매비, 관리비, 이익)
원가형태 (조업도에 따른 분류)	변동원가	제품 생산 과정에 변동되는 원가(재료비, 노무비)
	고정원가	제품 생산 과정에 고정적으로 투입되는 원가(시설기초원가, 조직운영)
원가 집계 관련성	책임 원가	단위 조직의 책임중심점 기준으로 기능별 분류 수집된 원가 요소
	활동 원가	가공, 검사 등 활동 중심점의 기준으로 집계된 원가 요소
기타	실제 원가	실제 발생 한 과거 근거로 결정하는 사후 원가
	예정 원가	발생 이전에 계산하는 사전 원가
	기회원가	대체안의 선택에 따라 포기해야 하는 원가
	매몰원가	이미 발생한 원가로서 미래의 의사결정에 관련이 없는 원가

[그림3-55] 원가의 종류

프로젝트 관리에서 가장 관심을 많이 받는 원가 종류는 직접 원가(직접비)와 간접 원가(간접비)에 대한 부분이다. 직접 원가는 해당 프로젝트만을 위해 사용되는 노무비와 재료비를 의미한다. 예를 들면, 프로젝트에 직접 투입되는 원자재나 프로젝트의 전임 직원들의 인건비 등이 바로 그

것이다. 이는 프로젝트에 직접 투입되는 원가이기 때문에 실제 발생된 원가를 추적하기에 용이하다. 반면에, 간접 원가는 여러 프로젝트에 걸쳐서 발생하는 노무비나 재료비를 의미하며, 발생된 원가 중에서 해당 프로젝트에 얼마나 투입되었는지 추적하기 어려운 원가이다. 예를 들면, 여러 프로젝트를 수행하는 지원 부서의 인건비나 여러 프로젝트가 공동으로 사용하는 재료 등은 프로젝트별로 각각 얼마나 시간이 소요되었고 얼마의 재료가 투입되었는지 판단하기 쉽지 않다. 이들 직접비에는 직접 노무비와 직접 재료비가 있으며, 간접비에는 간접 노무비와 간접 재료비가 있다. [그림3-56]은 원가의 종류와 그에 따른 제조 원가 및 총원가의 개념을 나타내고 있다.

프로젝트에서 원가 및 예산을 관리하는 수준과 단계는 프로젝트 특성이나 응용 분야에 따라 매우 상이하다. 수주와 계약을 통해 수행되는

재료비		노무비		경비		판매 및 일반 관리비	이윤
직접재료비	간접재료비	직접노무비	간접노무비	직접경비	간접경비		
제 조 원 가							
총 원 가							
판 매 가 격							

재료비	직접	원재료비, 외주가공비, 부품비
	간접	용접봉, 접착제, 그리스, 페인트, 연마제
노무비	직접	작업자의 임금, 제수당, 상여금, 퇴직충당금, 복리후생비
	간접	생산관리, 품질관리, 연구개발, 구매관리 등의 인건비
경비	직접	기계/설비감가상각비, 건물/구축물감가상각비, 전력비, 기계수선비
	간접	소모품비, 수도광열비, 여비교통비, 지급수수료, 가스유류비
판매/관리비		임원 급료, 관리직 급여, 광고선전비, 운반비, 비품비, 접대비

[그림3-56] 원가의 구성 요소

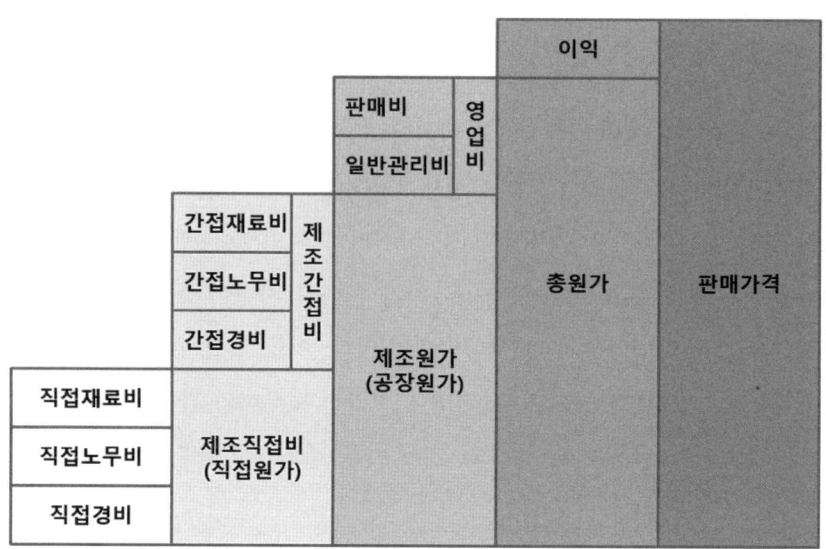

[그림3-57] 프로젝트 원가 구성 요소

프로젝트의 경우에는 일반적으로 고정된 총액가 방식의 계약을 통해 수행하므로 계약된 예산내에서 프로젝트를 완료해야하는 제약이 강하게 작용한다. 이런 종류의 프로젝트에서는 이익이 관심의 대상이므로 총원가나 판매 가격까지 세부적인 원가와 예산을 관리한다. 이에 반하여, 내부적인 조직 전략에 의해 제품을 개발하는 프로젝트의 경우에는 계약에 의한 프로젝트에 비해 상대적으로 예산에 대한 제약과 달성 의지가 덜할 수 있다. 그러므로 이런 종류의 프로젝트에서는 프로젝트 관리자가 간접비와 같은 추적이 어려운 부분까지 관리하지는 않으며, 직접비만 관리할 수 있다. 이들 간접비는 경영관리부서와 같은 프로젝트 외부 조직에서 프로젝트별로 배분하여 관리하기도 한다.

프로젝트 원가의 개념

프로젝트의 원가관리는 프로젝트에서 계획된 모든 작업 및 활동을 완료하는 데 소요되는 인적 자원과 물적 자원에 대한 원가를 중심으로 한다. 프로젝트의 원가관리에는 단위 작업의 원가를 추정하여 합산한 예산을 편성하고 계획된 원가에 따라 진행되도록 통제하는 프로세스를 포함한다. 일부 응용 분야에서는 경제성 분석 등의 재무관리 기법과 같은 방법으로 프로젝트의 투자에 대한 예측 및 분석을 프로젝트 원가관리에 포함하는 경우도 있다.

프로젝트 원가를 계획하고 통제하기 위하여 발생된 원가를 주기적으로 측정하고 집계해야 하는데, 이를 측정하는 시기와 방법은 다양하다. 예를 들면, 프로젝트에서 어떤 활동의 기간이 30일이고 1백만원이라는 원가가 주어졌으며, 이 활동이 진행되는 동안 발생한 원가를 1주일 간격으로 측정한다고 가정한다. 이때 그 활동의 원가가 얼마나 발생했는지 측정하는 방법은 다양하다. 활동이 시작된 시점에 1백만원이 발생했다고 측정하는 방법과 반대로 활동이 완료된 시점에 1백만원이 발생했다고 측정하는 방법, 그리고 그 활동의 진척도에 비례해서 원가가 발생했다고 측정하는 방법이 있다. 프로젝트에서 원가를 측정하는 기준을 사전에 정의하는데, 일반적으로는 해당 활동의 목적을 얼마나 달성하였는가를 기준으로 측정한다.

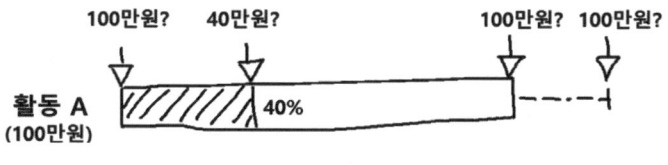

[그림3-58] 활동원가 측정 방법

모든 엔지니어링 활동에 있어서 원가를 고려하지 않은 결과물은 제품으로서 많은 가치를 부여받기 어렵다. 그렇기에 모든 엔지니어들은 원가에 대한 개념을 이해하고 이를 프로젝트에 반영하여야 한다. 엔지니어들이 잘못 알고 있는 원가에 대한 개념 중 하나가 현금 흐름(Cash Flow)과의 혼동이다. 일반적으로 하나의 활동이 완료되면, 조직에서는 그 활동이 완료된 시점 이후에 실제 현금이 외부로 지불된다. 그렇기에 프로젝트의 전반적인 현금 흐름은 프로젝트보다 시간상으로 뒤에 나타난다.

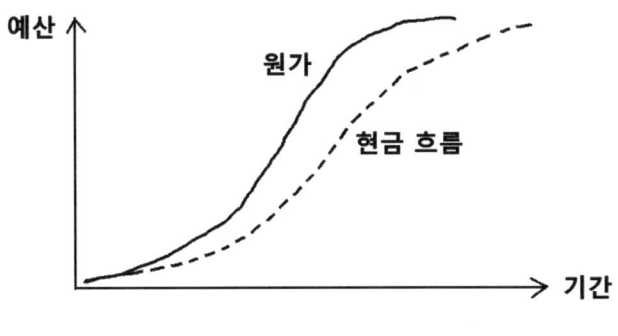

[그림3-59] 프로젝트 누적 원가와 현금흐름

　프로젝트 원가와 현금 흐름의 개념을 설명하기 위해 프로젝트에서 다양한 장비를 구매하는 조달 활동을 예를 든다. 프로젝트 구매 팀에서 1년 동안 10억원 규모의 장비를 구매하도록 계획되어 있으며, 이 구매 담당자는 4천만원의 연봉을 받는 팀원이다. 이 프로젝트는 원가 측정과 집계가 주기적으로 수행되는데 과연 어떤 기준으로 측정하고 집계할 것인가 하는 문제이다. [그림3-60]과 같이 1분기에는 구매할 장비의 스펙 결정과 업체를 선정하고, 2분기에는 10억원 규모의 모든 장비의 구매 계약 및 발주를, 3분기는 모든 장비의 입고, 4분기에는 장비 설치 및 시운전으로 계획되어 있다. 1분기에 발생된 원가의 측정 기준은, 구매 담당자가

'장비의 스펙 결정과 업체 선정'에 대한 업무를 수행하였기에 4천만원 연봉의 1/4인 1천만의 원가가 발생한 것으로 측정 집계한다. 2분기도 마찬가지로 '구매 계약 및 발주' 업무를 완료했기에, 누적으로 2천만원이 발생한 것으로 측정 집계한다. 3분기에는 10억원 규모의 장비가 입고되었고 해당 업무를 완료하였기에, 누적으로 10억3천만원의 원가가 발생한 것으로 집계한다. 마지막 4분기에는 '설치 및 시운전' 업무의 완료로 총 10억4천만원의 누적 원가로 집계한다. 이와 같은 방법은 원가 측정이 아닌 현금 흐름이다. 앞서 언급한 바와 같이 원가 측정은 '해당 작업의 목적을 얼마나 달성했는가.'를 기반으로 하여 사전에 정의한 측정 방법을 적용하여야 한다.

앞의 장비 구매 사례를 통해 현금 흐름이 아닌 프로젝트 원가 측정 방법을 설명하면 다음과 같다. 1분기에 수행할 '장비의 스펙 결정과 업체 선정' 업무라는 목적을 달성하면 전체 조달 업무 100% 중에서 20%를 달성했다고 정하고, 2분기 발주까지는 누적 진도율 50%, 3분기 장비 입고까지는 누적 진도율 80%, 그리고 나머지 4분기 시운전까지 완료되면 100%라고 정한다. 즉 업체 선정 업무가 완료되었다면 조달 업무 전체 원가인

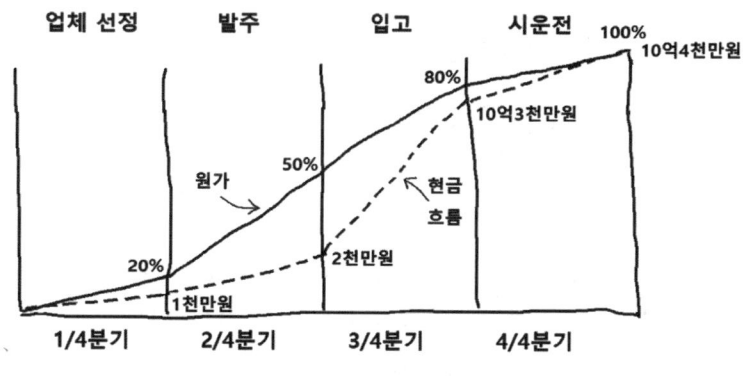

[그림3-60] 원가와 현금 흐름의 개념

10억 4천만원의 20%인 2억 8백만원의 원가가 발생한 것으로 집계한다. 이렇게 작업의 목적 달성 정도를 기반으로 사전에 설정한 비율에 비례해서 측정 집계하는 방법이 일반적인 프로젝트 원가의 개념이다.

원가의 개념을 다시 정리하면, 엔지니어들은 프로젝트 원가를 관리할 때 현금 흐름과 혼동하지 말아야 한다. 실제 조직에서 지출된 현금 흐름이 아닌 해당 작업이나 활동의 목적 달성 정도를 고려하여 내부적인 측정 기준을 정의하여 적용하는 것이 원가 관리의 개념이다.

프로젝트에서 원가 계획이란, 계획된 각 워크패키지나 활동에 대해 원가를 산정하고 이들을 집계하여 총원가를 계산한 후에 예비비나 물가 상승 충당금 등을 더하여 예산을 편성하는 것이다. 물론 전체 예산은 일정 기준의 계정 별로 배분되거나 기간 별로 배분되어 확정된 원가 기준선으로 수립된다.

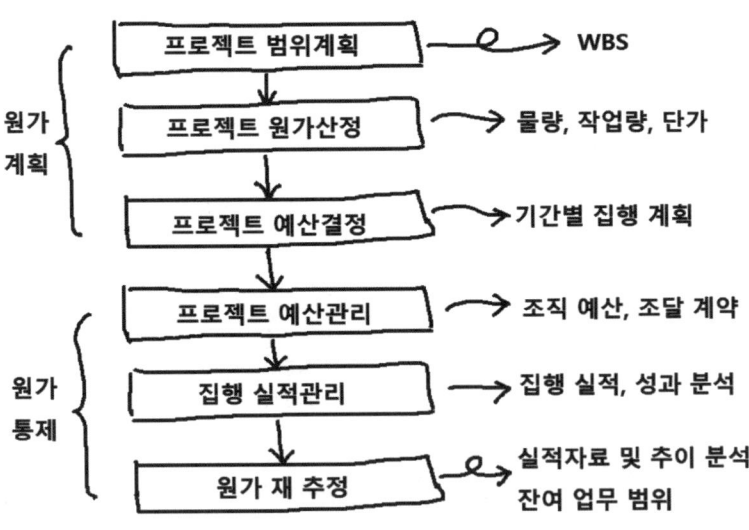

[그림3-61] 원가 계획 및 통제 절차

원가 산정

원가를 산정하는 방법은 워크패키지나 활동과 같은 하나의 작업에 계획된 결과물 혹은 목적을 달성하기 위해 소요되는 인적자원, 자재, 소모품, 예비비 등을 산정한다. 가장 일반적인 원가 항목은 노무비, 재료비, 경비 등으로 구분한다. 이를 위해서는 자원 소요 계획, 자원 단가, 활동 기간 산정치, 계정 분류표 등의 요소가 필요하다. 특정 작업에 노무비를 계산하기 위해서는 '노무량×단가(임률), 혹은 투입 자원수×작업시간×단가'로 하고, 재료비의 경우에는 '수량×단가'로 계산한다. 해당 작업에 투입되는 모든 원가 요소를 계산하여 그 작업의 원가를 산정한다.

원가를 산정하는 기법은 활동 기간 산정 기법과 유사하다. 유사 산정법은 두 가지 유사한 프로젝트들을 비교하여 유추하는 방법으로, 과거의

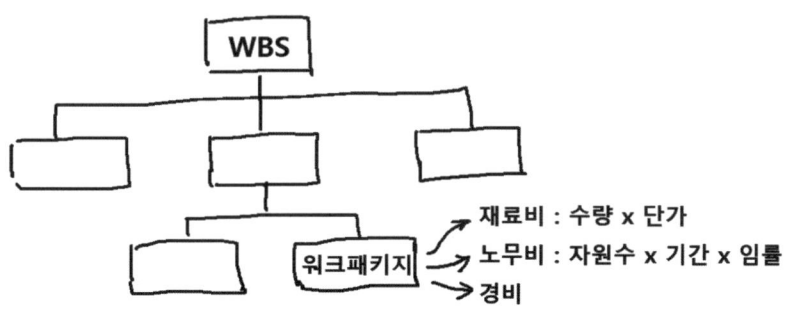

[그림3-62] WBS와 원가 산정 항목

WBS1	WBS2	Activity	산정계정 Code	재료비				노무비			경비		계	통제계정 Code
				단위	물량	단가	재료비	공량	단가	노무비	내역	경비		
A	AA	AAA	DA310.M02	개	10	10	100							DA310.S30
			DA310.L01					5	40	200			300	DA310.D30
	AB	ABA	DB110.E02								인쇄	100	100	DB110.T10
		ABB												

[그림3-63] 원가 산정표

데이터를 고려하여 산정하는 방법으로 추정하며 하향식 산정법이라고도 한다. 이 방법은 프로젝트 초기에 프로젝트에 대한 제품이나 범위 등의 내용이 구체화되지 못한 상황에서 예비 분석이나 타당성 분석 등을 수행할 때, 과거 유사한 프로젝트의 원가를 개략적으로 참고하여 하향식으로 세분화하는 방법이다. 산정에 소요되는 시간은 짧으나 정확성이 낮다는 단점이 있다. 만일 정확성을 높인 원가 추정치를 원한다면, 시간 소요가 많더라도 세부 작업 단위에서 원가를 산정하여 상향식으로 더해서 집계하는 방법을 사용한다. 또한 모수산정법은 시스템의 물리적 또는 성능적 특성, 계약자의 성과물 측정 또는 투입 인력 등과 같이, 과거 기록상의 가치와 프로젝트상의 가치들 사이에 관계를 통계적으로 사용하는 방법으로 계량화된 기반을 근거로 산정하는 방법이다. 예를 들면, 담장을 설치하는 데 1미터 당 20만원의 원가가 소요되며 총 10미터를 설치해야 한다면, 그 작업의 원가는 200만원이 된다. 과거 프로젝트에서 기록된 데이터를 기반으로 하거나 각종 공식 데이터나 표준품 데이터를 이용할 수 있다. 또한 기간 산정과 동일한 3점 산정법은 PERT의 원가산정 개념을 적용한 것으로 단일점(Single-Point) 원가산정의 정확도를 개선하여 불확실성과 리스크를 고려한 방법이다.

$Ce = (Co + 4Cm + Cp) / 6$

Co: 낙관치(Optimistic), Cm: 최빈치(Most likely), Cp: 비관치(Pessimistic)

이들 모든 산정법에는 전문가 판단을 포함하여 조정하거나 추정하는 것을 포함한다. 예를 들면, 모수산정법 혹은 계수 모델링 방법이라고 하는 유사산정법에는 전문가의 판단이 중요하게 작용한다. 대표적인 전문가 판단에는 지수보정 방식으로 과거의 프로젝트 결과물과 유사하지만 규격이나 용량 등이 다른 프로젝트의 원가 산정에 사용된다. 이는 과거의 유사 프로젝트인 기준가 기준 시점의 원가에 대한 규격이나 용량 차이에 대한 보정율을 적용하여 원가를 산정하는 방식이다.

원가 산정 = 유사 프로젝트의 원가(P) × [계획된 용량(Q_p)/유사 프로젝트 용량(Q_e)]$^{0.6}$

위 식에서 지수 0.6은 용량에 대한 보정계수(Cost Scaling Factor)이며 전문가 판단에 의해 결정된다. 예를 들면, 과거 유사한 프로젝트가 연간 100만대를 생산하는 생산 공장을 건설하는데 100억원이 소요되었고 현재 프로젝트는 연간 200만대 생산 용량의 공장 건설을 계획하고 있다. 현재 프로젝트의 원가는 100억원 × [200만대/100만대]로 계산하여 200억원으로 추정할 수 있으나 실제 원가는 생산 용량에 정비례하지 않으므로 전문가 판단에 의한 보정계수를 결정하여 반영한다. 만일 보정계수를 0.5로 한다면 다음과 같다.

원가 산정 = 100억원 × [200만대/100만대]$^{0.5}$ = 약 141억원

그 밖에 전문가 판단 및 계수 보정 방식에는 생산자 물가지수 등의 가중치를 반영하는 지수 조정률 방식 등도 있다.
프로젝트의 불확실성으로 인해 경험이 많고 다량의 데이터를 보유한 환경일지라도 프로젝트 산정치가 정확할 수는 없다. 다만 그 산정치를 추정하는데 있어 실제와의 오차를 줄이기 위한 부단한 노력과 방법을 적용

할 뿐이다. 프로젝트 초기에는 프로젝트 결과물에 대한 내용이나 이를 수행하기 위한 범위 등이 구체화되지 않기에 정확도가 더욱 낮으며, 프로젝트가 진행되면서 프로젝트 내용도 구체화되어 정확도가 높아진다. 어떤 산정치 결과물이 프로젝트 초기에 산정한 것인지, 아니면 계획 후반에 산정된 것인지 알 수 있도록 기준을 정한 것이 있다. [그림3-64]는 미국원가공학협회의 기준으로 산정의 정확도에 따른 산정형태를 분류하는 방법이다.

프로젝트 원가 산정치에는 산정에 대한 정확도를 함께 표시해야 한다. 예를 들어, 원가 산정치와 함께 '개략 산정'이라는 표시가 되어 있다

정확도	개략 산정 (Order of Magnitude)	예산 산정 (Budget Estimate)	상세 산정 (Definitive Estimate)
사용 시기	프로젝트 평가 및 선정시 경제성 분석	프로젝트 계획 초기에 예산 수립 시 적용	계획 확정 단계
산정 방법	유사 산정법	모수산정법 상향식 산정법	상향식 산정법
오차 범위	-25% ~ +75%	-10% ~ +25%	-5% ~ +10%

[그림3-64] 프로젝트 진행에 따른 산정 형태

WBS	자원	단위시간	임률	원가	신뢰도
1.1.1	설계 엔지니어	12	23.5	282	+-10%
1.1.2	디자이너	10	60	600	+-20%
2.1.1	분석자	6	17	102	+-15%

[그림3-65] 원가 산정과 산정 신뢰도

면, 누구라도 이 산정치는 프로젝트 초기에 경제성 분석 등을 위해 추정된 결과치라는 것을 알게 되며 그 정확도도 낮음을 인식하게 된다. 미국 원가공학협회에서 제정한 이런 분류 방법 외에도 산정치와 함께 H(높음), M(보통), L(낮음)으로 그 정확도를 표현하거나, [그림3-65]와 같이 신뢰도 범위를 표시하기도 한다. [그림3-66]은 컨퍼런스 개최를 목표로 하는 프로젝트에서 원가를 산정하고 그 정확도를 표현한 예이다.

효율적 원가관리를 위해 각 작업에 대한 원가 산정치에는 코드화된 분류 계정이 포함된다. 이 원가 계정은 분류 용도와 함께 계획 원가 및 실적 원가의 집계를 통해 프로젝트 현황과 성과를 파악하는데 사용된다. 범위 계획에서도 언급한 바와 같이 프로젝트의 모든 관리 코드 체계는 WBS 코드를 기반으로 하여 연계되어 적용된다. 'T320'이라는 코드를 가진 WBS의 워크패키지를 위한 원가 산정 코드는 'T320.XXX'라는 코드를 갖는다. 여기서 '.XXX'로 확장된 부분은 순수 원가 요소인 재료비, 노무비, 경비의 종류를 나타낸다. 예를 들면, 철근이라는 재료의 코드가 'M005'라고 한다면, 그 워크패키지에 소요되는 철근이라는 재료비 원가 코드는 'T320.M005'가된다. 마찬가지로 설계 엔지니어의 인건비 코드가 'L105'라면, 'T320' 워크패키지의 인건비 원가코드는 'T320.L105'가 된다. 이 코드는 원가 산정 코드이며, 추후에 예산이 확정되면 예산 관리를 위한 코드인 원가 통제 코드를 적용하여 예산을 배분한다. 원가 통제 코드는 말 그대로 예산을 계획대로 지출하는가에 대한 감시와 통제를 위해 계획 대비 실적을 확인하는데 이용된다. 예를 들면, 가족 여행 프로젝트를 위해 WBS를 만들고 각 단계를 구분하여 계획, 준비, 여행으로 구성 요소를 분류한 후에 워크패키지 수준까지 분류한다. 이들 워크패키지에 부여된 원가 산정을 위한 계정 코드는 원가 산정 코드이다. 그러나 이 요소들의 원가를

내부 원가	원가 항목	자원시간 (M/H)	시간당 임률 (천원)	총 원가 (천원)
자원 원가				
마케팅	–	250	25	6,250
설비	–	350	25	8,750
등록	–	200	25	5,000
프로그램 개발	–	475	25	11,000
프로젝트 관리	–	100	25	2,500

기타 내부 원가				
마케팅 용품	브로셔, 우편물	–	–	25,000
			소계	25,000
산정된 총 내부 원가 - 중간 등급의 이유: 내부 원가의 50% 이상은 중간 등급으로 산정되었던 자원 원가와 자원 시간이다.				58,500 **M**

외부 원가	원가 항목	자원시간 (M/H)	시간당 임률 (천원)	총 원가(천원)
직원 호텔비	A사	–	–	10,000
음식(300인분)	A사	–	–	42,400
시청각 및 음향	미결정	–	–	25,000
여행 경비	직원/발표자	–	–	5,000
미상의 원가를 위한 추가 비용				3,000

산정된 총 외부 원가(범위 = +-5% 또는 ₩4,270)
- 높은 등급의 이유: 호텔과 음식의 원가는 계약에 의해 산출
  되었고 시청각 비용은 이전의 경험을 기초한 것이다.
  여행 경비는 발표자의 선정과 그들 위치에 달려있는 변수
  이다. 그래서 미상의 원가에 쓰여질 추가 비용이 더해졌다.
				85,400 **H**
				(81,130
				~89,670)

산정된 프로젝트 총원가				143,900

[그림3-66] 컨퍼런스 개최 프로젝트의 원가 산정 예

모두 합하여 최종 예산으로 편성한 후에는 이를 다시 원가 통제 계정으로 배분해야 한다. 원가 통제 계정은 산정 계정과 동일하게 할 수 있으나, 현실적으로 관리의 효율을 높이기 위한 분류 계정으로 정의하여 적용한다. 앞의 가족 여행 프로젝트를 예로 든다면, WBS의 워크패키지와 함께 부여되는 원가 산정 계정과 상관없이 집행 통제를 위해 별도로 교통비, 숙박비, 식비 등으로 통제 계정을 구분하여 관리할 수 있다. 그 중에서 식비의 예를 들면, 프로젝트 진행 동안에 주기적으로 계획된 식비가 얼마가 집행되었는지 감시하고 계획된 예산에 맞춰서 집행되도록 조치하거나 필요시에는 변경할 수 있는 기반이 되는 것이 바로 이 원가 통제 계정이다.

원가를 산정하는 과정에서 직면하는 여러 불확실성을 극복하는 것이 산정의 정확도를 높이는 일이다. 산정 과정에서 발생하는 대표적인 문제점은 경험 부족, 기술적 문제, 무리한 수주로 인한 것들이다. 특히 경험 부족으로 인하여 명확하지 않은 부분에 대한 원가를 간과하거나 최악의 가능성을 무시하고 최상의 상황만을 고려하여 반영하는 경우가 있다. 또

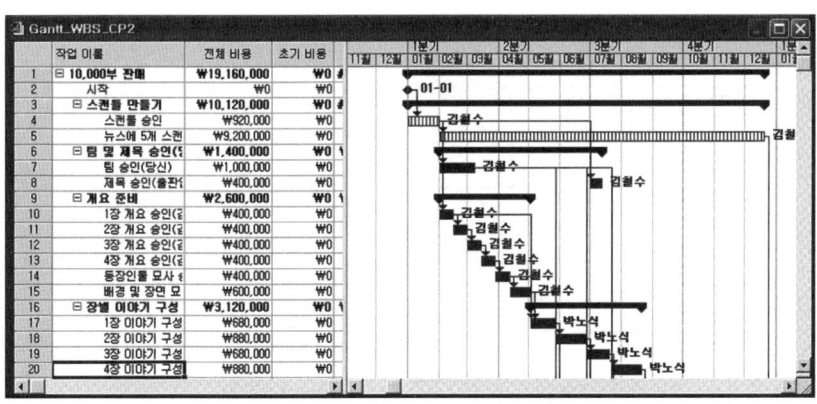

[그림3-67] 프로젝트 일정표와 원가 산정치의 예

한 비즈니스상의 요구되는 시간을 고려하지 않고 단지 실제 시간만을 고려하여 계산하는 것도 경험 부족에서 발생한다. 프로젝트를 구현하는 과정에서 예견하지 못한 기술적 문제들도 대표적인 산정 문제이며, 무리한 영업을 통해 수주한 프로젝트의 경우에는 가격 경쟁력 문제나 비현실적인 일정 문제들도 산정에서 발생하는 문제이다.

예산 결정

예산 결정은 각 활동이나 워크패키지별로 산정된 원가를 상위 레벨로 집계하여 최종적으로 원가기준선을 수립하고 예산으로 확정하여 배분하는 것이다. 여기서 배분이라 함은 통제의 목적으로 원가기준선을 통해 소요되는 원가를 기간별로 배분하거나 각 예산에 대한 통제 계정별로 배분하는 것을 의미한다. 이 배분은 프로젝트 수행 동안 주기적으로 발생된 예산 실적을 측정하고 계획과 비교하여 조치나 변경 여부를 판단하는데 사용된다.

프로젝트 예산은 원가기준선과 관리 예비비를 합친 것이다. 이 중에 프로젝트 성과 측정을 위한 원가기준선은 승인된 원가산정치를 모두 더한 것으로 시간 단계별 프로젝트 예산을 의미하며, 계획된 예산과 실적

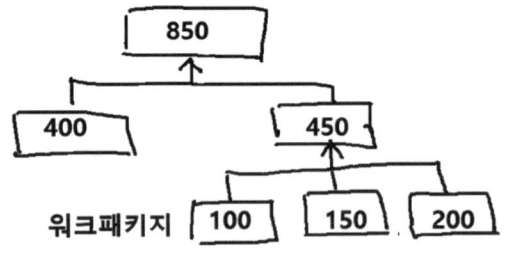

[그림3-68] WBS의 예산 집계

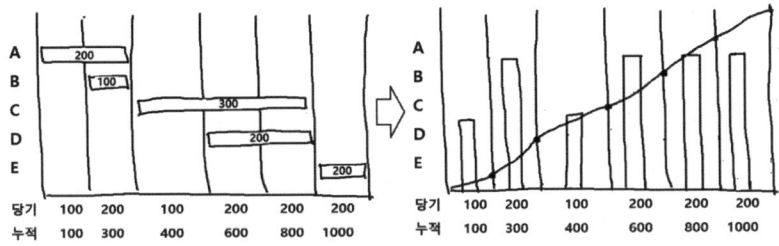

[그림3-69] 원가기준선과 S-Curve

예산을 비교하는 기준이 된다. 원가기준선은 프로젝트 성과 측정 기준이므로 우발사태 예비비는 포함하지만 관리 예비비는 제외하며, 공식적인 절차인 통합변경통제를 통해서 변경 가능하다.

　예산을 결정하는 과정은, 우발사태 예비비를 포함한 활동 원가 산정치들을 더해서 워크패키지 산정치로, 다시 이들 워크패키지 산정치들을 더해서 통제 단위로, 통제 단위들을 더해서 원가 기준선으로, 원가기준선에 관리 예비비를 더해 프로젝트 예산으로 결정된다. 여기서 우발사태 예비비(Contingency Reserve)는 예상 가능한 리스크를 고려한 예비비를 의미하며, 전혀 예상하지 못하는 리스크에 대비하는 예비비를 관리 예비비(Management Reserve) 혹은 경영층 예비비라고 부른다. 예를 들면, 건물 외벽에 페인트를 칠하는 작업 활동이 있고, 이 활동이 장마철인 6월 하순으로 계획되어 있다고 할 때, 이 작업은 장맛비로 인하여 지연될 가능성이 있다. 이런 리스크에 대응해서 기간에 대한 여유나 원가에 대한 여유를 마련하는 것이 우발사태 예비이다. 우발사태 예비는 산정치에 포함되며 이러한 예비가 산정치에 포함되어 있다는 사실을 산정 근거로 기록해 두는 것이 원칙이다.

　이와 비교되는 것이 관리 예비비의 개념이다. 프로젝트 동안 발생 가능성을 예측하여 정의할 수 있는 리스크가 있는 반면에 전혀 예측 불가능한 리스크들도 있다. 여기서 예측 불가능한 리스크에 대비하여 편성해 두는 예비비를 관리 예비비라고 한다. 우발사태 예비비는 활동이나 워크패키지에 포함된 원가로서 프로젝트 관리자가 집행할 수 있는 예산이다. 이에 반해 관리 예비비는 일반적으로 총원가에 대한 일정 비율로 편성하며, 예측하지 못한 프로젝트 환경 변화나 중요 범위 변경 등의 사유가 있을 경우에 경영층의 승인을 받아서 집행할 수 있는 예비비성격이다. 만일 관리 예비비를 성과 측정 목적의 원가기준선에 포함한다면, 이 예비비를 사용하지 않을 경우에는 좋은 성과 결과로 분석될 수 있으므로, 이 관리 예비비는 예산에는 편성하지만 원가기준선에는 포함시키지 않는다.

결정된 프로젝트 예산은 사전에 정의된 계정별로 할당하는 과정이 필요하며, 이 계정은 프로젝트 실행 동안 예산 집행 실적의 관리를 위한 원가 통제 계정이 된다. 원가 통제 계정은 산업 및 응용 분야의 특성에 적합한 분류 체계를 적용한다. [그림3-71]은 앞서 설명한 가족 여행 프로젝

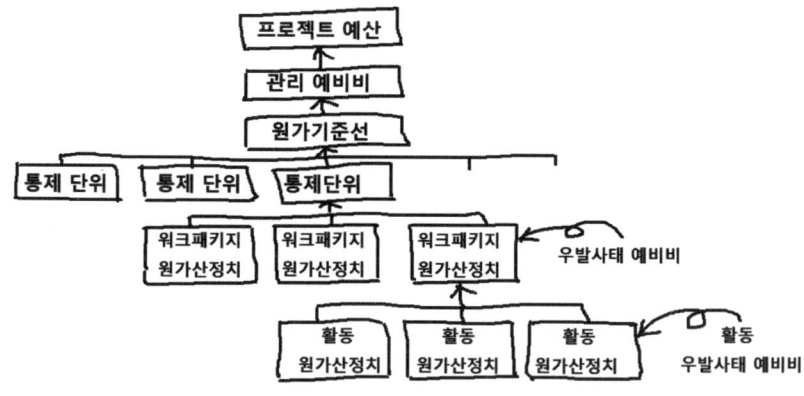

[그림3-70] 우발사태 예비비와 관리 예비비 적용

트의 예산을 편성하여 통제 계정으로 배분한 예를 들고 있다.

원가를 추정하고 예산을 편성하는 과정 또한 프로젝트 불확실성으로 인하여 정확한 수준으로 계획하기 어렵다. 일부 규모가 작고 단순한 프로젝트의 경우에는 원가 산정과 예산 결정을 별도로 구분하여 진행되지 않으며 하나의 프로세스처럼 동시에 진행할 수 있다.

원가 추정과 예산 결정 과정은 대부분의 프로젝트 경우에는 불확실성을 줄이기 위해 여러 요인들을 고려해야 한다. 가장 기본적인 요인으로는 기술적 요인, 경제적 요인, 조직적 요인으로 구분할 수 있다. 기술적 요인에는 작업자의 기술수준, 학습 효과를 고려한 프로젝트 기간, 자원별 비능률 비용 등이 있으며, 경제적 요인에는 인플레이션이나 자원 변경에 의한 자원 비용의 변화, 생산성 추이 등이 있고, 조직적 요인에는 프로젝트 구조 및 조직, 조직이나 팀의 고유한 문화, 그리고 공휴일 및 작업 환경과 같은 기타 요인이 있다. 이들 원가 산정과 예산 결정의 실수나 오류로 인해 성공하지 못하는 프로젝트의 경우를 주변에서 흔히 볼 수 있으

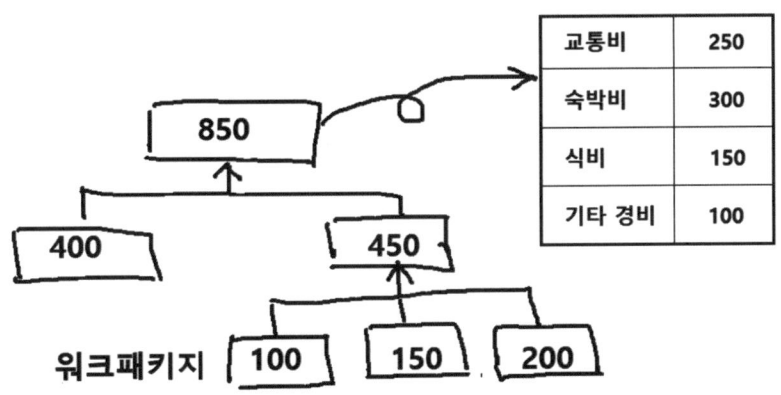

[그림3-71] 예산 결정 및 계정별 배분

며, 심지어는 기업의 도산까지 이어지는 사례 또한 많다는 점을 인지하여야 한다.

    수주와 계약을 통해 수행하는 프로젝트의 경우에는 원가 산정과 예산 관리에 많은 노력을 기울여 왔으나 회사 내에서 추진하는 제품 개발 프로젝트 등은 상대적으로 이러한 관리를 소홀히 해온 경향이 있다. 그러나 조직에서 수행하는 프로젝트는 하나가 아니며 다수의 프로젝트를 수행하기 때문에, 조직 차원의 자금 조달 문제나 자원 배분 등을 고려한 경영 관리를 위해서는 보다 높은 수준의 프로젝트 원가 및 자원관리가 요구된다.

4. 프로젝트 보조 계획

4.1 프로젝트 리스크 계획

프로젝트는 고유한 결과물을 생산하기 때문에 태생적으로 불확실성을 갖는다. 불확실성이란 미래에 어떤 일이 발생할지 알 수 없는 주관적인 심리상태를 말하며, 이 불확실성을 예상하여 알 수 있도록 구체적으로 표현한 것이 리스크이다. 프로젝트에서 리스크란, 프로젝트의 착수 단계에서부터 종료에 걸쳐 프로젝트의 범위, 일정, 원가, 품질 등에 영향을 미칠 수 있는 직접적 혹은 간접적 요인을 의미한다. 성공적인 프로젝트는 사전에 리스크를 도출하고, 지속적으로 이 리스크를 관리함으로서 프로젝트 목표를 달성하는 것이다.

리스크를 우리말로 '위험'이라고 표현하기도 하지만, '위험'은 주로 부정적인 사건들을 다루는데 사용된다. 오늘날 프로젝트 리스크관리의 개념은 부정적인 사건에 국한되는 것이 아니라 긍정적 사건도 관리하는 포괄적 개념이므로 '위험'보다는 '리스크'로 표현하는 경우가 더 많다. 즉, 오늘날 리스크관리는 부정적 사건을 최소화시키고 긍정적 사건을 극대화시키는 노력을 의미한다.

프로젝트를 수행하는 동안에 이슈나 문제와 같은 리스크와 관련된 유사한 용어들이 많이 사용된다. 일반적으로 조직에서 많이 사용되는 이들 용어에 대한 개념은 다음과 같다. 프로젝트 동안 예견할 수 있는 발생 가능한 사건들은 리스크라고 하며, 이미 발생된 사건들은 이슈 혹은 문제라고 한다. 그러므로 리스크는 사전에 예방 차원에서 대응해야 하는 반면에, 이미 발생된 이슈는 해결 방안을 마련하여 조치하여야 한다.

일반적인 리스크로 인하여 미치는 영향의 종류에는, 사업에 직접 혹은 간접적으로 미치는 영향과 이익, 프로젝트의 규모를 축소하게 만드는 영향, 조직에 미치는 영향, 기술적인 위험과 지역사회에 영향을 주는 리스크, 프로젝트 관리 수준이나 방법에 영향을 주는 리스크 등이 있다. 또한 프로젝트에 리스크가 발생하는 주요 원인에는, 부정확한 원가 산정, 프로젝트 관리 경험 부족, 새로운 기술의 도입, 프로젝트 팀과 팀원의 경험 부족, 팀원 혹은 이해관계자들 사이에 불화, 발주자나 사업주의 여건이 불안정할 경우, 적합하지 않은 공급자 및 계약자, 그 밖에 기타 불가항력적인 원인 등이 있다.

리스크관리의 고전은 보험이며, 초기 리스크관리부터 재무적인 리스크들을 주로 관리하면서 발전해왔으며 오늘날 사업적인 리스크관리와 프로젝트 관리 리스크까지 광범위하게 적용하게 되었다. 프로젝트 리스크관리를 이해하기 위해서는 우선적으로 선제적 조치(Proactive) 개념과 사후 조치(Reactive)의 개념을 알아야 한다. 과거에는 어떤 사건이 발생한 후에 이를 수습하기 위한 조치를 즉흥적으로 마련하여 수행했다. 이는 사건이 발생된 이후에 조치하는 사후 조치에 대한 개념이다. 이 경우는 사건이 발생된 이후에 조치하기 때문에 수행 프로젝트에 대해 많은 영향을 미친다. 이보다 발전된 방법은, 잠재적 리스크 사건을 예견하고, 사전에 식별된 리스크들에 대해서 사건이 발생된 후에 이를 수습할 수 있는 조치들을 미리 계획하는 것이다. 예상했던 사건이 발생하면 그 시점에서 사전에 계획된 조치들을 수행함으로써 즉흥적인 조치보다 더 효율적이고 효과적인 결과를 만들어 낼 수 있는 방법이다. 비록 사전에 수습 방안을 미리 계획할지라도 이 방법 또한 리스크 사건이 발생한 이후에 취하는 사후 조치 방법이다. 이런 방법을 위기관리(Crisis Management)라고 부르기도 하며, 주로 국가 재난 등의 상황을 미리 예견하고 재난이 발생된 이후에 대응할 수 있는 조치 방안을 미리 계획하는데 이용된다. 이러한 위기관리 방식의 리스크관리에서 더욱 발전한 것이 사전 조치 방법이다. 이는 사전에 예견되는 리스크들을 식별하고 그 리스크가 발생하지 않게 하거나, 발생될 가

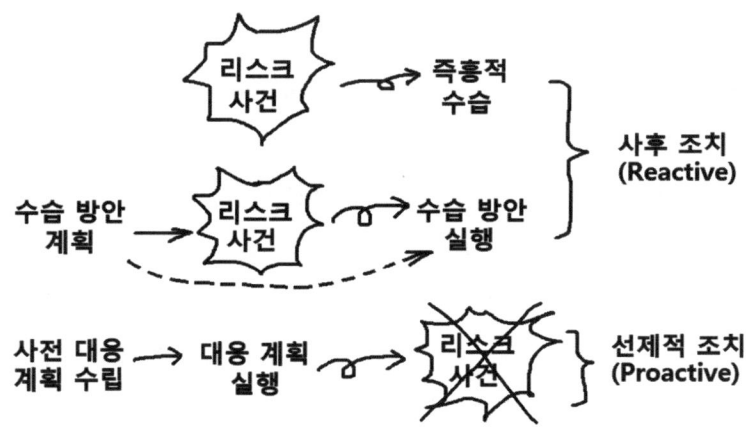

[그림3-72] 프로젝트 리스크에 대한 선제적 조치와 사후 조치

능성을 줄이거나 혹은 발생하더라도 프로젝트에 미치는 영향을 줄일 수 있는 대응 방안을 사전에 계획하고 실행하는 방법이다.

프로젝트에서는 불확실성으로 인해 발생 가능한 모든 리스크를 예견할 수 없으며, 예견한다고 하더라도 모든 리스크에 대한 사전 대응 방안을 수립할 수는 없다. 이와 같은 리스크 대응에 대한 세 가지 조치 방법은 프로젝트 동안 모두 발생 가능한 방법이다. 다만 사후 조치 방법보다는 예방 차원의 선제적 조치가 리스크관리에 대한 효과나 효율적인 측면에서 유리하다는 것은 이미 잘 알려져 있다. 그러므로 오늘날 리스크관리의 접근 방법은 기본적으로 선제적 조치를 우선으로 하며, 단지 이런 접근이 불가능할 경우에는 위기관리와 같은 차선의 방법을 적용하는 것이다.

프로젝트 리스크관리의 목적은 프로젝트의 범위, 성과, 시간, 원가에 영향을 미칠 수 있는 요인과 그 파급효과를 파악하고, 통제 불가능한 요인들에 대한 기본 정보를 제공하며 동시에 통제 가능한 요인에 대한 영향력을 발휘하여 그 파급효과를 완화시키기 위한 것이다. 이러한 목적을 달성하기 위해 프로젝트 리스크관리는 프로젝트 리스크를 식별, 분석, 대응, 통제하는 프로세스들을 수행하여, 긍정적 사건의 결과를 극대화하고 부정적 사건의 결과를 극소화 하는 것을 포함한다.

프로젝트에 영향을 미치는 요인 중심의 프로젝트 리스크 유형은 다음과 같다. 먼저 범위리스크(Scope Risk)는 프로젝트 범위 변경절차에 대한 미합의로 인한 경우나 범위 변경 승인 조직의 부재 등의 예를 들 수 있다. 일정리스크(Schedule Risk)에는 예상 기간 내에서 작업을 완료하는데 실패하는 경우나 일정 내에 비현실적인 요소가 다소 있는 경우이다. 또한 원가리스크(Cost Risk)는 예상 예산 범위 내에서 작업을 완료하는데 실패하는 경우를 예로 들 수 있다. 마지막으로 품질리스크(Quality Risk)란, 품질 성능이나 필요한 기술 수준을 달성하지 못하는 리스크를 말한다.

프로젝트 리스크관리 절차는 리스크관리계획 수립, 리스크 식별, 리스크 분석, 리스크 대응, 리스크 통제의 프로세스를 포함한다. 이 프로세스 중에서 리스크관리 방법, 절차, 관리 기준 등을 사전에 계획하는 리스크관리계획 수립 프로세스와 리스크 통제에 대한 내용은 본서의 후반에 기술되는 각종 관리계획 수립 및 프로젝트 통제에서 설명하기로한다. 여기서는 핵심적인 리스크 계획 절차만을 설명한다.

먼저 리스크 식별이란, 프로젝트에서 영향을 미칠 수 있는 리스크가 있는지 예견하여 이를 찾아 결정하고 그 특성을 문서화하는 것이다. 즉, 발생 가능한 리스크 목록을 작성하는 것으로, 이들 목록은 리스크 관리대장(Risk Register)에 기록하고 관리된다. 다음으로, 리스크 분석 프로세스는 식별된 리스크들에 대해 리스크 정도인 크기를 분석하는 것으로 정성적인 방법이나 정량적인 방법으로 계량화한다. 분석을 통해 계량화한 리스크들은 리스크 노출 크기순으로 우선순위를 정하고 우선순위가 높은 리스크에 대해 대응 방안을 수립한다. 이렇게 계획된 리스크 대응 방안은 프로젝트 계획에 반영되어 추후 실행 및 통제를 통해 이행되고 관리하게 된다. [그림2-73]과 같이, 이들 과정은 프로젝트 초기부터 종료에 이르기

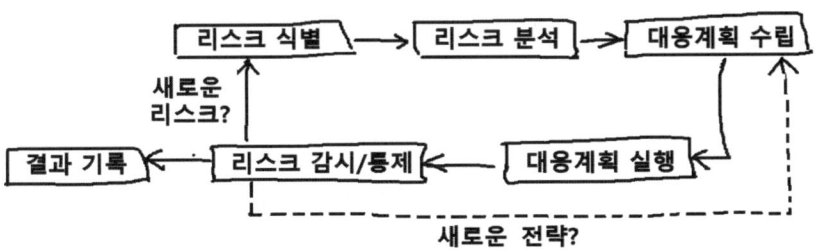

[그림3-73] 프로젝트 리스크관리 절차

까지 지속적으로 반복된다. 그 이유는, 프로젝트 환경이나 상황 변화 등 여러 가지 원인들로 인해 새로운 리스크가 발견되며 새로운 리스크는 다시 분석 과정을 거쳐 새로운 대응 방안을 수립하는 과정을 거치게 되기 때문이다.

리스크 식별

가족 여행을 계획하고 있을 때, 부모는 여러 준비를 하면서 발생 가능한 문제들을 생각해서 대비할 것이다. 예를 들면, 여행지에서 아이가 병이 나서 아플 것에 대비하여 비상 약을 준비하거나 보험에 가입할 수 있다. 혹은 예약하려는 호텔이 만족스러운지 인터넷으로 조사해서 확인하거나, 아이들이 여권을 분실할 경우에 대비해서 출입국 심사를 제외하고는 아빠가 여권을 모두 모아서 보관하기로 결정할 수 있다. 이러한 대비가 모두 여행 프로젝트에서의 리스크관리이다. 여기서 예상할 수 있는 잠재적 리스크들을 찾아서 정의하고 리스크목록으로 작성하는 것이 바로 리스크 식별이다.

리스크 식별은 리스크관리에서 가장 어려운 과정이다. 아무리 경험이 많은 프로젝트 담당자일지라도 발생 가능한 리스크를 찾아내는 일은 쉽지 않다. 더욱이 경험이 없는 새로운 프로젝트의 경우에는 더욱 그러하다. 만일 사전에 식별되지 못한 리스크가 프로젝트 수행 동안 발생한다면 매우 불행스러운 일이 아닐 수 없다. 그러므로 프로젝트 리스크를 사전에 최대한 식별하여 정의하는 것이 프로젝트의 리스크를 줄이는 방법이므로, 다양한 출처와 리스크 식별법의 적용을 권장한다. 일반적으로 가장 많이 수행하는 리스크 식별 방법으로 브레인 스토밍이나 델파이기법 등을 적용할 수 있다. 그 결과로 우스꽝스럽거나 비현실적인 리스크 목록이 작성될 수 있으나 최대한 많은 리스크를 식별하는데 적합하며, 추후에 목록에서 변별하는 작업을 통해 다시 정리하면 된다. 그러나 개인의 경험이나 상상을 통한 리스크 식별에는 한계가 있으므로 경험과 기록을 함께 병행하여 식별할 수 있는 방법은 체크리스트를 이용하는 것이다. 조직에서 사전에 작성 보관된 리스크 목록이 포함된 체크리스트를 통해 해당 프로젝트의 리스크를 찾아내는 방법이다. 이는 간단한 노력과 시간으로 리스크를 식별할 수 있는 장점을 갖고 있다. 다만 이러한 체크리스트가 준비되기 위해서는 지속적으로 정보 관리를 통해 프로젝트마다 식별된 리스크와 발생된 리스크들에 대한 기록이 정리되고 보존되어야 한다. 또한 효율적인 리스크 식별을 위해서는 식별 활동 전에 관련 문서에 대한 조사와 검토가 충분하게 이루어져야 하며, 특히 현재까지 수립된 프로젝트 계획에 대한 상세한 검토가 선행되어야 한다. 식별된 프로젝트 리스크 목록은 리스크 관리대장(Risk Register)에 기록되며 추후에 분석 및 대응 계획 수립의 결과 또한 리스크 관리대장에 문서로 완성하여 지속적으로 관리되어야 한다. [그림3-74]는 리스크 관리대장의 예시이다.

#	리스크	확률(P)	영향(I)	등급 (점수)	대응 전략	담당자
1	호텔 시설 수준이 낮음					
2	여권 등 소지품 분실					
3	항공권 예약이 어려움					
4	아이들의 질병 발생					

[그림3-74] 리스크 식별과 리스크 관리대장

리스크 분석

리스크 분석이란, 식별된 리스크 목록에 대해 그 크기인 리스크 노출 정도를 평가하는 프로세스이다. 리스크 분석은 식별된 리스크의 우선순위를 정하고 우선순위가 높은 리스크에 대해서는 사전에 대응 방안을 계획하기 위해서이다. 이를 위한 분석 방법은 다양하지만 크게는 정성적인 분석 방법과 정량적인 분석 방법으로 구분한다.

리스크 분석을 통해 계량화하기 위한 기본 요소는 세 가지이다. 첫째 요소는 프로젝트에 긍정적 혹은 부정적 영향을 주는 리스크 사건으로, 이는 바로 계량화 대상이 된다. 두 번째 요소는 리스크 사건이 발생할 수 있는 가능성인 발생 확률이다. 세 번째 요소는 리스크가 발생했을 때 프로젝트에 미치는 영향 혹은 결과이다. 이 세 가지 요소들을 이용하여 분석하는 기본 개념을 설명할 수 있는 방법이 금전적 기대값(Expected Monetary Value) 이다.

금전적 기대값 = 리스크 확률 × 영향 혹은 결과
(EMV)　　　(Probability)　　(Amount at Stake)

예를 들면, 어떤 리스크가 발생될 확률이 50%이며 그 리스크가 발생했을 때 프로젝트에 미치는 금전적 손실이 1,000만원이라고 하면, 0.5(확률) × 1,000만원(영향)으로 계산하여 금전적 기대값은 500만원이 된다. 여기서 일반적인 리스크의 영향이나 결과를 'Impact' 혹은 'Consequence'로 표기한다. 이렇게 계산된 각 리스크의 금전적 기대값을 서로 비교하여 우선순위를 결정할 수 있다. 이와 같이 리스크의 확률과 영향을 수치로 분석하는 방법을 정량적 리스크 분석이라고 한다. [그림3-75]는 정량적 리스크 분석의 예를 들고 있다.

WBS	리스크	확률	영향	EMV
1.3.5.1	ABC 스택 문제로 공장 부문 전문가 참가가 요구됨	60%	3,000만원의 부가적인 인건비 소요	1,800만원
2.1.1.3	팀원 보충의 지연에 따른 가용한 인적 자원 부족	80%	생산성 손실로 별도의 원가 2,000만원이 소요되며, 프로젝트가 4주 지연	1,600만원
5.3.3.2	ABC 모듈 코딩 작업에 대한 낮은 산정	60%	낮은 산정으로 추가 원가 1,000만원이 소요되며, 코딩 단계가 3주 지연	600만원
8.2.1.3	고객의 요구 사항이 명확히 정의되지 않음	20%	프로젝트가 4주 지연 되며, 원가의 영향은 2,000만원	400만원

[그림3-75] 정량적 리스크 분석의 예

그렇지만 프로젝트에서 모든 리스크가 정량적으로 분석될 수는 없다. 확률과 영향에 대한 정도를 수치적으로 나타내기 위해서는 많은 데이터가 축적되어야 한다. 그러나 프로젝트 특성상 반복적으로 유사한 프로젝트가 아니거나 프로젝트의 경험이 적은 조직은 축적된 데이터가 없기에 이와 같은 정량적 분석을 하기 어렵다. 이들 프로젝트에서 적용할 수 있는 방법이 정성적 리스크 분석이다. 정성적 분석은 각 리스크의 확률(Probability)과 영향(Impact)을 정성적으로 표현하는 방법으로, 높음(High)/보통(Medium)/낮음(Low)과 같이 표현할 수 있다. 물론 그 척도는 매우 높음(Very High)에서 매우 낮음(Very Low)까지 모두 5단계로 나타내거나, 1~10점까지 표현하는 10점 척도를 사용할 수도 있다. 또한 이들 척도에 대한 점수를 부여하여 리스크 점수를 계산할 수 있는데, 예를 들면, 0.7(높음)/0.5(보통)/0.3(낮음)으로 표현할 수 있다. 일반적으로 확률보다는 영향에 비중을 많이 부여하기에 영향의 점수는 0.9(높음)/0.7(보통)/0.5(낮음)와 같이 가중화된 점수를 부여할 수 있다. 정성적 방법 또한 확률과 영향의 점수를 곱하여 리스크 점수로 평가하는 방법이나 확률과 영향을 기준으로 한 등급으로 표현하는 방법을 적용할 수 있다.

[그림3-76]의 좌측과 같이, 확률과 영향이 높은 부분에 위치하는 리스크는 높은(High) 등급으로 분류하며, 반대로 확률과 영향이 낮은 부분에 위치한 리스크는 낮은(Low) 등급으로 분류한다. 그리고 나머지 부분은 보통 등급으로 분류하여 식별된 리스크들의 우선순위를 정한다. 다른 방법은 확률 점수와 영향 점수를 곱하여 리스크 점수를 계산하여 우선순위를 정하는 방법이다. 이 방법은, [그림3-76]의 우측과 같이, 확률과 영향의 점수가 모두 보통인 리스크의 경우는 확률 0.5에 영향 0.7을 곱하여 0.35라는 리스크 점수를 구할 수 있다. 이와 같이 확률과 영향에 대한 척도와 점수는 사전에 리스크관리계획에 정의되어야 하며, 동시에 등급을 어떻게 나누어야 할 것인지도 함께 결정되어야 한다. 그림과 같이 확률(P)과 영향(I)을 이용한 매트릭스 형태의 분석표를 P-I 매트릭스 혹은 확률-영

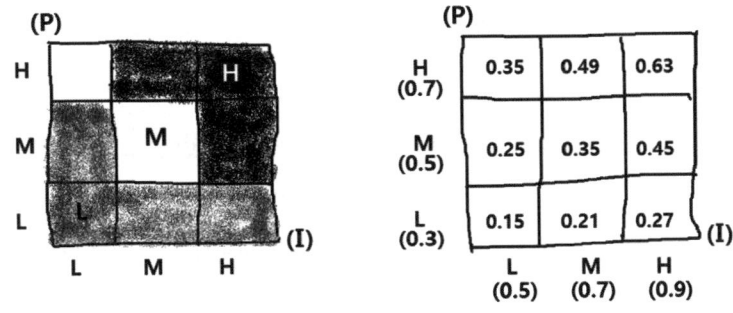

[그림3-76] 확률-영향(P-I)매트릭스

향 매트릭스라 부르거나 일부에서는 확률-영향 그리드(Grid)라 부른다.

정성적 혹은 정량적 리스크 분석을 통해 우선순위화된 리스크 목록은 리스크 관리대장에 기록된다. 이들 중에 우선순위가 높은 리스크들에 대해서는 대응 방안이 계획되며, 나머지 리스크들은 감시 목록으로 작성되어 보관된다. 리스크 우선순위 중에서 대응 방안 여부를 결정하는 방법 또한 사전에 결정되어야 한다. 예를 들면, 리스크 점수에 의한 분석에서는 상위 10개(Top 10)에 대해서만 대응 방안을 계획하는 것으로 결정하는 방법이 있고, 리스크 등급으로 우선순위를 정하는 경우에는 높은 등급에 해당하는 리스크만 대응 방안 수립 대상으로 결정할 수도 있다. 우선순위가 낮아서 대응 방안을 수립하지 않는 리스크는 감시 목록에 보관하며, 이 리스크들은 주기적으로 리스크 분석 대상이 되어 추후에 상위 리스크로 우선순위가 높아지면 대응 방안이 계획되면서 리스크 관리대장에 등록될 수 있다. [그림3-77]은 리스크 분석 결과를 반영한 리스크 관리대장의 예시이다.

#	리스크	확률(P)	영향(I)	등급(점수)	대응 전략	담당자
1	호텔 시설 수준이 낮음	H	H	H		
2	여권 등 소지품 분실	L	L	L		
3	항공권 예약이 어려움	M	M	M		
4	아이들의 질병 발생	H	H	H		

[그림3-77] 리스크 관리대장과 리스크 분석 결과

리스크 대응 계획

리스크 대응 계획은 프로젝트 목표에 대한 기회를 강화하고 위협을 감소하기 위한 절차와 방법을 개발하는 프로세스이다. 리스크 분석을 통해 우선순위화된 리스크 목록 중에서 상위에 위치한 리스크들에 대해 사전 조치를 통해 리스크를 다루는 방법이다. 리스크 대응 방안을 수립하기 위해서는 리스크 식별과 마찬가지로 다양한 방법을 적용하여야 한다. 브레인 스토밍을 통한 대응 전략을 도출하거나 과거 유사한 프로젝트의 대응 사례, 혹은 주요 리스크에 대해 사전에 준비된 리스크 대응 목록을 통해 수립할 수 있다.

리스크 대응 전략을 수립하기 위해 하나의 리스크에 대해 여러 대안을 도출하고 그 중에 하나 이상의 방안을 선택할 수도 있다. 이 때 선정 기준은 대응에 대한 효과와 대응을 수행하기 위해 소요되는 원가를 우선으로 하는 것이 일반적이다. 대응 전략 수립에서는 하나의 대응 방안 대신에 복수의 방안을 선택할 수 있으며, 특히 사전 대응으로 효과가 없거나 낮은 경우에 대비하여 기본 전략과 함께 보조 전략도 수립할 수 있다. 또한 대응한 전략이 효과가 없어서 해당 리스크가 발생했을 때 조치할 수 있는 비상 계획을 수립하는 것도 좋은 방법이다. 비상 계획(Contingency Plan)은 우발사태 계획이라고 부르기도 한다. 비상 계획에는 예비 시간이나 예비비가 책정되며, 책정된 예비는 프로젝트 관리자의 판단에 따라 승인되고 집행된다.

리스크 대응 전략은 다양하지만 크게 위협에 대한 전략과 기회에 대한 전략으로 구분한다. 본서에서는 위협에 대한 전략만 설명하기로 한다. 위협에 대한 전략은 회피 전략, 완화 전략, 전가 전략, 수용 전략의 네 가지로 다시 분류된다.

[그림3-78] 리스크 대응 전략

먼저 회피 전략이란, 위협 자체를 제거하거나 리스크 영향으로부터 프로젝트를 보호하려는 조치로 프로젝트 계획을 변경하거나 제외해서 발생 확률을 0으로 만드는 방법이다. 즉, 프로젝트 관리자는 리스크를 인지하고 있으며, 그것은 잠재적으로 부정적인 결과를 만들기 때문에 그 옵션을 거부하겠다는 전략이다. 이 전략은 프로젝트 범위를 줄이거나 일정이나 원가를 충분히 늘리는 등의 방법이며, 주로 리스크 발생 확률이 높고 영향은 큰 리스크에 적용된다. 그러나 회피 전략은 궁극적으로 리스크를 제거하는 관점만 있는 것은 아니다. 리스크를 제거한다는 사실은 해당 업무나 사업을 포기하는 경우를 초래한다. 예를 들면, 놀이공원을 건설하는 프로젝트 중에 토지의 지질 기반이 연약하여 놀이 기구의 구조물이 변형될 수 있는 리스크가 있어 사업을 포기하기로 한다면, 결국 리스크는 제거되지만 사업을 중단하는 결과를 함께 초래된다. 또한 프로젝트의 제품 범위를 줄인다면 줄어든 제품의 기능만큼 얻을 수 있는 편익을 포기하거나 선택할 수 있는 옵션을 포기하게 되는 것이다. 즉, 사업이란 리스크를 감내한 대가로 편익을 얻게 되는데, 회피 전략은 리스크를 없애기 위해 얻을 수 있는 편익의 일부나 전부를 포기하는 것이다.

다음으로 전가 전략은 리스크가 발생했을 때 그 영향을 제3자에게 감수하도록 위협에 대한 책임을 이전시키는 방법이다. 즉, 프로젝트 관리자는 리스크를 인지하고 있으며, 그것의 전체 또는 일부를 다른 부문으로 이전시키는 것이다. 이를 위해서 그 리스크를 감수할 수 있는 당사자와 계약을 체결하는 것으로, 보험이나 각종 보증 혹은 외주 등과 같이 계약에 의해 책임과 의무를 다른 당사자에게 전가할 수 있다.

리스크: 부엌에 가스 누출 냄새 탐지

- 회피: 부엌에 안 들어간다.
- 전가: 보험에 가입해 놓는다.
- 완화: 창문을 열어 환기를 시킨다.
- 수용: 냄새를 참으면서 들어간다.

또한 완화 전략은 리스크의 발생 확률이나 영향을 줄이는 방안을 계획하는 것이다. 프로젝트 관리자는 리스크를 인지하고 있으며, 그것의 발생과 영향을 최소화하기 위해 최선을 다하는 것이다. 예를 들면, 오류를 줄이기 위해 더 많은 테스트의 수행, 복잡한 프로세스 대신에 단순한 프로세스의 적용, 완제품 이전에 시제품의 제작 등이 리스크를 줄이는 예가 될 수 있다.

마지막으로 수용 전략은 리스크 존재를 인지하지만 선제적 조치를 취하지 않는 것이다. 즉, 프로젝트 관리자가 리스크를 인지하고 있으며, 그들이 발생되어 파급되는 영향을 기꺼이 받아들이겠다는 전략이다. 리스크 우선순위가 낮은 경우에는 사전 대응 없이 단순히 수용할 수 있으며, 리스크에 대응할 수 있는 적절한 방법이 없거나 리스크를 대응하는데 소요되는 원가가 영향 대비 감내할 수 없을 정도로 클 경우에는 리스크를 수용할 수 있다. 이 전략은 주기적으로 리스크를 감시하는 방법 외에 별도의 사전 조치를 취하지 않는 방법으로 리스크의 변화를 주시한다. 일부에서는 수용 전략으로 비상 계획을 수립하거나 예비비 편성과 같은 방법을 포함하는 경우도 있다. 이는 리스크 수용으로 단순한 감시만 수행하는 것이 아니라, 그 리스크가 발생된 이후에 조치할 수 있는 방안을 사전에 계획하거나 조치를 위한 예비비나 예비 시간을 편성하는 것이다.

#	리스크	확률 (P)	영향 (I)	등급 (점수)	대응 전략	담당자
1	호텔 시설 수준이 낮음	H	H	H	인터넷 검색으로 사전 확인 후 예약	엄마
2	여권 등 소지품 분실	L	L	L	아빠가 단체로 보관	아빠
3	항공권 예약이 어려움	M	M	M	아빠가 단체로 보관	엄마
4	아이들의 질병 발생	H	M	H	구급상비약 준비	누나

[그림3-79] 리스크 관리대장과 대응 전략

[그림3-79]는 대응 전략이 포함된 리스크 관리대장의 예를 보여준다. 이상과 같이 리스크 대응 전략이 수립되면, 그 내용을 리스크 관리대장에 기록하고, 필요한 경우에 그 수행 계획을 구체화하거나 프로젝트 계획의 일부로 반영하여야 한다. 프로젝트 실행 및 통제에서는 이 대응 계획을 실행하고, 그 결과를 확인하여 대응으로 인해 리스크가 사라지거나 리스크 크기가 작아지면 리스크 관리대장에서 삭제하게 된다. 그러나 대응 효과가 미흡할 경우에는 다른 대응 전략을 수립하거나 예비 대응 전략을 실행할 수도 있다. 이 모든 과정에서 전체 리스크는 재차 리스크 분석을 통

해 재평가되어야 한다. 또한 리스크 중에서 이미 발생해버린 경우는 이슈관리대장이나 조치관리대장에 기록하여 조치한다. 즉, 프로젝트 실행 및 통제 과정에서 리스크 관리는, 주기적으로 리스크 관리대장을 업데이트하는 것으로, 새로운 리스크의 등재나 사라진 리스크의 삭제, 확률과 영향의 재평가와 우선순위 다시 정하기, 대응 전략에 대한 효과 측정과 새로운 대응 전략 수립 등을 수행한다. 물론 이 과정에서 통합적 관점에서 프로젝트 성과를 파악하고 성과에 따른 리스크 식별과 대응, 그리고 분석 등을 수행하여야 한다.

4.2 프로젝트 자원 계획

자원(Resource)의 개념에는 인력, 장비, 자재, 자금, 기타 서비스 등을 포함하지만 프로젝트에서 자원에는 주로 인적자원과 물적자원을 의미한다. 인적자원은 주로 프로젝트를 수행하는 팀원들을 중심으로 하며, 일부 조달된 외부 인력도 포함된다. 또한 물적 자원은 프로젝트에 투입되는 각종 장비와 자재들을 의미하지만, 본서에서는 장비와 자재관리에 대한 내용보다는 인적자원을 중심으로 자원관리를 설명한다.

프로젝트는 사람이 수행하는 작업들이라 사람을 어떻게 관리할 것인가에 대한 인적자원관리가 프로젝트의 성패를 좌우한다. 일반적인 프로젝트 관리에는 범위관리, 일정관리, 원가관리 등의 하드 스킬들이 우선되며, 이 관리 분야의 도구나 기법들은 짧은 기간에 습득하여 성숙도를 높일 수 있다. 그러나 사람을 다루는 능력인 소프트 스킬들은 짧은 기간에 습득될 수 없다. 리더십, 의사소통, 문제해결, 갈등관리, 동기부여와 같은 대인 관계 스킬들은 학습을 통해서 혹은 단기간의 적용 경험을 통해 성숙도를 높일 수 없으며 지속적인 노력이 요구되는 분야이다.

프로젝트 자원관리는 성공적인 프로젝트 수행을 위해 요구되는 자원을 정의하고 계획하여 적시에 이들을 확보하고 투입하며, 담당 업무를 수행할 수 있도록 개인의 역량과 팀의 역량을 높이고 지속적으로 관리하는 과정이다. 프로젝트 관리자는 프로젝트의 성공을 위해서 최상의 능력을 보유한 인력을 확보하는 것도 중요하지만, 프로젝트는 팀으로 수행되므로 팀원들의 팀웍이 더욱 중요하다. 그러므로 개인의 역량을 높이려는 노력뿐만 아니라 팀으로서의 역량을 높이는 노력에 중점을 두어야 한다. 프로젝트 자원관리는 주로 인적자원관리이며, 인적자원관리는 주로 팀관리의 관점에 기반한다.

프로젝트 자원관리는 조직 구성과 함께 인적자원의 역할과 책임을 정하고, 각 작업 단위별로 요구되는 자원의 종류, 수량, 시기 등을 결정하여 최종적으로 자원 요구 사항을 결정한다. 결정된 자원 요구에 따라 해당 시기에 적합한 인력을 확보하여 투입하고, 지속적으로 개인과 팀의 역

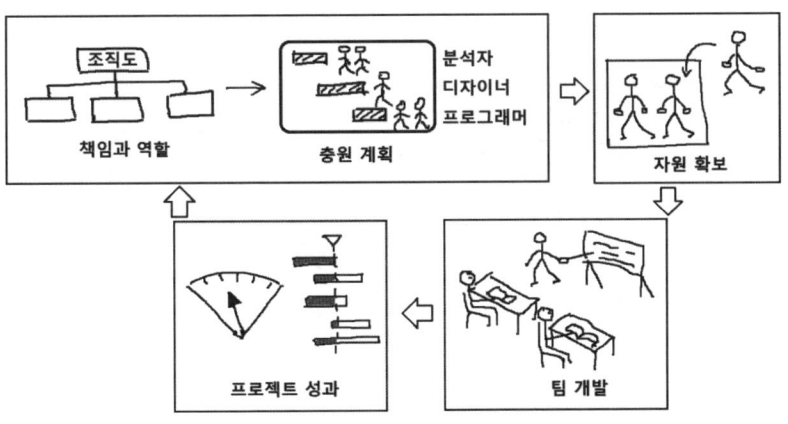

[그림3-80] 프로젝트 자원관리 과정

량을 높이기 위한 교육이나 팀 육성 활동 등의 팀 개발을 수행한다. 이들 노력을 통해 프로젝트 및 개인의 성과를 측정하고 그 결과를 계획에 다시 반영하여 역할과 책임, 인력 구성, 추가 교육 등을 통해 프로젝트 성과를 높이는 과정을 반복한다.

자원계획은 프로젝트 팀원과 그들의 보고 관계를 도식적으로 표현한 조직도 작성부터 시작된다. 조직도를 구체화하여 역할, 권한, 책임에 대한 정의를 한 후에 각 작업 단위를 완료하는데 요구되는 자원의 양을 산정한다. 자원 산정은 각 작업 단위에 요구되는 자원의 종류와 수량, 그리고 투입 시기 등을 결정하며, 이를 통해 작성된 자원 요구 사항을 기초로 하여 세부적인 충원관리계획을 수립한다. 충원관리계획은 시기별 자원 요구량을 나타내는 자원 히스토그램, 해당 팀원을 확보하는 방법, 팀원을 방출하는 방법, 교육 계획, 포상 계획 등을 포함할 수 있다.

[그림3-81]은 자원 계획 중에서 팀과 팀원의 역할과 책임을 나타내는 것으로, RAM이라 부르는 책임 배정 매트릭스는 프로젝트에서 '누가, 무엇을 수행할 것인가'를 나타낸다. 프로젝트 목표를 달성하기 위해서 '무엇

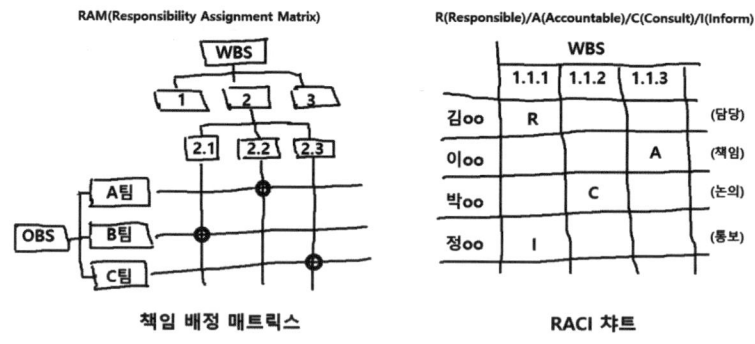

[그림3-81] 팀원의 역할과 책임

을 할 것인가'를 나타내는 것은 WBS이며, '누가 수행할 것인가'를 나타내는 것은 조직분류체계(OBS)이다. 결국, 이 둘을 통합해서 '누가, 무엇을 할 것인가'를 나타내는 것이 바로 RAM이다. 이 RAM은 하나의 워크패키지에 대해 어느 팀이 담당할 것인지를 한 눈에 볼 수 있게 표현하는 방법이다. 이와 유사한 방법으로 개인 단위의 책임과 역할을 부여하는 것이 RACI 차트이다. 여기서 RACI는 책임(Accountable), 담당(Responsible), 논의(Consult), 통보(Inform)의 영어 첫 글자를 모아서 만든 표현으로, 각 팀원이 어떤 역할을 수행할지를 매트릭스 테이블로 표현한 것이다.

일부에서는 자원관리계획 수립과 자원 산정을 별도로 분리하여 수행하기도 하지만, 많은 경우에 이 두 가지를 동시에 수행한다. 여기서 자원 산정은 워크패키지나 활동에 대해 요구되는 자원의 종류와 수량, 자원 필요 시점 등을 결정하는 것이다. 자원의 수량을 결정하는 것은 일반적인 산정 기법을 적용할 수 있으나, 최종적인 자원 계획은 프로젝트 일정과 원가를 고려하여 결정된다. [그림3-82]는 자원 산정을 통해 각 워크패키지에 대한 자원 요구를 추정한 예이다.

WBS	기술 요건	작업량	투입시점
1.1.1 경쟁 앱 사양 분석	프로젝트 관리자	20 M/H	20 M/H
1.1.2 개발 원가 분석	원가 엔지니어	40 M/H	40 M/H
2.1.1 기본 및 상세 설계	프로그래머	280 M/H	280 M/H
3.1.1 UI분석	분석자	30 M/H	30 M/H
3.1.2 UI설계	프로그래머	120 M/H	120 M/H

[그림3-82] 자원 요구 사항

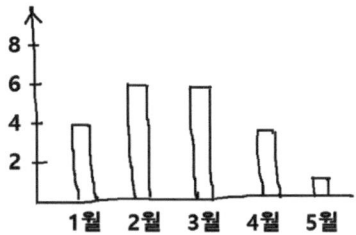

[그림3-83] 충원 계획과 자원 히스토그램

　자원 요구사항이 작성되면 이를 집계하여 충원 계획을 비롯한 역할과 책임, 교육 계획, 팀 육성 계획 등이 다시 조정되어 완성된다. [그림 2-83]은 프로젝트 작업에 소요되는 인력의 양을 기간 단위별로 집계한 충원 계획으로, WBS의 워크패키지나 일정의 작업 활동 단위에서 추정한 자원 산정치를 기반으로 한다. 이는 자원을 종류별로 정리하거나 전체 자원을 함께 집계할 수 있으며, 이러한 충원 계획을 기간 단위별 막대 차트 형식으로 표현한 것을 자원 히스토그램이라고 한다. 자원 히스토그램은 특정 기간 동안 과도하게 자원이 요구되지 않는지, 혹은 어느 시점에 어떤 종류의 자원이 얼마만큼 가용한지를 파악하고 관리 과정에서 조치할 수 있는 자료가 된다.

　이러한 과정을 거치면, 프로젝트의 자원 종류를 계층 구조로 나타내는 자원분류체계(RBS)가 완성이 되며, 동시에 자원들의 근무 시간과 휴무 시간을 나타내는 자원 달력(Calendar)을 기초로 한 자원 가용성 계획도 완성이 된다.

　추후 자원계획에 수립된 내용을 실행에 옮기면, 충원 계획에 따라 팀원을 확보하여 업무에 배정하고, 개인과 팀의 실행 결과에 대한 성과 평가를 수행한다. 프로젝트 관리자는 성과와 관련 없이 지속적으로 팀과 개인의 역량을 높이기 위한 의사소통, 동기부여, 팀 개발 및 육성 활동을 수행하여야 한다. 또한 개인과 팀의 성과를 파악하여 팀원들 사이의 의사소통, 이슈, 문제 등을 적극 해결하는 노력을 해야 한다. 만일 성과가 저조할 경우에는 추가 인력 충원, 업무에 대한 배정 변경, 추가 교육, 포상 계획 변경 등을 통해 개인의 역량과 팀의 역량을 높이고 동기를 부여할 수 있는 계획으로 변경한다.

4.3 프로젝트 의사소통 계획

의사소통이란 정보를 주고받는 행위를 말하며, 그 정보는 공식적인 문서뿐만 아니라 각종 지시사항이나 아이디어 등도 포함된다. 의사소통은 프로젝트 수행에 개인이 아닌 팀으로서 함께 일할 수 있는 신경망과 같은 것이며, 관련된 이해관계자들과의 소통 또한 프로젝트 성패에 영향을 미친다. 프로젝트 관리자는 팀원뿐만 아니라 조직 내외의 모든 프로젝트 이해관계자들과 소통하므로, 근무 시간의 75%에서 90%까지를 의사소통에 할애할 만큼 프로젝트에서 의사소통의 비중은 매우 크다. 프로젝트 관리자가 갖추어야 할 역량 중에서 가장 중요시되는 것은 통합적 능력과 의사소통 능력이다. 그러므로 프로젝트 관리자는 의사소통관리를 위해 의사소통 장애의 발생을 방지하고 프로젝트에서 발생하는 정보를 통합하여 그 흐름을 관리하여 의사소통을 통해 팀의 성과를 지원할 수 있는 기량을 발휘하여야 한다.

프로젝트 관리자는 프로젝트 팀이 성과를 높일 수 있도록 팀개발의 일환으로 의사소통을 향상시켜야 한다. 이를 위해서는 프로젝트 관리자뿐만 아니라 모든 팀원들도 효과적인 의사소통자가 되어야 하며 동시에

[그림3-84] 프로젝트 의사소통

의사소통을 촉진하는 촉진자 역할을 하여야 한다. 특히 프로젝트 팀원들을 가급적 동일 장소에 배치하여 소통이 원활하게 하거나 동일 장소에 배치가 어려울 경우에는 최소한 프로젝트 상황실(War Room)을 만들어서 자주 대면할 수 있는 기회를 만들어야 한다. 프로젝트에서 가장 보편적인 의사소통 실무는 보고(Reporting)와 회의(Meeting)이므로 시의적절하고 효과적인 보고와 회의를 개최하는 것도 성공적인 의사소통을 위한 방법이다.

프로젝트 의사소통관리란, 프로젝트가 필요로 하는 정보와 이해관계자들이 원하는 정보의 요구를 충족시키기 위하여 효과적인 정보 교류 방법을 계획하고 이를 수행하는 것이다. 이를 위하여 프로젝트의 요구사항과 이해관계자들의 요구에 맞춰 의사소통 내용과 방법에 대한 전략을 수립하고 그 전략을 기반으로 구체적인 의사소통계획을 수립한다. 의사소통계획은 다양하고 적절한 의사소통 형식과 방법으로 적시에 적절한 대상에게 적합한 메시지가 전달되도록 하며, 프로젝트 기간 동안 수립된 의사소통계획을 지속적으로 보완하고 수정하는 조치도 병행되어야 한다.

의사소통계획은 누가, 어떤 정보를, 누구에게, 언제, 어떤 방법으로 수집, 저장, 배포할 것인가를 포함한다. 가장 일반적인 계획은 회의와 보고에 대한 계획이다. 프로젝트 동안에 어떤 종류의 보고서가 배포될 것인지, 그리고 어떤 종류의 회의가 개최될 것인지를 결정하는 것이 기본이 된다. 물론 회의와 보고의 종류만 결정되는 것이 아니라, 시기나 주기, 다루어야 할 내용, 참석자 혹은 배포 대상자, 배포 방법 혹은 회의 방법, 그

보고	종류	목적	내용	방법
단계 보고	주간업무 보고	· 주간 진척 상황 공유 · 주간 진척 통제	· 주간 계획 대비 실적 · 특이 사항 · 문제점 보고 · 차주 계획	· 매주 금요일 · 각 팀장 작성 · PM팀 검토 후 보고
	월간업무 보고	· 월간 진척 상황 공유 · 월간 진척 통제 · 차기 계획 승인	· 월간 계획 대비 실적 · 특이 사항 · 문제점 보고 · 차기 계획	· 매월 마지막 금요일 · 각 팀장 작성 후 PM이 취합하여 계획 수립 · PM이 위원회 보고
단계 보고	착수 보고	· 사업계획에 대한 임원 승인 · 프로젝트 착수	· 프로젝트 목적 및 기대 효과 · 추진조직 및 수행계획	· 착수 시 PM이 보고 · 이해관계자 전원 참석
	중간 보고	· 산출물 승인 · 향후 추진방향 및 일정 승인	· 추진 경과 및 내용, 산출물 등의 요약 · 향후 추진방향과 일정	· 단계별 보고 · PM이 발표 · 이해관계자 참석
	완료 보고	· 프로젝트 결과 승인 · 프로젝트 평가	· 계획 대비 실적 · 최종 결과물 보고 · 향후 구현 전략	· PM이 발표 · 이해관계자 전원참석

[그림3-85] 프로젝트 보고 및 회의 계획

[그림3-86] 이해관계자의 의사소통 요구사항

리고 각 회의와 보고를 책임질 담당자 등이 함께 결정되어야 한다.

최종적인 의사소통계획에는 전달할 정보인 의사소통 항목, 해당 정보를 제공하는 이유나 목적, 배포 혹은 개최 빈도나 주기, 정보 제공 시기, 전달 매체나 형식, 정보 전달 책임자 등을 포함한다. 이러한 의사소통계획은 프로젝트 초기부터 수립되어야 하며, 그 시기에 적합한 계획을 수립하기 위해서는 프로젝트 내외의 환경과 여건을 고려하여야 한다.

의사소통계획을 수립하기 위해서는 프로젝트와 이해관계자들의 의사소통 요건을 우선적으로 고려하여야 한다. 이는 프로젝트가 요구하는 의사소통 방법이나 이해관계자가 원하는 정보 요구사항들을 파악하는 것이다. 예를 들면, 프로젝트 동안 경영층이 파악하길 원하는 정보가 있을 것이며, 고객이 받아보길 원하는 정보가 또한 다를 것이다. 이렇게 관련된 이해관계자들이 요구하는 정보를 파악하여 의사소통계획에 반영한다.

다음으로 의사소통계획에 고려해야 할 사항은 의사소통모델이다. 가장 일반적인 의사소통 모델은 발신-수신자 모델이며 그 내용은 [그림3-87]과 같다.

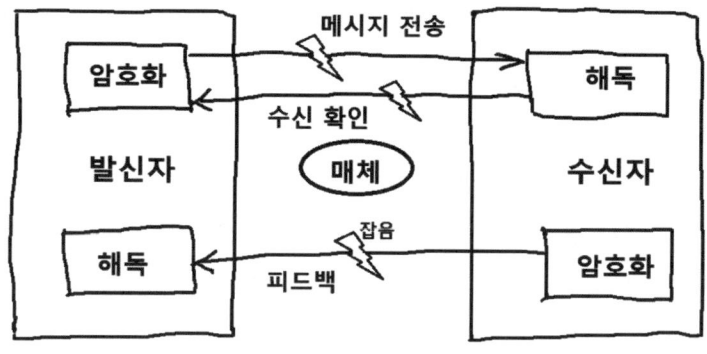

[그림3-87] 의사소통 모델

의사소통모델은 발신자와 수신자 사이의 정보 전달에 중점을 둔 의사소통 프로세스이다. 발신자는 전달하려는 자신의 생각을 전달 매체를 고려하여 암호화하며, 암호화된 메시지는 매체를 통해 전송된다. 수신자는 메시지를 받아서 자신에게 유용한 형식으로 변환하는 해독을 한다. 메시지를 받은 수신자는 수신 여부를 확인하는 신호를 보내거나 해독한 내용을 이해하고 자신의 생각을 메시지로 암호화하여 다시 발신자에게 보낸다. 이 프로세스 과정에 의사소통을 방해하는 다양한 잡음(Noise)도 발생한다. 예를 들면, 의사소통자의 감정적 행동, 공간 등의 환경적 요인, 의사소통 채널의 부재, 파워 게임과 정보의 제한과 같이 의사소통을 방해하는 장애가 바로 의사소통의 잡음이다.

의사소통 모델은 프로젝트의 의사소통계획을 수립하는 과정에서 사전에 프로젝트 소통의 구조를 파악하고 고려해야 할 요인들을 인지하는데 이용된다. 예를 들면, 각종 정보의 발신자 및 수신자는 누가 있는지, 정보를 전달하는 매체는 무엇을 사용할지, 의사소통을 방해하는 요인은 무엇이 있는지에 대한 사항들을 파악하는데 도움이 된다. 발신자는 메시지를 명확하고 확실하게 전달할 책임과 함께 수신자가 올바로 이해했는지 확인하여야 하며, 수신자는 수신 여부를 확인하거나 메시지에 대한 적절한 회신의 책임이 있음이 강조되어야 한다.

의사소통계획을 수립하기 위해서는 기본적인 의사소통 유형과 의사소통 기술 또한 결정되어야 한다. 의사소통의 기본적인 유형은 개인별 의사소통, 그룹 의사소통, 매스컴을 통한 의사소통, 소셜 네트워크를 통한 의사소통 등이 있다. 또한 결정해야 할 의사소통 기술에는 보고서와 같은 문서, 각종 회의, 직접 대화, 공동 저장소, 인트라넷, 소셜 미디어 등이 있으며, 프로젝트의 환경이나 제약 등의 조건을 고려하여 결정하여야 한다. 예를 들면, 어느 정도 긴급하게 전달되어야 하는 정보인지, 보안을 필요로 하는 정보인지, 프로젝트 팀이 사용할 수 있는 정보 시스템이나 협업 시스템 등이 갖춰져 있는지, 프로젝트 팀원들의 지리적인 근무 위치 등이 고려되어야 한다.

프로젝트 회의

프로젝트에서 의사소통 방법은 이메일, 각종 보고서, 그룹 회의, 게시판, 인트라넷, 뉴스레터, 설명회, 공동 저장소, 프레젠테이션, 각종 포럼, 소셜 미디어, 대면 및 전화 대화 등으로 다양하다. 프로젝트 의사소통 실무에서 핵심은 보고서와 회의이며, 의사소통은 적절한 내용으로, 적시에, 적임자에게 보고하는 것이 매우 중요하다. 프로젝트 보고서와 관련한 내용은 책 후반부의 프로젝트 실행 및 통제에서 설명하기로 하고, 여기서는 프로젝트 회의에 대한 내용을 설명한다.

프로젝트에서는 다양한 종류의 회의가 개최되며 팀원들이 회의에 참석하는 시간이 매우 많기에 효율적인 회의 관리가 필요하다. 그러므로 프로젝트 관리자뿐만 아니라 모든 팀원들에게는 회의에 대한 관리 스킬이 요구된다. 프로젝트 회의는 일반적인 회의와 마찬가지로 사전에 안건(Agenda)이 배포되어야 한다. 회의 참석자들에게 사전에 준비해야 할 내용이나 권한 위임을 받아서 참석해야 할 사항 혹은 아이디어나 정보에 대한 사전 준비를 요청할 수 있기 때문이다. 또한 사전에 회의 진행에 대한 시간 계획을 수립하여 회의가 지연되거나 회의 이외의 안건이 논의되지 않도록 해야 한다. 회의는 진행자의 역할도 중요하지만 기록자, 시간 관리자 등의 역할도 중요하며 필요에 따라 안건의 토의를 촉진하는 촉진자 역할도 정하여야 한다. 이들 역할은 회의 마다 역할을 교대하여 모든 참가자가 회의에 대한 중요성을 인식하고 적극 참여할 수 있도록 한다.

회의를 진행한 후에 토의된 결과를 이행하는 것도 프로젝트 기획 및 실행에 반영되어야 한다. 이를 위해 이행에 대한 책임이나 담당을 배분하

OO프로젝트 개발 회의 안건

- **날짜** : 2020년 9월 4일
- **시작** : 오전 10시,   **종료** : 오전 11시 20분
- **목적** : 개발 제품에 대한 웹 활용 방안 결정 및 시장 출시 방법 결정
- **참석자 준비** : 해당 사례 및 아이디어
- 10시~10시 5분 : (5분) 안건 및 변경 사항 설명
- 10시 5분~10시 35분 (30분)
  - 10시 5분~10시 10분 : 웹에 대한 정보 (황OO, 보고서로 작성)
  - 10시 10분~10시 25분 : 선택 사항에 대한 토의 (회의 진행자)
  - 10시 25분~10시 30분 : 안건 정리 및 투표에 의한 결정 (회의 진행자)
  - 10시 30분~10시 35분 : 담당 업무 배분 (회의 진행자)
- 10시 35분~11시 00 (25분)
  - 10시 25분~10시 30분 : 가능한 시장 출시 방법 세 가지에 대한 설명(최OO, 미리 정보 제공)
  - 10시 30분~10시 55분 : 결정 및 합의 도출 (회의 진행자)
  - 10시 55분~11시 00분 : 담당 업무 배분 (회의 진행자)
- 11시 00분~11시 10분 : (10분) 주제, 결정 사항 및 업무 분배(회의 진행자)에 대한 정리
- 11시 10분~11시 20분 : (10분) 다음 회의 안건 소개 및 회의 평가 (회의 진행자)
- 11시 20분 : 회의 종료
- **참가자** : 김OO(회의 진행), 이OO(기록) , 정OO(시간 관리), 황OO, 최OO, 유OO(영업부), 장OO(R&D)

[그림3-88] 회의 안건(Agenda)의 예

고 그 결과를 추적하여 보고하도록 하는 것이 필요하다. 회의를 마친 후에 24시간 내에 회의록을 작성하여 배포하는 것은 회의에서 결정된 내용을 이행하는데 필수적이다.

회의록

- 날짜, 시간, 장소
- 참석자 명단
- 불참자 명단
- 회의 진행자, 기록자, 시간 관리자 명단
- 안건
    - 각 안건 별
    - 핵심 토의 사항과 결과(결정 사항 및 수행 사항)
    - 수행 사항에 대한 담당자 및 완료 예상 일정
    - 예상 결과
- 다음 회의에서 고려해야 할 항목
- 회의 평가
- (첨부) 보고서

[그림3-89] 회의록의 내용

효율적이고 효과적인 회의가 되기 위해서는 'GREAT Meeting'이 되어야 한다. 여기서 'GREAT'는 Goal, Role and Rules, Expectation, Agenda, Time의 첫 글자를 모아서 만든 말이다. 훌륭한 회의는 회의의 목적(Goal)이 명확하고, 역할(Role)과 진행 방법(Rule)을 정해야 하며, 회의 결과로부터 얻을 수 있는 기대(Expectation)가 명확해야 하며, 안건(Agenda)이 사전에 배포되어야 하고, 회의 시간(Time)을 준수해야 한다. 이를 위해서는 회의를 종료할 때 진행했던 회의 내용과 방법을 평가하여 다음 회의의 본보기로 삼을 수 있어야 한다. 회의에 대한 평가는 회의의 일부로 진행되어야 하며, 그 결과도 회의록에 기록되어야 한다.

회의 평가표			
회의는 정시에 시작되었다	그렇다(1)	다소그렇다(2)	아니다(3)
회의의 목적은 명확했다			
회의는 안건에 따라 진행되었다			
참석자들이 사전에 준비하여 참석했다			
참석자들이 회의 기본 규칙을 준수했다			
모든 사람이 참여할 기회를 얻었다			
토론은 진지하고 건설적이었다			
의사결정은 합리적인 방법이었다			
회의의 목적을 달성했다			
회의는 정시에 끝났다			

[그림3-90] 회의 평가표

의사소통관리계획서

프로젝트의 목표는 범위, 일정, 원가를 달성하는 것이며, 이 목표의 달성을 위해 계획을 수립하고 통제하는 프로세스를 반복하는 것이 프로젝트 관리이다. 이 모든 프로세스를 수행하는 과정에서 우리 몸의 신경망과 같은 것이 바로 의사소통이며, 그 첫 단계가 바로 의사소통관리계획의 수립이다. 앞서 언급한 여러 환경과 조건을 고려하여 수립하는 의사소통관리 계획서에는 다음과 같은 항목들이 포함될 수 있다.

먼저, 의사소통계획을 수립하기 위해서는 사전에 파악된 이해관계자들의 의사소통 요구사항을 분석하여야 한다. 프로젝트 관리는 이해관계자의 기대와 요구를 만족시키는 것이므로 정보에 대한 요구사항을 파악하여 그들에게 적합한 정보를 제공하기 위함이다. 두 번째는 의사소통을 위해 전달해야 할 정보의 내용과 상세 정도, 형식 등을 포함해야 한다. 어떤 내용을, 어떤 형식으로 배포할 것인지에 대한 이유나 목적을 고려하여 결정하며, 그 정보를 배포하는 이유도 함께 계획에 포함시켜 공유할 수 있어야 한다. 세 번째는 의사소통을 통해 다루어야 할 정보의 배포 시기나 주기가 포함되어야 한다. 프로젝트 보고서의 경우에는 주간이나 월간 배포 등을 결정해야 하며, 프로젝트 회의의 경우에도 주간 회의나 월간 회의 등으로 결정한다. 또한 특정 정보에 대해서는 프로젝트의 단계가 종료되거나 시작되는 시점으로 정하거나, 특정 마일스톤 일정에 제공되는 것으로 계획할 수 있다. 네 번째는 정보의 수집, 작성, 전달을 담당하는 담당자 혹은 책임자를 정하는 것이다. 각종 회의나 보고서에 대한 책임자를 정하는 것이 필요하며, 필요한 경우에 보안을 요하는 정보에 대한 공개나 열람 허가를 담당하는 책임자도 정할 수 있다. 다섯 번째는 정보를 전달할 방법이나 기술을 결정하는 것이다. 회의, 보고서, 프레젠테이션, 이메일, 인트라넷, 출력 문서 등과 같이 전달할 매체나 방법 등을 결정하여 계획에 포함한다. 그 밖에는 프로젝트에 사용되는 주요 용어에 대한 정의가 포함될 수 있다. 용어 정의는 프로젝트 수행 동안 서로 다른 용어의 개념으로 인하여 다르게 해석하고 실행하여 리스크나 문제를 유발하는 것을 방지할 수 있다.

　이들 의사소통계획에 포함될 내용들은 프로젝트 규모나 특성을 고려하여 적절하게 가감하여 작성할 수 있으며, 프로젝트에서 전반적인 정보의 흐름과 의사소통 수행 작업 및 승인 과정을 보여주는 흐름도로 표현할 수 있다. 이 계획은 프로젝트가 진행되면서 주기적으로 업데이트되어야 한다. 프로젝트는 지속적으로 새로운 인력이 투입되거나 임무가 완료된 인력은 방출되며, 책임과 역할을 포함한 조직 구조와 보고 체계가 달라질 수 있으므로, 그 시점에 적합한 의사소통계획으로 계속 수정되어야 한다.

4.4 프로젝트 조달 계획

프로젝트를 수행하기 위해서는 많은 인력, 재료, 장비, 서비스 등이 요구되며, 이들을 자체 조달할 수도 있지만 많은 경우에 외부로부터 조달해야 한다. 다른 경우에는 프로젝트 수행을 위한 단순한 자원 조달이 아니라 프로젝트 일부나 프로젝트 전체를 외부에 의뢰하여 조달하기도 한다. 그러므로 프로젝트 조달관리는 프로젝트의 작업을 수행하거나 프로젝트 일부를 완성하기 위해 프로젝트 팀의 외부로부터 필요한 제품이나 서비스, 혹은 특정 결과물을 구매하거나 획득하는 일이다. 프로젝트 조달의 실패는 결과적으로 프로젝트 제품의 품질이나 성능의 저하, 납기 지연으로 인한 프로젝트 일정 지연, 예산 초과 등의 치명적인 영향을 초래한다. 이러한 문제를 예방하는 조달관리의 개념에는 구매관리나 계약관리의 내용이 포함된다.

경우에 따라 프로젝트 조직은 조달에 대한 구매자가 되거나 판매자가 될 수 있다. 예를 들면, 어떤 조직이 제품 개발 프로젝트를 수행하기 위해 제품의 일부인 부분품을 외부 업체에게 개발을 의뢰한다면, 그 조직은 프로젝트에서 구매자가 될 것이다. 이와 반대로 외부 업체로부터 그들의 프로젝트 제품 일부를 완성하기 위한 의뢰를 받아서 이를 개발하여 제

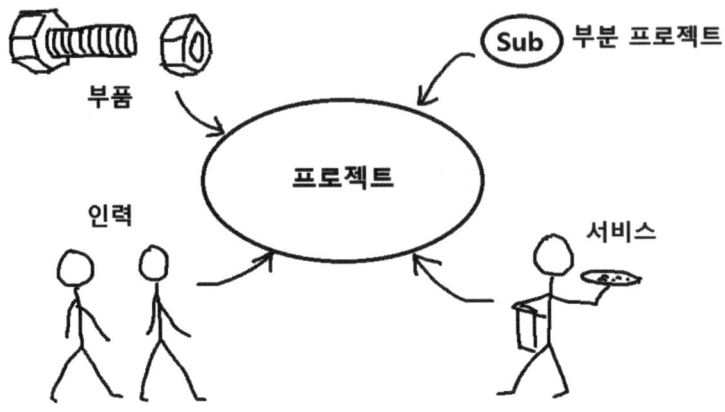

[그림3-91] 조달의 개념

공한다면, 이 조직은 판매자가 될 것이다. 그러나 이 부분품 개발을 위해 또 다시 그 일부가 되는 부품을 외부 업체에 개발 의뢰했다면 이 조직은 다시 구매자가 되는 것이다. 프로젝트 조달관리는 판매자 입장이 아닌 구매자 입장에서 수행하는 관리 프로세스들을 말한다.

프로젝트 조달관리 절차는 조달 계획, 조달 수행, 계약 관리 등의 프로세스를 포함한다. 이 프로세스 중에 조달 계획은 프로젝트에서 조달해야 할 것들을 결정하고 조달 방식을 정하며, 잠재적으로 어떤 판매자들이 있는지 식별하여 계획으로 수립하는 것이다. 즉, 무엇을, 얼마만큼, 언제까지, 어디로부터, 어떤 방법으로 조달할지를 계획한다. 프로젝트 동안 조달해야 할 품목들은 다수의 종류이며 각기 다른 기간에 프로젝트에 필요로 하기에 조달 항목들은 빠짐없이 계획되어야 한다. 다음으로 조달 수행 프로세스는 계획된 조달 품목을 확보하기 위해 외부에 구매 의사를 표명하여 업체들을 모집하고, 이 업체들로부터 입찰이나 제안을 받아 심사한 후에 판매자를 선정하고 계약을 체결하는 과정이다. 마지막으로, 계약

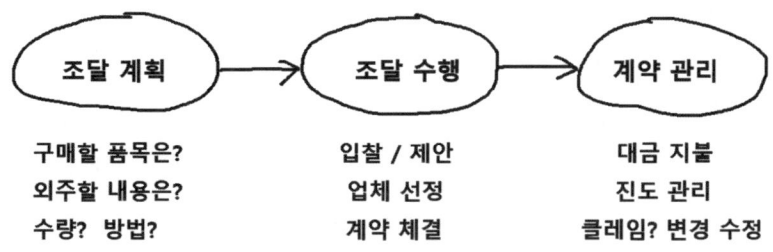

[그림3-92] 조달관리 절차

관리 프로세스는 판매자의 계약 이행을 지속적으로 확인하고 중간 대금 지불이나 독촉, 그리고 필요한 경우 변경이나 수정을 지시하는 것이다. 이러한 과정을 거쳐 판매자의 의무가 완료되면 공식적으로 계약을 종료한다.

프로젝트 조달 관리를 이해하기 위해서는 몇 가지 조달 및 계약에 대한 개념을 이해해야 한다. 먼저 조달 방식에 따른 개념과 용어에 대해 알아본다. 조달 방식은 크게 입찰, 제안, 구매의 세 가지로 구별할 수 있다. 입찰 과정은 구매자가 업체들에게 입찰 공고를 하고 입찰 의사가 있는 판매자들을 대상으로 입찰설명회를 개최하여 조달하려는 내용과 방법을 설명한다. 그리고 입찰(Bid)을 통해 업체를 선정한 후에 계약을 체결하는 방식이다. 여기서 판매자들에게 입찰 참여 여부를 결정하도록 제안하는 것이 입찰초정서(IFB: Invitation for Bid)이다. 다음으로 제안에 의한 조달 방법은, 구매자가 판매자들에게 제안요청서(RFP: Request for Proposal)를 송부하여 조달할 내용과 방법을 알리고 이를 보완하기 위해 입찰설명회를 통해 상세한 조달 내역과 방법 등을 소개한다. 이에 대응하여 판매자는 그들이 수행할 프로젝트 내용과 방법을 제시하는 제안서(Proposal)를 구매자에게 제출한다. 구매자는 잠재적인 판매자들의 제안서를 검토한 후에 업체를 선정하고 계약을 체결한다. 이러한 입찰과 제안의 차이는 조달해야 할 결과물의 성격에 따라 다르게 적용된다. 조달 품목이 명확하게 정의되고 구체화되는 결과물일 경우에는 입찰을 이용하지만, 판매자에 따라 다른 결과물이 제공되는 조달의 경우에는 제안을 통해 업체를 선정한다. 예를 들면, 건축 프로젝트와 같이 결과물이 명확한 경우에는 입찰을 통해 판매자를 선정하지만, 소프트웨어 개발이나 조직 혁신 컨설팅과 같은 프로젝트는 판매자의 수행 방식이나 판단에 따라 결과물이 달라질 수 있다. 즉, 조직 혁신 컨설팅에서는, 조직을 어떤 방향으로 혁신할 것인가 하는 문제는 컨설팅 회사의 접근 방법과 판단에 따라 다르기에 판매자로부터 어떻게 프로젝트를 수행할지 제안을 받는 것이다. 마지막은 구매에 의한 조달이다. 단순한 표준품이나 시장에서 이미 판매되고 있는 물품을 소량으로 구매할 경우에는 입찰이나 제안이 아닌 견적(Quotation)을 받는다. 구매자는 잠재적 판매자들에게 견적요청서(RFQ: Request for Quatation)를 통해 구매하고자 하는 품목과 수량을 제공하면, 판매자는

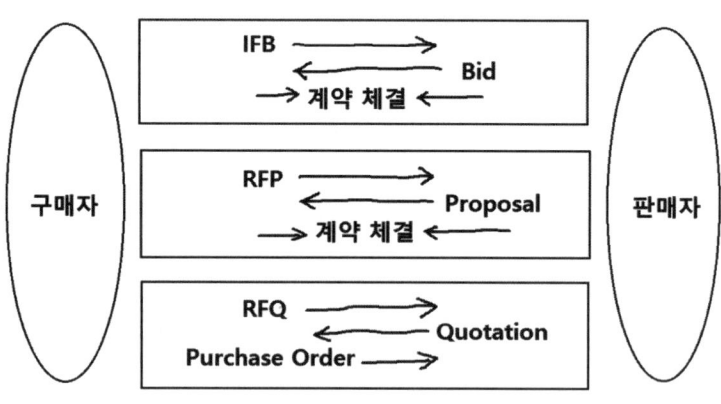

[그림3-93] 조달 방식의 종류

판매 가격이나 조건을 포함한 견적서를 제출한다. 구매자는 판매자들로부터 접수한 견적서를 심사하여 업체를 선정하고 발주서(Purchase Order)를 보냄으로써 계약이 성립된다.

프로젝트에서 조달은 조달담당부서나 계약관리부서, 혹은 구매부서에서 지원하지만 프로젝트 관리자는 조달 내용이 프로젝트의 일부이기에 조달에 대한 방법과 내용을 파악하고 있어야 한다. 이를 위해서는 조달 방식이나 계약 방식에 대한 개념과 용어에도 익숙하여야 한다. 계약 방식은 크게 고정가 방식과 원가 정산 방식이 있다. 고정가 방식은 우리가 흔히 알고 있는 계약 방식으로 계약 금액이 정해지면 판매자는 계약 금액 내에서 프로젝트를 완료해야 수익이 발생하지만, 만일 계약 금액 이상의 원가가 지출되면 손실을 입게 된다. 고정가 계약 방식은 럼썸(Lump Sum) 방식 혹은 턴키(Turn Key) 방식으로 칭하기도 한다. 이에 반해, 원가정산 방식은 판매자가 프로젝트를 수행하는데 발생한 원가를 보상해주는 방식이다. 이는 실제 발생한 원가와 사전 계약된 일정 수준의 이익을 지불하는 방식으로 상세 계약 조건에 따라 다양한 원가 정산 계약이 존재한다. 그밖에, 이 두 가지 계약 형태의 복합형인 시간과 자재(Time and Material) 계약은 인력 투입 시간당 고정 원가와 투입 자재에 대한 원가 보상을 혼합하는 방식이다.

조달 계획은 프로젝트에서 구매할 내용과 방식을 결정하는 것이므로 프로젝트 리스크나 일정, 원가, 구매자 조직 환경 등의 여러 요구사항을 포함한 프로젝트 계획을 검토하고 반영하여야 한다. 기본적으로는 프로젝트의 각종 요구 사항을 검토하는 것을 시작으로 상세 범위 계획인 범위 기술서와 WBS를 검토하는 방법으로 구매할 내역들을 결정한다. 구매 결정은 제작-구매 분석(Make-or-Buy Analysis)을 통해 이루어지는데, 이는 구

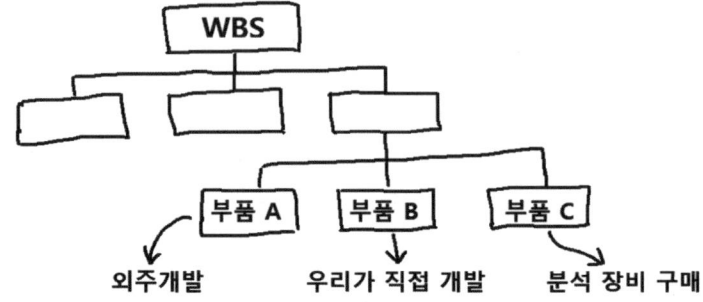

[그림3-94] 제작-구매 분석과 조달 결정

매자가 직접 수행할 것인지 아니면 외부로부터 조달할 것인지를 결정하는 분석이다. 이 분석에서는, 조달 자체가 원가에 대한 장점이 있는지, 자체 공급 능력이 있는지, 구매 과정의 통제가 용이한지, 외부로부터 조달이 가능한지 등에 대한 사항들을 고려한다.

조달 계획의 결과물은 수립된 조달관리계획서, 제작-구매 결정사항과 조달 작업기술서, 조달 문서 등이다. 먼저, 조달관리계획서는 제안요청서나 입찰초청서 발행에서 업체 선정 및 계약 체결, 그리고 계약 종결에 이르는 일련의 과정에 대한 수행 절차와 방법을 기술한다. 다음으로, 제작-구매 결정사항은 구매할 품목들을 기술하며, 그 중에서 단순 구매가 아닌 외부 업체가 수행해야 할 프로젝트 일부일 경우에는 조달 작업기술서를 통해 판매자가 수행할 내용을 구체적으로 기술한다. 작업기술서에는 판매자가 제공할 제품이나 결과에 대한 사양, 수량, 품질, 성능, 납기 등을 포함한다. 끝으로, 조달 문서란, 프로젝트 조달과 관련하여 제안 요청에서 시작하여 계약 체결을 거처 계약 종결에 이르는 관련 문서들을 모두 통칭하지만, 기획 과정에서 조달 문서는 잠재적 판매자들에게 제안이나 입찰을 요청하는 문서들을 말한다. 조달 문서는 프로젝트 조달 진행과 함께 각종 문서들이 작성되고 보존되며, 기획 과정에서는 입찰초청서, 제안요청서, 견적요청서 등의 조달 문서들이 작성된다. 이 문서에는 판매자들이 참여 여부를 결정하고 제출할 수 있도록 도와주는 작업기술서, 계약 조건, 답변 양식 등을 포함할 수 있다. 또한 잠재적 판매자를 선정하기 위해서는 업체 선정 기준이나 평가 기준이 사진에 정의되어야 하며, 업체 선정 기준은 단순히 가격적인 측면뿐만 아니라 기술적 능력, 관리적 능력, 재정적 능력, 수행 이력 등을 종합적으로 포함하여야 한다. 이들 선정 기준도 조달관리계획서에 정의하고 조달 문서에 명시하기도 한다.

추후 프로젝트 실행 및 통제에서는, 조달이 필요한 시점마다 잠재적 판매자로부터 제안서를 받고 업체를 평가하여 선정하며 최종 계약을 체결한다. 또한 계약대로 이행하는지 통제하기 위해 성과보고를 받고 부진할 경우에는 업무 요청이나 클레임을 하여 해결하고, 성과에 따른 대금 청구에 대응하여 계약된 대금 지불을 수행한다. 또한 중간 인도물에 대한 승인도 프로젝트 실행 및 통제 동안에 이루어져야 한다. 기획 과정의 조달관련 문서는 물론이고, 이 과정에서 발생하는 각종 문서들이 바로 조달

조달 항목	내용	수량	조달시기	조달처	계약 방식
여행 가방	여행용 하드케이스 가방	2개	출발 7일전	샘소나이트	인터넷 주문 및 구매
항공권	국적기 왕복항공권	4매	출발 7일전	한국항공 대리점	인터넷 예약 및 구매
호텔	관광지가 가까운 현지 숙박 호텔	2실 4박5일	출발 20일전	호텔 다나와	인터넷 예약 및 구매
현지 관광	2박3일간 현지 주요 관광지 안내 패키지	4인	도착 2일차	현지 여행사	고정가 계약
보험	여행 상해 및 질병 보험	4인	출발일	삼송생명	공항 구매

[그림3-95] 여행 프로젝트의 조달 계획

문서에 포함된다. 추후 계약 종결을 수행할 때, 이 모든 문서들은 검토를 거쳐 계약 이행 여부의 확인과 계약적 종결을 위한 각종 행정적 종료 업무 등에 참고 문서로 사용할 수 있다.

4.5 프로젝트 품질 계획

프로젝트 관리는 궁극적으로 고객 만족 보다는 프로젝트 목표를 달성하기 위한 노력이 우선이며, 여러 프로젝트 목표와 함께 고객이 만족할 수 있는 품질 목표를 정하고 그 이행 과정을 관리하는 노력이다. 프로젝트에서 품질을 관리한다는 의미는, 품질 계획을 수립하고 이 계획에 의한 지속적인 품질 보증 활동과 제품에 대한 품질 통제 활동을 수행하는 것이다. 품질 계획에는 품질을 관리할 대상, 품질 목표, 품질 측정 지표 등을 개발하여 포함시킨다. 품질 보증은 품질 계획에 명시된 대상과 절차에 의해 지속적인 프로세스 개선을 수행하며, 품질 통제 또한 품질 계획에 명시된 품질 목표 달성을 위해 제품 중심의 검사와 테스트를 수행하여 검증

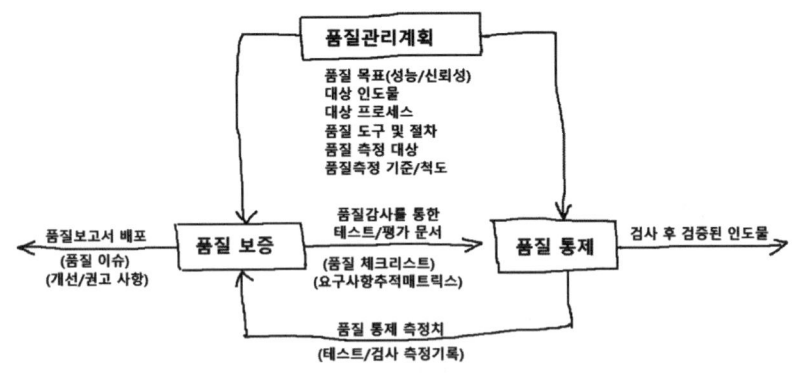

[그림3-96] 프로젝트 품질관리의 개념

하는 과정이다.

품질관리계획에는 품질 목표, 품질관리 대상 인도물, 품질관리 대상 프로세스, 품질관리 도구, 품질관리 절차, 품질 측정 대상 및 측정 기준 등이 포함된다. 그 중에서 가장 핵심이 되는 부분이 품질 목표이다. 품질 목표는 범위, 일정, 원가 목표와 함께 프로젝트 목표 중 하나이며 품질 목표 달성 여부를 판단할 수 있는 계량화된 지표를 대상 항목과 함께 정의해야 한다. 품질 목표로 선정될 수 있는 특성에는 성능, 기능 및 특징, 신뢰성, 내구성, 일치성, 편의성 등이 있으며, 그 밖에도 고객의 기호와 관련한 품질 목표 지표도 정의할 수 있다. 예를 들면, 신뢰성에는 결함 발생률을 들 수 있으며, 성능에는 제품의 분당 최대 회전수 혹은 시스템 응답 속도, 그리고 기능성에는 요구사항 반영 비율이나 테스트 통과 비율 등을 선정할 수 있다.

품질 목표를 달성하기 위해서는 지속적인 측정과 분석을 통한 품질관리 활동이 요구되므로 품질관리 계획에는 품질 메트릭스(Metrics)라고 하는 품질 측정 기준을 정의해야 한다. 이는 품질 지표나 품질 척도라고 부르기도 하는데, 프로젝트나 제품의 속성을 정하고 정의된 속성에 대한 준수 여부를 확인하는 방법을 설명하는 것이다. 다시 말해, '프로젝트나 제품에서 어떤 대상을 어떻게 측정할 것인가?'하는 설명이다. 프로젝트 품질을 위한 품질 측정 기준에는 계획 일정을 지키는 활동의 비율, 비용 대비 성과 등의 원가 성과 지수 등이 있으며, 제품 품질을 위해서는 프로그램 오류 수, 고객 만족 지수, 실패율 혹은 결함수 등이 측정될 수 있다.

품질관리계획을 수립할 때는, 프로젝트 범위와 주요 인도물을 파악하기 위한 범위기준선은 물론이고, 이해관계자의 요구를 반영하기 위한 요구사항 관련 문서들도 검토하고 반영하여야 한다. 특히 품질관리계획에는 품질 목표 대비 비용의 적절성을 위한 평가를 수행하기 위해 품질 비용의 개념과 비용-편익 분석이 적용되어야 하며, 업무 수행 프로세스의 흐름을 파악하기 위한 플로우차트나 품질 요인과 목표를 매칭한 매트릭스 다이어그램 등을 적절하게 사용해야 한다.

품질 관리 계획

1. 품질 목표
   - 프로젝트 제품 품질 수준
   - 세부 평가 항목/측정 방법/측정 기준/목표치

2. 품질 조직 구성 및 역할
   - 프로젝트 관리자/작업 담당자/품질보증팀 별 역할과 책임

3. 품질 관리 프로세스
   - 품질 계획 수립/품질 검사 및 테스트/품질 확인 및 승인/시정 조치 등의 절차

4. 프로세스 개선 절차
   - 품질 측정 요청 접수/품질 평가 준비/문서 및 현장 평가/품질 측정 심의/결과 보고 등의 절차

5. 품질 관련 주요 이슈
   - 품질 관련 주요 단계 및 주요 작업에 대한 내용 및 조치 방법 등의 목록

6. 주요 품질 점검 일정
   - 주요 점검 대상/점검 일정/점검 주체

7. 품질관리 활동에 대한 보고 계획
   - 품질 체크리스트 작성/품질 보고서 종류/보고서 내용 및 보고 시점 등

8. 품질 도구 및 방법론
   - 적용 방법론/품질 측정 및 개선 도구와 기법

[그림3-97] 품질관리 계획서

5. 프로젝트 관리 계획

프로젝트 계획은 프로젝트 관리 방법론이나 이론에 따라 프로젝트 관리계획, 개발 계획, 추진 계획, 사업 계획 등의 다양한 명칭으로 불린다. 미국 프로젝트관리협회(PMI)의 프로젝트 관리 지침서(PMBOK Guide)에는 프로젝트 관리 계획이라고 칭한다. 이 프로젝트 관리 계획에는 프로젝트 기준선, 각종 관리계획, 보조 계획으로 구성된다. 프로젝트 기준선에는 범위기준선, 일정기준선, 원가기준선을 포함하며, 각종 관리계획에는 범위관리계획부터 이해관계자관리계획에 이르는 각 지식 분야에 대한 관리 계획들이 포함되고 보조 계획에는 형상관리계획, 변경관리계획 등의 기타 계획을 포함한다. 지금까지 본서의 앞에서는 프로젝트 기준선을 중심으로 각종 계획에 대해 설명하였으며, 본 장에서는 각종 관리계획에 대해 설명하고자 한다.

관리계획이란, 기준선 등과 같은 일반적인 프로젝트 계획과 달리, 해당 지식 분야의 프로젝트 관리 방법과 절차 그리고 기준 등을 계획하는 것이다. 예를 들면, 프로젝트 스케줄이라고 부르는 일정 계획이 있는가하면, 이 일정 계획을 수립하는 방법이나 기준 혹은 일정을 준수하기 위한 일정 통제의 목적으로 진척 관리 방법이나 기준 등을 계획하는 일정관리계획이 있다. 만일 스케줄과 같은 일정계획을 수립하려 한다면, 사전에 일정표를 구성하는 작업 수행 기간의 단위인 일(Day), 주(Week), 월(Month) 등이 먼저 결정되어야 한다. 동일한 방법으로, 원가 및 예산에 대한 계획을 수립하기 위해서는 사전에 원가 단위인 원화(₩), 미화($), 투입 자원량 등을 결정하여야 한다. 프로젝트 진행 동안에, 일정이나 원가를 통제하기 위한 조치를 취할 수 있는 허용 기준도 정해야 한다. 즉, 일정이나 원가의 계획 대비 실적에 대한 차이가 일정한 정도로 발생했을 때, 이 차이를 따라잡기 위한 조치를 취할 것인지, 아니면 관망할 것인지에 대한 차이의 허용 기준도 사전에 정해야 한다. 이들 모든 내용이 관리를 위한 방법과 절차 및 기준을 정하는 관리계획이며, 일정관리를 위해서는 일정관리계획, 원가관리를 위해서는 원가관리계획 등으로 표현한다.

각종 관리계획은 프로젝트 관리에 대한 방법과 절차 혹은 관리 기준을 설정하는 것이기에, 새로운 프로젝트에서 새롭게 작성하고 수립되는 것이 아니라 기존의 조직 프로세스나 절차서, 혹은 과거의 프로젝트에서

[그림3-98] 프로젝트 관리 기준 정하기

수립되었던 내용을 그대로 모방하여 작성하면 된다. 다만 현재 프로젝트의 환경과 조건에 부합되는 내용으로 수정하여 작성되어야 한다. 많은 경우에 있어서는 조직에서 보유한 관리방법론이나 관리절차서 혹은 업무 프로세스정의 등에 이러한 프로젝트 관리 방법 및 절차 혹은 관리 기준 등이 명시되어 있어서 관리계획을 별도로 작성하지 않고 조직의 프로세스 기준에 따라 프로젝트를 수행할 수도 있다.

범위관리계획

범위관리계획서(Scope Management Plan)는 범위를 정의하고 상세 범위 계획을 개발하며 프로젝트 진행 동안 지속적으로 범위 이행 여부를 감시하고 통제하는 방법을 계획하는 문서이다.

첫째, 범위관리계획서에 포함되는 내용에는, 우선 프로젝트 범위기술서를 준비하는 프로세스에 대한 설명이 들어있다. 이는 어떤 배경으로 프로젝트가 시작되었는지 혹은 어떤 목적으로 시작되었는지 등을 파악할 수 있는 근거 자료로 이를 바탕으로 프로젝트의 전반적인 개념을 수립하는 방법과 절차를 계획하는 것이다. 예를 들면, 프로젝트는 경영층의 구두 지시로 시작하거나, 내부적인 사업 분석과 절차에 의거하여 시작할 수도 있다. 또한 고객과의 계약에 의해서 시작될 수도 있기에 어떤 배경으로 프로젝트가 시작되었는지, 그리고 어떤 성격의 프로젝트인지를 파악하기 위해서는 배경 자료를 참조하여 프로젝트 범위기술서를 작성할 수 있다. 배경이 되는 문서는 내부 개발계획서, 제품개발 계획서, 프로젝트 헌장, 고객과의 계약 등이 있다. 이 절차와 방법은 간단하게 작성될 수 있다.

둘째, 범위관리계획서에는, 상세 범위기술서를 기초로 하여 상세 범위 계획인 작업분류체계(WBS)를 작성하는 방법과 기준을 포함할 수 있다. 이 내용에는 본서의 앞에서 설명한 WBS의 분류 방법이나 구성할 하위 수준, 그리고 WBS의 코드 체계 등을 어떻게 작성할지 정의한다. 아울러 WBS 사전(Dictionary)의 작성 여부나 작성 양식 등도 포함될 수 있다. 특히 WBS를 분할하고 구성할 때, 제품 구성, 프로젝트 단계, 조직 기능 등의 다양한 분할 방법 중에서 어떤 기준으로 분류할 것이지는 명확히 설명되어야 한다. 이와 함께, 상세한 정도를 나타내는 WBS 레벨 수준을 어디까지 할지, WBS 코드 체계는 어떻게 표현 할지도 정의하여야 한다. WBS는 프로젝트의 골격이 되므로 WBS 코드가 추후 활동이나 원가 코드로 확장된다는 사실을 인식하고 그 확장성을 적절히 고려하여야 한다.

셋째, 범위관리계획서의 구성 요소는 범위 기준선을 승인하는 방법과 절차 혹은 유지 방법과 절차에 대한 설명도 포함된다. 범위기준선을 누가, 어느 시점에 확정해서 승인할 것인지에 대한 정의와 범위 변경 등을 통한 기준선 변경을 위한 절차와 승인 등이 여기에 포함된다.

마지막 구성 요소는, 완성된 프로젝트 인도물에 대한 공식적인 인수 방법을 정의하여야 한다. 이 또한 프로젝트 실행을 통해 지속적으로 발생되는 인도물에 대해 승인하고 인수하는 절차와 승인권자를 정의하는 것이다. 인도물의 승인을 위해서는 품질 확인이 선행되어야 하기에 품질 관련 업무도 함께 연결해서 그 절차를 표시해야 한다.

범위관리계획서 (Scope Management Plan)

프로젝트 이름 : PM 실무 교육 과정 개발	프로젝트 번호 : S1744

프로젝트 범위기술서 작성 프로세스

- 작성 절차
  1. 프로젝트 헌장 접수
  2. 프로젝트 환경 및 특성 조사와 평가
  3. 프로젝트 목적과 제품 정의
  4. 프로젝트 일정 및 원가 목표 확인
  5. 프로젝트 주요 가정 및 제약 사항 확인
  6. 초기 프로젝트 리스크 식별
  7. 프로젝트 범위기술서 승인 및 배포

작업분류체계(WBS) 작성 프로세스

- 작성 절차
  1. 프로젝트 범위기술서 및 프로젝트 요구사항 수집 및 검토
  2. WBS Level 2 및 Level 3 결정
  3. 워크패키지 분할
- 작성 기준 및 방법
  - WBS는 Level 4까지 작성한다.
  - Level 2는 프로젝트 라이프사이클 단계, Level 3는 제품 구성요소 중심으로 분할한다.
  - Level 4인 워크패키지는 라이프사이클 단계별 산출물로 구성한다.
- WBS 코드 체계
  - 프로젝트코드 + Level 2 코드 + Level 3 코드 + Level 4 산출물 코드

범위기준선 승인 및 유지 방법

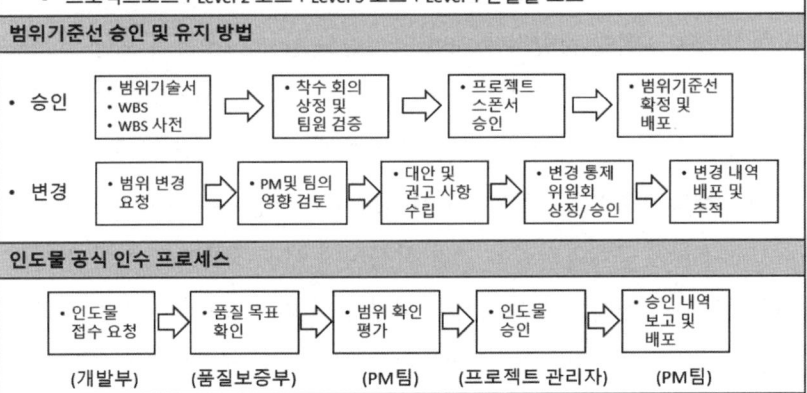

인도물 공식 인수 프로세스

[그림3-99] 범위관리계획서 사례

일정관리계획

일정관리 계획서(Schedule Management Plan)는 일정 계획을 수립하고 일정 현황과 진척을 감시 및 통제하기 위한 기준과 방법을 정의하는 문서이다. 이 계획에 포함되는 내용은 다음과 같다.

첫째, 프로젝트 일정모델 개발 방법으로 일정계획을 수립하는 방법과 도구를 정의한다. 일정 계획을 수립하기 위해 템플릿 일정을 활용할 것인지, 아니면 새롭게 일정을 수립하기 위해 활동 목록을 어떻게 정의하고 기간 또한 어떤 방법으로 산정할 것인지 등을 위한 데이터의 제공 원천을 정하여야 한다. 또한 일정 계획의 형식을 마일스톤, 간트 차트, 네트워크 다이어그램, 로직 바차트 등과 같이 어떤 형식을 적용할지, 그리고 일정 분석 및 개발에 적용되는 방법으로 주경로법, 주사슬법, 자원평준화 등과 같이 어떤 방법을 적용할지 결정되어야 한다. 이들 결정과 함께 어떤 형식으로 표현할 것인지에 대한 양식들도 함께 작성하여 포함한다.

둘째, 일정표를 구성하는 활동들의 소요 기간을 산정하는 데 허용되는 정확도의 범위를 정의하는 것을 포함한다. 프로젝트 초기에 산정한 기간 산정치의 정확도는 낮으며 프로젝트가 진행될수록 프로젝트에 대한 정보와 내용이 구체화되면서 기간 산정치에 대한 정확도도 높아진다. 그러나 산정치의 정확도를 높이기 위해서는 더 많은 노력과 시간이 투입되어야 하기에, 어느 정도의 정확도 수준으로 일정 계획을 위한 산정치를 허용할 것인가를 정해야 한다. 그 예로, +30%~-30% 수준, 혹은 +5%~-5% 수준 등의 허용할 수 있는 범위로 표시한다.

셋째, 활동 기간에 대한 측정단위로, 일(Day) 혹은 주(Week)와 같은 활동을 완료하는데 소요되는 기간을 산정할 때 기준이 되는 단위이다.

넷째, 성과 및 진척을 측정하는 방법이다. 단순한 진도율로 표시할

일정관리계획서 (Schedule Management Plan)	
프로젝트 이름 : PM 실무 교육 과정 개발	프로젝트 번호 : S1744

스케줄링 방법론

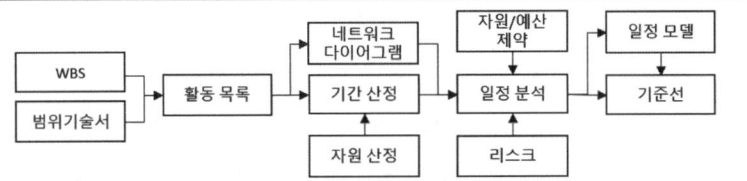

스키줄링 도구 및 기법
- 스캐줄 형식
  - 마일스톤 스케줄 및 대일정 계획 : 프로젝트 요약 및 경영층 보고
  - 네트워크 일정표 : 프로젝트관리용
  - 로직 바차트 : 담당자용
- 스케줄 분석 및 개발
  - 주경로법에 의한 분석
  - 자원 평준화 및 일정 단축 기법
  - 일정-원가 상충 관계 분석법

정확도 수준
- 기간 산정치의 정확도는 -5% ~ +10%

측정 단위
- 활동 기간의 단위는 일(Day), 기타 측정 요소는 Man/Hour 단위의 공수 적용

조직 절차 연계
- 활동 코드는 WBS 워크패키지 코드, 조직 코드, 활동 일련 번호로 구성

일정 모델 유지 관리
- 활동의 진척에 대해 계획시작일(PS), 계획종료일(PF), 실제시작일(AS), 실제종료일(AF), 잔여작업일수(RD), 진도율(PC)로 관리

통제 한계선
- 활동 단위 일정 : 주경로 활동은 +5일, 비주경로 활동은 +10 지연의 한계
- 프로젝트 진도율 : 계획 대비 실적 차이가 5% 이상의 한계

성과 측정 규칙
- 기본적인 활동의 진도 측정은 50-50 법칙 적용, 개발 업무는 0-50-100으로 적용

[그림3-100] 일정관리계획서 사례

것인지, 투입 자원 혹은 투입 시간에 비례하여 표시할 것인지를 정의하여 포함한다.

다섯째, 통제의 목적으로 설정하는 한계선(Control Thresholds)이다. 한계선은 다른 표현으로 시발점이라고 한다. 프로젝트 일정 현황이나 진척을 따라잡기 위해 일정한 조치를 수행해야 할지를 결정할 수 있는 허용 한계를 말한다. 일정 지연이나 진척이 늦어지는 정도를 감시하여 일정한 수준까지 도달하면 즉시 원인을 파악하고 조치를 취할 수 있는 한계를 설정하여야 한다. 예를 들면, 프로젝트 일정의 지연이 7일 이상이 되면 즉시 원인을 조사하고 조치를 취하지만, 7일 이내로 지연되고 있는 상황이라면 지속적으로 감시만 하는 한계를 말한다.

원가관리계획

원가관리 계획서(Cost Management Plan)는 원가를 산정하고 예산을 편성하며 편성된 예산을 감시하고 통제하는 방법을 기술한다. 원가관리계획서에 포함되는 내용은 다음과 같다.

첫째, 각 작업에 투입되는 자원에 대한 측정 단위이다. 일반적으로 화폐 단위로 표현하는 원가의 단위를 말하며 원화(₩) 혹은 미화($) 등으로 결정한다. 작업 시간을 나타내는 Man/Day나 Man/Hour 등과 같은 자원에 대한 측정치에 사용할 단위를 정하기도 한다.

둘째, 활동이나 작업 단위의 원가를 표기할 때 반올림이나 버림에 대한 정도와 같은 정밀도 수준이 포함된다. 프로젝트 예산 규모에 따라 적당한 수준으로 결정한다. 예를 들면, 수천만원 규모의 프로젝트라면 원가의 표기를 1만원 단위까지 하고 그 이하 단위는 절사하거나 절상하도록 하는 기준이다. 그러나 수천억 규모의 프로젝트는 1만원 단위까지 상세하게 표기하고 관리하기 어려우므로 1십만원 혹은 1백만원 단위까지 표기할 수 있다.

셋째, 앞에서 언급한 기간 산정의 정확도와 같은 개념으로, 원가 산정치를 어느 수준의 정확도로 할 것인가에 대한 결정이다. 프로젝트 착수를 위한 초기 산정, 프로젝트 계획을 위한 산정, 프로젝트 예산 확정을 위한 산정 등의 단계별 허용 가능한 정확도가 결정되어야 한다.

넷째는 원가 산정 및 통제 코드의 정의로, 조직의 회계 시스템과 프로젝트 관리 시스템에서 사용되는 코드 및 계정과 연동되도록 하는 것이 일반적이다.

다섯째, 원가 성과에 대한 지속적인 감시 결과에 따라 성과가 나쁠 경우에 일정한 조치를 통해 원가를 통제할 필요가 있는지 결정하기 위해 허용할 수 있는 한계를 정의한다. 이는 계획 대비 실적의 차이에 대한 즉각적인 원인 조사와 조치를 통해 통제를 수행할지 여부를 판단하는 시발점이다.

여섯째, 획득가치관리(EVM)를 위한 규칙인 성과측정 규칙을 포함한다. 획득가치관리는 프로젝트 실행 및 통제에서 설명한다. 획득가치를 결정하는 핵심 요소는 작업의 진척률이므로 이 진척률을 결정하는 방법이 사전에 정의되어야 한다. 이들 방법은 달성률법(Percentage Complete), 가중 마일스톤법(Weighted Milestone), 고정비율법(Fixed Formula)으로 구분한다.

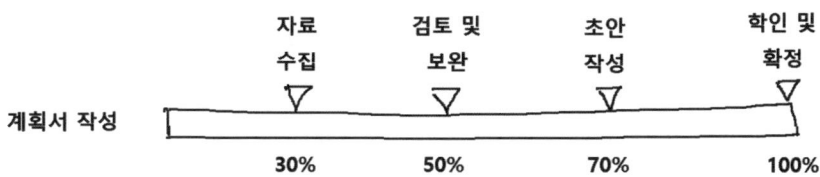

[그림3-101] 가중 마일스톤법에 의한 진척률 측정

가장 일반적으로 사용하는 달성률법은, 작업 담당자의 판단에 의해 진도율을 결정하는 방법으로, 개인의 주관이 개입된다. 가중 마일스톤법은 하나의 작업 과정에 마일스톤을 정하고 해당 마일스톤까지의 진도율을 사전에 결정해서 적용하는 방법이다. 마지막으로 고정비율법은 작업의 시작과 종료를 기준으로 사전에 정한 기준에 의한 진도율로 측정하는 방법이다. 예를 들면, 작업이 시작된 경우에 해당 작업의 진도를 0%, 30%, 50% 등으로 결정하고, 동시에 작업이 종료되면 100%, 70%, 50% 등으로 진도율을 결정한다. 사전에 0-100 기준으로 정하였다면, 비록 해당 작업이 시작되었다고 할지라도 진도율은 0%이고, 그 작업이 완료되는 시점에 100%로 인정받는 방법이다. 또한 50-50 기준을 적용한다면, 해당 작업은 시작과 동시에 진도율이 50%이며, 작업이 계속 진행된다고 할지라도 그 작업의 진도율은 계속 50%이고, 그 작업이 완료되어야 나머지 50%를 인정하여 100%로 측정하는 방법이다. 이러한 방법을 50-50법칙(50-50 Rule)이라고 한다. 이를 응용하여 20-80이나 30-70 등의 다양한 기준을 정할 수 있다.

[그림3-102] 고정 비율법에 의한 진도 측정

계약에 의한 프로젝트의 경우에, 프로젝트 진도율은 구매자가 판매자에게 지불해야 할 대가와 관련되어 있다. 일부 응용 분야에서 기성이라고 부르는 이 진도율에 따라 조기에 더 많은 대금이 지불되거나 혹은 늦

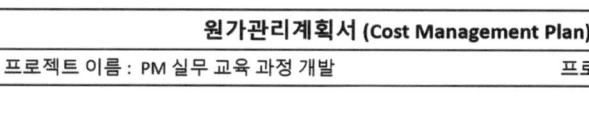

원가관리계획서 (Cost Management Plan)	
프로젝트 이름 : PM 실무 교육 과정 개발	프로젝트 번호 : S1744

원가관리 절차

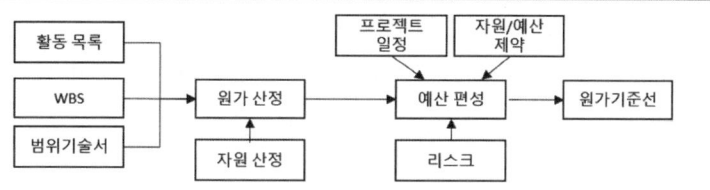

측정 단위 및 정밀도 수준

- 화폐 단위 : 원화, 인적 자원 : M/H, 기타 단위 : 미터계
- 정밀도 : 10,000원 이하 절사

정확도 수준

- 원가 산정치의 정확도는 -10% ~ +10%

조직 절차 연계

- 원가 산정 코드 : WBS 워크패키지 코드, 조직 코드, 원가 속성 코드로 구성
- 원가 통제 코드 : 조직의 회계 코드 적용

성과 측정 규칙

- 기성고 측정 방식 : Fixed Formula (0-100) 적용 (활동이 100% 완료된 시점에 예산 발생 인정)

통제 한계선

- 예산 집행 실적이 +10% 이상일 경우에 원인 조사 및 대응책 준비

성과 측정 규칙

- 기본적인 활동의 진도 측정은 50-50 법칙 적용, 개발 업무는 0-50-100으로 적용
- 성과 예측(EAC) = AC + (BAC-EV) / CPI

보고 양식

- 원가 및 예산 실적 보고는 격주로 한다.
- 보고 양식은 조직 예산 보고 절차서의 양식을 이용한다.
- 요약은 원가 S-Curve 형태로 계획과 실적을 비교하여 표시한다.

[그림3-103] 원가관리계획서 사례

게 지불될 수 있기에, 계약 당사자들 사이에 진도 측정 방법은 민감한 문제가 될 수 있다. 그러므로 지불 방법을 포함한 진도 측정 방법도 협상을 통해 계약에 반영하기도 한다. 진도 측정 방법 중에서 가중 마일스톤법과 고정비율법은 사전에 결정된 기준에 의해 진척을 측정하기에 상대적으로 개인의 주관이 적게 반영되며, 이해관계자들 사이에 진도율에 대해 상호 명확히 인정할 수 있는 기준이 될 수 있다.

그 밖에 원가관리계획에는 원가 및 예산 관련 보고서 양식과 함께 각종 기록 절차도 사전에 결정하여 포함하여야 한다.

리스크관리계획

리스크관리계획서(Risk Management Plan)는 프로젝트 리스크를 식별하고 분석하여 사전 대응하는 방법과 기준을 수립한 문서이다. 리스크관리계획서에 포함되는 내용은 다음과 같다.

첫째, 프로젝트 리스크 관리를 위한 일반적인 수행 절차나 프로세스인 리스크 방법론이 정의된다. 일반적인 리스크관리 프로세스는 리스크 식별-정성적 리스크분석-정량적 리스크분석-리스크 대응계획 수립-리스크 대응 실행-리스크 감시 및 통제의 순으로 진행되나, 해당 프로젝트에 적합한 프로세스나 접근 방법을 정의하여야 한다. 예를 들면, 해당 프로젝트에서는 정량적 리스크 분석이 어렵다면 이를 제외하거나 리스크 대응 실행을 리스크 대응계획 수립과 합쳐서 하나의 프로세스로 정의할 수 있다. 이들 프로세스 이외에도 특정한 접근 방법이나 도구 및 기법의 사용에 대해서도 정의할 수 있다.

둘째, 역할 및 담당업무에 대한 정의이다. 리스크관리를 위해서 프로젝트 관리자의 역할과 책임을 포함하여 리스크관리팀과 각 담당자가 수행해야 할 업무들을 정의한다.

셋째, 리스크관리에 대한 자원 및 시기이다. 리스크관리를 위해서는 자원이 투입되어야 하기에 이를 위한 예산이나 자원 시간이 편성되어야 한다. 아울러 편성된 예비비를 집행할 수 있는 특정 리스크나 리스크 노출에 대한 기준도 정의해야 한다. 또한 리스크관리는 프로젝트 동안 지속적으로 수행되어야 하기에 리스크를 식별하고 분석하는 특정 시기나 주기를 정한다. 예를 들면, 리스크 식별은 매월, 혹은 프로젝트 단계의 착수 시점에서 수행할 수 있도록 정할 수 있다.

넷째, 프로젝트 목표에 대한 측정 가능한 리스크 한계선을 표시하는 방법으로 이해관계자 리스크 선호도를 정의한다. 이 한계선은 프로젝트 전체에 대한 리스크 노출 정도에 대한 허용 수준을 말한다. 예를 들면, 각 리스크의 확률과 영향을 곱하여 리스크 점수를 계산하고, 전체 혹은 상위 10개 리스크의 평균을 계산하여 프로젝트 전체에 대한 리스크 노출 정도를 표현할 수 있다. 이 리스크 노출 정도의 한계를 정하고, 그 이상의 리스크 노출도 수준으로 올라가면 적극적인 리스크 대응을 통해 프로젝트 전체 리스크를 줄이는 방법이다. 즉, 해당 프로젝트에 정의된 리스크 수준 이하로 항상 유지되도록 목표를 설정하는 것이다. 프로젝트의 우선순위나 중요도에 따라 리스크를 낮게 유지하여야 할 중요한 프로젝트가 있는가 하면, 많은 예산과 노력을 투입하여 리스크를 낮게 유지할 필요가 없는 프로젝트도 있기 때문에 프로젝트 리스크 수준의 목표를 정하여 유지 관리할 수 있다.

다섯째, 각 리스크들은 관리하기 편리하게 그룹핑하는 기준인 리스크 범주(Risk Categories)도 리스크관리계획에 포함된다. 이는 리스크를 식별할 때, 리스크 범주별로 식별할 수도 있고, 식별된 리스크를 분류하여 그룹화하는데 이용하기도 한다. 리스크를 식별 할 때, 프로젝트 전체를 대상으로 막연하게 잠재적인 리스크를 찾기 보다는, 기술적 리스크, 관리적 리스크, 팀원 리스크 등과 같이 특정 분야별로 구분하여 리스크를 찾는다면 더욱 용이하게 리스크를 식별할 수 있다. 또한, 이 분류는 프로젝트 수행 동안에 특정 그룹에 속한 리스크를 중점 관리할 수 있는 기준이 된다. 예를 들면, 프로젝트 범주가 관리적 리스크, 기술적 리스크, 환경적 리스크, 재무적 리스크로 구분되어 있다면, 우리 프로젝트는 주로 기술적 리스크에 대해 중점적으로 관리하겠다는 기준을 정할 수 있다. 그 밖에는 리스크를 분석할 때, 각 범주 별 불확실성을 고려하여 가중치를 부여한 후에 리스크 점수나 노출도를 계산할 수도 있다. 리스크 범주를 만들기 위해서는 조직에서 보유하고 있는 계통도인 리스크분류체계(RBS)를 사용하여 정의할 수 있다.

여섯째, 리스크 분석에 적용되는 리스크 확률-영향 정의 및 매트릭

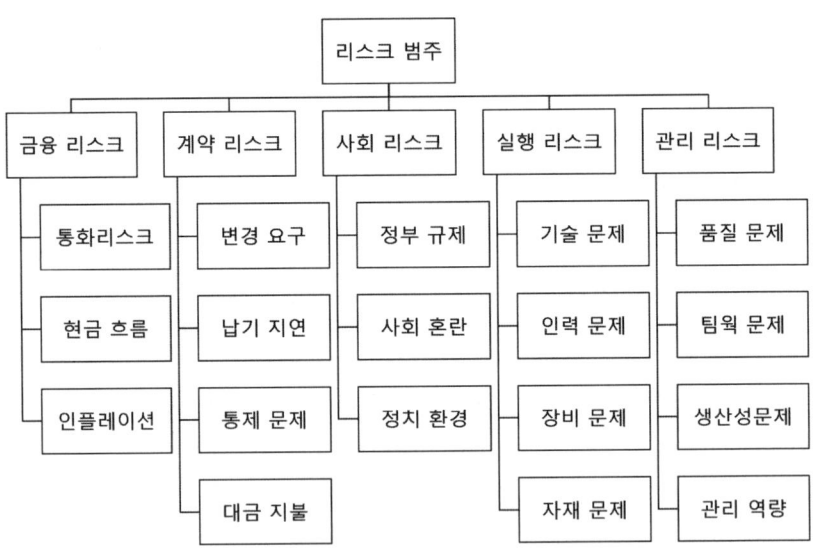

[그림3-104] 리스크분류체계(RBS)

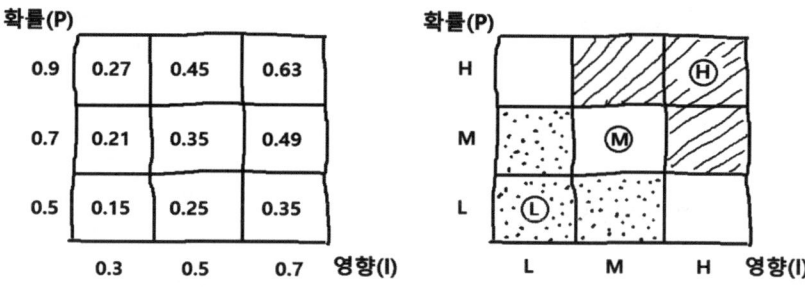

[그림3-105] 확률-영향 매트릭스(P-I Matrix)

스이다. 먼저 정성적 리스크 분석을 위한 확률 및 영향에 대한 척도를 결정하여야 한다. 높음(H), 보통(M), 낮음(L)의 3단계나 매우 높음(VH)에서 매우 낮음(VL)까지의 5단계, 혹은 1~10점의 척도 등으로 정할 수 있다. 물론 이 척도를 점수화하여 높음은 0.7, 보통은 0.5, 낮음은 0.3 등으로 부여하여 리스크 점수를 계산하는 방법도 있다. 이들 척도를 이용한 매트릭스의 경우에도 일반적인 방법인 확률과 영향의 값을 곱하여 리스크 점수를 계산한 후에 우선순위를 정하는 방법도 있지만, 리스크 등급을 결정하는 영역도 정의할 수 있다.

일반적으로 프로젝트의 개별 리스크에 대한 확률과 영향을 평가할 때, 평가자의 주관적 판단으로 결정할 수 있으나 조금 더 정확성을 높이기 위해서는 사전에 그 평가 기준을 정의하여야 한다. [그림3-106]은 프로젝트 리스크의 영향을 평가하는 기준의 예를 나타낸다.

목표	매우 낮음 (0.05)	낮음 (0.1)	보통 (0.2)	높음 (0.4)	매우 높음 (0.8)
원가	사소한 증가	5% 미만의 원가 증가	5% 미만의 원가 증가	10-20% 원가 증가	20% 이상초과 원가 증가
일정	사소한 일정 지연	5% 미만의 일정 차질	5% 미만의 일정 차질	10-20%의 전체 프로젝트 일정 차질	20% 이상의 전체 프로젝트 일정 차질
범위	거의 인식할 수 없는 정도의 범위 축소	범위의 사소한 영역이 영향을 받음	범위의 사소한 영역이 영향을 받음	고객이 인정할 수 없는 범위 축소	프로젝트 최종 목적물이 쓸모 없음
품질	거의 인식할 수 없는 정도 품질 저하	일부 엄격한 기능만 영향을 받음	일부 엄격한 기능만 영향을 받음	고객이 인정할 수 없는 품질저하	프로젝트 최종 목적물이 쓸모 없음

[그림3-106] 프로젝트 리스크의 영향 산정 기준의 예

    리스크의 영향을 평가하기 위한 기준뿐만 아니라 개별 리스크의 확률에 대한 평가도 사전에 그 산정 기준을 정의하여야 한다. 사전에 정의된 평가 기준이 있다면 평가자의 주관적 판단에 의한 변동을 줄일 수 있기에 그 정확성을 높일 수 있다. [그림3-107]은 개별 리스크의 확률 산정 기준의 예를 나타낸다. 리스크 영향의 경우에는 프로젝트 목표에 미치는 영향의 정도를 기준으로 정의하므로, 범위, 일정, 원가, 품질의 네 가지 기준을 중심으로 영향의 정도를 평가하였다. 그러나 확률의 정도를 평가하기 위해서는 다양한 범주를 기준으로 그 정도를 정의하여야 하기에 관련 범주들을 모두 포함해야 한다는 어려움이 있다. [그림3-107]의 예와 같이, 기술, 설계, 완성도, 제품 등과 같이 가능한 범주를 가능한 많이 포함하여야 한다. 예를 들면, 제품의 경우에는 그 불확실성 정도를, '완전히 새로운 개념의 제품', '기존 제품의 파생 제품', '기존 제품의 업그레이드 제품'

	매우 높음	높음	보통	낮음	매우 낮음
기술	새롭고 독특하지만 분석이 거의 안된 기술	제한된 컴포넌트 테스트를 합격한 새롭고 혁신적이며 복합적 설계	테스트에 의해 증명된 광범위한 분석을 한 신규 파생기술	실제 고객조건에서 완전히 적용되어 증명된 기술	완숙된 기술로 모든 위험이 확인되어 실행 프로그램을 착수 할 준비 완료
설계 완성도	개념 단계에 있는 새롭고 혁신적이며 복잡한 설계로 아직 테스트 중	제한된 컴포넌트 테스트를 합격한 새롭고 혁신적이며 복합적 설계	광범위한 분석으로 컴포넌트 테스트로 검증 받은 기존의 유사 제품에서 파생된 설계	실제 조건에서 거의 실제적인 설계를 광범위하고 완전하게 테스트	실제 조건에서 거의 실제적인 설계를 광범위하고 완전하게 테스트하여 결과물생산이 즉시 가능한 설계
구현	유사한 구현 프로세스에 대한 경험이 없음	유사한 구현 프로세스에 대한 제한된 경험이 있으며 목표 원가가 미리 정해져 있음	동일한 구현 프로세스에 대한 어느 정도의 경험을 갖고 있음	실제 구현프로세스에 대한 광범위한 경험이 있으며 프로세스는 생산을 위해 계획되고 승인된 방법론을 사용	성공적으로 완수된 위험감소 계획이 있고, 구현 프로세스는 출시준비가 되어 있으며 달성된 목표 가격이 있음
인적 자원	핵심 인재가 부족하며 채용 계획이 없음	핵심 인재는 파악되나 팀의 구성원이 아님	핵심 인재를 구할 수 있으나 훈련이 요구되거나 부분적 팀 활동만 가능	핵심 인재의 부분적 프로젝트 활동이 있으나 다른 업무에서 해방되지 못함	핵심 인재가 이미 훈련을 받았으며, 팀 활동에 전력 가능

[그림3-107] 개별 리스크의 영향 산정 기준의 예

등으로 구분하여 제품 관련 리스크가 발생될 확률을 '높음', '보통', '낮음'으로 구분할 수 있다. 이러한 방법은 단지 확률을 정의하는데 국한하지 않고 확률과 영향을 모두 통합한 리스크 정도를 평가하는데 이용될 수도 있다. 앞에서 예를 든 제품의 세 가지 경우를 기준으로, '높은 리스크', '보통 리스크', '낮은 리스크' 등으로 구분할 수 있다.

그 밖에 리스크관리계획에는 리스크관리대장이나 리스크 문서와 같이 리스크관리와 관련한 정보들을 문서화하고 의사소통하기 위한 양식과 소통 방법 등도 포함하여야 한다. 또한 리스크 활동의 결과를 기록하고 감시하는 리스크 추적 방법과 프로세스를 주기적으로 감시하는 방법도 문서화하여 포함시킨다. 예를 들면, 리스크 관련 회의를 주기적으로 할 것인지, 아니면 월간 프로젝트 성과회의에서 리스크 관련 의제를 다룰 것인지 등의 추적 및 감시 방법을 계획하여야 한다.

PART 4

프로젝트 실행 및 통제

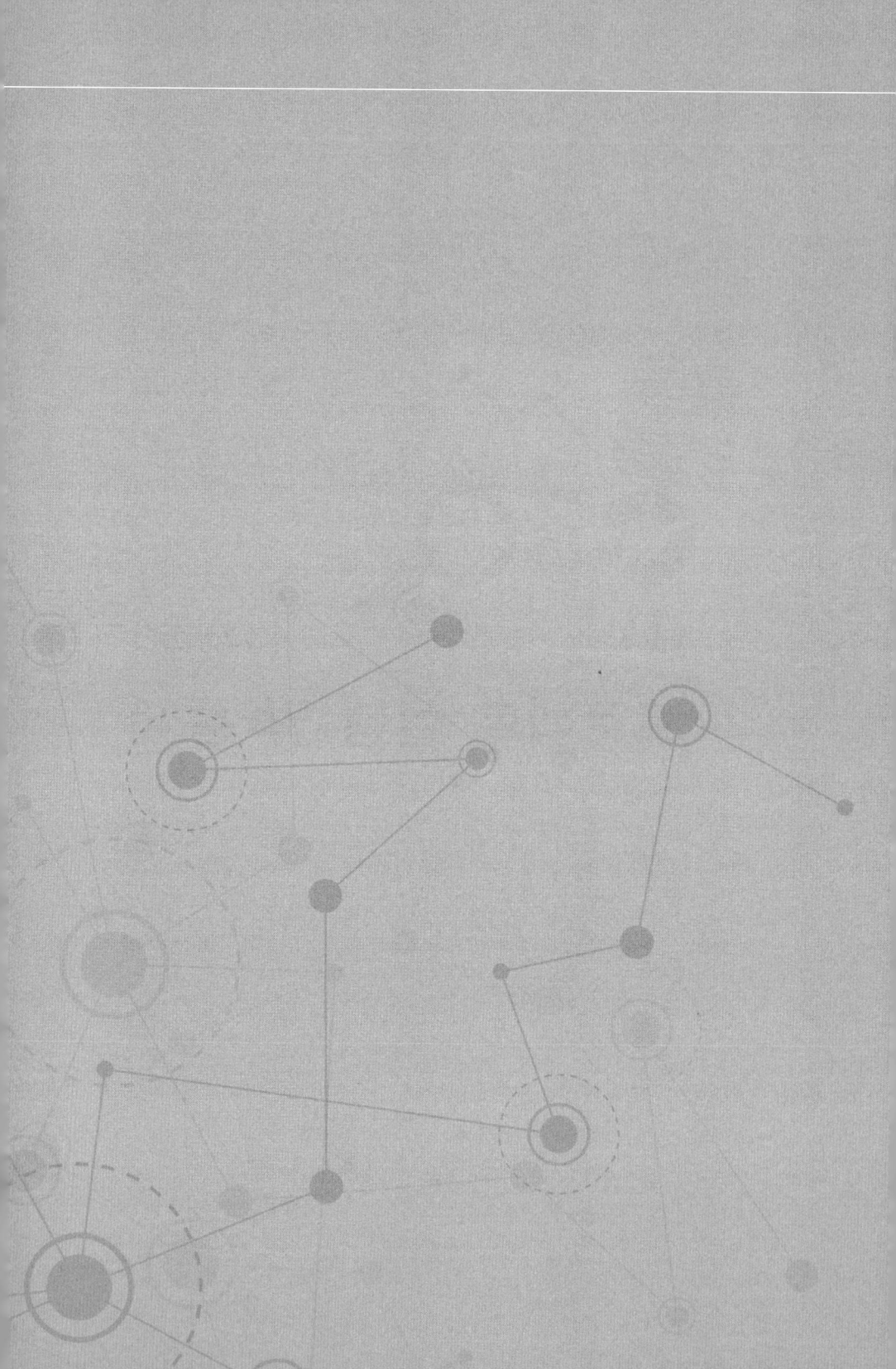

관리의 기본은 계획 수립(P), 실행(D), 실행 결과 확인(C), 조치(A)의 과정을 거치면서 다시 계획으로 피드백되어 수정되는 과정을 반복한다. 실무적으로는 계획 수립을 위해 수행해야 할 프로세스들의 수가 실행이나 통제보다 많이 있지만, 실제 프로젝트에서 가장 많은 시간과 자원을 투입하는 것이 실행과 통제이다. 실행은 프로젝트 엔지니어들이 설계를 하거나 테스트를 수행하는 것과 같이 프로젝트 계획을 이행하는 것을 의미하지만, 프로젝트 관리자나 프로젝트 관리팀의 입장에서는 계획된 시점에 계획된 작업을 수행하도록 지휘 및 감독하는 것을 의미한다. 즉, 예산을 승인하고 인력을 투입하는 일이 바로 프로젝트 실행이다. 이에 비교되는 통제(Control)는 과거에 '통제한다'는 좋지 않은 어휘의 뉘앙스 때문에 '제어'라는 단어를 선호하던 시절도 있었지만 오늘날에는 부담없이 '통제'라고 표현한다. 통제의 의미는, 일종의 좁은 의미의 '관리'라고 생각할 수 있다. '관리한다'라는 의미가 목적이나 목표를 달성하기 위해 계획을 수립하고 계획대로 잘 진행되도록 하는 일련의 노력을 의미하듯이, '통제'의 개념도 계획대로 잘 진행되도록 하는 일련의 노력이다. 이 과정에서 계획 대비 실적을 확인하고 계획대로 잘 진행될 경우에는 문제가 없으나 계획보다 성과가 나쁠 경우에는 계획대로 따라잡기 위한 일련의 조치를 결정하거나 계획 자체의 변경 여부를 결정하는 것이 바로 통제이다.

일부 프로젝트 관리 지침서의 경우에 실행과 통제를 구분하기도 하지만, 이것은 프로젝트 관리 업무의 성격을 구분하는 프로세스 그룹의 차원이며, 실제 프로젝트에서는 실행과 통제가 동시에 수행되는 것이다. 즉, 실행한 결과를 주기적으로 파악하고 통제를 위해 조치하는 일이 무수히 반복되는 개념이다. 그래서 실행 단계가 끝나고 통제 단계가 있는 것이 아니라 매주 혹은 매월 실행된 결과를 바탕으로 통제하는 것이 주기적으로 반복되기에, 외형적으로 실행과 통제는 프로젝트 동안 동시에 일어나는 것과 같이 보인다.

프로젝트 실행 및 통제를 위해서는 잘 수립된 프로젝트 계획과 함께 명확한 작업 배정과 개인별 현황 파악의 기회가 토대를 이루어야 한다. 프로젝트 전체에 대한 명확한 목표와 방향은 물론, 각 팀원들도 그들의 작업 방향을 알아야 한다. 프로젝트 계획에 명시된 작업들이 그들의 작업 방향을 이해하는데 우선이 되지만, 프로젝트 관리자는 그들의 명확한 업무 이해를 위해 노력해야 한다. 이를 위해, 인도물에 대한 설명과 함께 완

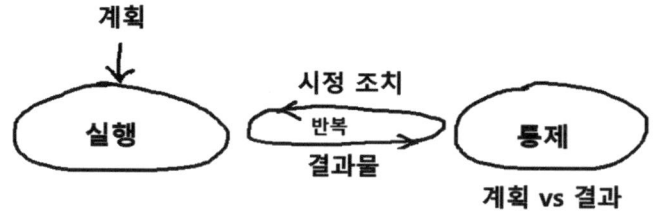

[그림4-1] 실행과 통제의 관계

료 기준과 목표 종료일을 설명해 주어야 하며, 발생 가능한 리스크를 포함하여 특별한 배경 정보 등도 알려주어야 한다. 이러한 설명의 시간을 별도로 준비하고 충분한 시간을 할애하여야 한다. 또한 실행 및 통제를 위한 목적으로 팀 구성원들과의 정기적 현황 파악 회의를 정기적으로 가져야 한다. 팀 구성원들이 수행하고 있는 업무 진척 파악은 물론, 그들이 직면하고 있는 문제나 상황을 파악하는 것이 조기에 시정 조치를 수행하거나 선제적 조치가 가능하게 한다. 프로젝트 관리자는 팀원들이 스스로 찾아와서 보고하고 논의할 수 있도록 스스럼없는 분위기를 만드는 것이 중요하다.

1. 프로젝트 실행 및 통제의 개념

프로젝트 실행의 개념

프로젝트 실행은 프로젝트 계획을 행동으로 옮기는 과정이다. 프로젝트 산출물은 실행과정을 수행하여 이루어지기 때문에 이 과정이 바로 산출물이 완성되는 과정이다. 실행 과정에서 프로젝트 관리팀은 기술적인 영역뿐만 아니라 조직 차원의 영역을 관리하여야 한다. 프로젝트 실행 동안에 프로젝트 관리자는 프로젝트 작업의 지시 및 관리를 수행하지만, 대부분의 프로젝트에서는 이미 개인 단위로 계획된 계획에 의해 각자 작업을 수행하기에, 특별한 경우를 제외하고는 별도의 작업 지시가 필요하지 않다.

프로젝트 관리자 및 프로젝트 관리팀의 관점에서 프로젝트 실행이란, 프로젝트 목표 달성을 위해 프로젝트 관리계획서에 계획된 작업을, 사전에 정해진 절차와 방법에 따라 수행하도록 지시하고 관리하는 것을 말한다. 이를 위한 세부적인 수행 내용은 다음과 같다.

요구사항관리

기획 과정에서 이미 요구사항이 정의되고 반영되었지만 실행 과정에서도 새로운 요구사항을 정의하고 반영하는 지속적인 노력을 수행하여야 하며, 특히 요구사항으로 확정하기 위한 승인까지 지속되어야 한다.

변경관리

프로젝트 실행 결과에 따라 시정 조치가 요구되는 작업이 발생하거나 프로젝트 통제를 통한 변경 요청이 승인되어 시정 조치가 발생하면 이를 프로젝트 실행에 반영하여 조치하는 일을 수행한다.

자원 및 팀관리

충원 계획에 따라 필요한 시점에 인력을 확보하고 작업에 배치하며, 팀원 개인의 역량은 물론 팀으로서 역량을 높이기 위한 각종 팀 개발 활동을 수행한다. 또한 팀 개발 활동을 통한 개인 및 팀 성과를 확인하고 개선할 수 있는 팀 개발 노력을 지속한다.

품질관리

프로젝트가 사전에 정의된 품질 절차와 표준대로 이행하고 있는지, 혹은 품질 목표를 달성하고 있는지를 확인하기 위한 품질 감사를 수행하며 필요한 프로세스에 대한 지속적인 개선의 노력을 수행한다.

의사소통관리

사전에 계획된 의사소통계획에 따라 프로젝트 정보를 수집하고 배포하는 활동을 수행한다. 정보 배포는 이해관계자의 참여 관리를 위해 적시에 적절한 정보가 전달되도록 하는 것이다. 프로젝트 정보에는 프로젝트 성과나 진척뿐만 아니라 리스크, 이슈, 품질, 조달 등 관련 정보를 포괄적으로 포함한다.

프로젝트 실행 프로세스에서 해야 할 일 중에서 가장 중요한 것은 프로젝트 계획 대비 실적 진도를 파악하고 시스템에 입력하는 것이다. 산출물에 대한 개발 진도를 파악하여 프로젝트 현황과 성과를 측정하여 추후 프로젝트 통제의 기초가 될 자료를 제공한다. 또한 실적 정보를 의사소통 계획에 의해 배포하고 실적 지연이 발생했을 경우에 이를 만회하거나 실질적인 계획으로 변경하기 위한 시정조치를 포함한 변경 요청을 수행한다. 프로젝트 실행을 위해서는 현황 점검회의 등을 통해 주기적으로 프로젝트 관련 정보를 교환하며, 작업이 적시에 적절한 순서로 이행되도록 보증하기 위해 프로젝트 작업을 인가하는 공식적인 과정인 작업 승인 시스템을 통해 수행 과정을 관리한다. 프로젝트 계획실행 결과인 프로세스 산출물에 대해서는, 어떤 산출물이 완성되고 미완성되었는가를 확인하고, 품질 기준은 충족되었는지, 그리고 발생 비용 등에 대한 내역 등의 정보를 실행 과정에서 수집하고 진도 보고 과정에서 사용한다.

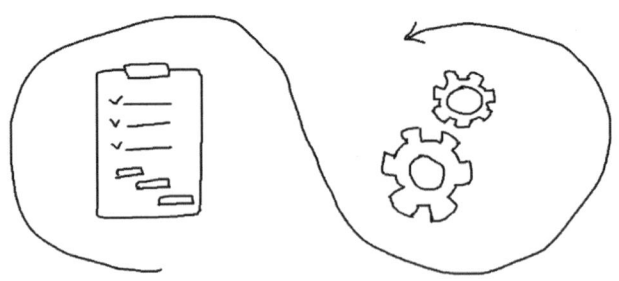

프로젝트 통제의 개념

프로젝트의 성공은 프로젝트 목표 달성과 관계하며 프로젝트 목표는 주어진 범위, 시간, 원가, 품질 등의 계획으로 수립된다. 이와 같이 계획으로 수립된 프로젝트 목표를 달성하도록 관리하는 것이 통제이다. 즉, 통제는 계획대로 진행되도록 감시하고 조치하는 일련의 노력으로, 프로젝트 실행의 결과에 대한 감시 결과를 계획과 비교하여 프로젝트를 정해진 정상 궤도 위로 올려놓는 일련의 과정이다.

프로젝트는 태생적으로 불확실성을 보유하기 때문에 계획을 수립하기가 어려우며, 계획을 수립했다 하더라도 항상 계획대로 진행되지 않는 특성을 지닌다. 프로젝트가 계획대로 진행되지 못하고 계획의 변경을 유발하는 원인은 다음과 같이 다양하다.

- 고객 혹은 경영층 등의 주요 이해관계자의 요구사항이 달라진다.
- 목표 일자가 당겨지는 등의 변경이 발생한다.
- 예산이 삭감되어 줄어든다.
- 계획 수립 과정에서 전제한 가정이 잘못 설정되거나 변경된다.
- 비즈니스 환경이나 프로젝트 수행 환경이 달라진다.
- 계획 수립 과정에서의 추정치 등의 오류나 잘못된 계획을 수립한다.
- 프로젝트 팀원의 능력 부족이나 태만으로 인한 프로젝트 성과 저하가 발생한다.

이러한 원인들에 의한 프로젝트 상황이나 문제들을 조기에 파악하여 적절한 조치를 취하는 것이 통제의 개념으로, 문제 인식을 통한 개선의 노력을 수행하는 것이다. 프로젝트 관리를 수행하는 과정에서 기능 조직은 통제 과정을 귀찮게 여기거나 부정적인 감정을 갖는다. 왜냐하면 그들의 성과를 주기적으로 파악하고 이를 상부에 보고하여 지적을 받게 하거나 이를 조치하기 위해 또 다른 일거리를 만든다고 생각하기 때문이다. 그러므로 프로젝트 관리자나 프로젝트 관리팀은, 그들에게 통제가 괴롭히려는 목적이 아니라 도움을 주는데 목적이 있음을 인식시켜야 한다. 특히 그들이 진행하는 프로젝트 업무에 대한 문제의 조기 발견과 해결책을 마련해준다는 이해를 높여야 한다.

프로젝트 통제를 위해 수행하는 업무는 작업에 대한 감시와 그 결과에 따른 통제를 함께 수행하는 것이다. 이는 프로젝트 수행 과정에서 진행 중인 모든 작업에 대한 실행에서 만들어진 상태나 결과를 측정하고 분석하는 업무를 수행하고, 그 결과를 프로젝트 계획과 비교하여 프로젝트 목표를 달성할 수 있도록 적절한 시정 조치를 수행하는 것이다.

감시는 프로젝트 관리의 중요한 업무로서 프로젝트 라이프 사이클 동안 지속적으로 수행한다. 이는 프로젝트 결과에 대한 측정치와 함께 추이에 대한 정보를 수집하고 이에 대한 분석 및 평가를 수행하는 활동을 포함한다. 정기적이고 지속적인 프로젝트 감시는 프로젝트의 성과나 상황을 파악하여 특별히 주의가 필요한 부분이나 긴급하게 조치할 부분들을 확인할 수 있게 한다. 감시 활동에 포함되는 업무는 다음과 같다.

- 프로젝트관리계획서 기준으로 계획 대비 실제 프로젝트 성과의 비교
- 개별 프로젝트 리스크의 대응 현황과 현재 리스크 노출도 점검
- 추가 리스크 식별, 분석, 대응 수행
- 상황 보고, 진행 상황 측정 및 예측을 지원하기 위한 정보 제공
- 승인된 변경 사항에 대한 이행 감시

- 프로젝트가 비즈니스 요구나 전략적 목표를 벗어나지 않는지 확인

통제는 프로젝트 수행 결과로 발생한 성과가 미흡하여 이를 만회하기 위한 시정조치나 사전 예방조치, 또는 계획 변경 등을 결정하고 이행하는 것이다. 이는 프로젝트 성과나 요구 사항 변경 등의 이유로 발생된 각종 변경을 승인 및 관리하며, 승인된 변경 사항을 프로젝트에 반영하여 이행하는 각종 조치에 대한 조치 계획(Action Plan)을 추적하고 확인하는 업무를 포함한다. 통제 활동에 포함되는 업무는 다음과 같다.

- 주기적으로 성과를 평가한 후, 성과 차이에 대한 필요한 각종 조치 사항의 권고
- 발생된 프로젝트 리스크 및 이슈에 대한 해법 도출 및 이행의 권고
- 변경 요청과 승인에 대한 절차 이행
- 현재 원가와 현재 일정에 관한 정보를 업데이트하기 위한 예측치 제공
- 승인된 변경 사항을 프로젝트 계획에 반영하여 최신화 업데이트
- 프로젝트 종료까지 적절한 정보 제공 기반 유지

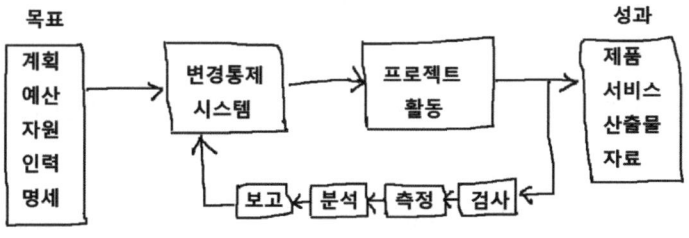

[그림4-2] 프로젝트 통제 절차

2. 프로젝트 통제 회의

프로젝트 실행과 통제를 위한 회의에는 대상자를 기준으로 하는 프로젝트 팀 회의(Team Meeting)와 프로젝트 검토 회의(Review Meeting)로 구분할 수 있다. 프로젝트 팀 회의는 프로젝트 팀원들과 갖는 회의이며, 프로젝트 검토 회의는 프로젝트 스폰서 및 고객과 함께하는 회의이다.

프로젝트 팀 회의는 프로젝트가 어떻게 진행되고 있는지를 팀과 함께 주기적으로 검토하기 위한 회의로 프로젝트에서 발생하는 주요 위협이나 기회들을 찾아내고 토의하여 해결하는 것이 목적이다. 프로젝트 팀 회의를 위해 프로젝트 관리자나 리더는 사전에 프로젝트 진척 등에 대한 계획 대비 실적의 편차 보고서를 준비하여 회의에서 이를 활용할 수 있도록 해야 한다. 프로젝트 현황 검토를 위해 프로젝트 팀 회의의 주기는 프로젝트 기간과 관리 수준을 고려하여 주간, 격주간, 월간 등으로 정할 수 있다.

프로젝트 현황 검토를 위해 팀원들은 프로젝트 진도와 함께 그들의 관심사항이나 현안을 보고해야 하며 이를 위해 프로젝트 상의 작업이나 그들의 업무에 대한 상황을 업데이트하여야 한다. 검토 과정에서 팀은 인도물들의 진척도를 검토하고 계획과의 편차에 대해 논의하여야 하며, 특히 프로젝트 리더는 계획 대비 실적을 비교하고 이들의 편차에 대한 원인에 대해 논의해야 한다. 또한 팀은 프로젝트 범위와 마감일 달성에 대한 리스크 정도를 검토하여 새로운 대안의 개발이나 이를 위한 변경을 일정 등에 반영하여야 한다. 팀은 프로젝트 실적이 일정 한계를 벗어나지 않게 하기 위하여 자원 시간이나 원가에 대한 산정을 다시 해야 한다.

프로젝트 팀 회의에서는 예견되는 문제를 검토하고 계획에 대한 변경을 요청하거나 이슈와 같은 현안 목록에 대한 검토와 이를 업데이트하는 활동을 포함한다. 만일 프로젝트 계획에 대한 변경 요청이 이루어졌다면, 변경 관리에 대한 정해진 팀의 프로세스에 따라 처리한다. 이 과정에서 조직, 규제, 경쟁, 기술 변화 등과 같은 잠재적인 문제들에 대한 환경을 전반적으로 파악하는 노력이 필요하며, 현안 목록에 있는 모든 현안들을 검토하고, 각 현안에 대한 해결 상황을 기록하여야 한다.

다음으로 프로젝트 검토 회의의 목적은, 스폰서 및 고객과 함께 프로젝트의 진도를 주기적으로 검토하기 위함이다. 프로젝트 팀, 스폰서, 고객이 갖고 있는 아이디어나 문제점들은 팀이 프로젝트 프로세스의 개선이나 수정을 할 수 있도록 논의될 수 있다. 프로젝트 검토 회의는 프로젝트의 상황을 검토하기 위하여 정기적으로 스폰서 및 고객 회의를 계획하는 것으로, 이들과의 공식 회의는 월별 또는 분기별로 가질 수 있는데 이 주기는 프로젝트 리스크 정도나 프로젝트 길이, 혹은 활동 수준에 달려 있다. 필요에 의해 프로젝트 리더와 스폰서, 또는 고객 사이에 비공식 정보 교류 회의를 갖기도 한다.

프로젝트 검토회의에서는 프로젝트 현황 검토, 프로젝트 환경 변화에 따른 문제점 논의, 현안 목록의 검토, 프로젝트 개선을 위한 고객과 스폰서로부터 피드백 요청을 수행한다. 프로젝트의 현황 검토를 위해 프로젝트 리더는 인도물들에 대한 진척 보고는 물론 일정과 자원 작업량(시간), 예산에 대해 프로젝트 계획과 비교하고 그 편차에 대한 설명을 보고해야 한다. 이 보고에는 인도물 생산을 위한 리스크나 일정을 맞추지 못할 리스크에 대한 현재 상황도 포함하여야 한다. 프로젝트 현황 검토와 함께 현안 목록에 대한 검토도 수행되는데, 프로젝트 리더는 팀 외부 현황에 대해 검토해야 하지만 고객과 스폰서는 팀 내에서 해결되어야 할 현안들에 대해서는 검토할 필요가 없다. 그러나 그들에게 영향을 미치거나 해결을 위해 그들의 도움이나 간섭이 요구되는 현안에 대한 정보는 공유할 필요가 있다. 그 밖에는 프로젝트 팀 회의와 마찬가지로 조직, 경쟁, 규제, 그리고 기술 변화 등과 같은 환경 변화로 예견되는 프로젝트 영향의 문제점들을 논의하고 프로젝트 계획에 대해 요구되는 변경 사항들이나 잠재적 문제들을 검토하여, 고객과 스폰서는 문제 해결과 실행 혹은 문제 회피 방법 등을 제안할 수 있다.

프로젝트 팀 회의의 종류도 진척, 품질, 리스크 등의 다양한 회의로 구분하여 개최되나, 프로젝트 실행과 통제를 위한 대표적인 통합 회의는 프로젝트 상황 회의이다. 프로젝트 상황 회의는 정기적으로 개최되어 프로젝트의 각종 정보를 공유하고 다양한 의사결정을 수행하여 프로젝트를 계획대로 진행되도록 한다. 이는 모든 팀원이 모여서 의견을 도출하고 프로젝트의 중요 정보들을 공유함으로써 팀의 단결력을 높이고 책임감을 증대하며 잠재적 리스크나 발생된 문제에 대한 이해와 함께 해법을 도출하고 공유할 수 있게 한다. 특히 팀 전체가 프로젝트의 진척과 성과를 파악하고 공동으로 프로젝트 변경을 검토하여 결정할 수 있게 한다.

프로젝트 상황 회의는 회의 준비에서 결과 추적까지의 일반적인 회의 관리를 위한 규칙을 따라야 하지만, 상황 회의만을 위해서는 다음과 같은 지침을 따를 것을 권장한다.

- 개별 작업 현황 보고서를 사전에 준비한다. [그림4-3]과 같이 테이블 형식이나 프로젝트 관리 도구를 통한 그래픽 양식으로 준비한다. 작업 별 책임자는 작업의 시작과 종료를 중심으로 상황을 파악하고 가능하면 예측까지 준비한다.
- 개별 작업 현황 보고서에 명시된 차기 작업에 대한 준비 사항과 담당자 배정, 예상되는 리스크나 문제 등을 식별한다.
- 리스크에 대한 대응 방안의 수행이나 이슈 및 문제점에 대한 조치에 대해 팀 전체가 생각하고 결정한다. 특히 조치 관리 대장이나 이슈 관리 대장에 조치 방안과 함께 책임자와 완료일을 결정하여 기록한다. 또한 기존의 리스크나 이슈에 대한 상태도 점검한다.
- 현황 회의를 통해 고객이나 경영진의 요구 사항 혹은 결정 사항을 전달한다.

ID	작업명	PS	AS	PF	AF	예상종료일	담당자
1	A	5/10	5/12	5/19	5/21	완료	김OO
2	B	5/20	5/22	5/31		6/5	이OO

(PS: Planned Start, AS: Actual Start, PF: Planned Finish, AF: Actual Finish)

[그림4-3] 작업 현황 보고서

이러한 현황 회의는 팀 구성원의 참여로 프로젝트에 대한 정확한 상황 파악과 함께 책임감을 느끼게 한다. 회의 관리자 역할은 돌아가며 수행하도록 하는 것도 좋은 방법이 되며, 프로젝트 진척에 대한 프로젝트 관리자의 압박보다는 스스로 인지하게 하거나 다른 팀원들과의 팀웍을 생각하게 하는 기회가 된다. 프로젝트 회의를 위해 많은 시간이 소요될 수 있으나 단순한 보고서 배포 보다는 대면을 통한 정보 공유와 결정이 단순한 의사소통 이외에 팀으로서의 프로젝트 수행이라는 큰 효과를 얻을 수 있다.

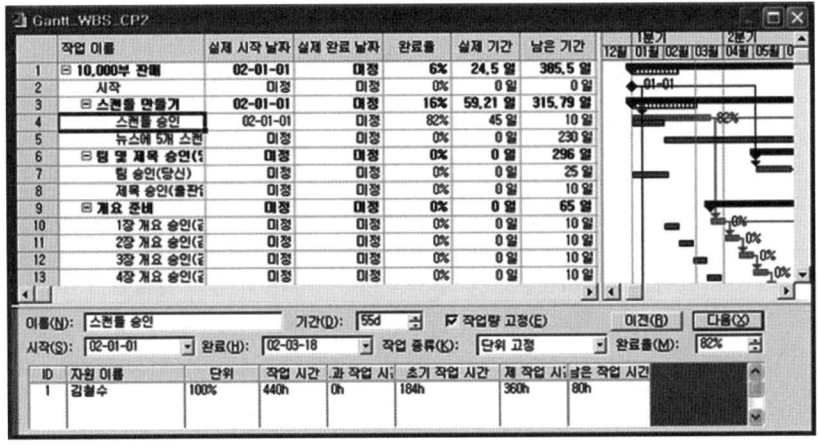

[그림4-4] 프로젝트 일정 통제의 예

프로젝트 현황 보고서 (Status Report)

프로젝트 이름 : PM 실무 교육 과정 개발		프로젝트 번호 : S1744	
프로젝트 관리자 : 박OO		보고기준일(Data Date) : 2024/03/26	

프로젝트 목표
2025년부터 사내 직원을 교육할 수 있는 PM 실무 교육 과정을 개발한다.

프로젝트 상황

일정	Y	프로젝트 일정 3일 지연
예산	G	예산 유지
자원	R	교육 개발 인력 (김OO) 퇴사

마일스톤 일정 상황

WBS	마일스톤	계획 종료	실제 종료	설명
1.3.2	범위 확정	2024/03/12	2024/03/13	
2.1.3	교육 방법 확정	2024/03/21	2024/03/21	
2.2.2	평가지 개발 완료	2024/03/26		개발 인력 퇴사로 03/26일 완료 불가
2.3.4	사례 및 교재 확정	2024/04/25		

주요 이슈

번호	이슈 내용	조치 사항
S1744-1	팀장 급 개발 인력의 퇴사로 자원 가용성이 낮아져 일부 작업의 일정이 지연됨	인력관리부에 근무하는 개발 인력을 프로젝트에 투입시키기 위해 프로젝트 스폰서가 인력관리부장과 협의

주요 작업 상황

당기 완료 작업	차기 계획 작업
1. 범위 검토 및 확정 2. 교육 방법 확정 3. 평가지 개발 완료	1. 교재 안 확정 2. 교재 초안 작성 완료

지연 작업
1. 사례 연구 자료 선정은 차기(2024/05/17)에 완료될 예정

[그림4-5] 프로젝트 현황 보고의 예

3. 통제의 대상

　통제를 위해서는 공식적인 통제 절차 혹은 변경 관리 절차 등이 사전에 수립되어, 변경이나 시정조치에 대한 요청과 승인권자를 정의하고 프로젝트 동안 일관성 있는 절차와 방법으로 수행되도록 하여야 한다. 또한 프로젝트 계획 중에서 기준선을 중심으로 한 프로젝트 성과 측정 기준이 사전에 확정되어야 통제의 수행이 의미 있는 조치가 된다. 앞에서 언급한 바와 같이 성과 측정을 위한 기준이 되는 프로젝트 기준선에는 범위기준선, 일정기준선, 원가기준선이 있으며 통제를 위한 대상에는 품질 기준선까지 포함될 수 있다.

　먼저, 범위기준선에는 프로젝트 범위기술서와 작업분류체계가 있으며, 이들 내용에는 프로젝트에서 수행해야 할 작업의 범위가 수립되어 있다. 프로젝트 최종 산출물을 도출하기 위해서 필요로 하는 작업들을 정의하고 이를 달성했는지 검증하는 노력이 프로젝트 범위관리이다. 만일 정의된 업무 중에서 하나라도 완료되지 못한다면 목표로 하는 산출물을 얻을 수 없기에 주기적으로 WBS의 워크패키지들에 대한 완료 여부를 감시하고 검증하는 노력이 필요하다. 프로젝트에서 범위 통제는 이러한 감시와 검증을 기반으로 하며 그 성과에 따라 범위에 대한 제외나 추가와 같은 범위 변경 활동이 수반된다.

둘째는 일정에 대한 통제로, 일정 계획에는 프로젝트 목표 종료일은 물론 주요 시점들과 각 작업들에 대한 시작일과 종료일이 계획되어 있다. 이는 일정 기준선으로 확정되어 있는 각 작업들의 일정을 준수하는 노력을 통해 프로젝트 종료일을 지킬 수 있다. 만일 각 작업에 대한 일정을 감시하지 않고 어느 정도의 기간이 지난 후에 많은 작업들이 시작되거나 완료되지 못했음을 알았다면, 이는 이미 돌이킬 수 없는 상황이 된다. 그러므로 각 작업의 진행에 대해 감시하고 기록하여 분석하는 노력을 통해 일정에 대한 추이를 예측하고 조기에 조치하거나 변경을 요청할 수 있다.

일정에 대한 성과를 분석하기 위해서는 단순한 진도율만으로는 정확한 진단이 어렵다. 대부분 프로젝트 관리 소프트웨어를 이용하여 데이터를 입력하고 분석하는 방법을 이용하는데, 그 방법은 다음과 같다. 먼저 하나의 작업 일정은 계획 시작일(PS: Planned Start)과 계획 종료일(PF: Planned Finish)로 계획된다. 이 작업이 진행되는 중간에 이를 분석하기 위해서는 진도율(Percentage Complete)이 우선적으로 필요한 것이 아니고, 그 작업의 실제 시작일(AS: Actual Start) 혹은 작업이 완료된 경우에는 실제 종료일(AF: Actual Finish)을 기록하여야 한다. 실제 종료일이 존재한다면 이 작업은 완료된 작업이므로 그 진도율은 자연적으로 100%가 된다. 기본적으로 실제 시작일과 실제 종료일은 그 작업의 일정뿐만 아니라 그 작업과 의존관계가 있는 후행 작업들의 일정을 예측 분석할 수 있다.

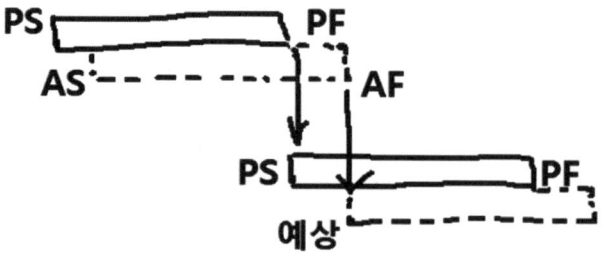

[그림4-6] 일정 분석을 위한 진행 데이터

작업이 시작되어 진행 중인 작업의 경우에는, 실제 시작일 만을 기록한 후에 잔여 작업일(RD: Remaining Duration)을 기록한다. 예를 들면, 어떤 작업이 최초에 10일의 소요 기간으로 산정하였고 1일차에 시작하여 10일차에 종료하기 계획되어있다고 가정한다. 5일차까지 경과하여 실적을 입력하려 할 때, 가장 우선적으로는 실제 시작일을 입력한다. 이 때, 이 작업은 계획대로 1일차에 시작할 수도 있고 시작이 지연되어 2일차에 시작될 수도 있다. 만일 2일차에 실제 시작되었다고 가정하여 기록하고, 다음으로는 진도율을 입력하기보다는 잔여 작업일을 기록하여야 한다. 계획 대비 총 5일이 경과했지만 1일 늦게 시작하여 4일간 작업을 진행했으면 나머지 작업량은 6일이 되어야 정상이다. 그러나 실제 작업을 진행하다 보니 최초 산정한 10일보다는 여러 가지 이유로 기간이 더 필요하거나 작업의 진척을 4일 분량 이하로 완료하였다면 잔여 작업일은 6일이 아니라 이보다 더 길게 소요될 것이다. 만일, 이 잔여 작업일을 8일이라고 추정하여 입력한다면, 실제 작업의 총 기간은 10일이 아닌 12일이 될 것이며, 프로젝트 진도율은 12일 중에서 4일을 진척했기에 33%가 된다. 또한 이 작업의 후속 작업은 모두 2일씩 뒤로 지연되게 되며, 혹시 이 작업이 주경로 작업이라면 프로젝트 전체 기간도 2일이 지연되는 것으로 분석할

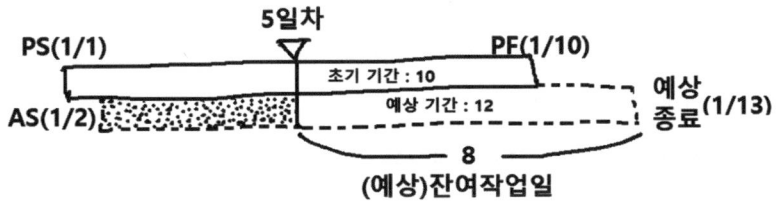

[그림4-7] 일정 통제를 위한 데이터

수 있을 것이다. 이러한 일정 분석을 위한 작업 진행 데이터 중에서 가장 유용한 정보는, 그 작업을 완료하는데 얼마나 시간이 더 요구되는지에 대한 잔여 작업일의 예측이며, 담당자의 판단에 의한 정확한 예측이 요구된다.

셋째는 원가에 대한 통제이다. 원가를 구성하는 요소에는 재료비, 인건비, 경비 등으로 구성되며 프로젝트 특성에 따라 재료비가 거의 소요되지 않는 경우도 있다. 특히 프로젝트 원가에 인건비만 관련하여 지출되는 경우에는 회사 차원의 임금으로 원가가 발생되며 대부분의 경우에 프로젝트에서 통제하지 못하는 경우가 많다. 이 경우에 프로젝트 관리자들은 원가에 대한 통제를 무시해버리는 경우가 자주 있지만, 프로젝트 진행 상황이나 수행된 작업 가치를 판단하기 위해서는 프로젝트 관리자가 원가를 관리하여야 한다. 원가 통제를 위해서는 그 정확한 정도에 따라 프로젝트 관리 시스템이나 회계 시스템을 적용할 수 있으며, 사전에 원가 실적을 측정하는 기준을 정의하는 것이 무엇보다 중요하다. 원가 통제를 위한 일반적인 데이터는 계획된 예산 원가, 실제 발생 원가, 그리고 예측 원가이다. 예측 원가는 지금까지 발생된 원가와 잔여 작업을 완료하는데 요구되는 원가의 합이다. 이와 관련한 프로젝트 성과 측정 및 분석 방법은 뒤에서 구체적으로 다시 설명하기로 한다. 결국 원가 통제도 계획 예산 원가 대비 실적 원가를 비교하여 적절한 조치를 취하거나 예산 변경을 요청하는 일련의 과정을 반복한다.

네 번째는 품질에 대한 통제이다. 일정이나 원가와 같은 목표를 정의하듯이 품질에 대한 목표도 품질관리계획을 통해 설정되어야 한다. 품질 목표를 수립하기 위해서는 품질을 측정하기 위한 척도를 정해야 한다. 내구성, 기능성, 정확성, 신뢰성 등과 같은 적합한 품질 요인을 고려하여 포함해야 하며 이를 토대로 오류 빈도, 수명 시간, 수정 조치 등과 같이 측정할 수 있는 기준을 마련해야 한다. 이를 위해서는 프로젝트의 최종 산출물에 대한 구체적인 설명이 필요하기에 품질 목표를 위한 품질 척도와 달성 수준을 정하는 것은 쉬운 일이 아니다. 품질 계획에는 작업 프로세스의 방식과 절차를 정의하고 그 산출물에 대한 기준을 정하며 지속적으로 이를 어떻게 감시하고 검토할 것인가에 대한 표준을 정하는 것이다. 이 기준을 이용하여 지속적으로 결과물을 검사하고 프로세스를 감시하여 그 결과에 따라 개선과 같은 적절한 조치를 취하는 것이 품질 통제이다.

프로젝트 실행 동안에는 프로세스의 개선을 위한 품질 감사를 수행하는 품질 보증 업무를 지속해야 하며, 통제를 위해서는 프로젝트 인도물에 대한 검사나 테스트를 통해 오류를 찾고 재작업 등의 조치를 수행하는 품질 통제 업무가 지속되어야 한다.

4. 프로젝트 성과 분석

프로젝트에서 성과를 분석하는 목적은 사업 수행 진도 및 원가 사용 현황을 파악하고 사업 추세를 분석하여 문제점을 조기에 예측하고 도출하여 문제점 확산을 최소화하며 프로젝트 일정 및 원가의 성과를 개선하기 위함이다. 결국 프로젝트 성과 분석은 프로젝트 실행 단계에서 최초 작성된 기준 계획과 현재 기준일까지 진행된 현황을 비교하여 편차 발생 원인을 파악한 후에 적시에 시정조치를 취하여 프로젝트 목표인 기간과 예산 내에 프로젝트를 완료하도록 하는 노력이다.

먼저 프로젝트 성과 분석을 위한 기본 자료인 진도 측정에 대해 살펴본다. 프로젝트는 항상 계획한 바와 같이 그대로 진행되지 않으므로 프로젝트 관리의 기본은 프로젝트 계획과 함께 그 결과나 실적을 주기적으로 파악하고 계획대로 진행되도록 하는 노력의 반복이다. 능력이 있는 프로젝트 관리자는 문제를 조기에 발견하고 눈에 띄는 이슈가 되기 전에 조용히 그 문제를 해결하므로 프로젝트가 문제없이 조용히 진행되는 것처럼 보일 것이다. 프로젝트의 진행 결과나 실적 중에 하나가 바로 진도

(Progress)이며, 진도 측정은 프로젝트 작업이 지연되는 상황을 조기에 식별하여 문제로 커지기 전에 대응하는데 목적이 있다.

효과적인 진도 측정을 위해서는 두 가지 사항에 관심을 가져야 한다. 첫 번째는 진도 측정을 위한 작업 단위가 적절해야 하며, 두 번째는 진도율 측정을 위한 명확한 기준 설정이다. 먼저 진도 측정을 위한 작업 단위로 워크패키지나 활동 단위를 권장한다. 만일 진도 측정 작업 단위가 커서 그 기간이 길다면 정확한 진도 측정이 어려울 뿐 아니라 진척에 대해 무감각해질 수 있다. 예를 들면, 하나의 작업 단위가 수개월 소요되는 정도의 크기라면 프로젝트가 어디까지 와있는지, 혹은 얼마나 진척되어 있는지 파악하는 주기가 길어져서 이미 문제가 될 정도로 진척 상황이 나빠진 후에나 상황을 인식하게 된다. [그림4-8]은 진도가 표시된 일정표의 예를 표현하고 있다.

다음으로 프로젝트 진도 측정 방법 중에서 퍼센트 완료율(Percentage Completion) 방식은 진도를 측정하는 하는 담당자의 주관적 판단이 개입되므로 프로젝트 진도를 측정하기 위한 명확한 기준이 필요하다. 본서의 앞에서 원가관리계획을 설명할 때 이미 진도 측정 방법을 설명한 바 있

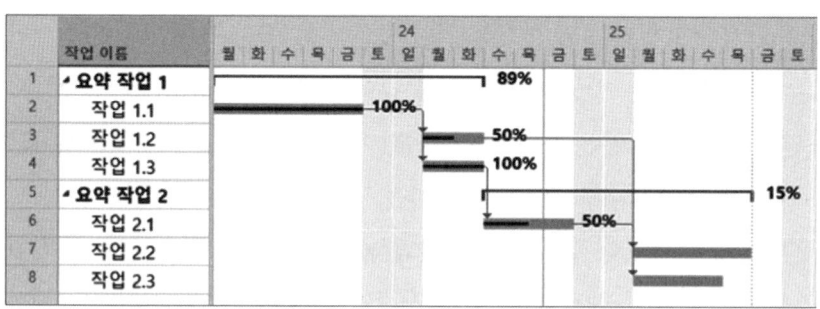

[그림4-8] 진도가 표시된 일정표

다. 진도 측정 방법 중에서 유사한 작업이 반복될 경우에는 그 수량을 기준으로 명확한 진도를 측정할 수 있다. 복잡한 제품 개발을 위해 많은 수의 설계 도면을 그리는 작업이나 대형 건물을 건축하기 위한 기초 공사에서 많은 수의 파일을 박는 작업 등에서는 계획된 수와 완료된 수를 비교하여 진도를 측정할 수 있다. 프로젝트 진도는 담당자에게는 낙관적이며 관리자에게는 비관적이기 마련이다. 예를 들면, 제품 설계를 수행하는 담당자에 진도를 물었을 때, 그 설계 작업을 위해 도면을 그리는 작업이 거의 완료되고 있는 상황이라면 담당자는 작업이 모두 완료되었다고 답을 할 가능성이 높다. 그러나 그 작업의 진도가 실제 100%가 되기 위해서는 도면 그리기가 완료된 후에 도면 검사를 하고 승인까지 받아야 진정한 100%의 진도라고 할 수 있다. 그러므로 프로젝트 진도 관리를 위해서는 객관적으로 인정될 수 있는 진도를 측정하는 기준을 사전에 명확히 정의할 필요가 있다. 일반적으로 적용되는 가장 객관적 진도 측정은 앞에서 설명한 50-50법칙과 같은 고정 방식(Fixed Formula)이다. 그 응용의 예를 들어 0-50-100규칙을 적용할 경우, 작업이 시작되지 않으면 0%이고 시작은 되었지만 완료되지 않았으면 50%, 작업이 완료되면 100%로 측정할 수 있다. 만일 측정 대상 작업이 측정 주기보다 작다면 진도가 50%일 경우는 없을 것이다. 이 방법을 적용하기 위해서는 완료 기준 또한 정확하게 적용되어야 한다. 앞서 설명한 바와 같이 단지 설계도의 그리기 작업만 완료된 것을 실제 전체 작업 완료로 판단할 것인지, 아니면 설계도의 승인이 되어야 완료된 작업으로 인정할 것인지 등을 명확히 정의하여야 한다.

획득가치분석

오늘날 가장 대표적인 프로젝트 성과 분석 방법은 획득가치분석(Earned Value Analysis)이다. 획득가치분석은 1967년 미국 국방성(DOD)에서 개발한 기법으로 일정과 원가를 통합한 성과측정, 분석 및 추정 방법이다. 이는 일정 또는 원가의 리스크 요인을 조기에 식별하고 프로젝트 성과를 종합적으로 파악하여 이해관계자의 의사결정에 필요한 정보를 조기에 제공할 수 있다.

획득가치(Earned Value)란 작업성과를 화폐가치로 표현한 것이다. 예를 들면, 어떤 작업의 예산을 100만원으로 산정하면 그 작업 전체를 100만원의 가치로 보는 것이다. 그러므로 그 작업이 30% 진척되었다면 30만원의 가치를 획득한 것으로 평가하고, 100% 완료되면 100만원의 가치를 획득한 것으로 평가한다. 이와 같이, 가치(Value)라는 단위로 평가하는 이유는 프로젝트 목표가 예산 원가만 있는 것이 아니고 일정에 대한 목표도 있기에 이 두 가지를 함께 통합해서 평가하기 위하여 원가는 물론 일정에 대한 성과도 가치로 평가하기 때문이다.

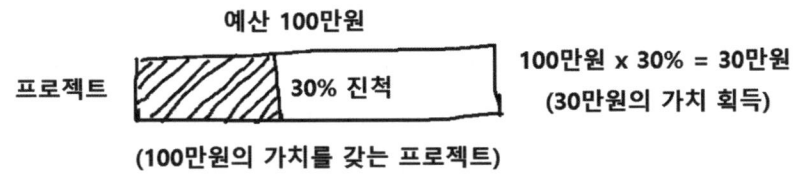

[그림4-9] 획득 가치의 개념

예를 들면, 프로젝트 기간이 10개월이고 총 예산이 10억원일 때, 전체 기간의 절반인 5개월차까지 일정에 대한 성과를 측정해보니 계획보다

1개월이 단축되어 9개월 만에 프로젝트를 완료할 수 있을 것으로 예상된다. 이 프로젝트의 성과는 과연 좋은 것인지 평가한다면, 대부분의 경우에는 일정을 1개월이나 단축한 상황이므로 좋은 성과라고 생각할 수 있다. 그러나 1개월을 단축시키기 위해 5개월차까지 집행하기로 계획된 원가 예산보다 무려 2배가 투입되었다면 이는 결코 좋은 성과라고 평가할 수 없을 것이다. 같은 방법으로 5개월차까지 집행하기로 계획된 원가 예산이 절반 수준만 집행했다면 과연 좋은 성과인지 또한 평가해 볼 필요가 있다. 이 경우에는 원가가 적게 소요된 대신에 일정이 몇 개월 지연되는 상황이라면 좋은 성과로 평가할 수 없을 것이다. 이와 같이 프로젝트 성과는 단순하게 일정이나 원가 중에서 하나의 측면만을 분석하여 판단할 수 없고, 이들 두 요소를 동시에 평가하여야 한다. 즉, 계획된 원가를 집행하여 계획된 진척을 이루고 있거나 계획보다 적은 원가로 일정을 앞당기고 있다면 좋은 성과로 평가하지만, 계획보다 많은 예산을 투입하여 일

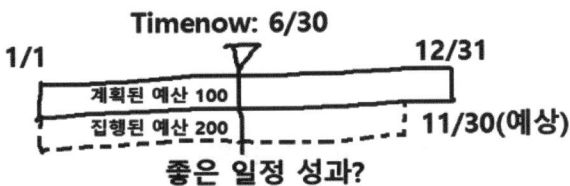

좋은 일정 성과?

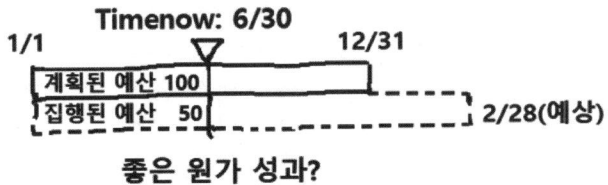

좋은 원가 성과?

[그림4-10] 일정 및 원가의 성과 평가

정을 앞당겼다면 이는 좋은 성과로 평가할 수 없다. 더욱이 계획보다 많은 원가를 투입하고도 진척이 늦어진다면 이는 당연히 나쁜 성과로 평가할 수 있다.

일정의 단위는 기간으로 표시하며 원가의 단위는 화폐 단위로 표시한다. 투입된 원가 대비 일정의 성과를 평가하기 위해서는 서로 다른 두 요인을 하나의 단위로 통일할 필요가 있다. 그래서 획득가치분석은 일정과 원가를 모두 가치로 환산하여 분석의 통합적 방법을 이용하게 한다. 그러면 획득가치분석에 대한 내용을 상세하게 살펴보면 다음과 같다.

획득가치분석을 이해하기 위해서는 다음과 같이 몇 가지 기본적인 변수와 용어를 이해해야 한다.

- BAC(Budgeted at Complete): 완료시점 예산
- PV(Planned Value): 계획 가치
- EV(Earned Value): 획득 가치
- AC(Actual Cost): 실제 원가

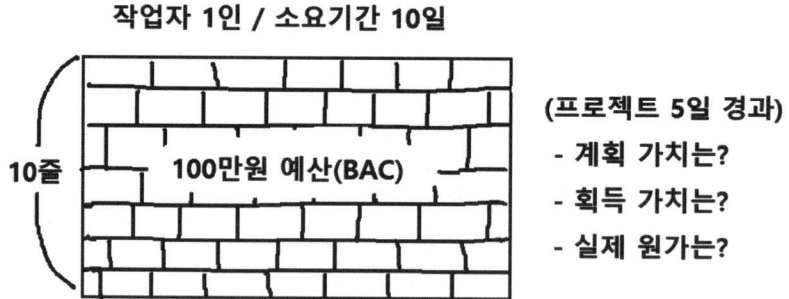

[그림4-11] 획득가치분석을 위한 예

[그림4-11]과 같이 벽돌을 쌓는 작업이 있고, 이 작업에는 블록으로 모두 10줄을 쌓아 올린다고 가정한다. 10줄을 쌓아 올리기 위해서는 한 사람의 작업자가 10일 동안 일을 해야 하기에 여기에 투입되는 인건비와 재료비 등을 합쳐 100만원의 예산을 계획하였다. 이 예산 100만원을 BAC(완료 시점 예산)라고 하며, 이는 프로젝트 혹은 작업을 완료하는데 소요되는 계획된 예산을 의미한다. 이 프로젝트가 10일 중에 5일차까지 경과했고, 그 시점까지 작업자가 총 5줄의 블록을 쌓아 올려야 하는데 4줄 밖에 쌓지 못했다면 진도율은 40%라고 할 수 있다. 그러면 5일차까지 계획된 진도율은 10줄 중에 5줄로 50%이므로, 100만원의 50%인 50만원의 가치가 계획되어 있는 것이다. 이것을 PV(계획 가치)라고 한다. 이에 대해 실적 진도율이 40%이므로 100만원의 40%인 40만원의 가치를 획득하였기에 이를 EV(획득 가치)라고 한다. 그러나 5일차까지 작업을 진행하는 동안에 작업자의 미숙으로 진척이 늦어져서 5일차에 작업자 한사람을 추가로 투입하였으나 결국 진척은 50%인 계획보다 작은 40%로 낮은 결과를 초래하였다. 5일차까지 계획된 예산 원가는 50만원이었지만 작업자의 추가 투입으로 인해 실제 60만원이 집행되었다. 이렇게 실제 투입된 예산 원가를 AC(실제 원가)라고 한다.

- BAC(Budgeted at Complete): 100만원
- PV(Planned Value): 50만원
- EV(Earned Value): 40만원
- AC(Actual Cost): 60만원

이 작업의 성과는 50만원의 가치가 계획되어 있으나 40만원의 가치 만큼 획득하였고, 40만원의 가치를 획득하는데 60만원의 예산 원가를 집행한 것으로 가장 나쁜 성과를 나타내고 있다. 이에 대한 일정과 원가의 계획 대비 실적의 차이를 분석하기 위해서는 다음과 같은 식을 이용한다.

- SV(Schedule Variance: 일정 차이) = EV - PV
- CV(Cost Variance: 원가 차이) = EV - AC

여기서 SV는 일정 차이로서 EV-PV, 즉 획득한 가치 40과 계획된 가치 50의 차이를 말한다. 그 결과 SV는 -10의 가치로 계산되는데, 만일 획득한 가치가 계획된 가치와 같은 50이라면 SV가 0이 될 것이고, EV가 PV보다 크다면 양(+)의 값이 될 것이다. 즉, 일정 차이인 SV의 값이 0이면 정상적인 일정 성과이고, 음(-)의 값이면 계획보다 늦은 성과, 반대로 양(+)의 값이면 계획보다 좋은 성과라고 평가한다. 또한 CV는 원가 차이로서 EV-AC=40-60, 즉 -20의 원가 차이는 40의 가치를 획득하는데 60의 원가를 지출한 경우가 된다. 이는 원가 지출이라는 측면에서 나쁜 생산성을 보이는 경우이며, 만일 실제 지출된 AC보다 획득한 가치인 EV가 크다면 CV가 양(+)의 값이 되며, 이는 적은 예산 원가로 많은 진척을 낸 좋은 성과가 된다. 물론 CV값이 0이 된다면, 집행된 예산 원가만큼의 가치를 획득한 정상적인 상태라고 평가할 수 있다. 결국 위의 예에서는 SV와 CV가 모두 음(-)의 값이므로 일정과 원가의 성과가 모두 나쁜 상황으로 평가되며, 결국 계획에 비해 예산은 많이 집행되었고 일정도 늦어지고 있는 가장 나쁜 상황으로 판단할 수 있다.

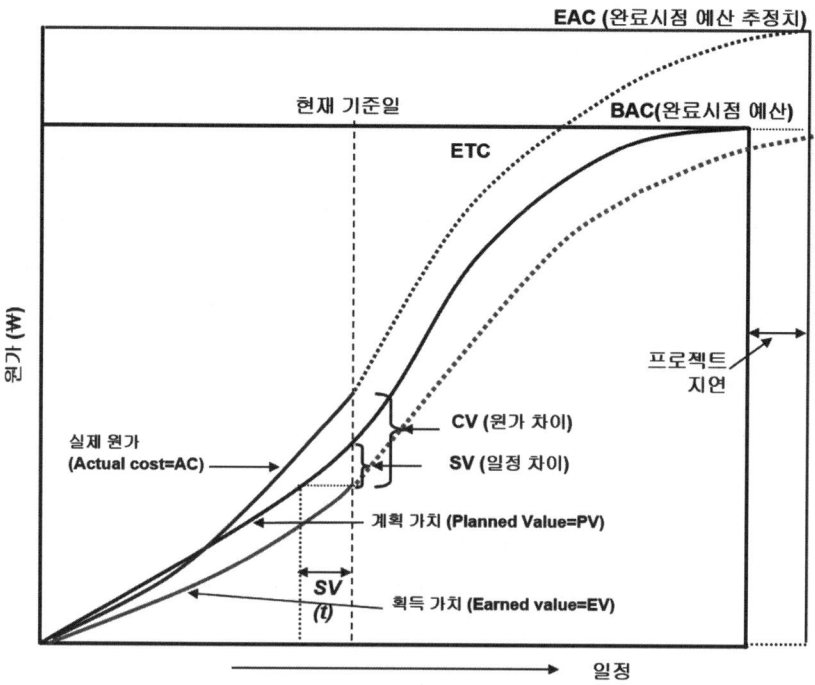

[그림4-12] 획득가치분석의 S-Curve

일정과 원가에 대한 차이 분석 외에 이들 성과를 지수로 나타내는 방법도 있다.

- SPI(Schedule Performance Index: 일정성과지수) = EV / PV
- CPI(Cost Performance Index: 원가성과지수) = EV / AC

앞에서 예를 들었던 벽돌쌓기 작업의 경우를 적용해 보면, SPI=40/50

으로 일정성과지수가 0.8이 되며, CPI=40/60으로 원가성과지수가 0.67이 된다. 이 지수들은 정상적인 성과이면 0, 나쁜 성과일 경우에는 1보다 작은 값, 좋은 성과일 경우에는 1보다 큰 값으로 나타난다. 이 지수는 추세 분석이나 원가 생산성을 이용하여 나머지 프로젝트 작업을 완료하는데 소요되는 예산을 예측하는데 사용된다. 예를 들면, 1천만원 규모의 프로젝트 성과에서 SV가 500만원인 경우와 1억원 규모의 프로젝트 성과에서 SV가 500만원이라 하면, 비록 둘 다 500만원의 차이이지만 그 의미는 전혀 다르다. 그러므로 프로젝트 사이의 비교에서는 차이 대신에 성과지수를 이용할 수도 있으며, 경우에 따라 [그림4-13]과 같이 관리의 편리성을 위해 가치의 차이보다 성과 지수를 이용할 수도 있다.

획득가치분석의 또 다른 장점은, 현재의 프로젝트 성과를 바탕으로 예산에 대한 예측을 할 수 있다는 점이다. 이를 완료시점예산 추정치(EAC:

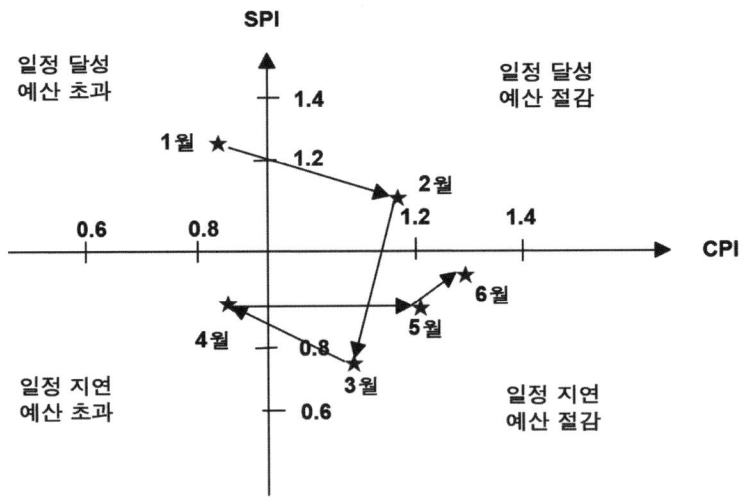

[그림4-13] 프로젝트 성과의 추세 분석

Estimate at Completion)라 한다. EAC는 총 프로젝트 예산에 대한 재추정치로, 최초 예산인 BAC를 CPI로 나눈 값이다. 이 방법은 현재 집행 예산 실적의 성과 추세가 앞으로도 계속될 것이라는 가정하에 예상되는 최종 프로젝트 예산이다. 즉, CPI는 EV를 AC로 나눈 것이며, 이는 획득한 가치 대비 실제 소요된 원가의 비율을 뜻하기에 이러한 비율로 프로젝트 나머지 작업을 진행할 것이라고 가정한 예측치이다.

- $EAC = \dfrac{BAC}{CPI} = BAC \div \dfrac{EV}{AC} = BAC \times \dfrac{AC}{EV}$

작업	PV	AC	1월	2월	3월	4월
작업1	100	120	▬▬	100%		
작업2	100	110	▬▬	100%		
작업3	100	60		▬	50%	
작업4	100	70		▬	50%	
작업5	100				□	
작업6	100					□

[그림4-14] 획득가치분석의 예

[그림4-14]는 획득가치 분석의 예이다. 프로젝트 완료시점 예산(BAC)은 600, 프로젝트 성과측정 기준일은 2월 28일이다.

- PV = 100+100+100+100 = 400
- AC = 120+110+60+70 = 360
- EV = (100×1)+(100×1)+(100×0.5)+(100×0.5) = 300
- SV = EV - PV = 300 - 400 = -100
- SPI = EV / PV = 300 / 400 = 0.75
- CV = EV - AC = 300 - 360 = -60
- CPI = EV / AC = 300 / 360 = 0.83
- EAC = BAC / CPI = 723

5. 프로젝트 성과 보고

프로젝트 통제를 위한 성과 보고에는 상황분석이 선행되며, 이 내용들이 성과보고서에 포함된다. 프로젝트 상황을 분석하는 것은 잠재적인 문제를 예상하고 프로젝트 지연을 초래하는 요인을 확인하는 것이다. 일반적인 프로젝트 진척 상황 보고서는 프로젝트의 전반적인 진행 상황을 기술하고, 변경사항에 대해서는 현재 프로젝트 계획과 비교하여 주기적으로 운영위원회에 보고하여야 한다. 이러한 진척 상황 보고서의 내용에는 작업 내용뿐만 아니라 리스크 관리 내용이나 발생된 이슈와 그 조치 방안 등의 내용이 포함된다.

프로젝트 성과 보고는 프로젝트의 목표를 달성하기 위하여 자원들이 어떻게 사용되고 있는지에 대해 이해관계자들에게 정보를 제공하는 것이다. 성과보고서에는 현황 보고, 진도 보고, 예측 보고 등을 포함하며 포괄적이고 예외적인 방식으로 작성하는 것을 권장한다. 여기서 포괄적이라는 의미는, 일정이나 원가와 같은 하나의 성과가 아닌 통합적인 성과를 의미하고, 단순한 예산 원가 실적이나 일정 상황과 함께 앞으로의 예측이나 현황 분석 평가까지도 모두 포함할 것을 권장하는 것이다. 예를 들면, 프로젝트 전체 일정이 일주일 정도 지연되고 있다는 현황과 함께, "일주일 지연되고 있는 작업은 주경로 작업이 아니므로 프로젝트 전체 일정에는 영향을 미치지 않는다."라는 분석이나 예측도 함께 포함하는 보고서를 말한다. 그러므로 성과보고서에는 프로젝트가 현재 어디까지 와 있는지를 나타내는 현황 보고, 지금까지의 진척과 같이 수행된 성과가 무엇인지를 나타내는 진도 보고, 그리고 향후 프로젝트 상황과 진도를 예측하는 예측 보고 등을 포괄적으로 포함하여야 한다. 또한 예외적 보고서라함은, 계획대로 정상적으로 진행되고 있는 작업들에 대해서는 구태여 언급할 필요가 없으며, 단지 계획에서 벗어나거나 문제가 되는 상황이나 작업들에 대해서만 보고서에 포함시킬 것을 권장하는 것이다. 이런 방법은 보고서의 내용을 간소화함으로써 경영층에게 빠른 문제 식별과 함께 빠른 의사결정 및 지원을 받을 수 있게 하기 위한 의도이다.

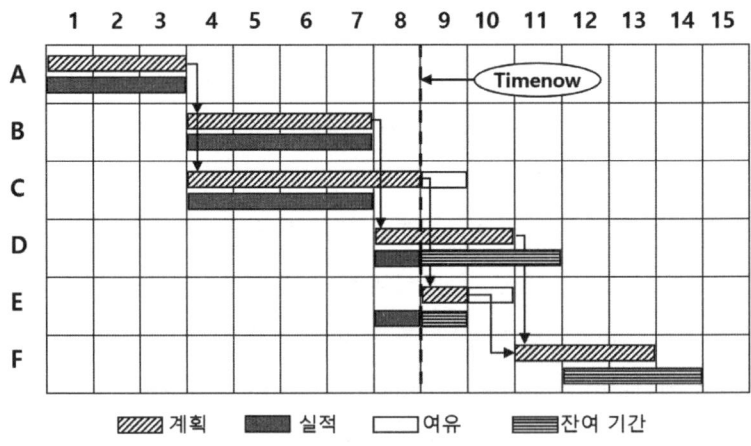

[그림4-15] 일정 성과 측정

프로젝트 계획 영역	프로젝트 계획	실제 결과	편차	설명
일정(완료일)					
최종 프로그램 작성	5/1	5/4	3일	담당자가 한 주간 입원으로 프로그램 지연
예비 분석 검토 완료	5/18	5/20	2일	프로그램 지연으로 분석 완료 지연
자원 시간				
누적 시간 실적	885 시간	985 시간	100시간	마케팅 자재 준비가 계획보다 더 길었음
예산				
총원가	29(백만원)	28(백만원)	1(백만원)	구매 계약 비용이 계획보다 적음

5월 편차에 대한 조치 사항
필요한 조치 없음. 그 이유는 다음과 같다.
1. 최종 프로그램 발행의 3일 지연은 분석 완료를 지연시키지만 다른 활동에 영향을 미치지는 않는다.
2. 분석의 2일 지연은 프로젝트에서 주경로(Critical Path)가 아니다.
3. 자원 시간이 추적되고 있지만 한계가 설정되지는 않았다.
4. 1백만원의(+)편차가 있는데, 그 이유는 구매 계약 비용이 팀에서 예측한 것보다 작기 때문이다. 그러나 이 편차는 최종 구매 비용이 지불되면 사라질 것이다.

[그림4-16] 성과 보고서의 예

| WBS | 예산 | 획득가치 | 실제원가 | 원가 차이 || 일정 차이 ||
				CV	%	SV	%
작업 1	63,000	58,000	62,500	-4,500	-7.8	-5,000	-8.6
작업 2	64,000	48,000	46,800	1,200	2.5	-16,000	-33.3
작업 3	23,000	20,000	23,500	-3,500	-17.5	-3,000	-15.0
작업 4	68,000	68,000	72,500	-4,500	-6.6	0	0.0
작업 5	12,000	10,000	10,000	0	0.0	-2,000	-20.0
계	230,000	204,000	215,300	-11,300	-5.5	-26,000	-12.8

[그림4-17] 획득가치분석에 의한 성과 보고서의 예

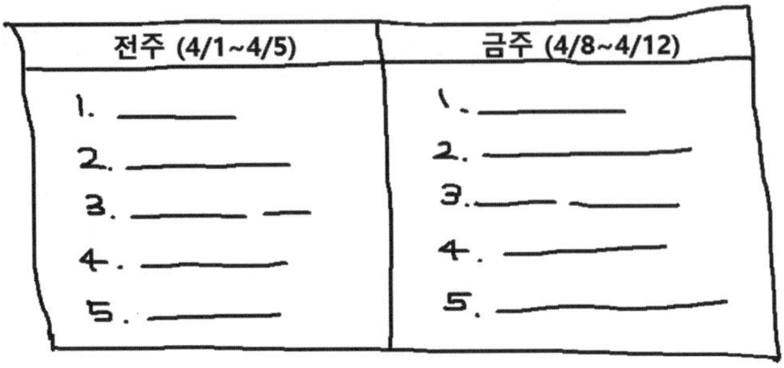

[그림4-18] 프로젝트 현황 보고의 예1

　　프로젝트 현황이나 성과를 포함하는 보고서의 형식 중에서 주변에서 많이 볼 수 있는 형식은, [그림4-18]과 같이 지난 기간에 수행했던 작업과 다음 기간 중에 예정된 작업을 비교하는 방식이다.

　　프로젝트 현황 보고를 [그림4-18]과 같이 지난 기간에 완료한 작업과 다음 기간에 예정된 작업을 대비하여 표현하는 형식은 수행 작업에 대한 나열일 뿐, 계획이나 성과보고라고 표현하기 어렵다. 이 보고 형식 위에 최소한 수행할 작업들에 대한 계획 종료일을 함께 기록하여 보고하거나, 계획대로 완료하지 못할 것으로 예상되는 작업에 대해서는 예상 종료일을 추가로 기록하는 등의 구체적인 계획으로 기술하여야 한다. 그러나 이러한 현황 보고서 형식은 근본적으로 프로젝트 진행 현황을 쉽게 가시화하는데 한계가 있다. 조금 더 구체적인 계획과 실적을 포함한 현황을 표현하기 위한 형식으로는, 개인의 작업 계획을 상세 일정표로 표시하고, 그 일정에 금번 기간을 표시하여 완료 예정인 작업들과 시작 예정인 작업들을 쉽게 식별할 수 있게 하는 것을 권장한다. [그림4-19]에서 일정표 가운데가 금번 기간에 예정된 작업들의 완료 혹은 시작에 대한 계획이며, 예정대로 완료가 어려운 작업에 대해 새로운 완료 예정을 추정하여 표시

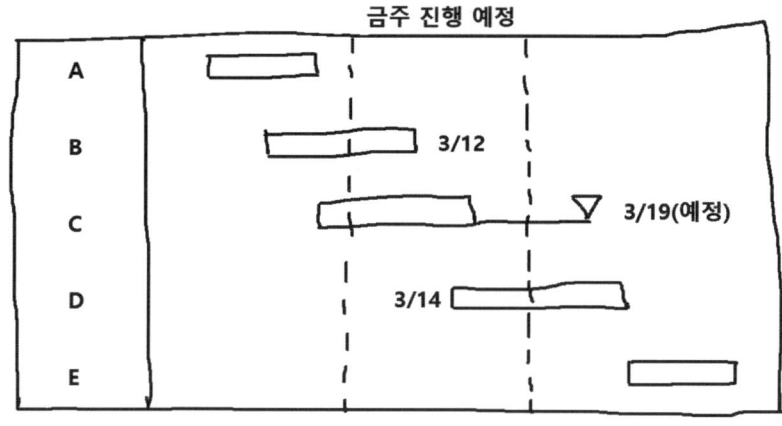

[그림4-19] 프로젝트 현황 보고의 예2

한다. 프로젝트가 진행되더라도 이런 형식의 보고서는 항상 중앙에 금번 기간이 위치하도록 작성하여 빠르고 쉽게 진행되는 현황을 볼 수 있게 하는 것이 우수한 보고서가 된다.

앞에서 언급한 바와 같이, 프로젝트 현황이나 성과보고서는 간결하게 작성되어 경영자나 의사결정권자들이 짧은 시간에 빠르게 해독하고 빠른 의사결정이나 지원을 결정할 수 있도록 하는 것이 기본이다. 이런 기본을 반영하여, 현재 현업에서 많이 사용되는 보고서 중의 하나가 진척 S-Curve 형식의 보고서이다. 예산 원가 결정에서 설명되었던 예산 혹은 원가기준선을 표현하는 방법으로 원가 S-Curve를 소개하였는데, 동일한 방법으로 진척을 계획하고 보고하는 방법이다. [그림4-20]과 같이, 아무리 규모가 크고 복잡한 프로젝트일지라도 상위 경영층이 한눈에 볼 수 있도록 진척 상황을 S-Curve 한 장으로 표현하는 방법이다. 만일 프로젝트 진척에 대한 계획 대비 실적의 차이가 많이 나는 나쁜 상황일 경우에는,

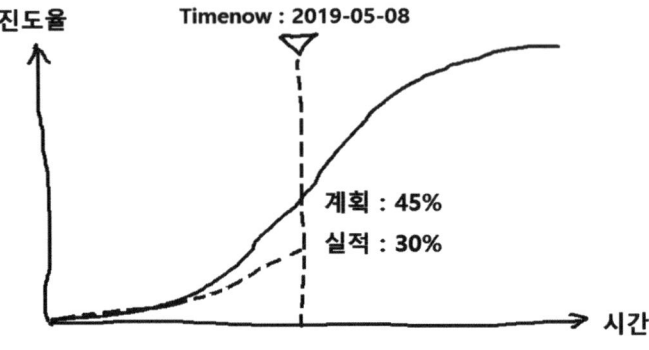

[그림4-20] 진척 S-Curve

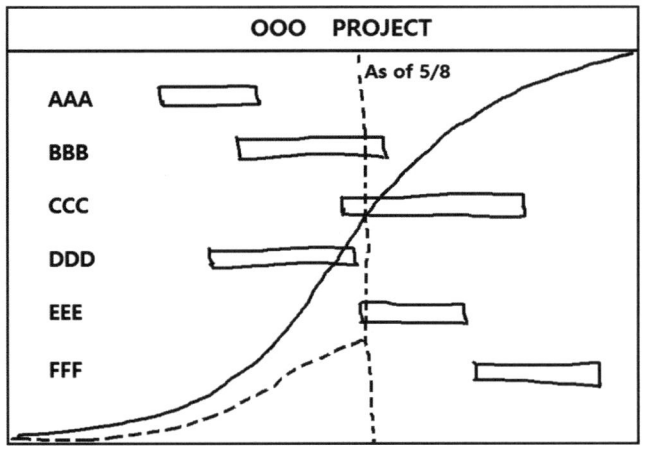

[그림4-21] 대일정 계획과 진척 S-Curve

이 S-Curve외에 성과 차이의 원인과 이를 만회하기 위한 대책, 혹은 경영층에게 요청할 할 지원 사항이나 의사결정 사항 등을 포함하는 한 장의 보고서가 추가될 뿐이다.

[그림4-21]과 같이 마스터 스케줄이라 부르는 대일정 계획표 위에 S 모양의 진척에 대한 누적 곡선을 그려 놓은 형식의 보고서가 경영진들에게 가장 선호되는 양식이다. 상위경영층에게 간단한 S-Curve 형식의 보고서가 적당하다면, 그 밖의 경영진이나 관리자에는 이러한 대일정 계획이 포함된 진척 S-Curve가 유용할 수 있다.

진척 S-Curve를 작성하는 방법은 [그림4-22]와 같다. 프로젝트 관리를 위해 자동화된 소프트웨어를 사용한다면 일정 데이터 입력으로 간단하게 해결되겠지만, 그렇지 않을 경우에는 엑셀과 같은 스프레드시트를 이용할 수 있다. 먼저 완성된 일정표를 기준으로 각 활동의 가중치를 정한다. 예를 들면, 10개의 활동이 있다면 각 10%의 비중으로 간주하여 프로젝트 전체를 100%로 만들 수 있지만, 현실적으로 각 활동은 그 중요성, 업무량, 예산 혹은 투입 자원의 양을 기준으로 업무의 경중을 고려한 계획 진도율로 수치화하여야 한다. 이렇게 배정된 각 활동의 계획된 진도율

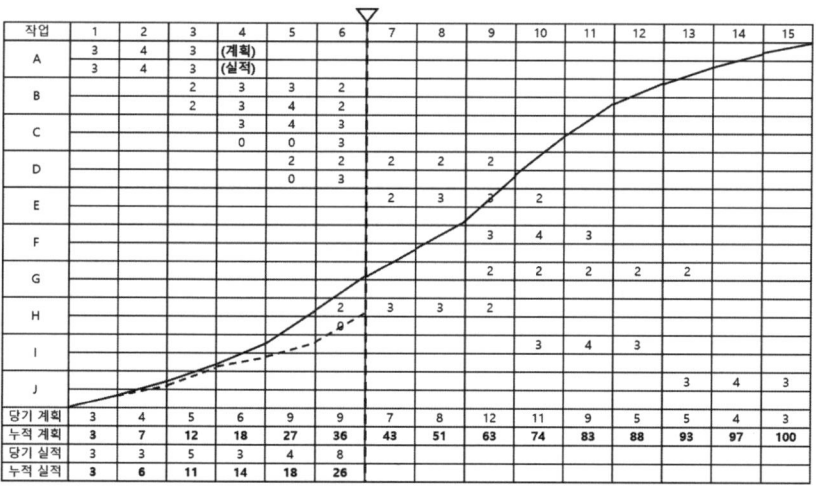

[그림4-22] 진척 S-Curve 만들기

의 합은 100%가 된다. 다음으로, 각 작업에 할당된 계획 진도율을 작업 기간 동안에 기간별로 배분하여 할당한다. 예를 들면, 한 작업에 배분된 계획 진도율이 5%이고, 그 작업의 기간이 5일이라면, 하루에 1%씩 진척하는 것으로 계획하여 배분한다. 그러나 작업 기간에 걸친 배분은 균등 배분도 가능하지만 일반적으로 작업 기간 중앙에 많은 비율을 배분하고 시작과 끝 부분에는 상대적으로 적게 할당한다. 그 이유는 작업의 시작과 종료 즈음에는 진척이 크게 발생하지 않고 주로 중간에 많이 발생하기 때문이다. 각 작업에 대해 배분이 완료되면 해당 기간별로 배분된 진척율을 모두 더하여 당기 계획 진도율을 구하고, 그 아래에 프로젝트 진척에 따른 누적 진도율을 계산한다. 이렇게 구한 기간별 누적 진도율을 대상으로 누적 곡선을 그리면 계획 곡선이 완성된다. 작성된 진척 S-Curve 보고서는 프로젝트 진척과 함께 각 작업의 진도율이 파악되고 그 실적을 기록한 후에 동일한 방법으로 해당 기간의 총 진척인 당기 실적을 계산하고, 다시 이를 누적으로 구한 후에 S-Curve 곡선을 그리면 실적 곡선이 된다.

6. 통합변경통제와 변경관리

　프로젝트 관리자를 가장 어렵게 만드는 상황은 단연 프로젝트에서의 각종 변경이다. 프로젝트의 불확실성으로 인한 불완전한 계획뿐만 아니라 프로젝트 진행 동안 발생하는 요구사항의 변경, 프로젝트 환경의 변화 등이 프로젝트 변경을 유발한다. 이러한 변경은 계획, 예산, 팀원, 프로젝트 결과물 등의 모든 측면에 불안정을 초래하기에 프로젝트 관리의 최대 장애물이 된다.

　기본적으로 프로젝트에서의 변경은 프로젝트 산출물에 대한 변경과 프로젝트 자체에 대한 변경이라는 차원에서 발생한다. 가장 일반적인 변경 형태인 프로젝트 산출물에 대한 변경은 고객이나 사용자 등의 요구사항 변화나 마케팅 차원에서의 제품 변경 등과 같은 원인에서 유발된다. 이에 반해 프로젝트의 자체 변경은 경영층이나 프로젝트 스폰서에 의해서 프로젝트 목표나 접근 방법 등을 변경하게 만든다. 이는 최초 사업 타당성 분석 이후에 변경된 프로젝트 환경이나 상황을 반영한 새로운 타당성 분석의 결과로부터 유발될 수도 있다.

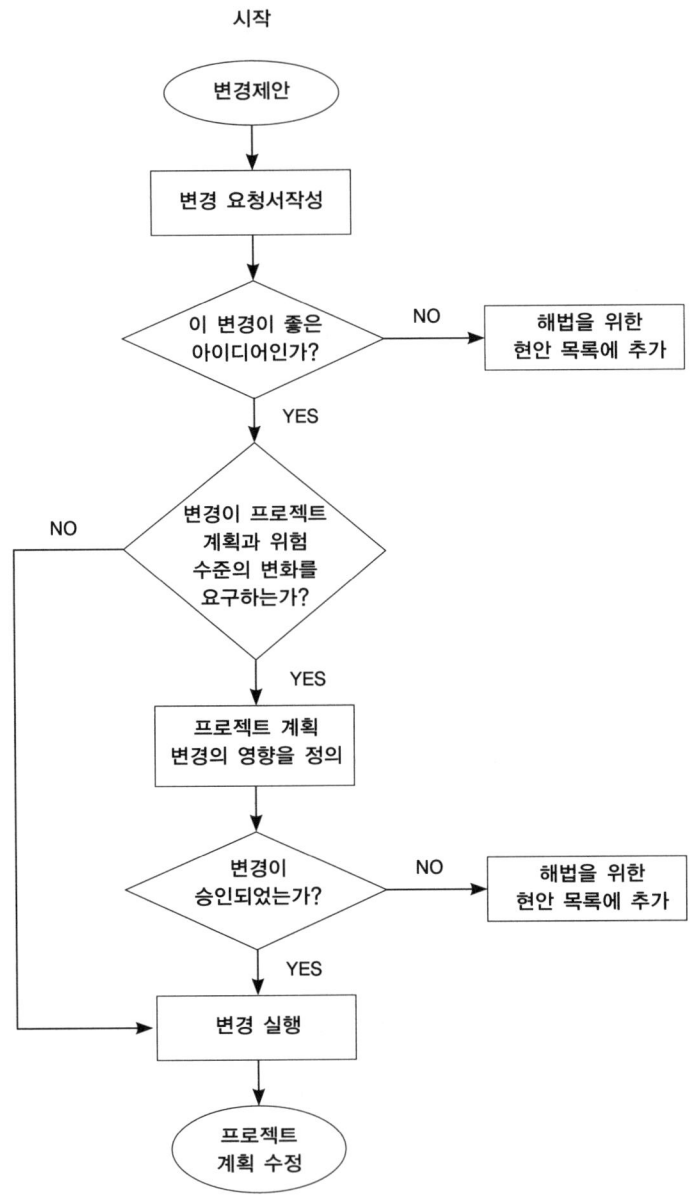

[그림4-23] 변경관리 절차

프로젝트에서 변경은 추가적인 일정이나 원가를 요구하며, 심지어는 팀원들의 사기를 저하시킨다. 프로젝트 변경은 적으면 적을수록 프로젝트에 유리하지만 프로젝트에서 변경은 프로젝트에서 제거될 수 없이 항상 일어나는 통상적인 일이므로 단지 이를 최소화시키는 것이 중요하다. 프로젝트 초기부터 요구사항을 수집하고 정확하게 요구사항을 정의하는 것도 이러한 변경을 줄이는 하나의 방법이 된다. 즉, 가능한 현실적이고 정확한 계획 수립 노력이 변경을 최소화할 수 있는 것이다.

프로젝트 변경관리 절차는 [그림4-23]과 같은 흐름으로 진행된다. 가장 먼저 담당자가 프로젝트에 대한 변경의 필요성을 인지하고 변경 요청서를 작성하여 변경을 제안한다. 변경 요청서 내용에서 변경 요청 사항과 변경 사유를 작성하고 필요시에 해결을 위한 접근방법을 제안하는 내용까지 작성한다. 제출된 변경 요청서는 승인권자 혹은 위원회의 승인을 받기 위해 프로젝트 관리팀에 의한 검토를 거친다. 일차적으로는 이 변경이 좋은 아이디어인지를 파악하고 그렇지 못할 경우에는 일반적인 해법을 찾기 위한 현안 목록에 추가하지만, 좋은 아이디어로 판단이 되면 구체적인 검토에 착수한다. 검토에는 제안된 변경으로 인해 프로젝트에 어떤 영향을 미치는지에 대한 영향을 평가한다. 주로 변경으로 인해 프로젝트 목표로 설정된 범위, 일정, 원가, 품질 등에 미치는 영향을 분석한다. 프로젝트에 미치는 영향까지 검토하여 보완된 변경요청서는 규정된 승인권자에 의해 승인 여부를 결정한다. 승인권자는 조직의 규정이나 프로젝트에 규정된 경영층 등의 개인이나 고객과 주요 이해관계자들로 구성된 위원회가 될 수 있다. 일반적으로 이 위원회를 변경통제위원회(CCB: Change Control Board), 혹은 기술검토위원회(TRB: Technical Review Board)라고 부른다. 만일 여러 가지 이유로 승인이 거부되면 이 변경 아이디어는 추후 일반적인 해법을 찾기 위해 현안 목록으로 등록한다. 그러나 승인된 변경 사항에 대해서는 프로젝트 팀은 물론이고 관련 이해관계자들에게 배포하고 담당자들이 변경을 실행한다. 프로젝트 관리자나 프로젝트 관리팀은 변경에 대한 배포 책임뿐만 아니라 변경이 적절하게 이행되고 있는지 확인하고 추적하는 책임을 갖는다.

프로젝트에서의 변경을 통해 얻을 수 있는 가치를 인정하고 동의를 얻는 것은 중요한 일이다. 그렇지만 이를 위해 모든 이해관계자들을 의사 결정에 참여시킬 수는 없다. 의사결정의 유연성과 신속성을 위해서는 의사결정의 속도와 변경의 필요성 사이에 균형을 유지하여야 하며, 이러한 균형을 위해 프로젝트 관리에서는 변경이 프로젝트에 미치는 영향의 정도를 기준으로 여러 적용 레벨을 만들 수 있다. 예를 들면, 레벨1에서 레

프로젝트 변경 요청서					
프로젝트 명:		프로젝트 스폰서:			
양식의 상단은 변경 요청자에 의해 완성시킨다. 중간 아래 부분은 프로젝트 팀에 의해 완성시킨다. 변경 요청은 그것이 프로젝트 계획에 통합될 수 있기 전에 승인되어야 한다.					
			승인 요구일: 변경 요청에 대한 결정이 언제 요구되는가?		
변경 요청 #:	작성자:		변경 요청자:		요청일:
변경요청에 대한 각 번호 할당	누가 변경요청서를 작성하나?		변경을 요청하는 사람은?		변경 요청서가 작성된 날짜
변경 내용	변경 요청 사항				
	요구되는 변경 사항이 무엇인가? 변경을 필요로 하는 것을 설명				
	변경 사유				
	변경에 대한 이유, 왜 고객이나 팀이 변경을 필요로 하나? 변경 요청이 집행되어야 하는 문제는 무엇인가?				
	해결을 위한 접근 방법의 제안				
	어떻게 변경할 것인지에 대해 제안한 접근 방법이 있다면 여기에 설명				
프로젝트 계획 분야		제안된 변경에 대한 영향			
영 향	범위 영향	프로젝트 범위에 대해 요구되는 변경/ 새로운 형상이나 기능/ 고객 요구 사항 변경			
	위험 영향	위험 상 영향이 있었나?/ 새로운 잠재적 문제가 있다면 그 위험 및 발생영향을 줄일 수 있는가?			
	일정 영향	일정에 대해 요구되는 변경은? 마감일에 대한 영향이 있는가?			
	자원 노력 영향	어느 부문에, 요구되는 자원 노력의 변경이 있는가?			
	예산 영향	어느 부문에, 요구되는 예산의 변경이 있는가?			
	기타	제안된 변경에 대한 기타 영향 표시, 즉 발생할 현안이나 팀 구성에 대해 요구되는 변경			
진행 승인					
작성자:	프로젝트리더:		스폰서:	고객:	

[그림4-24] 프로젝트 변경 요청서 사례

벨3까지 구분할 수 있는데, 레벨1은 프로젝트 팀이 승인할 수 있는 변경 수준이다. 이 수준의 변경은 프로젝트 일정이나 원가 혹은 범위를 포함하는 제품에 영향을 미치지 않는 경우로서 단순히 제품 품질을 높이거나 내구성을 높이는 설계 변경 등과 같은 경우이다. 이 경우는 프로젝트 관리자나 팀이 변경을 승인할 수 있다. 레벨2의 변경 수준은 일정, 원가, 기능 등에 영향을 미치는 경우이며 변경통제위원회 등의 공식 승인이 필요한 경우이다. 그러나 변경통제위원회도 제한된 수준의 변경 권한을 갖는다. 레벨3은 일정 수준의 변경을 초과하여 변경통제위원회가 승인할 수 없는 수준의 변경이 요구되는 경우로 고객이나 상위 경영층의 결정이 필요한 변경을 말한다. 비즈니스 케이스의 변경이 필요하며 수익성이나 주요 편익에 영향을 미치는 경우가 바로 이러한 변경 수준이다.

프로젝트의 변경 통제는 기본적으로 통합적인 노력이 요구된다. 만일 일부 범위의 변경이 유발된다면 범위 변경으로 인해 새로운 혹은 추가 작업이나 추가 시간이 필요할 것이며 동시에 추가된 작업이나 시간으로 인한 추가 원가 예산이 요구되기 때문에 이들 요소를 통합적으로 판단하고 조정하여야 한다. 그래서 변경 통제를 통합 변경 통제라고 부르기도 한다.

통합 변경 통제를 위해 준비하거나 검토되어야 할 정보 중에는 기본적으로 계획과 성과가 있다. 프로젝트 기준선과 같은 각종 프로젝트 계획은 변경 요청에 대한 통제의 근거로 삼을 수 있는 기준선을 제시하며, 이에 대한 프로젝트 실행진도 보고와 같은 성과 보고 등이 향후에 문제로 발전할 수 있는 요인에 대해 프로젝트팀 및 경영진에게 주의를 기울이게 할 수 있다. 계획 대비 실적에 대한 검토를 통해 특정 조치가 필요한 수도 있지만, 변경이 요구된다면 간단한 구두 요청이나 규정된 문서를 통해 변경을 요청할 수 있다. 특히 획득 가치 분석과 같은 성과 측정 방법을 통해 일정과 원가의 편차가 시정 조치를 포함한 계획 변경을 필요로 하는지 결정할 수 있는 보다 높은 수준의 변경 통제 방법을 적용하는 것이 프로젝트 관리에 대한 성숙도를 높이는 방법이다.

통합 변경 통제를 수행하기 위해서는 조직에 구축된 변경 통제 시스템을 이용하는 것이 보편적이다. 이는 공식적인 문서화 절차로서 서류 작업과 추적 시스템을 말하는데, 자동화된 프로젝트 관리 정보 시스템이나 패키지화된 툴을 이용할 수 있으며, 조직의 특성과 수준에 따라 전산화 정도가 상이할 수 있다. 이러한 통제 과정에서 변경 통제 위원회(CCB)와 같이 변경에 대한 승인이나 거부에 대한 권한과 책임은 사전에 명확히 정의되어야 한다. 다만 긴급한 사안에 대해서는 사전 승인 없이도 변경할 수 있는 절차를 마련하여 문서화해야 한다.

통합 변경 통제에서 변경 관리에는 형상 관리(Configuration management)도 포함되며, 이는 문서화된 절차로서 기술적 혹은 행정적인 특성을 관리하는 것이다. 특히 제품의 기능적 혹은 물리적 특성 등에 대한 변경 통제를 형상 관리라 하며 변경이 결정된 사항을 적용한 후에 그 상태에 대한 내용을 기록하고 보고하며 프로젝트의 제품 요구 사항과 부합하는지 감사하는 활동을 포함한다.

프로젝트는 불확실성으로 인해서 계획을 수립하기 어려울 뿐만 아니라 계획한 대로 진행되지 않는 것이 일반적이다. 통합 변경 통제는 시정 조치나 계획 변경은 물론 신규 원가를 추정하거나 수정된 원가의 추정, 작업이나 관리의 우선순위 조정, 리스크 대응 전략의 분석 결과 반영 등의 추가 기획 수립도 포함한다. 이렇게 변경된 프로젝트 계획과 보조 계획은 관련된 이해관계자들에게 통보되어야 하며, 결정된 시정 조치는 실행 프로세스에 반영되어 수행하여야 한다. 이 과정에서 결정되고 수행된 내용 중에 계획과 실적의 차이가 발생된 원인과 이에 대한 조치나 변경의 내용, 그리고 조치한 내용을 선택한 이유 등의 교훈 사항이 될 수 있는 정보들은 기록으로 남겨서 다른 프로젝트에도 사용할 수 있게 한다.

7. 프로젝트 이슈 관리

이슈란, 논의나 논쟁이 될 수 있는 중요한 사안들을 말하며, 프로젝트에서 이슈는 프로젝트 목표나 성과에 영향을 미치는 장애 요인들을 의미한다. 프로젝트에서 리스크와 이슈는 모두 프로젝트 목표나 성공에 영향을 준다는 공통점이 있지만 수행 과정에서는 구별되어 관리된다. 리스크는 발생 가능한 잠재적인 요소들인 반면에 이슈는 이미 발생된 사건들을 의미한다. 예를 들면, 풍선을 크게 불어서 점점 커져서 터질 것 같은

리스크　　　　　　　　　　이슈

[그림4-25] 리스크와 이슈

상황이라면 이는 풍선이 터질 수 있는 리스크이지만, 이미 풍선이 터져버렸다면 이는 이슈가 된다.

    리스크 관리를 위해서는 프로젝트 리스크관리계획을 수립하고 잠재적인 리스크를 식별하고 분석한 후에 우선순위를 정하여 상대적으로 심각한 리스크에 대해 내응 전략을 수립하는 과정을 수행한다. 이러한 과정에서 사용되는 대표적인 문서가 리스크 관리대장이다. 이에 비해 이슈는 이미 발생된 사건이지만 이 또한 사전에 이슈관리계획을 수립하고, 이슈가 발생하면 그 시급성과 영향의 정도를 평가하여 문제 해결 절차에 의해 해법을 도출한다. 이러한 내용들은 모두 이슈관리대장 혹은 조치관리대장에 기록하고 각 이슈에 대해 조치 기한과 담당자를 배정하여 해결한다. 리스크 관리대장에 포함되어 있던 리스크가 실제 발생된다면, 그 항목은 이슈관리대장에 옮겨 기록하고 조치 과정을 관리한다.

    모든 프로젝트 관리를 위해서는 관리계획이 먼저 수립되어야 하듯이

프로젝트 리스크(Risk)	프로젝트 이슈(Issue)
프로젝트 목표나 성공에 영향을 미칠 수 있는 잠재적인 사건이나 상황	프로젝트 리스크 요인으로부터 실제 발생된 프로젝트 목표에 영향을 미치는 사건
아직 발생하지 않은 잠재적인 사건	이미 발생하여 조치해야 할 문제
최대한 식별을 통해 관리해야 할 사건	리스크 관리가 잘 안될 경우 발생
리스크는 사전 대응으로 회피나 완화 가능	이슈는 이미 발생한 문제로 해결 방안 수립
리스크 식별, 분석, 대응을 통한 관리	이슈 목록, 우선순위 정하기, 해결방안 수립
리스크 관리대장(Risk Register) 사용	Issue Log(이슈 관리대장) 혹은 Action Items Log(조치 관리대장)사용

[그림4-26] 리스크와 이슈의 차이

이슈 관리를 위해서는 이슈관리계획이 필요하다. 이슈관리계획에는 이슈 적용범위, 이슈의 정의-분석-해결 처리의 절차, 승인 권한과 책임, 우선순위 기준, 기타 도구 및 기법, 보고 양식 등을 포함한다. 일반적인 절차는 발생된 이슈에 대해 이슈관리대장에 발생 일자와 함께 기록한 후에 시급성이나 영향도를 평가하여 우선순위를 정한다. 우선순위가 높은 순으로 해결 방안을 도출하고 동시에 조치 시한과 조치 담당자를 선정하여 기록한다. 프로젝트 회의 등을 통한 이슈 관련 정보의 배포와 이슈관리대장의 주기적인 검토를 통한 이행 여부 확인 등의 이슈관리를 프로젝트 동안 지속적으로 수행한다.

이슈관리대장								
프로젝트 이름 :				프로젝트 ID :				
ID	이슈 내용	발생일	시급성	영향도	우선순위	해결방안	조치일	담당자

[그림4-27] 이슈관리대장 양식

8. 프로젝트 기획 및 통제 절차

프로젝트 관리 프로세스에는 착수, 기획, 실행, 통제, 종료가 있으며, 가장 많은 관리 업무가 기획에서 통제까지 분포되어 있다. 좁은 의미의 프로젝트 관리는 바로 기획, 실행, 종료를 포함한다. [그림4-28]은 프로젝트 관리를 위한 기획 및 통제에 대한 활동을 순차적으로 나열한 것이다.

[그림4-28]의 각 관리 활동에 대한 내용을 구체적으로 설명하면 다음과 같다.

1. 프로젝트의 수행환경과 상태를 분석하는 일은 가장 먼저 수행하여야 하며, 프로젝트를 이해하고 수행을 준비하는 기본적인 활동이다.
2. 프로젝트 계획수립의 기본은 목표를 정의하는 일이다. 또한 목표를 달성하기 위해 산출해야 할 결과물에 대해 모든 구성원이 명확하게 이해하여야 이를 위한 관리활동의 기준이 명확해지고 프로젝트가 궤도에서 벗어나지 않게 할 수 있다.

순서	범주	관리 활동
1	기획	프로젝트의 현재 상태에 대한 실질적인 관련 정보를 수집, 분석한다
2		프로젝트의 목표와 결과물을 명확히 정의한다.
3		프로젝트의 수행 방법에 관해 가능한 여러 대안을 수립한다.
4		프로젝트 수행방법의 각 대안 별로 부정적 결과를 초래할 가능성을 식별한다.
5		프로젝트의 수행방법을 결정한다.
6		각 단계 또는 주요 작업 별로 우선순위, 수행시점 등에 관한 전략을 수립한다.
7		프로젝트의 진척상황을 언제, 어떻게 측정할 것인지를 결정한다.
8		프로젝트의 수행에 필요한 다양한 작업을 구체적으로 식별하고 분석한다.
9		직무 별로 업무범위, 책임, 권한, 직무간의 관계를 정의한다.
10		직무 별로 필요한 자격조건을 정의한다.
11		예산, 시설, 인력 등을 포함한 자원배정을 계획한다.
12	실행	직무 별로 자격요건에 맞는 사람을 확보한다.
13		부여된 책임이나 권한에 따라 교육훈련을 실시하여 개인과 팀의 역량을 개발한다.
14		개인별로 성과목표를 설정하고 관리자와 합의한다.
15		개인 별로 역할, 책임, 권한을 부여한다.
16		일상적인 업무수행을 조정한다.
17	통제	진척도를 측정하여 프로젝트의 목표와 비교하고 차이를 식별한다.
18		성과 목표와성과 기준에 근거하여 개인별 성과를 측정한다.
19		프로젝트 계획을 수정하고 시정조치를 취한다.
20		개인별 성과에 따른 적절한 인정과 보상을 실시한다.

[그림4-28] 프로젝트 기획 및 통제 업무 순서

3. 프로젝트의 수행방법이나 프로세스는 고유한 특정 방법으로 정해지지 않기에 가능한 몇 가지 대안을 찾아야 한다. 처음에 확실해 보이는 대안이 항상 최선이 아닌 경우가 종종 발생한다.

4. 여러 수행방법에 대한 대안을 평가하는 유용한 방법은 부정적인 영향의 정도를 파악하는 것이며, 그 중 영향이 최소인 대안을 선택한다.
5. 앞의 1~4 단계에 해당하는 활동들로부터 획득한 정보를 바탕으로 본인의 경험 등을 모두 고려하여 수행방법 및 기본적인 프로세스를 결정한다.
6. 프로젝트의 수행방법이 결정된 후에는 수행전략을 수립하며 계획 수립에 관련한 후속활동의 기준을 제시한다.
7. 프로젝트의 성공을 위한 필수요소 중 하나가 측정이다. 계획대로 진행되었는가 확인하기 위하여, 언제, 어떻게, 누가 측정하고 보고할 것인지 계획을 수립한다.
8. 프로젝트 수행에 필요한 직무나 직책을 결정하기 위해서는 사전에 프로젝트 작업의 식별과 분석이 필수적이다.
9. 어떤 종류의 의사결정을, 어떤 조직계층에서 수행할 것이며, 관련된 팀원이 어떻게 참여할지를 결정한다.
10. 직무가 식별되고 정의된 다음에는 각 직무의 수행에 필요한 자격요건의 설정이 필수적이다.
11. 이 활동의 범위는 이전 활동의 수행 정도에 영향을 받는다. 즉, 정보가 충분하면 현실적인 자원배정이 가능하지만 그렇지 않을 경우에 자원배정은 점진적으로 구체화된다.
12. 실행 단계의 첫 번째 관리활동은 8~11번 활동에 따라 팀원을 선정하는 일이다. 자격요건을 갖춘 사람은 프로젝트에 필요한 투자비용, 재료 등과 같이 수행성과를 좌우하는 가장 중요한 요소 중의 하나이다.
13. 많은 조직의 효율성은 구성원의 훈련 수준과 직접적으로 연관된다.

신규 혹은 전입 인력에게 프로젝트에 관해 정보를 제공하고 필요한 수행역량을 사전 준비토록 해야 한다.

14. 프로젝트의 목표와 개인별 목표가 부합되도록 하는 것이 핵심이다. 상호 합의하는 과정을 거치면서 얻은 서로 간의 이해와 목표에 대한사명도 중요한 요소이다.
15. 목표에 관해 합의가 이루진 후에는 해당 작업을 수행하기 위해 필요한 책임과 권한을 부여해야 한다.
16. 모든 인력들이 업무에 배정되고 자신의 역할과 책임을 이해하고 있으므로, 매일 수행과정을 감독하여 각자의 노력이 통합되고 목표달성에 기여하는지를 통제한다.
17. 프로젝트의 통제는 프로젝트 성과가 목표에 부합되는지를 확인 및 검증하는 활동을 포함한다. 이 활동을 하기 위한 기본적인 내용은 7번 활동에서 정의되었고 본 활동은 이를 실행하는 것이다.
18. 사전에 설정한 측정주기에 따라 정기적으로 측정하여 목표에 부합되는지 검토한다.
19. 앞의 17~18번 활동은 프로젝트계획 수정에 필요한 정보를 제공한다.
20. 성공적인 작업수행을 인정하는 일은 지속적인 성과창출에 매우 효과적이다. 만일 개인별 수행성과에 문제가 있다면 적절한 지원과 교육훈련을 실시한다.

이와 같은 순차적인 프로젝트 관리 활동은 프로젝트 관리 절차나 방법론을 개발할 때 참고할 수 있는 내용이다. 또한 프로젝트 관리를 위한 체크리스트로 활용할 수 있는 유용한 내용으로 앞에서 설명한 프로젝트 기획, 실행, 통제 활동들을 프로젝트 규모나 특성에 맞게 가감할 수 있다.

PART 5

프로젝트 종료

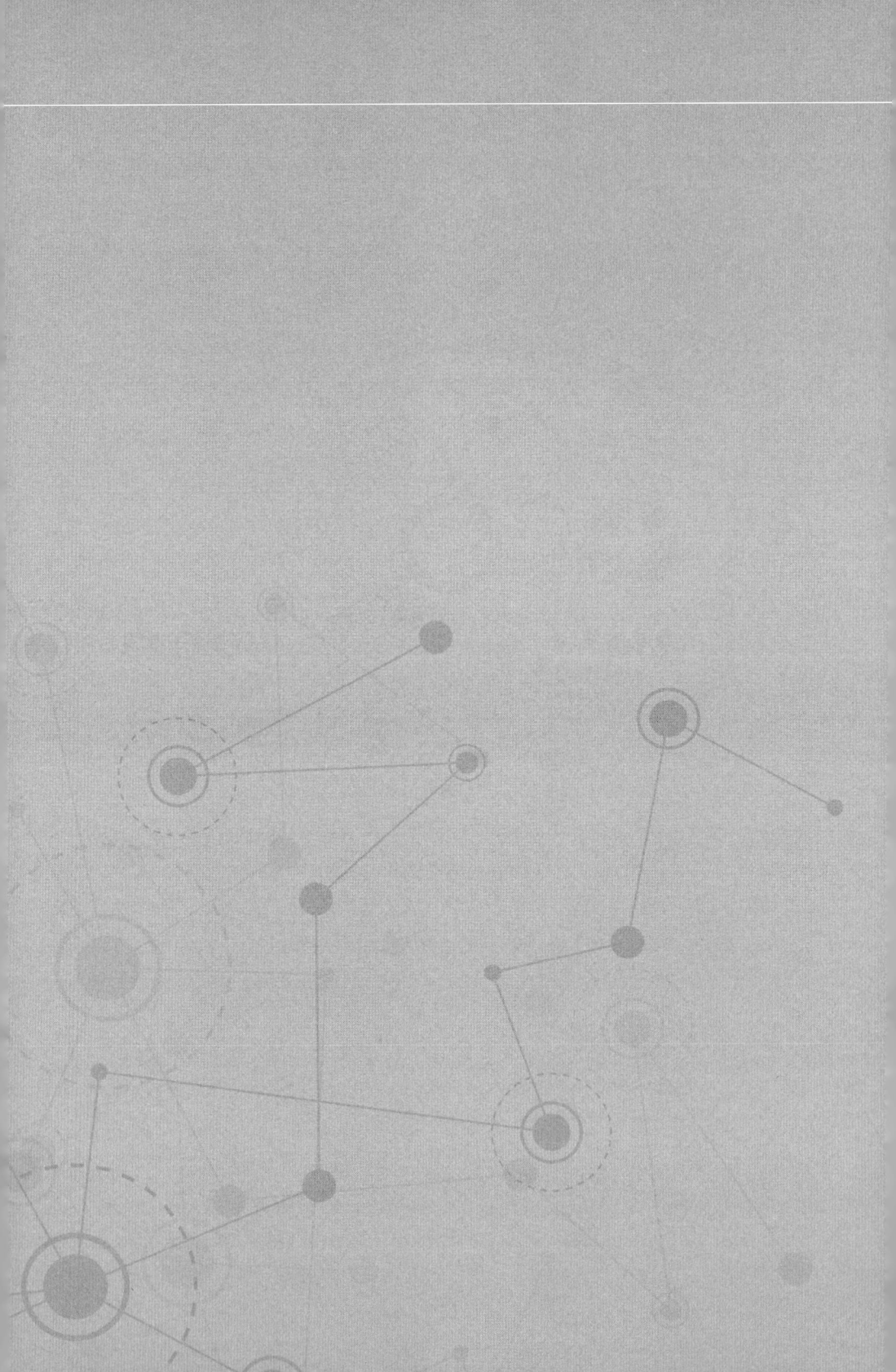

프로젝트나 프로젝트 라이프 사이클의 각 단계 끝에서는 종료 절차가 요구된다. 프로젝트의 목표가 달성되었거나 기타 이유로 프로젝트가 종료되었을 경우에 종료 절차를 수행한다. 프로젝트 종료는 기본적으로 프로젝트의 결과를 확인하고 문서화하며 고객이 최종 결과에 대한 수용을 공식적으로 확인하는 것을 포함한다. 또한 프로젝트에 대한 기록 수집 및 프로젝트 관련 정보 저장, 성공 및 효과성 분석을 통해 다른 프로젝트를 위한 학습 및 개선의 기초로 삼는다.

프로젝트 종료는 작업 종료와 행정적 종료를 포함하는데, 작업 종료

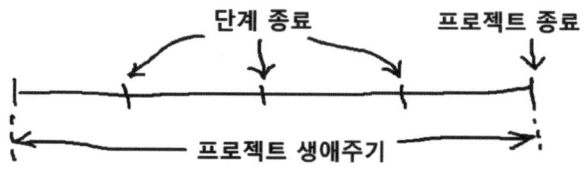

[그림5-1] 프로젝트 종료 활동

에는 고객 및 스폰서의 공식적 수락, 최종적인 프로젝트 요구 사항 달성, 지원 및 운영 업무로 이관 등이 있다. 또한 행정적 종료에는 프로젝트 관련 기록에 대한 마감과 정리, 핵심 프로젝트 문서의 보관, 각종 계약사항의 종료, 프로젝트 자원 및 인원의 해산과 재배치, 프로젝트팀의 평가 및 보고, 프로젝트 경험 및 지식의 기록과 축적 등의 활동이 있다.

항목	종료 활동
프로젝트 조직	· 종료 회의 및 종료 보고서 · 팀원 재배치 계획 · 개인별 고과 평가
재무 부문	· 예산 집행 감사 · 청구서 접수 · 최종 예산 집행 보고서
조달 부문	· 조달 평가 보고서 · 최종 대금 지급 · 계약 종결 통지
프로젝트 현장	· 장비 및 자재 처분 · 시설 정리

[그림5-2] **항목별 종료 활동**

프로젝트 산출물의 공식적인 인수나 통지가 프로젝트가 종결되었음을 나타낸다. 그러므로 프로젝트는 수행 계획뿐만 아니라 최종 산출물의 인수 계획 및 프로젝트 종결에 필요한 활동들에 대한 계획도 수립하여야 한다. 누구로부터 인수를 받을 것인지, 어떤 형태로 인수를 받을 것인지 등의 내용과 프로세스를 정의하여야 한다. 특히 프로젝트 종료에는 이관 활동도 포함하는데 이에 대한 내용도 세부적으로 준비하여야 하며, 프로젝트를 오퍼레이션으로 전환하는데 필요한 사항은 물론 특별한 사항들도 모두 이관해야 한다. 일부 이관 작업은 프로젝트 종료뿐만 아니라 단계

종료에도 적용된다. 예를 들면, 아직 미흡한 작업이나 미결된 문제나 이슈를 전달하거나 프로젝트 계획으로 갱신하는 것, 운영팀에게 프로젝트에서 적용하지 못했던 산출물의 개선 아이디어 제공, 그 밖의 프로젝트와 관련한 새로운 상황이나 향후 관련된 주요 이해관계자 명단 등이 이관되어야 한다.

1. 프로젝트 평가 회의

    프로젝트의 내부 혹은 외부 고객이 최종 인도물을 인수할 때가 프로젝트 종료 시점이다. 프로젝트 팀원들이 프로젝트의 모든 피드백을 받아 평가하고, 프로젝트의 교훈과 개선을 위한 권장 사항들이 조직에서 공유되었을 때, 비로소 프로젝트는 종료된다. 이것은 추후 다른 프로젝트 팀의 성공을 돕고, 팀에 의해 경험된 실패와 리스크들을 회피할 수 있게 도와준다.

    프로젝트 평가의 목적이 프로젝트 성과를 검토하고 프로젝트의 성공 혹은 실패 요인을 파악하는데 유용하지만, 수행 프로세스를 향상시키는데 도움이 된다. 이 평가에서 프로젝트 성공 기준은, 원가나 일정 목표의 달성이나 고객 만족을 기준으로 하며 이를 바탕으로 조직의 목표에 얼마만큼 공헌했는지 혹은 팀원 개인들의 목표 달성 정도가 될 수 있다. 그러나 이들 평가 기준은 프로젝트 선정에서 사용된 객관적 기준을 이용하거나 최고 경영층의 주관적 기준이 적용될 수 있다.

    프로젝트 평가와 함께 수행되는 교훈작성은 미래의 프로젝트를 위한 중요한 프로세스 자산이므로 이 또한 기록과 보존이 요구된다. 교훈 사항은 매주 또는 주요 사건마다 일어난 내용과 느낌을 기록하며 종료 후 2~3 페이지로 프로젝트의 경험에 의거하여 기록한다. 교훈 작성을 위해서 다음과 같은 질문 내용을 적용할 수 있다.

- 팀에서의 역할과 책임은 무엇이며 어떻게 결정되었는가?
- 프로젝트에서 좋았던 것과 싫었던 것은?
- 프로젝트를 통하여 프로젝트 관리와 자신에 대해서 배운 것은?
- 프로젝트를 통하여 팀워크와 자신에 대해서 배운 것은?
- 개선이 이루어진 것과 다시 개선해 보고 싶은 것은?
- 향후 프로젝트를 위해 기억해 두고 싶은 것은?

프로젝트뿐만 아니라 모든 관리 분야에서는 자료 수집이나 상황 파악을 위해 각종 설문 조사를 동일하게 사용하며, 이는 프로젝트 착수를 위한 설문 조사부터 프로젝트 종료를 위한 설문 조사까지 다양한 단계에서 적용된다. 프로젝트 종료를 위해서도 관련된 이해관계자들로부터 설문 조사를 수행하여 프로젝트 과정 동안 적용한 방법의 적부를 조사하고 그 결과를 프로젝트 완료보고서나 교훈에 반영함은 물론 향후 프로젝트에서 개선하여 적용한다. [그림5-3]은 프로젝트 종료를 위한 프로젝트 설문 조사의 예를 표현하고 있다.

프로젝트 종료를 위한 다양한 검토와 의견 수렴을 위해 여러 회의를 개최할 수 있다. 프로젝트 성과에 대한 고객의 피드백을 받기 위한 고객 피드백 회의, 프로젝트에서 발생한 사항에 대해 분석 및 개선을 위해 아이디어 개발과 교훈 개발을 위한 팀 회의, 그리고 스폰서와 함께 프로젝

프로젝트 종료 설문	
프로젝트 이름	프로젝트 번호
PM 실무 교육 과정 개발	S1744
프로젝트 관리자	보고일
박OO	2024/12/10

프로젝트 목표
2025년부터 사내 직원을 교육할 수 있는 PM 실무 교육 과정을 개발한다.

프로젝트 관리

번호	내용	1	2	3	4	5
1	프로젝트는 방법론에 의해 수행되었다.					
2	프로젝트에 적절한 도구를 사용하여 수행하였다.					
3	프로젝트 활동 기획에 충분한 시간에 주어졌다.					
4	프로젝트 활동 통제에 충분한 시간에 주어졌다.					
5	프로젝트 범위 변경이 적절하게 관리되었다.					
6	프로젝트 회의가 사전에 계획되고 생산적이었다.					
7	프로젝트가 그 목표를 달성했다.					
8	모든 이해관계자와 명료한 의사소통이 이루어졌다.					

1: 매우그렇지 않다   2: 그렇지 않다   3: 보통이다   4: 그렇다   5: 매우 그렇다

프로젝트 개발

번호	내용	1	2	3	4	5
1	적절한 개발 방법론이 적용되었다.					
2	프로젝트 요구사항이 명확히 정의되었다.					
3	요구사항이 설계에 적절히 반영되었다.					
4	프로젝트 인도물들이 검토되고 승인되었다.					
5	적합한 테스트가 수행되었다.					
6	인수 기준이 승인되고 문서화되었다.					

1: 매우그렇지 않다   2: 그렇지 않다   3: 보통이다   4: 그렇다   5: 매우 그렇다

[그림5-3] 프로젝트 종료 설문 조사의 예

트를 검토하는 프로젝트 검토회의 등을 수행할 수 있다.

먼저 고객 피드백 회의는 프로젝트 고객으로부터 개선을 위한 아이디어와 피드백을 요청하는 회의로 그들이 프로젝트에서 무엇을 좋아했으며 싫어했는지 직접 확인하여 추후에 그런 내용을 어떻게 개선할 것인가에 대한 팀의 결정에 도움이 되게 한다. 고객 피드백 회의에서는 프로젝트 계획에 대한 경영층 요약서와 계획이 변경되었던 사항에 대해 고객과 검토하고 프로젝트 인도물에 대한 고객 만족 정도의 피드백을 요청한다. 또한 프로젝트 수행에 대한 고객의 검토 및 승인 프로세스에 대한 만족 여부를 고객에게 피드백을 요청하는 것은 물론 프로젝트 동안 받았던 진도보고서의 빈도와 품질에 대해 만족 여부에 대한 피드백도 요청한다. 일부 프로젝트에서는 프로젝트를 수행하는 프로세스가 고객에게 영향을 미치게 되므로 이 프로세스에 대한 평가도 고객에게 요청하여 프로젝트 프로세스 개선의 기초로 이용한다.

다음은 교훈 개발을 위한 팀 회의로, 이는 프로젝트로부터 결과를 검토하고 그 결과를 교훈 및 개선을 위한 권장 사항으로 전환하기 위해 개최하는 회의이다. 이것은 팀이 그들의 성공과 실수로부터 교훈을 배워 그들이 다음에 더 나은 프로젝트를 실행하도록 해준다. 팀 회의에서 다루는 내용에는, 프로젝트 목표에 대한 검토, 검토 및 승인 프로세스 평가, 팀 구성에 대한 검토, 프로젝트 계획과 일정, 자원, 예산에 대한 실적의 비교, 프로젝트 상황 보고서의 적절성, 그리고 프로젝트 프로세스에 대한 피드백 정보를 평가하고 개선 아이디어를 개발하는 것을 포함한다. 그 중에 프로젝트 목표에 대한 검토는 프로젝트 계획에 대한 경영층 요약서와 계획 변경된 사항들을 검토하며, 범위 계획과 실제 인도물을 비교하여 교훈을 개발하고 프로젝트 계획과 일정, 자원, 예산에 대한 실적을 비교한다. 이를 통해 프로젝트 계획과의 편차, 그 편차의 발생원인, 일정을 지키지 못한 리스크 여부 등을 검토한다. 그 밖에는 검토 및 승인 절차와 방법이 적절했는지에 대한 프로세스에 대한 평가, 팀원 구성의 적합성 검토, 그리고 주요 이해관계자들과 스폰서로부터 설문한 피드백의 평가를 통해 프로젝트 프로세스에 대한 평가 및 개선 아이디어 개발 등을 수행한다.

끝으로, 프로젝트 스폰서와 함께 프로젝트 검토 회의를 개최하는데, 이 회의는 프로젝트 결과와 개선을 위한 팀의 예비 아이디어에 대해 스폰서와 함께 검토하기 위함이다. 종료 보고서가 작성되기 전에 스폰서로부터 최종 입력 사항을 요청하고 이를 통하여, 팀은 스폰서의 아이디어에 대한 내용을 얻고 팀의 최종 권장 사항에 대해 반영할 사항을 생성할 수 있다. 이 검토 회의에서는, 프로젝트 계획과 승인된 변경에 대해 경영층에 보고할 요약을 검토하고, 인도물, 검토 및 승인, 인도물 생성 위험, 팀 구성, 일정 계획, 자원 시간, 예산, 프로젝트 보고서 등의 프로젝트 결과를 검토하며, 프로젝트로부터의 교훈에 대해 스폰서와 함께 검토한 후에 개선 사항에 대한 아이디어를 토의한다.

2. 프로젝트 종료 보고서

프로젝트 종료에서 문서 정리 및 이관과 함께 소홀하게 다루는 것이 종료 보고서이다. 모든 일들이 그렇듯이, 진행하는 과정에는 흥미를 느끼지만 일을 마치게 되면 마무리는 귀찮은 것과 같은 심리이다. 또한 프로젝트 성공에 심취되어 있거나 실패한 상황을 수습하기에 바빠서 마무리를 형식적으로 그치는 경우도 많다. 그렇지만 프로젝트 종료 활동을 통해 얻는 결과는 회사나 조직에 많은 편익을 가져다준다. 이는 수행한 프로젝트의 각종 데이터와 프로세스, 교훈 등과 같은 조직 프로세스 자산이 미래의 프로젝트에 영향을 주는 주요한 지식 자산이기 때문이다.

프로젝트는 산출물에 대한 개발 단계의 종결로 종료되거나 최종 산출물의 인도로 종료될 수 있다. 프로젝트 종료를 통해서 산출되는 종료 보고서 등의 인도물은 프로젝트를 공식적으로 마무리한다는 의미도 있지만 조직에 학습 기회를 제공하거나 지적 자산을 제공할 수 있다는데 의미가 있다. 프로젝트 산출물에 대한 경영층이나 고객의 공식 인수, 각종 대금 지불을 포함한 예산 종결, 변경 사항이나 이슈 등에 대한 종결 등의 활동으로 공식적인 마무리 후에, 프로젝트 종료 보고서를 포함한 문서 정리와 교훈 사항 정리는 프로세스를 개선하거나 프로젝트 관리 성숙도를 높일 수 있는 기회를 만들 수 있다.

종료 보고서(Final Report)를 작성하는 목적은, 프로젝트 성과와 교훈을 설명하고, 프로젝트 관리 프로세스 개선을 위한 상위 경영층의 권장 사항을 만들 수 있는 조직상의 보고서를 생성하기 위함이다. 종료 보고서에 의해 생성된 교훈이 다른 사람들에게 전달되면, 팀은 미래의 팀들 및 경영층과 함께 프로젝트 경험을 공유하게 된다.

종료 보고서를 작성하는 방법은, 가장 먼저 종료 보고를 위한 경영층 요약을 작성한다. 경영층 요약에는 프로젝트 범위 및 리스크, 일정, 자원 시간, 원가, 교훈 등을 포함하며, 각 부분을 초기 계획 목표, 마감일, 제약, 변경 사항, 자원 시간 및 예산 실적, 최종 인도물 실적, 최종인도물에 대한 고객 평가 등과 같은 프로젝트의 결과 실적 및 교훈 사항 등의 세부적인 내용으로 문서화한다. 또한, 프로젝트 편차보고서, 이해관계자로부터 피드백, 교훈, 미래 프로젝트들을 위한 권장 사항들도 함께 첨부한다. 완성된 종료 보고서는 의사소통계획에 의해 배포하고 그것을 문서로 결집하며, 프로젝트들을 감독하는 프로그램 사무국(Program Office)이나 조정위원회(Steering Group)가 존재할 경우에 그들에게도 역시 보고서를 배포한다. 이 완료 보고서는 향후 프로젝트의 개선을 위한 아이디어 원천이 될 것이며 통계적 데이터로서 이용될 것이다.

프로젝트 문서들은 프로젝트의 규모나 특성에 따라 그 내용이 적절하게 가감되어야 한다. 간단하고 복잡하지 않은 단기 프로젝트의 경우에는 문서들이 간략하게 작성되고 단순한 절차를 통해 처리되어야 하는 것은 당연한 일이다. 그렇지 않고 대형 프로젝트나 소형 프로젝트가 모두

OO프로젝트 종료 보고서

(프로젝트 기간: 2020. 2. 1 ~ 2020. 12. 15)

Ⅰ. 경영층 요약

1. 프로젝트 범위와 리스크(결과에 대한 분석 포함)

2. 프로젝트 주요 일정(결과에 대한 분석 포함)

3. 자원 시간
   - 계획된 총 자원 시간
   - 계획된 총 자원 시간
   - 실제 투입된 자원 시간
   - 계획 대비 실적의 결과에 대한 분석 포함

4. 원가
   - 계획된 총 원가
   - 변경된 계획 내용
   - 실적 원가
   - 계획 대비 실적의 결과에 대한 분석 포함

Ⅱ. 교훈 사항

1. 성공 사항
   - 인도물(결과에 대한 평가 포함)
   - 프로젝트 프로세스(결과에 대한 평가)

2. 개선을 위한 권장 사항
   - 인도물
   - 프로젝트 프로세스

Ⅲ. 첨부 자료

1. 일정, 예산, 자원 시간, 프로젝트 범위에 대한 편차 분석

2. 참가자 설문 피드백 및 고객 만족 설문

3. 프로젝트 팀 설문

[그림5-4] 프로젝트 종료 보고서의 내용

프로젝트 완료 보고서 (Project Closure Report)	
프로젝트 이름	프로젝트 번호
PM 실무 교육 과정 개발	S1744
프로젝트 관리자	보고일
박OO	2024/12/20
프로젝트 목표	
2025년부터 사내 직원을 교육할 수 있는 PM 실무 교육 과정을 개발한다.	
프로젝트 종료 사유	
프로젝트 인도물의 완료	
프로젝트 이후 책임 사항	
교육 운영부서에서 프로젝트 과정 교재에 대해 개정판을 개발한다.	
프로젝트 성과	
목표 대비 성과	2020년부터 사내 직원에 대한 PM실무 과정의 제공이 가능하다.
성공 기준 대비 성과	과정 교재 및 자료가 시험 운영팀에 의해 승인되었다.
일정 대비 성과	프로젝트는 정시에 완료되었다.
예산 대비 성과	프로젝트는 예산 목표인 3천5백만원이하로 완료되었다.
교훈 사항	
잘된 사항	프로젝트 헌장과 범위기술서를 통해 프로젝트 범위가 명확히 정의되었다. 변경통제 프로세스 적용으로 범위 크립을 방지하였다.
잘못된 사항	모든 이슈들이 문서화되지 않았다.
개선할 사항	이슈 관리
권장 사항	이슈관리대장 혹은 조치관리대장의 개발

[그림5-5] 간편 프로젝트 완료 보고서의 예

동일한 절차와 방법에 의해 프로젝트 관리를 적용한다면 '관리를 위한 관리' 혹은 '관리의 비효율성'이라는 결과를 초래할 것이다. 프로젝트 관리 방법론을 개발할 때, 그 방법론에는 프로젝트 규모나 특성을 구분하여 적용할 수 있는 레벨을 구분하여 적용하도록 해야 한다. 예를 들면, 작은 규모의 간단한 프로젝트는 단계와 절차를 거쳐 승인을 받는 대신 간편하게 통보 후 진행할 수 있게 하는 것 같이, 간편한 레벨의 방법론을 적용할 수 있어야 한다. [그림5-5]는 소형 프로젝트의 프로젝트 종료 보고에 적용될 수 있는 간편 양식의 예를 나타낸다.

　　프로젝트에서는 각종 체크리스트가 사용된다. 착수, 기획, 실행, 통제, 종료와 관련되어 수행해야 할 업무들이 누락되지 않았는지 확인하기 위한 체크리스트는 물론 품질을 위한 체크 리스크, 리스크 식별을 위한 체크리스트 등 다양한 체크리스트가 다양한 프로젝트 관리 업무에 사용된다. 체크리스트는 업무를 누락시키지 않고 완전하게 수행하기 위한 적절한 도구이며 동시에 업무를 수행하는 절차와 프로세스, 혹은 방법론으로 발전시킬 수 있는 유용한 기법이다. 이는 모든 관리 업무의 기본이므로 프로젝트 관리를 시작하는 모든 조직에서 적용할 것을 권장하는 대표적인 도구이다. [그림4-6]은 프로젝트 종료를 위해 모든 업무들이 완료되었는지 확인하는 체크리스트의 예시이다.

프로젝트 종료 체크리스트	
프로젝트 이름	프로젝트 번호
PM 실무 교육 과정 개발	S1744
프로젝트 관리자	보고일
박OO	2024/12/16

프로젝트 목표
2025년부터 사내 직원을 교육할 수 있는 PM 실무 교육 과정을 개발한다.

종료 점검 항목

번호	항목	완료
1	모든 프로젝트 인도물이 승인되었는가?	√
2	모든 이슈가 해결되었는가?	√
3	최종 프로젝트 상황 보고서가 작성되었는가?	√
4	프로젝트 성공 기준이 달성되었는가?	
5	인적자원과 물적자원 모두 해산 및 이관되었는가?	
6	프로젝트 설문 조사가 완료되었는가?	
7	교훈 사항이 모두 수집 및 정리되었는가?	
8	프로젝트 종료 보고서가 완료되었는가?	
9	프로젝트 데이터 및 자료가 정리 이관되었는가?	

미완료 항목

번호	미완료 사유

[그림5-6] 프로젝트 종료 체크리스트의 예

제3부

적응형 프로젝트 관리와 애자일 방식

PART 6

애자일 프로젝트 관리의 개념

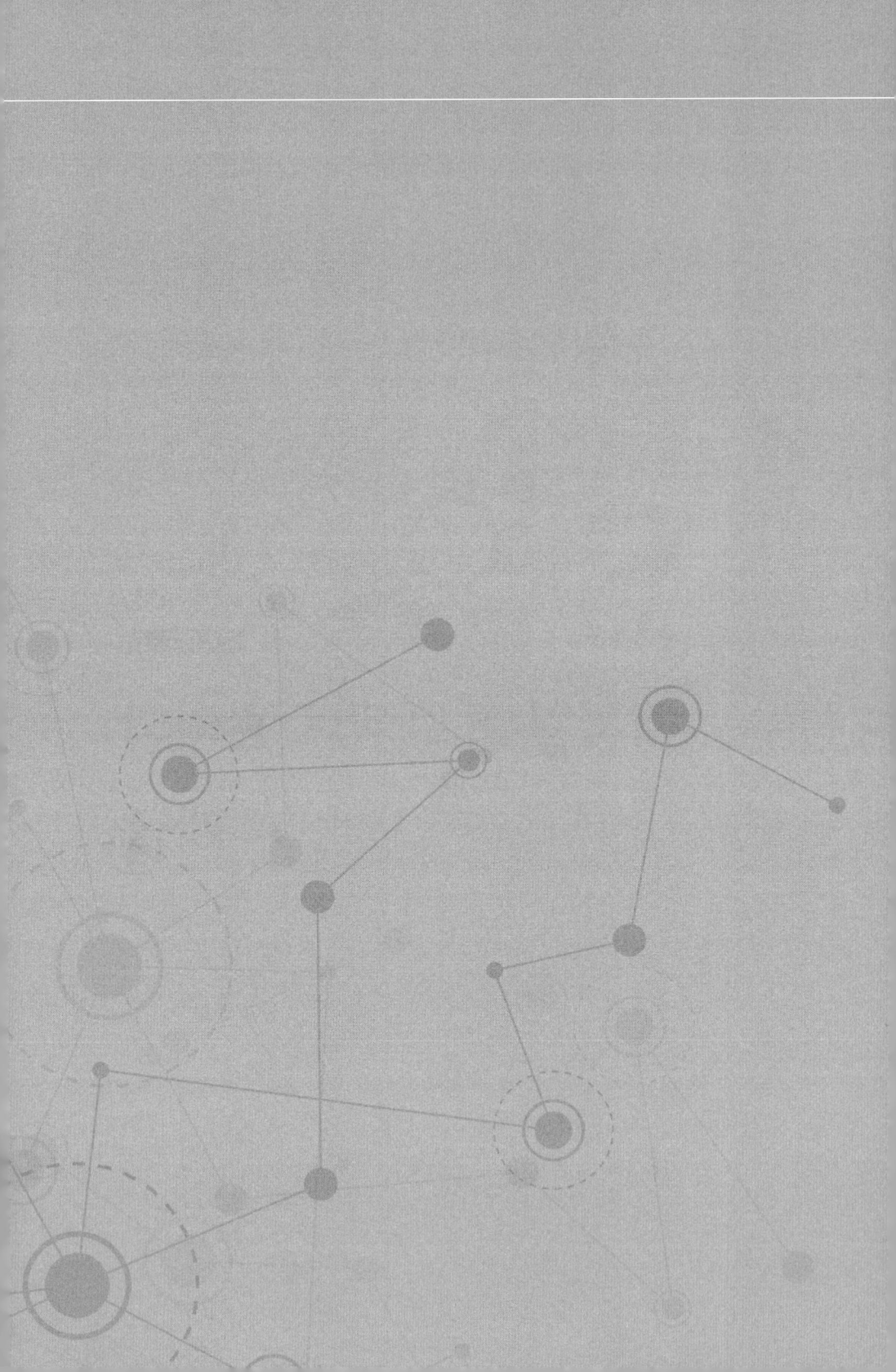

1. 애자일 방법론의 개념

여행도 하나의 프로젝트가 될 수 있으며, 여행의 목적이 힐링이든 출장이든 그것을 성공적으로 달성하기 위해서는 일련의 관리 노력이 필요하다. 만일 해외 여행을 가기 위해 일정 중심의 상세 여행 계획을 미리 수립하고 숙소와 교통 등 모든 예약까지 완료해 두는 방법과 무작정 비행기 표와 도착지 숙소만 예약해서 출발하는 방법이 있다. 비행기가 중간 기착지에 도착했을 때, 기상 악화로 인해 갈아탈 비행기가 취소되었다면, 미리 상세 계획을 세워놓은 경우에는 모두 물거품이 된다. 이런 상황에서는 수립했던 계획을 전반적으로 변경하여 다시 수립하여야 한다. 그러나 비행기 표만 구매한 경우에는 숙소 예약 비용만 손해보고 즉시 다른 숙소를 예약하면 된다. 이와 같이 사전에 상세 계획을 수립하는 방법이 전통적인 예측형 프로젝트 방법이며, 후자가 애자일 방법이라고 볼 수 있다. 애자일은 "빠른 시도를 통해 실패를 배우고, 그 실패를 통해 새로운 계획을 세우고"하는 방법을 반복한다. 한 번에 완전한 계획을 세우기 위해 많은 시간과 노력을 들이기 보다는, "일단 한 번 해보자"라는 방식으로 접근한다.

[그림6-1] Henrik Kniberg의 애자일 개발 풍자

[그림6-1]과 같이, 사람들이 특정 자동차를 원할 것으로 생각해서, 바퀴, 바닥, 차체, 지붕 순으로 작업을 해서 완성한 후에 출시했는데 판매되지 않으면 전체가 손실이 된다. 그러나 사람들이 '바퀴 달린 탈 것'을 원한다는 것을 먼저 파악한 후에, 바닥 판에 바퀴만 달아서 스케이트 보드를 우선 보여준다. 그 이후에 균형 잡기를 원하면 앞에 막대기를 하나 꽂아서 핸들을 만들고, 이를 다시 보여준 후에 서서 가기 힘들다고 하면 앉아서 갈 수 있도록 자전거를 만들어 보여준다. 또 다시 힘들이지 않고 빨리 가는 것을 원하면 엔진을 달아서 오토바이를 만들어 주고, 이것이 위험하다고 말하면 뚜껑을 덮어서 자동차를 만들어 주면 된다.

[그림6-2]의 (a)와 같이, 처음부터 프로젝트 종료까지의 상세 계획을 세우고 프로젝트 종료에 최종 결과물인 개발된 자동차를 한 번에 출시하는 방법은 전통적인 프로젝트 방법인 예측형(폭포수) 방법이며, (b)와 같이 고객의 요구를 반영해서 하나씩 발전시켜 나가는 방법이 적응형(애자일)

[그림6-2] 예측형 프로젝트(a)와 적응형 프로젝트(b)

개발 방법이다. 애자일은 최소 비용으로 가능한 빨리 핵심적인 아이디어만 구현해서 고객에게 보여주고, 그 반응을 반영하여 점차 더 나은 고객이 원하는 것을 만들어가므로 실패의 가능성을 줄일 수 있다.

프로젝트는 태생적으로 불확실성을 갖기 때문에 계획을 수립하기도 어렵고, 계획을 수립하더라도 계획대로 잘 진행되지 않는 속성을 갖는다. 이를 위해 조직들은 제대로 된 계획을 아예 수립하지 않거나 계획을 수립하는데 많은 노력을 들여 틀릴 가능성이 적은 계획을 내놓는다. 그럼에도 불구하고 계획은 항상 변경되고 재수립되기를 반복한다.

이러한 이유로 인하여 전통적인 예측형 프로젝트 개발 방법이 적절하지 않은 프로젝트의 경우에는 적응형 개발 방법을 적용할 수 있다. 적응형 개발 방법 중에 가장 대표적인 것이 바로 애자일 방법이다. 애자일(Agile)은 원래 기민하고 민첩하다는 의미를 갖고 있으며, 프로젝트에서 개발 중에 기민하고 민첩하게 요구사항을 반영하고 기타 프로젝트 환경이나 상황에 빠르게 적응할 수 있는 방법이다. 특히 애자일에서 계획 방법은 계획 그 자체가 아니라 계획 과정에 무게를 둔다. 즉, 애자일 계획법은 프로젝트 진행 중에 계속해서 계획을 수정하게 될 것이라는 전제하에 계획 과정에 투입되는 노력과 비용을 적절히 조정하려고 한다.

프로젝트에서 새로운 내용이 추가되거나 환경이 바뀌면 계획에 영향을 미칠 수 있다. 그러므로 계획이 손쉽게 변경될 수 있어야 한다. 그러나 계획 변경이 곧 일정 변경으로 연결되는 것은 아니다. 변경이 필요할 때 추가되는 범위와 함께 기존 범위를 동시에 줄일 수도 있기 때문이다. 아무튼 프로젝트에 요구되는 계획 작업을 초기에 모두 수립하려는 시도는 바람직하지 않다. 애자일적인 과정은 프로젝트 전체에 걸쳐 균등하게 이루어져야 한다. 즉, 릴리스 계획 과정을 통해 큰 그림을 만들고, 다음으로 이터레이션 계획 과정을 수차례 반복하는 프로세스의 전체 과정을 반복한다.

유사한 제품의 반복적인 개발이나 건설 프로젝트와 같이 프로젝트 계획 전체를 수립하기 용이하고 변경에 대한 위험이 낮아 불확실성이 작은 프로젝트의 경우에는 전통적인 예측형 프로젝트 접근 방법이 적합하다. 이에 반해 처음부터 프로젝트 인도물에 대한 요구가 불명확하여 변경 가능성이 높아 불확실성이 큰 프로젝트에는 애자일과 같은 적응형 접근 방법이 적합하다. 그러므로 애자일 접근 방식은 다음과 같은 특성을 지닌 프로젝트에 적용할 수 있다.

- 연구 개발이 요구되는 프로젝트
- 높은 변경 비율을 가진 프로젝트
- 알 수 없거나 불명확한 요구사항, 불확실성, 리스크가 있는 프로젝트
- 설명하기 어려운 최종 목표를 가진 프로젝트

이와 같은 배경에서 주기적으로 가치가 있는 결과물을 전달하는 것

이 애자일의 핵심 개념이다. 이를 실천하기 위해서는 다음과 같은 사항이 요구된다.

큰 문제들을 작은 문제들로 세분화하기

2주 정도로 반복해서 전달한다면 큰 덩어리 일을 그 기간 내에 마치기에는 시간이 부족하다. 짧은 반복 기간에 완료하기 위해서는 어려운 문제를 작고 관리하기 좋은 크기로 나누는 것이 좋다.

가장 중요한 것부터 실행하고 나머지는 과감히 버리기

전통적 프로젝트관리에서는 프로젝트 종료 후에 전달한 결과물에 고객이 가치를 느끼지 못하는 부분들이 많이 포함되곤 한다. 매번 반복되는 기간에 고객에게 가치가 있는 결과물을 전달하기 위해서는 중요한 것 만을 우선적으로 선정해서 개발하고, 나머지는 우선 잊고 나서 다음에 다시 고려해야 한다.

매번 전달하는 결과물이 제대로 작동하는지 확인하기

매 반복에서 가치가 있는 결과를 전달한다는 의미는, 그것이 최종 산출물의 일부분일지라도 잘 작동되는 제품으로 사용할 수 있는지 테스트까지 완료되어야 한다는 것이다. 반드시 잘 작동되는 제품은 아니어도 가치 있는 제품 증분이 되어야 한다.

피드백 구하기

고객에게 묻지 않고 그들의 요구를 알 수 없듯이, 지속적으로 고객에게 제품 인도와 그 결과에 대한 의견 등의 피드백을 받아서 반영해야 한다.

필요 시 계획 수정하기

프로젝트는 진행과 함께 고객의 새로운 요구나 환경 변화 등의 다양한 요인으로 인해 불가피하게 계획을 수정해야 한다. 애자일은 모든 내용을 미리 기획하지 않기에 부담 없이 계획을 수정하고 방향을 설정할 수 있다.

책임감 갖기

매번 반복을 통해 고객에게 가치 있는 결과를 전달하여 그들의 돈이 어떻게 쓰이고 있는지 보여주어 그들에게 믿음을 갖게 만들어야 한다. 즉, 고객의 돈을 내 돈처럼 생각하고 쓸 수 있어야 한다. 또한 자율적인 통제와 관리를 통해 개발과정에 임하는 책임감도 가져야 한다.

애자일 접근 방식에는 스크럼(Scrum), XP, DSDM, Kanban, Lean과 같은 종류들이 있다. 프로젝트 팀은 다양한 방법을 혼합하여 개발하는 것이 유용하기에, 애자일을 소개할 때, 린, 칸반 등의 개념이 자연스럽게 함께 등장한다. 이들 방법 사이의 관계는, 애자일과 칸반 방법이 린 씽킹(Lean Thinking)의 후예라고 생각하면 된다. 다시 말해, 린 씽킹은 애자일과 칸반의 속성을 공유하는 큰 집합이다. 이러한 공유되는 부분은 가치 전달, 사람에 대한 존중, 낭비 최소화, 투명성, 변화에 적응하고 지속적으로 개선하는 데 초점을 맞추는 것이다. 칸반 방법은 원래의 린 제조 시스템에서 유래되었으며 특별히 지식 작업에 사용되었다. 그것은 2000년대 중반에 널리 유행한 애자일 방법의 대안으로 등장했다. 칸반 방법은 원래 "start-where-you-are(현 상태에서 시작)" 접근 방식이기 때문에 애자일 접근 방식보다 덜 규범적이고 덜 파격적이다. 칸반 방법에 대한 많은 논쟁이 있고 앞으로도 있을 것이며, 그것이 린 운동에 속하는지 아니면 애자일 운동에 속하는지 여부에 대한 논쟁이 있을 것이다. 본서에서는 스크럼(Scrum)을 중심으로 내용을 설명하고자 한다.

애자일 스크럼(Scrum)이란 제품이나 서비스를 개발하기 위해 고안된 혁신적인 애자일 접근 방법 중 하나이다. 스크럼이란 말은 럭비 경기에서 공이 밖으로 나가거나 반칙으로 중단되었을 때 다시 시작하기 위해 양팀이 어깨를 서로 걸고 공을 차지하려고 미는 것을 말한다. 프로젝트에서는 하나의 팀으로 움직이면서 팀웍을 만들어가는 것이 필요하다는 점에 착안한 것으로 생각된다.

애자일 접근 방법은 제품 백로그(Product Backlog)라는 개념을 중심으로 한다. 백로그(Backlog)는 '밀린 일', 즉 해야 할 일을 의미하는데, 프로젝트에서 제품 개발을 위해 필요로 하는 제품 기능들을 우선순위를 정해 만들어 놓은 목록이다. 전통적인 예측형 프로젝트가 사전에 프로젝트 범위를 모두 결정하여 계획한다면, 애자일은 이 제품 백로그를 통해 해야 할 범

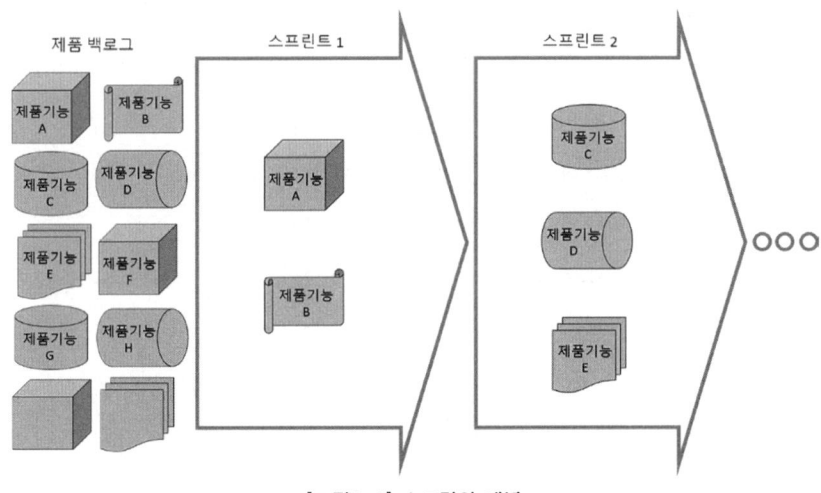

[그림6-3] 스크럼의 개념

위를 결정한다. 다만 그 제품 백로그 항목이 정해진 것이 아니라 우선순위가 높은 항목부터 구현해 가기에 낮은 우선순위는 제한된 자원의 양이나 여러 상황을 고려하여 마무리되지 못할 수 있다.

수립된 제품 백로그 항목들 중에 우선순위가 높은 순서대로 정해진 하나의 작업 주기에서 실행된다. 이 작업 주기를 이터레이션(Iteration)이라 하며, 특히 스크럼에서는 스프린트(Sprint)라고 한다. 하나의 스프린트는 일반적으로 1~4주 길이로 수행되며, 한번 정해진 길이로 계속 반복된다. 매 번의 스프린트에서 제품 백로그에 있는 기능들이 설계, 구현, 테스트를 통해 개발되는데, 그 결과물을 '사용 가능한 제품 기능', '작동 가능한 제품 기능', '잠재적으로 출시 가능한 제품', '출시 가능한 제품 증분' 등으로 부른다. 사전에 예상하는 제품 백로그에 있는 기능들은 하나의 스프린트라는 짧은 기간에 모두 개발할 수 없기에, 일부 기능만을 개발하고 다음 스프린트에서 우선순위가 높은 나머지 제품 기능을 개발할 수 있다. 그러므로 매번 스프린트(이터레이션)를 시작하기 전에 개발할 제품 기능들을 계획하여 실행하고 그 스프린트 끝에서 개발된 기능을 검토하고 피드백을 받는 것으로 마무리한다. 만일 일부 개발된 기능에 대해 고객이나 이해관계자의 피드백이 있다면, 이를 반영하여 새로운 기능을 추가하거나 기존 기능 중에서 제외할 수도 있으며 이를 다시 우선순위화하여 다음 스프린트에서 구현할 수 있다.

하나의 스프린트를 통해 개발된 기능이 항상 작동하는 기능이 되거나 출시 가능한 제품이 될 수는 없다. 추후 작동 가능하거나 출시 가능한 기능을 위한 단지 '가치 있는 증분'이 될 수도 있다. 그러므로 매번 스프린트를 통해 개발된 결과가 출시할 수 있는 수준이 아니라면 여러 스프린트를 거쳐 개발된 기능을 모아 한번의 출시를 할 수 있다.

2. 애자일 프로세스의 전반적 흐름

조직 전략

조직의 전략은 10년 이상의 장기적인 사업 방향이다. 이 전략을 이행하기 위해서는 실행 계획인 이니셔티브(Initiative)들이 필요하며, 이 이니셔티브들 중에서 프로젝트로 승인되어 수행될 수 있다. 그러므로 각 프로젝트는 조직의 전략을 이행하기 위한 수단들이 된다.

조직 전략의 예를 들면, 한국관광공사에서 '2032년까지 한국을 관광대국으로 만들기'라고 정할 수 있다.

포트폴리오

포트폴리오는 조직의 전략을 이행하기 위해 수행해야 하는 사업들, 즉 조직에서 선정한 프로젝트들의 구성을 말한다. 사업 포트폴리오는 여러 후보 사업들 중에서 어떤 사업 혹은 어떤 프로젝트를 할 것인지를 결정하여 구성하는 것이다. 예를 들면, 우리 조직에서는 전략을 달성하기 위해 향후 10년간 X제품 개발, Y제품 개발, W제품 개발, A원천기술 확보,

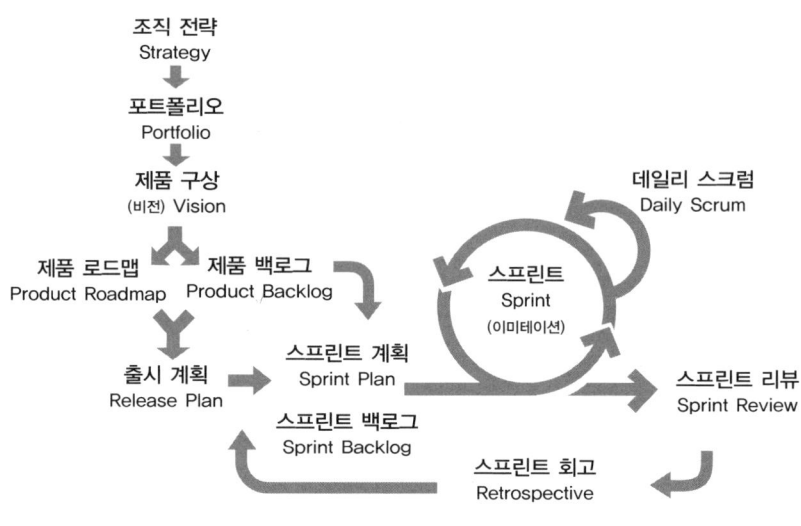

[그림6-4] 애자일 프로세스

종합연구소 설립, K기술 인력 양성 등의 프로젝트를 수행하겠다고 편성하는 것이다. 또한 이 프로젝트들을, 어떤 순서로, 언제, 어느 기간 동안 수행할 것인지 결정하는 것으로 프로젝트 포트폴리오가 완성된다.

앞서 예를 들었던 '관광 대국 만들기'에 대한 조직 전략을 위한 포트폴리오의 예를 들면, 필요한 관광객 유치 사업을 위해 다음과 같은 프로젝트들로 포트폴리오를 구성할 수 있다.

- 지역별 특화 사업
- 국가 홍보 사업
- 관광 컨텐츠 개발 사업
- 관광 전문가 양성 사업
  ⋮

비전 및 제품 구상

비전 및 제품 구상은 중단기적으로 크게 1~3년 정도 소요되는 사업에 대한 개괄적인 개념, 혹은 개발하고자 하는 특정 제품에 대한 개략적인 개념을 정의한 것이다. 하나의 프로젝트는 개괄적인 개념에서 시작해서 상세한 내용의 계획까지 점진적으로 구체화되는 특성을 갖고 있으며, 비전은 프로젝트의 개략적인 개념이 된다.

비전 및 제품 구상의 예를 들면, 앞의 포트폴리오를 구성하는 요소 중에서 '관광 컨텐츠 개발 사업'을 구체적으로 구상하여, '2032년까지 전 세계에 한국 트로트 음악을 홍보하여 년간 관광객 3000만명 돌파하기'라고 표현할 수 있다.

제품 로드맵

앞서 기술한 비전을 이행하기 위한 프로젝트 결과물인 제품에 대한 전반적인 제품 출시 로드맵을 의미한다. 이는 뒤에서 설명할 출시(릴리스)와 혼동될 수 있기에 '제품 로드맵'이라고 하겠다. 이 로드맵의 작성은 반드시 필요한 것은 아니고, 개발하려는 제품의 일부를 특정 시점의 이벤트와 연계할 필요가 있는 경우나 특정 기간에 완료할 계획이 요구될 때 작성할 수 있다. 예를 들어, 국내에 특정 '뮤직 어워드 시상식'이나 '국민 트로트 대축제' 등과 같은 이벤트에 맞춰 출시할 내용이 있다면 이를 로드맵으로 만들 수 있다. 그러나 로드맵이 필요 없는 제품 개발의 경우는 앞의 비전을 기반으로 곧바로 다음 단계인 '제품 백로그 작성'을 수행할 수 있다.

이 제품 로드맵을 구성하는 것들이 각각 하나의 프로젝트가 될 수 있으며 그 예를 들면, 다음과 같다.

- (1분기) 한국을 대표하는 트로트 가수 발굴
- (2분기) 트로트 홍보 자료 제작
- (3분기) 세계적 가수들과 트로트 콜라보
- (4분기) 전세계 투어 콘서트

제품 백로그(Backlog)

백로그는 남겨진 일, 즉 해야 할 일들을 뜻한다. 즉, 제품 백로그란 제품을 개발하기 위해 해야 할 일들의 목록이다. 소프트웨어 개발에서는 개발하려는 제품의 주요 기능들이 제품 백로그가 될 수 있다. 앞서 결정된 로드맵 중에서 '(1분기) 한국을 대표하는 트로트 가수 발굴'을 위해 해야 할 일들에 대한 제품 백로그의 예를 들면 다음과 같다.

- 한국을 대표하는 트로트 가수 2명 발굴하기
- 트로트 홍보 영상 및 자료 제작 배포하기
- 세계적 가수들과 트로트 콜라보 신곡 발표하기
- 전세계 투어 콘서트하기
    ⋮

여기서는 4개의 제품 백로그만을 예로 들고 있지만, 실제로는 해야 할 일들이 더 많기에 여러 제품 백로그 항목들로 구성해야 할 것이다. 추후에는 이 제품 백로그들이 반복되는 스프린트(이터레이션)에 배정되어 구현될 것이며, 각 스프린트에서는 이 제품 백로그가 스프린트 백로그라는 이름으로 더욱 상세하게 분할될 것이다.

출시(릴리스) 계획

앞서 기술한 제품 로드맵은 시간 경과에 따른 제품 방향의 아웃 라인으로 1년 이상의 긴 기간에 적용되며 특정 이벤트 등에 맞춰 주요 결과물을 완료하겠다는 의미 등으로 생각할 수 있다. 이에 반해, 출시(릴리스) 계획은 프로젝트 실행 수준에서 존재하며 몇 개월 정도의 짧은 기간으로 구성된다. 즉, 특정 작업을 실행할 타임 라인과 병합할 수 있으며, 고객에게 보여줄 수 있는 중간 결과물을 제공할 기간을 더 상세하게 구분하는 것으로 생각할 수 있다. 출시(릴리스) 계획은 제품 기능의 흐름을 고려하여, 점진적인 출시를 위한 날짜를 결정하는 것이다. 출시(릴리스) 계획의 예는 다음과 같다.

- (2월15일) 가수 선발
- (3월20일) 선발된 가수의 트로트 신곡 발표
- (5월31일) 트로트 홍보 포스터 및 안내서 제작
- (6월 3일) 트로트 홍보 영상 제작

추후 이 출시 계획에 맞춰 제품 백로그의 우선순위와 함께 앞으로 반복되는 스프린트에서 어떤 백로그를 포함하여 구현할 것인가를 정할 수 있다.

스프린트(이터레이션) 계획과 스프린트 백로그

프로젝트에서 해야 할 일들의 목록인 제품 백로그를 실행하기 위해 '스프린트(Sprint)'라는 2~4주 정도의 짧은 기간의 실행을 정하고, 같은 기간 단위로 이를 반복적으로 수행한다. 단거리 경주를 '스프린트(Sprint)'라

하듯이, 한 번의 경주를 전력 질주하여 완주하고, 휴식하고 나서 다음 경주를 또 전력 질주하듯이, 이렇게 반복하는 것이다. 스프린트는 이터레이션(Iteration)이라는 용어와 혼용하여 사용한다. 두 용어를 모두 기억하면 유용할 것이다.

짧은 기간인 한 번의 스프린트가 끝나면, '작동하는 소프트웨어' 혹은 '출시 가능한 제품 증분'이 고객에게 전달되어야 한다. 물론 반드시 '출시 가능'하거나 '작동하는 결과물'이 나오지 않을 수도 있지만, 고객에게 가치가 있는 결과가 스프린트를 통해 나와야 한다. 이 스프린트의 결과물인 '출시 가능한 제품 증분'에 대해 검토 및 회고를 수행하여 다음 스프린트에 반영하는 방법으로 반복된다.

스프린트를 실행하기 위해서는 '스프린트 계획'이 가장 먼저 이루어져야 하는데, 대표적인 스프린트 계획 중 하나가, 앞서 수립된 '제품 백로그'를 세분화하여, 구체적인 '스프린트 백로그'로 만드는 일이다. 예를 들면, '트로트 가수 지망 연습생 중 최종 대상자 선발을 위해 해야 할 일들'을 작업 단위로 세분화하는 것이다.

만약 스프린트 기간을 2주로 결정했다면, 2주짜리 스프린트를 프로젝트 끝까지 반복한다. 한 차례의 스프린트 기간인 2주 동안에 스프린트 백로그에 있는 산출물을 위해 요구되는 작업들을 수행한다. 스프린트 백로그의 예를 들면 다음과 같다.

스프린트 1 (1월): 한국을 대표하는 트로트 가수 2명 발굴하기
- '트로트 가수 지망 연습생 중 최종 대상자 선발'을 위해 해야 할 일들
- '기존 트로트 가수 경연대회를 통한 대상자 선발'을 위해 해야 할 일들

앞서 수립된 제품 백로그에서 가장 우선순위가 높은 것이 '한국을 대표하는 트로트가수 발굴하기'였는데, 우선순위가 높은 것은 조금 더 상세한 수준으로 세분화하여야 한다. 예를 들면, 이를 '트로트 가수 지망 연습생 선발', '트로트 가수 경연대회를 통한 선발'로 세분화할 수 있는데, 이들 중에 우선 순위가 높은 '트로트 가수 지망 연습생 선발'을 이번 스프린트 1(이터레이션 1)에서 수행하고, 다음 우선순위가 되는 '기존 트로트 가수 경연대회를 통한 대상자 선발'을 위한 일들은 다음 스프린트 2에서 수행할 수 있다. 우선 이번 스프린트 1에서 수행할 '트로트 가수 지망 연습생 선발'을 위해 수행해야 할 구체적인 작업들이 스프린트 백로그이다.

스프린트 1 (1월 1~2주): 한국을 대표하는 트로트 가수 2명 발굴하기
- '트로트 가수 지망 연습생 중 최종 대상자 선발'을 위해 해야 할 일들
    – 연습생 선발 공고, 장소 섭외, 심사위원 섭외, 오디션 등

스프린트 2 (1월 3~4주): 한국을 대표하는 트로트 가수 2명 발굴하기
- '기존 트로트 가수 경연대회를 통한 대상자 선발'을 위해 해야 할 일들
    – 가수 경연대회 공고, 경연 프로그램 기획, 장소 섭외, 심사위원 섭외, 대회 운영 등

스탠드업 미팅

스프린트(이터레이션) 동안에는 매일 아침마다 스크럼팀이 모여서 스탠드업 미팅을 하는데 이를 데일리 스크럼으로 불리기도 한다. 이 미팅은 15분 이내로 짧게 근무 시작 전에 수행하며, 어제 완료한 업무와 오늘 진행할 업무에 대해 이야기하거나 문제가 되는 사항에 대해 말한다. 이렇게 2주간의 스프린트가 끝나면 '작동 가능한 소프트웨어' 혹은 '잠재적으로

출시 가능한 제품 증분'이 나온다.

스프린트(이터레이션) 검토(리뷰)

한 번의 스프린트 결과로 산출된 제품 증분에 대해 팀 및 이해관계자가 모여 스프린트 결과물을 확인하고 의견을 교환한 후에 이를 다음 스프린트나 제품 백로그에 반영하는데, 이를 '스프린트 리뷰'라고 한다.

스프린트 회고

스프린트 리뷰가 끝나면, 스프린트 회고 회의를 하는데, 이는 팀원들끼리만 모여서, 어떻게 일했는지 혹은 어떻게 하면 일을 잘할 수 있는지 등의 프로세스나 업무 방법에 대한 개선을 위한 이야기를 나눈다. 한 번의 스프린트(이터레이션)는 스프린트 회고 회의로 완료된다.

회고 회의가 끝나면 다음 스프린트로 이어지는데, 이때 완료된 스프린트 결과를 반영하여, 제품 백로그의 다듬기(그루밍)가 이루어진다. 제품 백로그 다듬기에는 기존 백로그 항목 중에서 제외시키거나 새로운 항목을 삽입할 수 있다. 또한 백로그의 우선 순위를 조정하여 다음 스프린트에 어떤 백로그를 수행할 것인지를 반영하기도 한다.

3. 애자일의 역할과 책임

애자일 방법론에는 대표적인 스크럼(Scrum), XP 외에 여러 방법들이 있다. 여기서는 가장 대표적인 스크럼 방식에서의 역할과 책임을 중심으로 소개한다. 전통적인 프로젝트 방식에서는 명확하게 담당 업무가 구분되어 선행 작업이 완료되면 후속 작업으로 이를 전달하는 방식이다. 그러나 애자일 방식에서는 처음부터 누가 담당할 것인지 정하지 않으며, 스프린트가 시작되면서 논의하여 결정한다. 이 담당 업무도 전적으로 한 사람이 책임지고 수행하는 개념이 아니고 한 팀의 개념으로 서로 부족한 부분을 도와서 함께 완성하는 방법으로 진행한다. 팀은 한 배를 탄 것과 같이 함께 성공하고 함께 실패한다. 내 업무가 아니라 우리 업무이므로 업무를 완료하기 위해서는 팀원들 전체가 협력할 수 있는 책임감이 있어야 한다. 이러한 관점에서 먼저 스크럼 팀은 다음과 같은 특징을 갖는다.

자기조직화 팀(Self-organized Team)

전통적인 관리 방식은 관리자에 의해 지시와 통제를 받지만, 애자일의 스크럼 팀은 자기조직화된 팀으로서 팀원들이 스스로 계획하고 조정하며 통제하는 자율적인 조직이다. 이 자율적인 조직을 자기조직화 팀이라고 한다.

교차기능 팀(Cross-functional Team)

전통적으로 같은 직능을 가진 사람들로 구성되어 특정 부문의 일만 수행하는 경우를 사일로(silo)팀이라 한다. 이들은 하나의 일을 마치고 다른 기능팀으로 이를 넘기는 방식으로 일을 하기에 의사소통이나 협업에 문제를 야기하곤 한다. 이에 반해 교차기능 팀은 다양한 기능 인력으로 구성되어, 팀 내에서 협업을 통해 분석, 설계, 구현, 테스트 등의 모든 작업을 스스로 완료할 수 있는 팀으로 구성된다.

T자형 인력

팀 내에서 프로젝트의 모든 작업을 스스로 완료하기 위해서는 서로 협력하고 지원해야 한다. 그러므로 특정 기술 분야에만 능통한 전문가인 I자형 인력 대신에 자신의 전문 분야 외에서 폭넓게 다른 분야에 대한 기술도 보유한 인력인 T자형 인력이 요구된다. 예를 들어, 팀 내에서 디자이너는 디자인 부분의 전문가이지만 테스트나 문서 작업을 도와서 함께 일을 할 수 있어야 한다.

프로젝트는 요구되는 기술 인력들을 충분히 확보할 수 없으며, 특정 업무를 진행하는 동안에 다른 기술 인력은 여유가 있을 수 있다. 이들 기술 인력들을 충분히 프로젝트에 활용하기 위해서는 다양한 기술 능력을 가진 팀원들이 필요하다. 그러므로 관리자들은 보유한 인적자원들을 T자형 인력으로 양성하기 위한 학습과 코칭 등을 지원해야 한다.

애자일에서는 전통적인 프로젝트 관리자(PM)이라는 개념을 사용하지 않는다. 간혹 사용하더라 우리가 잘 알고 있는 그러한 프로젝트관리자의 개념과는 거리가 있다. 프로젝트를 수행하는 스크럼팀은 제품 책임자, 스크럼 마스터, 개발 팀으로 구성된다. 그러나 일부 조직에서는 이들을 혼합하여 적용하고 있다. 다양한 조직에서 다양한 형태로 이들의 역할을 응용하여 적용하므로 더욱 구체적인 적용 사례는 별도로 뒷부분에서 설명하기로 한다. 개략적인 스크럼 팀에서의 역할과 책임은 다음과 같다.

제품 책임자(Product Owner)
무엇을 개발할지, 어떤 순서로 개발할지 결정하는 책임자.

스크럼 마스터(Scrum Master)
스크럼 프레임워크를 기반으로 팀이 애자일 방식을 따르도록 하고 자체적으로 만들도록 가이드를 하는 역할자.

개발 팀(Development Team)
제품 책임자가 요구하는 것을 어떻게 인도할 것인지를 책임지고 결정하는 그룹.

제품 책임자는 제품에 대해서 중심이 되는 권한을 가진 핵심 인물이다. 그는 어떤 특성과 기능을 갖고 어떤 순서로 제품을 개발해야 하는지 결정하는 권한을 가지며, 조직의 전략과 비전을 유지하고 팀원들에게 비전을 전달하여야 한다. 이처럼 개발되는 제품의 전체적인 성공에 대한 책임을 갖는다. 개발 중에는 제품 인수 기준이 명확하게 수립되었는지, 이 인수 기준에 대한 달성 여부 확인을 위한 테스트 실행 여부를 확인하는 책임을 갖는다. 제품 책임자의 주요 역할은 다음과 같다.

1. 출시에 대한 결정
- 스프린트 취소 및 중단과 함께 조기 출시 결정
- 제품 백로그 우선순위에 대한 책임

2. 계획 참여
- 포트폴리오 계획, 제품 계획, 출시 계획, 스프린트 계획에 참여

3. 제품 백로그 다듬기(Grooming)
- 제품 백로그 만들기, 점진적 구체화, 신규 백로그 삽입 혹은 기존 백로그 제외, 백로그 크기 추정, 우선순위 재조정

4. 인수 기준 정의와 확인
- 제품 백로그 항목의 인수 기준 결정
- 인수 기준에 맞는 인수 테스트 작성 또는 지원
- 제품 백로그의 최종 인수 기준 충족 여부 확인 (스프린트 시행 동안 지속적으로 인수 기준 검증)

5. 이해관계자와의 협력
- 개발팀과 협력
- 내외 이해관계자들과 협력

제품 책임자의 역할과 책임을 정리하면, 제품 백로그 작성 및 다듬기, 스프린트 기획 참여, 스프린트 중에 제품 질문에 대응 및 제품 기능 리뷰, 필요 시 일일 스크럼 회의(스탠드업 회의)에 참석, 스프린트 검토 회의 참석, 스프린트 회고 회의 참석 등이다.

프로젝트에서 제품 책임자는 풀 타임 근무자로, 제품 관리자, 마케팅 담당자, 프로젝트 관리자, 비즈니스 분석자, 인수 테스터 등의 역할도 일부 포함할 수 있다. 제품 책임자 임무를 수행하는 사람은, 조직 내부 개발 프로젝트에서는 프로젝트 결과로 편익을 얻는 부문의 대표자가 맡게 된다. 예를 들어, 재무관리 시스템을 개발한다면 재무 분야 대표자가 그 역할을 맡는다. 또한 상업적 제품 개발의 경우에는 고객이나 사용자를 위한 내부 대표자(마케팅 담당자, 제품 관리자, 프로젝트 관리자)가 제품 책임자가 된다. 그러나 외주 개발과 같이 일부 고객 주도의 프로젝트인 경우에는 고객 대표가 제품 책임자 역할을 수행하기도 한다.

스크럼 마스터는 모든 구성원이 애자일 스크럼의 프레임웍을 이해하고 받아들여 올바르게 적용할 수 있도록 돕는 역할을 한다. 애자일 코치로서 모든 프로세스 진행을 돕고 팀이 좋은 성과를 낼 수 있도록 스크럼 마스터 고유의 접근 방법을 개발하여 적용하기도 한다. 그는 촉진자로서 애자일 스크럼 적용상의 문제점을 해결하고 애자일 스크럼을 잘 실천하도록 도우며, 팀의 문제를 해결하도록 돕거나, 팀의 외부 장애 요인으로부터 보호하는 역할을 수행한다. 전통적 프로젝트관리자와 다르며 리더의 역할이지만 관리자가 아니며 권한도 없다. 스크럼 마스터의 주요 역할과 책임은 다음과 같다.

1. **서번트 리더로서의 애자일 코치**
   - 제품 책임자와 팀 모두의 애자일 적용을 관찰하고 코칭
2. **프로세스 관리자**
   - 스크럼 팀 고유의 접근 방법과 함께 애자일 프로세스가 지켜지고

있는지 확인
- 팀원에 대한 지시 등의 일체 권한이 없으며, 팀이 스스로 업무를 완료할 수 있는 프로세스를 정의하고 그 프로세스에 의해 수행하도록 지원

3. **외부로부터 보호자 및 장애 해결사**
- 팀이 스프린트에 집중할 수 있도록 외부 방해 요인으로부터 보호
- 팀의 생산성을 방해하는 장애를 제거하도록 지원하거나 직접 제거

4. **변화에 대한 촉진자**
- 팀이 스크럼을 도입할 수 있도록 변화를 주도하거나 지속적인 애자일 적용을 위한 개선 노력을 지원

스크럼 마스터는 일반적으로 파트 타임 근무자로 여러 프로젝트를 담당할 수도 있다. 스크럼 마스터의 역할을 정리하면, 스프린트 계획, 스프린트 실행, 스프린트 검토, 스프린트 회고, 일일 스크럼 등의 활동을 촉진하고, 애자일 적용과 개선을 돕기 위한 코칭이나 교육 등이 포함된다. 예를 들면, 번다운 차트 작성 및 업데이트를 위한 팀원과 논의, 산정을 위한 플래닝 포커 진행 방법에 대한 도움 등을 말한다.

개발 팀은 디자인, 설계, 테스트를 책임지는 다양한 직무 유형을 가진 교차 기능적 팀원들의 집합을 말한다. 제품 책임자가 설정한 목표를 달성하기 위한 최상의 방법을 결정하기 위해 자기조직화된 팀이다. 보통 5~9명으로 구성되며, 시스템 설계자, 프로그래머, 테스터, DB관리자, UI 디자이너 등의 필요 기술을 가진 팀원들이 '동작하는 제품 기능' 혹은 '출시 가능한 제품'을 만들 수 있어야 한다. 특히 자기조직화된 팀의 주역이 되어 프로젝트에서 스스로 의사결정하고 협업하여 프로젝트를 수행한다.

개발 팀의 주요 역할 및 책임은 다음과 같다.

1. 제품 백로그 다듬기
- 다음 스프린트를 준비하기 위한 제품 백로그 항목의 작성, 구체화, 산정, 우선 순위화

2. 스프린트 계획
- 제품 책임자와 협의하여 다음 스프린트 목표를 결정
- 스프린트 목표 달성을 위한 높은 우선순위의 백로그 항목의 하위 항목 결정

3. 스프린트 실행
- 제품 백로그 항목을 '잠재적으로 출시 가능한 제품 기능'으로 만들기 위한 설계, 구현, 테스트 업무

4. 일일 스크럼(스탠드업) 수행
- 스프린트 목표 달성을 위한 진행 사항 검토 및 조정

5. 스프린트 검토 및 회고
- 스프린트에서 완료된 제품 기능을 검토하고 추후 방향을 결정하는 스프린트 검토 회의
- 애자일 적용 방식과 프로세스를 검토 개선하고 조정하는 스프린트 회고 회의

앞서 설명한 바와 같이 개발 팀의 특징은 스스로 목표를 정하고 계획을 수립하여 통제하는 자기조직화팀, 각 팀원들이 각자 다양한 기술을 지닌 교차 기능팀, 특정 기능 영역에서 깊이와 함께 중점 영역 외에 여러 분야에서 일할 수 있는 T자형 기술을 가진 팀원들로 구성되는 특성을 갖는다.

PART 7

애자일 프로세스의 탐구

1. 애자일 프로세스 개요

앞에서 애자일 프로세스에 대한 전체 흐름을 간단한 예와 함께 소개하였다. 여기서는 제품 구상 단계부터 시작하는 하나의 프로젝트를 대상으로 조금 더 상세하게 그 개념을 설명한다. 아래 [그림7-1]을 참고하여 어떤 절차와 순서에 따라 애자일 방법을 적용하는지 이해할 수 있다.

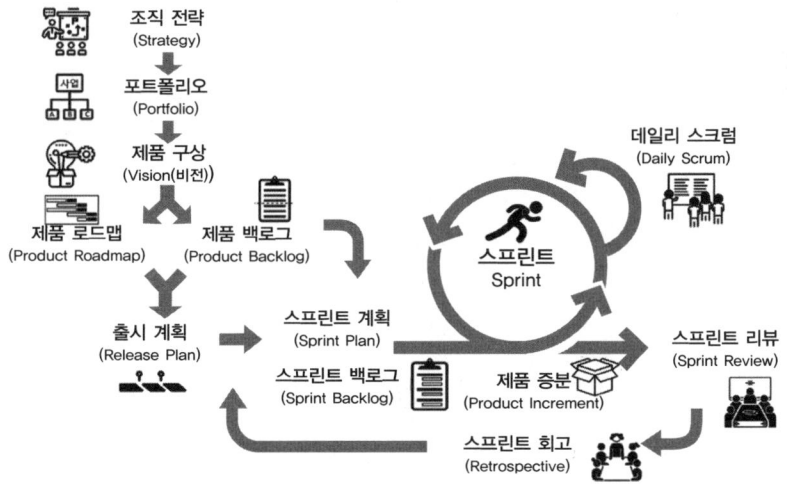

[그림7-1] 애자일 스크럼 프로세스 흐름도

이 [그림7-1]은 한번의 절차를 의미하는 것이 아니고, '제품 비전 〉 제품 로드맵 〉 릴리스 계획 〉 스프린트 계획 〉 일일 스크럼'의 순으로 반복된다. 즉 일일 스크럼은 스프린트 동안 매일 반복해야 하는 회의이며, 스프린트는 릴리스 계획 내에서 여러 차례 반복된다. [그림7-2]는 이들 프로세스들 사이의 상하 관계를 나타낸다. 가장 상위에는 제품 비전이 있고 가장 하위에는 일일 스크럼(스탠드업)이 있다.

수준	기간	참가자	초점	제품
포트폴리오	1년 ~ 그 이상	이해관계자, 제품 책임자		포트폴리오 백로그와 진행 중인 제품 모음
제품(구상)	수 개월 ~ 그 이상	제품 책임자, 이해관계자		제품 비전, 로드 맵, 상위 수준의 제품 기능
출시	3개월 미만 ~ 9개월	스크럼 팀, 이해관계자	범위, 일정, 예산의 제한에 대한 고객 가치와 전체 품질의 지속적인 균형 맞춤	
스프린트	매 작업주기 (1주~1개월)	스크럼 팀	다음 스프린트에서 어떤 제품 기능을 내놓아야 하는가	
일일	매일	스크럼 마스터, 개발 팀	현재 진척에 관한 검토와 다가오는 업무를 잘 조직하기 위한 최선의 적응 방안	

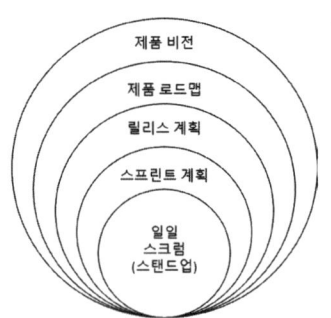

[그림7-2] 애자일 스크럼 프로세스의 관계

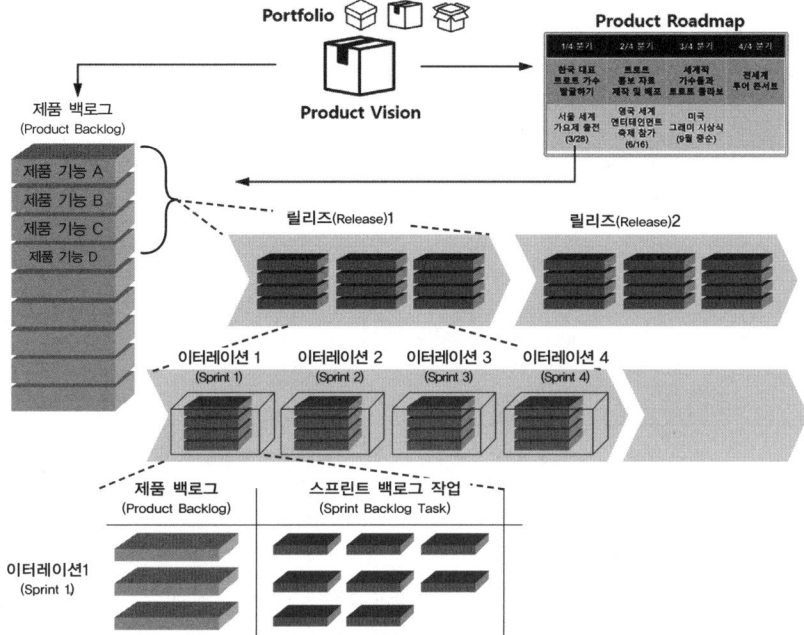

[그림7-3] 계층적 스크럼 계획의 예

2. 비전 및 제품 구상

프로젝트의 착수를 위해서는 프로젝트의 배경을 이해하고 큰 그림을 설정해야 한다. 모든 계획은 점진적으로 구체화된다. 개괄적인 컨셉에서부터 시작하여 세부 내용들로 구체화되는 것이 일반적이다. 특히 스프린트를 시작하려면 제품 백로그가 필요한데 초기의 개략적인 제품 백로그부터 만들기 위해서는 제품 비전 혹은 제품 구상이 필요하다.

비전이란 고객에 대한 이해는 물론 제품 기능이나 개괄적 솔루션을 이해하기 위한 세부 사항에 대한 아이디어이다. 이와 같이 비전은 개괄적인 제품 구상을 통해 제품에 대한 큰 그림을 그리는 것이다. 이들 큰 그림을 그리기 위해서는 프로젝트의 배경이나 환경, 조건, 고객 니즈 등을 파악하는 것이 우선되어야 한다. 비전은 간단하게 한 줄로 표현할 수도 있고, 한 문장 정도로 표현할 수도 있다. 모든 프로젝트는 이렇게 한 문장으로 표현된 비전으로 시작하여 상세한 계획으로 구체화된다.

> "미국이 1960년대가 끝나기 전에 인간을 달로 보내고
> 지구로 안전하게 돌아오게 하는 목표에
> 전력을 다해야 한다고 생각합니다.
>
> (John F. Kennedy, 1961)"

　이러한 비전을 만드는 방법 중 하나가 바로 엘리베이터 피치 방법이다. 엘리베이터 피치 방법은 엘리베이터를 타고 가는 짧은 시간 동안에 바쁜 경영층에게 간결하게 설명할 수 있는 방법을 말한다. 앞에서 예를 들었던 내용으로, '한국관광공사에서 2021년 전세계에 한국 트로트를 홍보하여 년간 관광객 3000만명 돌파하기'라는 개괄적인 비전을 대상으로 엘리베이터 피치 방식을 이용한 비전을 작성하면 [그림7-4]와 같다.

　이렇게 비전을 작성하는 이유는 모든 팀원들이 정확하게 프로젝트의 의도와 방향을 이해하고 함께 같은 방향으로 가기 위함이다. 예를 들어, 팀이 트로트 말고 재즈 관련한 내용도 진행하고 싶다고 해서 추진하면 프

Pop음악	에 해당하는
한국 트로트	는
새로운 K-Pop에 심취하고 싶어 하는	하는
전세계 Pop 음악 애호가들	에게
지금까지의 K-Pop	과 달리
트로트라는 구체적인 장르	를 갖고
새로운 K-Pop 세계의 정서	를 제공한다.

[그림7-4] 엘리베이터 피치 방식을 이용한 비전 작성

로젝트가 엉망이 되어버릴 것이다. 또한 이런 엘리베이터 피치는 제품에 대한 이해뿐만 아니라 고객 입장에서 원하는 것이 무엇인지를 알 수 있도록 해준다.

 조직의 전략을 이행하기 위한 여러 아이디어나 이니셔티브 중에서 전략적 목표에 일치하는 내용들에 대해서 비전 혹은 제품 구상이 이루어지며, 추후 릴리스(출시) 계획으로 연결된다.
 이전의 비전이나 제품 구상이 프로젝트로 실행되다가 여러 환경 요인에 의해 중단되거나 다른 제품 아이디어로 전환되어 새로운 비전이나 제품 구상이 만들어질 경우도 있다. 이렇게 전환되는 것을 피벗(Pivot)이라고 하는데, 피벗은 중심축이라는 의미로 농구 경기에서 공을 들고 멈춘 선수가 워킹 반칙을 피하기 위해 한쪽 다리를 고정시킨 채 다른 다리로 방향을 전환하는 것을 말한다. 이와 같이 조직의 전략적 목표를 겨냥하여 방향을 바꾸는 것이 피벗이다.

3. 제품 로드맵

비전이 수립된 후에 그 비전을 달성하기 위한 개략적인 상위 수준의 제품 백로그를 작성하는 것이 가장 먼저 해야 할 일이다. 이는 프로젝트에서 해야 할 일을 개략적인 큰 덩어리로 표현하는 것이다. 일부 프로젝트의 경우에는 비전과 상위 수준의 제품 백로그를 기반으로 제품 로드맵(Product Roadmap)이 동시에 작성될 수도 있다.

1/4 분기	2/4 분기	3/4 분기	4/4 분기
한국 대표 트로트 가수 발굴하기	트로트 홍보 자료 제작 및 배포	세계적 가수들과 트로트 콜라보	전세계 투어 콘서트
서울 세계 가요제 출전 (3/28)	영국 세계 엔터테인먼트 축제 참가 (6/16)	미국 그래미 시상식 (9월 중순)	

제품 로드맵은 시간이 지남에 따라 어떻게 제품이 만들어지고 인도될 지에 대한 점진적인 속성을 설명한다. 특정한 제품 기능이 어떤 시점까지는 반드시 출시되어야 할 경우에는 제품 로드맵이 필요하지만, 규모

가 작은 제품의 프로젝트 경우에는 굳이 제품 로드맵을 필요로 하지 않는다. 제품 로드맵은 프로젝트에서 점진적 배치의 첫 번째 대략적 윤곽이다. 점진적으로 각 출시에는 이해관계자가 합의한 '최소 출시 가능 기능(MRF: Minimum Releasable Features)'을 내놓아야 한다. 여기서 MRF는 '반드시 있어야 하는' 제품 기능의 가장 작은 단위, 즉 출시할 때 고객 가치와 기대를 충족시키기 위해 꼭 개발해야 하는 기능을 말한다. 이러한 일련의 제품 기능을 '최소 기능 제품(MVP: Minimum Viable Product)' 혹은 '최소 시장성 제품 기능(MMF: Minimum Marketable Features)'이라 한다. 이렇게 '최소 출시 가능 기능'을 중심으로 출시 목표를 설정하거나, 예시와 같이 '서울 세계 가요제'와 같은 특정 외부 이벤트와 같은 목표를 위해 출시할 수 있다. 일부 조직에서는 '최소 출시 가능 제품'을 보완하기 위해 '분기별 출시 로드맵'과 같이 고정되고 주기적인 출시 전략을 사용하기도 한다.

4. 제품 백로그

　　제품 백로그란 원하는 제품 기능에 대한 우선순위 목록으로, 무엇을, 어떤 순서로 개발해야 할지를 알게 한다. 백로그(Backlog)의 의미는 밀린 일, 다시 말해 제품 개발을 위해 수행해야 할 일들을 목록으로 만든 것으로 제품 백로그 항목들은 프로젝트의 비전을 충족시키기 위한 제품 기능들을 중심으로 한다. 제품 백로그는 제품 백로그 항목으로 이루어져 있으며, 이 항목들은 제품 기능을 중심으로 하지만 결국에는 고객에게 실질적인 가치가 있는 기능 항목을 의미한다. 제품 백로그 항목은 다음과 같은 타입이 있다.

- 제품 기능: 새로운 기능
- 변경: 현재 기능의 변화
- 결함: 수리가 필요한 결함
- 기술 개선: 기술적인 개선 사항
- 지식 습득: 가치가 있는 기술 습득 작업

ID	이름	중요도	추정치	데모 방법	참고
1	입금	50	3	· 로그인 및 입금 화면 오픈 · 1원 입금 후 잔액조회 화면에서 확인	· 흐름도나 순서 다이어그램 준비 · 아직은 암호화를 하지 않아도 됨
2	거래 내역 조회	20	6	· 로그인 · 거래내역 조회 · 입금 실행 · 거래내역 조회 · 입금 내역 확인	· 조회 내용이 긴 경우에는 페이지 분리
3	회원가입				
4	검색하기				
5	출력하기				

[그림7-5] 제품 백로그 항목의 예

　제품 백로그는 계속해서 진화하는 산출물로, 개략적인 내용에서 우선순위가 높은 순으로 상세하게 분할하여 기술한다. 또한, 먼저 수행한 이터레이션(스프린트) 결과를 반영한 피드백을 통해 점진적으로 구체화하거나, 프로젝트 진행 중에 환경이 변하거나 고객 요구사항이 변했을 때 항목을 추가, 삭제, 혹은 변경할 수 있다. 제품 백로그 항목을 만들거나, 예상치를 추정하고, 우선순위를 다듬는 일련의 과정을 그루밍(Grooming)이라고 한다.

　프로젝트가 점진적으로 구체화되는 특성 때문에, 제품 구상 단계에서 이미 상위 수준의 개략적인 초기 제품 백로그가 만들어졌을 수도 있다. [그림7-6]은 초기 제품 백로그와 이를 상세하게 제품 백로그로 정의해 가는 과정의 예를 보여준다. 1순위인 '한국을 대표하는 트로트 가수 2명 선발하기'의 초기 제품 백로그를 '트로트 가수 지망 연습생 모집 및 훈련', '가수 경연 대회 개최', '최종 선발 가수 트로트 신곡 발표하기'라는 구

```
(1순위) 한국을 대표하는 트로트 가수 2명 선발하기
         · 트로트 가수 지망 연습생 모집 및 훈련
         · 가수 경연 대회 개최
         · 최종 선발 가수 트로트 신곡 발표하기
(2순위) 트로트 영상과 홍보 자료 제작 및 배포하기
(3순위) 세계적 가수들과 트로트 콜라보 신곡 발표하기
(4순위) 전세계 20개국 투어 콘서트 하기
```

[그림7-6] 우선순위와 구체화된 제품 백로그

체적인 상세 제품 백로그로 다시 정의할 수 있다.

애자일 스크럼은 예측형 프로젝트와 같이 상세한 프로젝트 요구사항을 미리 만드는데 시간과 노력을 투입하지 않는다. 대신에 제품 백로그 항목이라는 방법으로 요구 사항 목록을 만드는데, 앞의 예와 같이 개략적인 내용에서 점차 세분화되고 다듬어진다.

제품 백로그는 일반적으로 사용자 스토리 형식, 혹은 유스 케이스 형식으로 기술한다. 가장 많이 사용되는 유저 스토리는, 원래 고객이 자신의 소프트웨어에 원하는 기능을 짧게 인덱스 카드에 표현하는 것이다. 애자일 유저 스토리는 반드시 업무와 관련해 가치가 있어야 한다.

유저스토리의 형식	예

~은(는)
~을(를) 위해
~을(를) 원한다.
	(제품 백로그)
	   트로트 가수 지망 연습생 모집 및 훈련
	(유저 스토리)
	   '전세계 K-Pop 팬들은
	   코로나로 지친 몸과 마음의 위로를 위해
	   새로운 K-Pop 장르와 힐링을 위한 신선한 가수를 원한다.'

만일 제품 백로그를 한 줄로 간단하게 기술하지 않고, 사용자 스토리 형식으로 길게 쓰면, 사용자 스토리가 고객 관점에서 기술하기 때문에 팀은 자연스럽게 고객 입장에서 생각할 수 있으며, 아울러 해당 제품 백로그 항목이 무엇을 위한 것인지, 그리고 원하는 바가 무엇인지에 대한 이해도를 높여 더 나은 제품 기능을 도출해 낼 수 있다. 아울러 사용자 스토리 형식으로 길게 쓰면 업무를 수행하기 위해 별도로 상세 계획을 수립할 필요가 없다.

제품 백로그를 표현하는 방식에는 사용자 스토리(User Story), 혹은 유스 케이스(Use Case) 등이 있다. 사용자 스토리는 오늘날 애자일 조직에 더 많이 사용되고 있는데, 이는 사용자의 요구사항을 좀더 쉽게 제품 백로그로 만들 수 있기 때문이다. 사용자 스토리는 다양한 타입의 제품 백로그 항목을 표현하기 용이하며, 특히 제품 기능과 관련한 비즈니스 가치를 표현하기에 편리하다는 장점을 갖고 있다. 사용자 스토리를 작성하는 형식은 다음과 같다.

(고객/사용자) 은/는
(목적/목표)   을/를 위해서
(필요/욕구)   을/를 원하다.

론 제프리스(Ron Jeffries)는 사용자 스토리를 다음과 같은 3C(Card, Conversation, Confirmation)를 이용하여 효과적으로 표현하였다.

- 카드

  [사용자 스토리 제목]
  (사용자 역할)로서
  나는 (편익)을 위해
  (목표)를 원한다.

  [특정 장소에서 맛집 리뷰 찾기]
  일반 사용자로서 나는 어디서
  저녁을 먹을지 정하기 위해
  현재 위치에서 근처 맛집에
  대한 공정한 리뷰를 보고 싶다.

- 대화
    - 요구사항은 대화를 통해 전달되며, 대화로 개선/수정
    - 대화는 UI 스케치나 사업 규칙 등의 문서로 대체 가능
- 확인
    - 사용자 스토리의 만족 조건(인수 기준) 형식의 확인 정보

  [파일 업로드]
  위키 사용자로서
  나는 위키에 파일을 올려
  동료들과 공유하고
  싶다.

  [만족 조건]
  • txt, doc 파일 확인
  • jpg, gif, png 파일 확인
  • mp4 파일 /1기가 미만 확인
  • 저작권 제한 파일 확인

  카드 전면 / 카드 후면

사용자 스토리를 만들다 보면 초기 제품 백로그는 대부분 그 크기가 클 것이며, 이를 다듬는 과정에서 일부는 작은 크기로 세분화할 수 있다. 가장 큰 스토리는 몇 개월 정도의 크기로 하나의 릴리스를 통해 출시하거나 여러 번의 릴리스를 통해 개발될 수도 있다. 이와 같이 원하는 요구 사항에 대한 상위 수준의 개요를 '에픽(Epic)'이라고 부르는 큰 그림으로 표현한다. 이 에픽은 추후 상세한 스토리들로 만들어질 수 있는 임시 덩어리이다. 또한 관련된 스토리들을 묶음으로 나타내는 것을 '테마(Theme)'라고 부르는데, 이는 공통점을 갖고 같은 영역에 해당하는 여러 스토리들을 구분하는데 사용된다. 일부에서는 에픽과 테마를 다르게 사용하기도 하는

데, 에픽을 세분화하여 테마가 되는 경우도 있고, 테마를 세분화하여 에픽이라고 부르는 경우도 있다.

일반적으로는 백로그라고 부르지만, 초기에 만드는 백로그와 추후 이터레이션(스프린트)에서 구체화되는 백로그를 구분하기 위해 제품 백로그와 스프린트 백로그라고 칭하기도 한다. 마찬가지로 스토리보다 하위 단계를 업무(Task)라고 하며, 이는 한 두 사람이 몇 시간 정도 일할 수 있는 크기이다. 그러므로 초기 백로그와 에픽, 제품 백로그와 스토리, 스프린트 백로그와 업무(Task)가 서로 혼용되어 사용된다. 에픽이나 스토리가 무엇(What)를 만들 것인지를 나타낸다면, 업무는 어떻게(How) 만들 것인지를 나타낸다. 이와 같은 에픽, 테마, 스토리 등의 용어는 반드시 공식적이지 않고 공통의 용어도 아니며 단지 편의를 위해 사용되는 표현일 뿐이다.

사용자 요구사항을 파악하기 위한 스토리 수집 방법은 [그림7-7]과 같이 페르소나, 플로우 차트, 시나리오, 시스템 맵, 프로세스 플로우, 컨

[그림7-7] 스토리 수집 방법

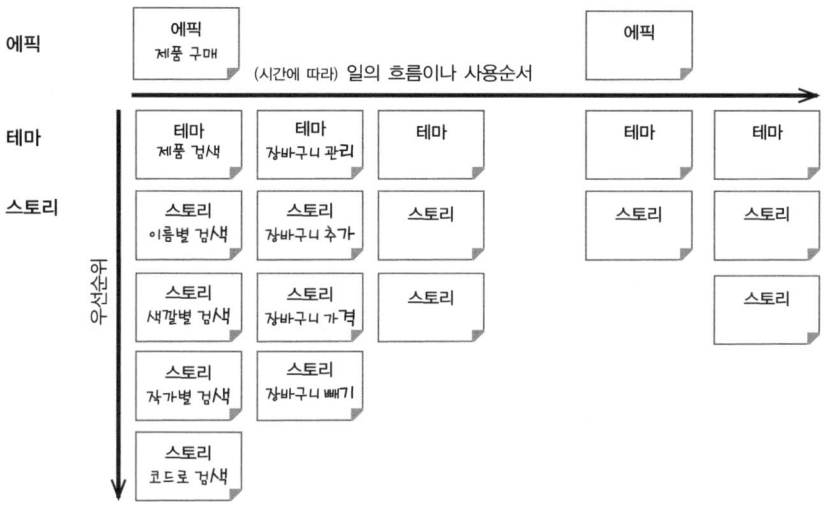

[그림7-8] 스토리 매핑의 예(에센셜 스크럼, 2016, 제이펍, 그림 5.13 인용)

셉트 디자인, 스토리 보드, 페이퍼 프로토타입 등의 잘 알려진 방법 등을 이용할 수 있다.

수집된 스토리들을 사용자 중심적 관점(User-centered Context)으로 상위 수준의 사용자 활동을 일의 흐름으로 분해하는 방법을 스토리 매핑(Story Mapping)이라고 한다.

과거의 예측형 폭포수 방식의 프로젝트에서는 기획자가 고객으로부터 요구사항을 수집하여 분석 및 설계한 후에 스토리 보드와 같은 방법으로 이를 표현하면, 디자이너와 개발자는 이를 토대로 제작을 하였다. 그러나 애자일 방식에서는 제품 책임자가 고객으로부터 요구사항을 수집하여 디자이너 및 개발자와 함께 사용자 스토리를 작성하고, 이들이 분석, 설계, 제작을 반복한다.

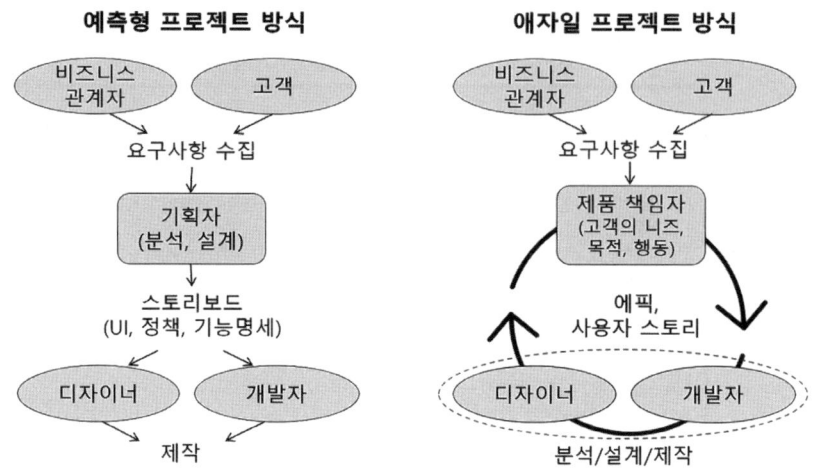

[그림7-9] 예측형과 애자일 방식의 제품 개발 방법 비교

    제품 백로그는 우선적으로 개발해야 할 기능들과 추후에 개발해도 되는 기능으로 그 우선순위를 정해야 한다. 팀과 이해관계자들은 제품 백로그를 통해 소통하며, 그들의 의견을 반영하여 가치가 높은 항목을 기준으로 우선순위를 정한다. 우선순위를 결정할 때는, 비즈니스 관점의 기능 가치, 기능 개발 비용, 준수해야할 일련의 규정, 개발 동안 획득할 수 있는 지식 정도, 개발 기능을 통해 제거되는 리스크, 요구되는 기술이나 자원, 기능이나 제품 백로그 항목 간의 종속성 등의 요인들이 고려되어야 한다. 제품 백로그의 우선순위를 결정하는 기법들은 다음과 같다.

    ① 직관(휴리스틱, 경험)에 의한 가장 간단한 기법
    ② 비용 – 각 기능 또는 Sprint에 할당되는 비용
    ③ 100 점 – 투표

④ MoSCOw - 기능 관점

⑤ 상대적 가중치에 의한 결정 방법

⑥ 카노 분석(Kano Analysis) 또는 카노 모델(Kano Model)

① 직관에 의한 가장 간단한 기법(WAG, Wild Assed Guess)

직관에 의해 우선순위 '1, 2, 3' 또는 우선순위 '높음, 중간, 낮음' 등의 레이블로 결정하는 방법이다.

② 비용

각 기능 또는 스프린트에 할당되는 비용을 기준으로 한다. 이 기법은 편익-비용 분석과 같은 비즈니스 기능(가치)의 우선순위를 지정할 때만 효과적이다.

③ 100점 - 투표

가장 중요한 요구사항을 투표할 때 100점 만점을 부여할 수 있으며, 리커트 척도(5-4-3-2-1)를 규칙으로 삼을 수도 있다.

④ MoSCOw - 기능 관점 (전통적 우선순위 기법)

M (Must ave) - 필수적임: 제공해야하는 기능 중 반드시 있어야하는 집합

S (Should have) - 필요함: 중요 요구 사항이지만 그 타임박스에서 반드시 완료되지 않아도 되는 항목

C (Could have) - 필요할 수 있음: 필요한 요소이지만, 반드시 가져야할 항목이 아닌 경우

W (Won't have) - 필요 없을 수 있음(있으면 좋겠음)

⑤ 칼 위거스의 상대적 가중치에 의한 결정 방법

이 방법은 전문가 판단에 의존하여 다음 릴리스에 출시할 기능들을 협동하여 평가하는 방법이다. [그림7-10]과 같이 구현될 경우에 발생할 이득과 구현되지 않을 경우 손해의 관점에서 이득과 손실에 대한 평가치를 상대적으로 1~9점 점수를 사용한다. 그림에서 첫 번째 기능의 경우에 상대적 이득 8과 상대적 손해 6을 합쳐 가치가 14가 된다. 세 가지 기능의 가치를 모두 합치면 총 가치가 33이 되고, 첫 번째 기능의 가치 14를 총가치 33으로 나눈 백분율이 42인 '가치%'가 된다. 마찬가지로 각 기능의 추정치가 총 추정치에 대해 어느 정도인지를 '비용%'로 표현하였다. 마지막으로는 각 기능에 대해 '가치%'를 '비용%'로 나눈 값을 비교하여 큰 순으로 우선순위를 정하면 된다. 즉, 비용 대비 가치의 비율이 가장 좋은 세 번째 기능의 1.92가 최상의 우선순위가 된다.

기능(특징)	상대적 이득	상대적 손해	가치	가치 %	추정치	비용 %	우선 순위
경기 결과를 그래프로 시각화하는 기능	8	6	14	42	32	53	0.79
사진 업로드 기능	9	2	11	33	21	34	0.97
신상 정보 입력 기능	3	5	8	25	8	13	1.92
합계	20	13	33	100	61	100	

[그림7-10] 상대적 가중치에 의한 결정법의 예

⑥ 카노 모델: 선호도에 따른 우선순위 결정

노리아카 카노의 고객 만족에 대한 우선순위 결정 기법이 카노 모델이다. 고객 만족 정도를 다음과 같이 필수 기능, 선형 기능, 감동 기능으로 구분한다.

- **필수 기능**: 제품을 시장에 내놓기 위해 반드시 필요한 기능으로 이 기능에 대한 작업의 우선순위는 가장 높음
- **선형 기능**: 선형 기능을 제품에 더 포함하면 고객 만족도 상승하며 필수 기능 다음으로 우선순위가 높음
- **감동 요인**: 시간이 허락되면 몇 개의 감동 요인 기능들을 출시 계획에 포함될 수 있도록 적절한 우선 순위 부여

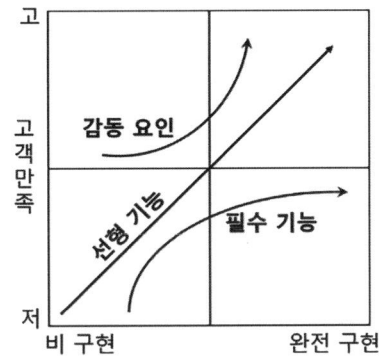

- 필수 기능(필수적으로 있어야 할 것): 침대, 욕실, 책상, 청결
- 선형 기능(더 많을수록 좋은 것): 침대 안락함, 방 크기, 운동기구 수
- 감동 요인(마음을 끄는 것): 러닝 머신에 달린 TV, 매일 방으로 배달되는 공짜 생수

[그림7-11] 호텔이 제공하는 기능의 범주 예

기능의 범주를 결정하는 두 가지 질문에 대한 점수를 부여하되 만족은 1점, 불만족은 5점으로 하는 5점 척도(선호, 예상, 중립, 감내, 불만족)를 사용한다.

- **기능적 설문항**(Functional Form): 만일 해당 기능이 제품에 있다면 사용자는 어떤 기분을 느낄 것인가?
- **비기능적 설문항**(Dysfunctional Form): 만일 그 기능이 없다면 사용자는 어떤 기분을 느낄 것인가?

기능적 설문항 질문	A라는 기능이 있다면 어떻겠는가?	만족한다.	
		그럴 거라고 예상했다.	✓
		중립	
		그렇더라도 쓸 수는 있다.	
		그렇게 되면 불만이다.	
비기능적 설문항 질문	A라는 기능이 없다면 어떻겠는가?	만족한다.	
		그럴 거라고 예상했다.	
		중립	
		그렇더라도 쓸 수는 있다.	
		그렇게 되면 불만이다.	✓

답변을 통한 기능 범주 결정 방법은 다음과 같다. 앞의 사례에서 기능적 설문항은 '예상'이고 비기능적 설문항은 '불만족'이므로 매트릭스 표에서 교차하는 점은 'M'이므로 이 기능은 '필수'로 평가할 수 있다.

		비기능적 설문항				
		선호	예상	중립	감내	불만족
기능적 설문항	선호	Q	E	E	E	L
	예상	R	I	I	I	M
	중립	R	I	I	I	M
	감내	R	I	I	I	M
	불만족	R	R	R	R	Q

M : 필수
L : 선형
E : 감동 요인
R : 역기능
Q : 의문시 되는 기능
I : 무관심

만일 이 기능에 대해 여러 사람에게 설문을 통해 조사를 한다면 가장 많은 비율을 차지한 부분이 선호도로 평가되어 결정될 수 있다.

테마	E	L	M	I	R	Q	범주
기능 A	18.4	43.8	22.8	12.8	1.7	0.5	선형
기능 B	8.3	30.9	54.3	4.2	1.4	0.9	필수
기능 C	39.1	14.8	36.6	8.2	0.2	1.1	감동

제품 백로그의 기본은 우선순위와 그 크기의 추정이다. 제품 백로그를 추정하는 이유는, 얼마나 많은 제품 기능을 완성할 수 있을지, 언제 일을 마칠 수 있을지, 원가가 얼마일지에 대한 대답을 얻을 수 있기 때문이다. 추정치는 시간과 노력을 투입할수록 더욱 정확해질 수 있지만 어느 정도까지 만족할 수 있을지 의문이다. 노력을 들인 만큼 계속해서 정확도가 높아지는 것이 아니고 어느 순간에는 오히려 노력을 더 하지만 정확도는 하락한다. 하지만 애자일에서는 정확성이 부족할지라도 지속적으로 성과물을 고객에게 인도하므로 신뢰할 수 있는 계획이 될 수 있다.

제품 백로그 항목에 대한 추정을 위해서는 다음과 같은 개념들이 적용되어야 한다. 첫째, 추정은 제품 책임자나 스크럼 마스터와 같은 사람이 추정하는 것이 아니고 실제로 일하는 사람들이 중심이 되어 팀의 협력으로 추정하여야 한다. 둘째, 백로그 항목에 대한 절대적인 크기보다는 상대적 크기로 추정하는데, 이는 추정할 때 판단이 용이하기 때문이다. 셋째, 추정치가 상대적 크기인 만큼 이는 약속이 아니며 부풀려지지 않은 현실적 추정치가 되어야 한다. 넷째, 지나치게 정밀하게 추정하려 해도 잘 맞지 않고 낭비일 뿐이기에 정밀도보다는 정확도에 초점을 두어야 한다.

조직들은 제대로 된 계획을 아예 수립하지 않거나 계획을 수립하는 데 많은 노력을 들여 틀릴 가능성이 적은 계획을 내놓는다. 그럼에도 불구하고 계획은 항상 변경되고 재수립되기를 반복한다. 애자일 방법은 프로젝트에서 개발 중에 기민하고 민첩하게 요구사항을 반영하고 기타 프로젝트 환경이나 상황에 적응할 수 있는 방법으로, 애자일 계획 방법은 계획 그 차체가 아니라 계획 과정에 무게를 둔다. 즉, 애자일 계획법은 프로젝트 진행 중에 계속해서 계획을 수정하게 될 것이라는 전제하에 계획 과정에 투입되는 노력과 비용을 적절히 조정하려고 한다.

전통적인 예측형 프로젝트에서는 작업 활동들을 정의하고 그 활동들을 완료하는데 소요되는 기간을 추정하는 방법을 사용한다. 이에 반해, 애자일에서는 제품 백로그 혹은 사용자 스토리에 대해 규모를 먼저 추정한 후에 추후에 기간을 산정한다. 즉, 필요 기능들을 결정하고 각 기능들의 규모를 추정한 후에 이 규모를 완료하기 위한 기간을 산정하고 이를 일정에 반영한다.

예를 들면, 공사장에서 벽돌 더미를 옮기는데 소요되는 시간을 추정하려 한다. 예측형 방법에서는 벽돌 더미의 크기를 대략 보고 운반 장비를 고려하여 몇 시간 소요될 것을 추정한다. 그러나 애자일 방법은 규모를 먼저 추정한다. 대략 규모가 100 입방 미터로 추정한 후에, 손수레에 10 입방 미터를 담을 수 있다면 10회를 왕복해야 한다. 이때 손수레에 올려 쌓기 1분, 가는데 1분, 내려 놓기 1분, 돌아오기에 1분으로 총 4분이 소요된다면, 10회를 곱하여 총 40분이 소요될 것으로 추정할 수 있다.

제품 백로그 항목의 추정 단위는 대표적으로 스토리 포인트(Story Point)와 이상적 날짜(Ideal Day)를 사용한다. 스토리 포인트는 복잡성 및 물리적 크기와 같은 요소를 하나의 상대적 크기로 합친 것으로 스토리 크기를 비교하기 위한 목적이다. 이상적 날짜는 스토리의 크기를 완성하는데 필요한 노력-일자(Effort-Days) 혹은 맨-아워(Man-Hour) 등을 말한다. 예를 들면, 농구 경기는 10분 4쿼터의 경기로 이상적 게임 시간이 40분이지만, 볼이 밖으로 나가거나 타임 아웃 등을 모두 합치면 실제 경과 시간은 90~120분 경기가 된다. 애자일 프로젝트에서는 이 두가지 추정 방법을 많이 사용하지만, 이 중에서 특히 스토리 포인트를 가장 많이 사용한다.

소요 기간이 아닌 상대적 규모인 스토리 포인트라는 낯선 단위를 쓰는 이유는, 산정치 자체가 추정일 뿐 정확하지 않다는 점이며, 이 또한 추후 투입 자원의 수나 팀원의 기술 능력 등에 따라 소요 기간이 달라질 수 있기 때문이다. 또한 제품 백로그나 스토리 포인트 크기 추정에서 상대적 크기를 측정하는 이유는 추정이 용이하기 때문이다. [그림7-12]와 같이 한 개의 쿠키를 먹는데 1분 걸린다면 10개를 먹으려면 상대적으로 10분 걸릴 것이다. 앞에 놓여진 병의 크기를 비교하면 상대적은 2배 혹은 3배 정도 크다는 것을 쉽게 추정할 수 있다. 마찬가지로 '새로운 테니스장 만들기'에 4일 소요된다면, 이와 비교하여 '기존 테니스장 재시공'은 2일 소요될 것으로 추정할 수 있다.

[그림7-12] 제품백로그의 상대적 크기 측정

스토리 포인트는 구현해야 할 스토리나 기능 또는 작업이 다른 것과 비교하여 얼마나 큰지 혹은 작은 지를 추정하는 단위를 말한다. 이 단위는 가장 잘 알려진 스토리 포인트라는 명칭을 사용할 뿐이지, '포인트', '점', '점수', '개', '통' 등의 다른 단위 명칭을 사용해도 무방하다. 추정 단위는 전혀 중요하지 않은데, 이는 상대적 크기가 어떤 값이냐 보다는 그 값의 상대성이 중요하기 때문이다. 가장 쉽게 상상할 수 있는 방법은 'Large', 'Medium', 'small'과 같이 티셔츠 크기를 비교하는 것과 비슷하다. 또한 맥주잔의 크기는 정확히 몇 밀리리터(㎖)인지 모르지만, 작은 것에 비해 큰 것이 대략 2배라는 것을 추정하기 용이하다. 작은 잔을 1이라는 점수로 하여, 이와 비교하여 큰 잔을 2라는 점수로 할 수 있다. 다만, 이

상대적 점수의 크기 추정은 특정 기능을 개발할 경우에 요구되는 노력의 정도, 개발의 복잡도, 내재되어 있는 위험 등의 모두 고려하여 표현한 값이어야 한다.

스토리 포인트의 규모를 추정하는 가장 단순한 방법은, 여러 대상 중에서 가장 작은 것을 선택하여 1점을 부여한 후에 다른 것들을 이것과 비교하거나, 여러 대상 중에서 중간 크기를 선택하여 점수를 5점으로 부여한 후에 다른 것들을 이것과 비교하는 것이다. [그림7-13]과 같이 동물의 크기를 비교 추정하기 위해 그 단위를 '동물 점수(Animal Point)'라 하고, 그 중에서 중간 정도의 크기인 방아깨비를 5포인트로 부여한 후에 나머지들을 크기가 가까운 순으로 찾아서 비교한 점수를 표현할 수 있다.

- 개미
- 파리
- 두꺼비
- 말벌
- 여치
- 방아깨비
- 장수하늘소
- 개구리

종류	포인트
방아깨비	5
장수하늘소	6
개구리	8
두꺼비	10
여치	4
말벌	3
파리	2
개미	1

[그림7-13] 스토리 포인트를 이용한 규모 추정의 예(동물 점수)

제품 백로그 항목 혹은 사용자 스토리 추정에 사용하는 잘 알려진 방법 중의 하나가 플래닝 포커(Planning Poker)이다. 플래닝 포커는 개발 팀원들이 각자 제품 백로그의 크기를 추정한 후에 서로 비교해서 결정하는 방법 중 하나이다. 플래닝 포커는 다음과 같은 순서로 진행한다.

① 제품 책임자가 추정할 제품 백로그 항목을 선택하고 그 항목을 팀에게 읽어 준다
② 개발 팀원들은 항목에 대해 논의하고 불분명한 부분은 제품 책임자에게 질문한다.
③ 추정을 하는 각 팀원은 자신의 추정치를 나타내는 카드를 선택한다. 일반적으로 카드에는 피보나치 수열인 '1, 2, 3, 5, 8, …'의 숫자가 표시되어 있으며, 실제 카드가 아닌 플래닝 포커 앱을 이용할 수 있다.
④ 각자 자신의 추정치에 해당하는 선택한 카드를 모두가 동시에 공개한다.
⑤ 만일 동일한 카드를 선택했다면 그 합의된 숫자가 제품 백로그 항목의 추정치가 된다.
⑥ 만일 추정치가 같지 않다면 서로의 이해와 가정 등에 대한 배경을 교환하기 위해 집중 토론을 하는데, 보통 높거나 낮은 추정치를 낸 팀원의 설명을 들어본다.
⑦ 토론 후에 ③단계로 돌아가 합의가 이루어질 때까지 반복한다.

전통적인 예측형 프로젝트관리에 익숙한 경우에는 각 작업들에 대한 소요 기간을 추정하여 이를 기반으로 일정 계획을 수립하였기에 이러한

스토리 포인트로 어떻게 일정을 계획할 수 있을지 궁금해할 것이다. 이를 설명하는 애자일의 추정 및 계획 원칙이 '규모는 추정하지만 기간은 이끌어 낸다.'라는 말이 있다. 이 말을 이해하려면 애자일에서 사용되는 '속도(Velocity)'라는 의미를 이해해야 한다.

속도란 진도를 평가하는 수단으로 명확한 단위 개념이 없는 스토리 포인트를 활용한다. 즉, 특정 기간 동안에 얼마만큼의 포인트를 완료했는가를 의미하는데, 개발팀이 스프린트 동안 구현을 끝낸 점수의 합이 바로 속도이다. 예를 들면, 2주 크기의 스프린트(이터레이션) 동안에 5점으로 추정한 스토리 2개와 3점으로 추정한 스토리 1개의 구현을 완료했다면, 팀의 속도는 13이 된다. 속도가 필요한 이유는 출시 크기를 팀의 평균 속도로 나누어 출시 완성을 위해 필요한 스프린트 수를 계산하기 위한 것이다. 이는 앞으로 진행할 스프린트에서 약속할 수 있는 작업 능력치를 결정하는 정보가 된다. [그림7-14]와 같이 현재까지 6번의 스프린트 동안 각 스프린트마다 마무리된 일의 양인 속도가 최저 17이고 최대 20이며 평균 19라고 가정하자. 첫 번째 출시까지 결정된 제품 기능들의 크기를 모두 합하니 200 스토리 포인트이다.

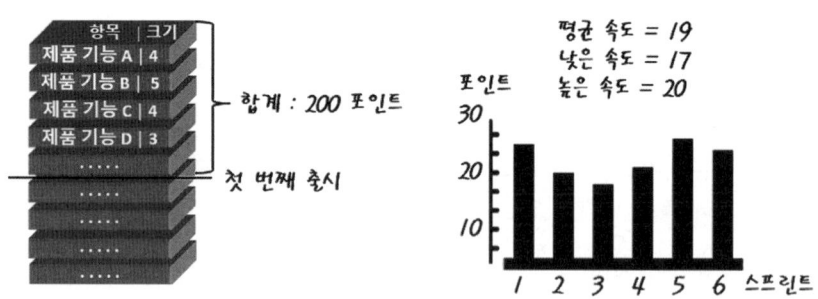

[그림7-14] 제품 백로그의 추정 및 속도의 예

- 200포인트 ÷ 17포인트/스프린트 = 12스프린트
- 200포인트 ÷ 20포인트/스프린트 = 10스프린트

첫 번째 출시 완성을 위해 평균 11스프린트가 필요하며, 팀은 각 스프린트마다 10~12 스프린트 사이에 첫 번째 출시를 완료할 수 있다. 즉, 2주짜리 스프린트를 반복한다면 22주 후에 출시가 가능하다고 예측할 수 있다. 여기서 고려해야 할 점은 스프린트의 속도가 항상 동일하지 않는다는 점과 최초 비교 추정한 크기가 실제 구현에서 다를 수 있다는 것이다. 스프린트 속도는 지속적으로 측정하여 과거 3개의 스프린트 속도를 반영한 것으로 완료 시점을 예측할 수 있다. 만일 팀의 내외 환경으로 인해 속도가 줄어든다면 출시일을 맞추기 위해 제품 기능을 줄이거나 출시일을 뒤로 미루는 것으로 결정할 수 있다. 또한 제품 백로그나 사용자 스토리의 크기가 예상했던 것과 다르다면 산정 시 상대적으로 비교했으므로 상대적 크기를 조정하면 된다. 예를 들면, 3개의 방에 대해 도배 작업을 하려하는데 평면도만 있고 정확한 크기를 모른다고 가정하자. 첫번째 방은 5점, 두 번째와 세 번째는 각각 10점이라고 추정했는데, 첫 번째 방을 작업해보니 생각보다 실제 두 배라면 나머지 두 개의 방도 두 배 커지면 된다. 노력의 추정과 기간의 추정은 별개로 추정치에는 변화가 없고 실제로 방 넓이만 커져서 속도만 느려지는 것이다.

지금까지 제품 백로그 항목 추정을 위해 사용자 스토리 수준의 항목을 기준으로 설명하였다. 초기의 제품 백로그 항목은 에픽이나 테마 수준이 될 수 있다. 에픽(Epic)은 거대한 사용자 스토리로 가까운 미래에 당장 구현될 수 없는 기능이며, 테마(Theme)는 연관성 있는 사용자 스토리들의 묶음으로 추정이나 릴리스 계획의 진행에 필요하다. 그러므로 제품 개발

주기의 흐름에 따라 다양한 묶음을 추정하고, 각각 다른 추정 단위를 사용하여야 한다. [그림7-15]는 세 가지 다른 수준의 계획을 위한 추정의 예를 보여준다. 초기의 포트폴리오 백로그는 티셔츠 사이즈와 같은 개략적인 추정을 하고, 제품 백로그 수준은 스토리 포인트로 추정하며, 스프린트 백로그나 작업 목록은 노력 시간수로 추정할 수 있다.

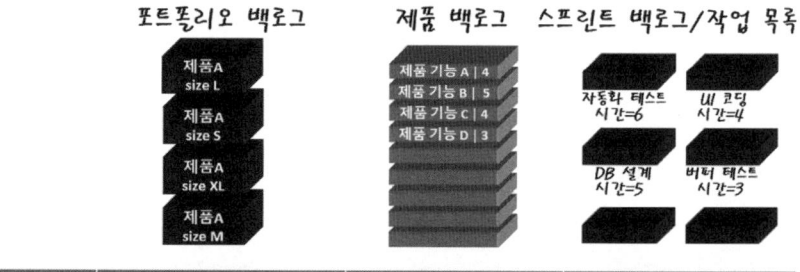

[그림7-15] 백로그 항목의 추정 시기와 방법

5. 릴리스(출시) 계획

애자일 릴리스 계획은 장기 계획으로 조직은 모든 기능을 한 번에 출시하기 보다 애자일 원칙에 맞게 고객에게 제품 기능을 출시하기 위한 적당한 리듬인 케이던스(Cadence)를 결정해야 한다. 이 릴리스 계획은 단계의 타임라인에 초점을 맞춘 계획된 기능의 출시 목표를 수립하고 감시하기 위한 것이다. 프로젝트가 현재 도달한 마일스톤이 어디쯤인지 혹은 제품 출시가 얼마나 가까워지고 있는지에 대한 상황을 확인할 수 있다. 한 두 달 정도의 출시 목표에 대해 서로 소통하고 진행 상황을 감시할 수 있다. 출시 계획의 목적은 제품 목표를 달성하기 위한 논리적인 다음 단계를 정하는 것으로 논리적으로 제품 구상 수준의 계획을 따른다. 앞에서의 출시를 통해 얻은 유효한 학습 결과를 반영하여 다음 출시 계획을 업데이트할 수 있다. 릴리스 계획을 수립하기 위해서는 다음과 같은 사항들을 고려해야 한다.

- 비전, 목표 및 기대 사항
- 다음 MMF(Minimum Marketable Feature): 출시를 위한 최소 기능과 특징의 식별
- 릴리스를 위한 최상의 제품 선택
- 제품 증분을 할지 혹은 특정 제품을 출시할지 여부 결정
- 스프린트 결과에 대한 피드백 검토

릴리스 계획은 릴리스를 내놓기 위해 얼마나 많은 일을 해야 할지, 어떤 사용자 스토리들을 포함할지 결정하는 직관적 프로세스이다. 이 릴리스 계획은 개발될 사용자 스토리를 목록 형태로 문서화한다. 이 계획은 일반적으로 스프린트보다 더 긴 기간의 상위 레벨의 계획으로 한 번의 릴리스는 통상 3~6개월(3~12회 정도의 스프린트) 기간이 된다.

결국 릴리스 계획은, 릴리스 가능한 제품이 나오려면 얼마나 많은 작업이 얼마나 많은 시간을 필요로 하는지 결정해 주며, 얼마의 기간 동안에, 어떤 기능이 개발될 것인지를 예측 가능하게 하여 개발팀이 가야 할 방향을 알려주는 이정표 역할을 한다.

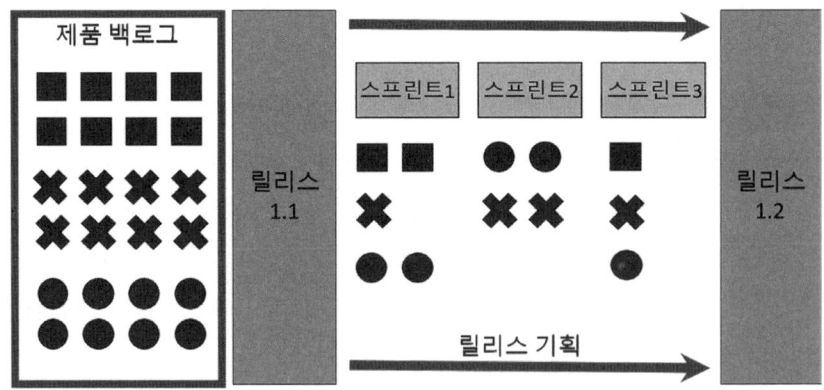

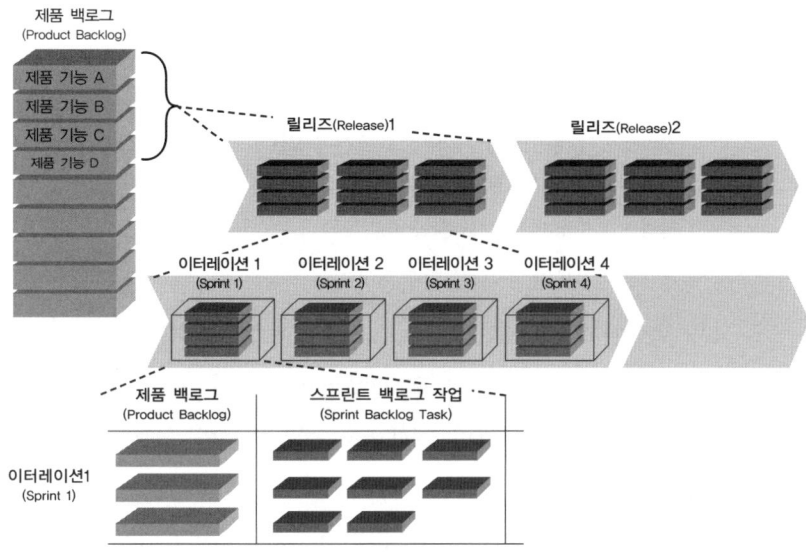

[그림7-16] 제품 백로그와 계층적 계획

앞에서 제품 로드맵에 대해 설명하였는데, 이 제품 로드맵과 릴리스 계획은 분명하게 다르다. 제품 로드맵은 특정 이벤트를 목표로 하거나 주기적 출시 목표를 표현할 목적으로 작성되며, 릴리스 계획과 같이 반드시 작성될 필요는 없다.

비전에 대한 초기에 수립한 상위 수준의 제품 백로그에 대해, 언제 완료될지, 금년 상반기에 어떤 기능까지 개발될지, 얼마의 비용이 예상될지 등이 궁금할 수 있다. 이 궁금한 사항에 대한 답을 주는 계획이 바로 출시에 대한 릴리스 계획이다. 릴리스 계획은 출시에 대한 고객 가치, 품질, 범위, 일정, 예산 등을 고려하여 적절한 조정과 함께 균형을 맞춰야 한다.

앞서 '한국관광공사에서 2021년 전세계에 한국 트로트를 홍보하여 년간 관광객 3000만명 돌파하기'에 대한 상위 수준의 제품 백로그를 만들었고 이를 기반으로 수립한 릴리스 계획의 예는 다음과 같다.

> [릴리스 계획]
> - 릴리스 1: (2월15일) 가수 선발
> - 릴리스 2: (3월20일) 선발 가수 트로트 신곡 발표
> - 릴리스 3: (5월31일) 트로트 홍보 포스터 및 안내서 제작
> - 릴리스 4: (6월3일) 트로트 홍보 영상 제작

조직은 고객에게 제품 기능을 릴리스(출시 혹은 제공)하기 위한 적당한 리듬(Cadence)을 정해야 한다. 몇 번의 스프린트 때마다 출시, 매 스프린트마다 출시, 혹은 제품 기능 마다 출시 등이 가능하지만, [그림7-17]과 같이 몇 번의 이터레이션(스프린트)를 거친 후에 릴리스(출시)하는 방법이 가장 일반적이다. 이와 같이 스프린트보다 더 넓은 범위로 보는 장기적인 출시 방법뿐만 아니라, 유저 컨퍼런스와 같은 특정 마일스톤을 중심으로 주도하는 출시 계획도 있다. 일반적으로는 '실행 가능한 최소한의 기능'의 완성 시점, 혹은 '최소한의 시장성 있는 기능' 등에 출시를 맞추는 경향이다.

프로젝트 초기의 제품 구상 단계나 제품 로드맵에서 '최소 출시 가능 제품(MRF)'을 정의했지만, 제품 출시 계획 동안에도 '최소 출시 가능 제품'이 고객 관점에서 '최소 기능 제품(MVP: Minimum Viable Product)'인지 명확히 해준다. 릴리스 계획은, 현재 개발단계에 적합한 수준의 정확성, 언제 끝

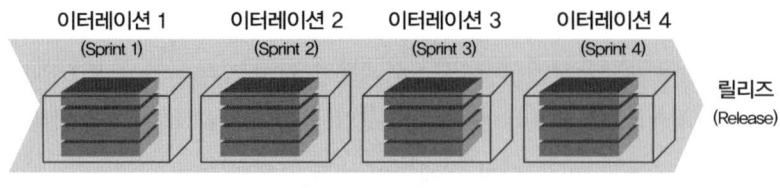

[그림7-17] 이터레이션과 릴리즈

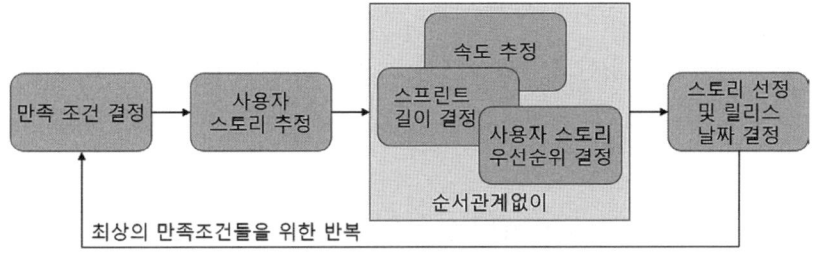

[그림7-18] 릴리스기획 프로세스 흐름도

나는지, 어떤 기능을 얻게 될지, 비용이 얼마나 될지를 알려준다.

릴리스 계획(Release Plan)은 [그림7-18]과 같이 만족 조건 결정, 사용자 스토리 추정, 속도 추정, 스프린트 길이 결정, 스토리 우선순위 결정, 스토리 선정 및 릴리스 날짜 결정 등의 프로세스를 수행한다.

① 만족 조건 결정

계획 시작 전에 프로젝트 성패 여부를 판단할 기준을 정의하는 것으로 재정적 기준을 만족하기 위해 일정, 범위, 자원의 3대 기준을 사용한다.

(예) 4개의 테마 (점수 190)에 대해 추가 인원 없이 3개월 내 개발 완료

② 사용자 스토리에 대한 추정

다음 번 릴리스에 관련된 기능에 대해서만 추정치를 만든다.

③ 이터레이션 길이 설정

릴리스를 위한 적절한 스프린트 길이를 결정하는데, 보통 2~4주 정도가 일반적이다.

④ 속도 추정

이전에 함께 일한 경험이 있다면 그 팀이 보여준 과거의 속도로 선택하거나 직접 스프린트를 실행해 볼 수도 있고, 아니면 단순히 추정하여야 한다.

⑤ 사용자 스토리 우선순위 결정

정해진 기간 혹은 짧은 기간에 많은 기능을 수행해야 하기에 우선순위가 필요하다.

⑥ 스토리와 릴리즈 날짜 선정

릴리스가 만족 조건을 충족하도록 기획하려면 기능을 중심으로 하거나 일정을 중심으로 할 수 있다. 기능 중심적 프로젝트는 스프린트 수를 결정해야 한다. 이는 필요 기능 추정치를 합한 값을 예상 속도로 나누면 된다. 이에 반해 일정 중심적 프로젝트는 달력을 통해 몇 번의 스프린트를 할 수 있는지 스프린트 횟수를 확인한다. 이는 릴리스 안의 스토리 점수를 결정하는 방법으로, 스프린트 횟수에 추정 속도를 곱하면 된다. 릴리스 계획에는 개발할 기능들만 결정하고 상세 작업은 추후 결정하는데, 스프린트1~3 정도의 초기 부분만 수행할 상세 작업을 우선 지정할 수 있다.

릴리스 계획 및 통제를 위한 대표적인 의사소통 방법이 번다운 차트(Burn-down Chart)이다. 번다운 차트는 주기적으로 매 기간 혹은 매 스프린트마다 잔여 작업량 혹은 잔여 스토리 포인트에 대해 계획된 포인트와 실제 포인트를 비교하는 차트이다. [그림7-19]는 팀이 제품 백로그를 스프린트별로 제품 기능을 배정하였고 이 배정은 각 스프린트가 20 스토리 포인트의 속도로 완성하도록 계획을 수립한 것이다.

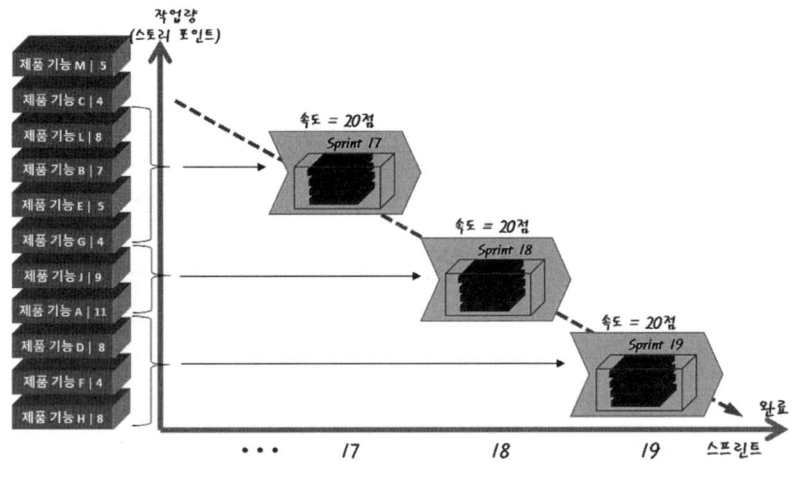

[그림7-19] 속도와 스프린트별 스토리 포인트 배정

이와 같은 방법으로 기획하고 실행 결과를 반영한 것이 [그림7-20]의 릴리스 번다운 차트와 번다운 막대 차트이다. 그림 좌측의 릴리스 번다운 차트에서 가는 실선은 매 스프린트별 계획된 잔여 스토리 포인트이며, 작은 원으로 연결된 굵은 실선이 실적 잔여 스토리 포인트이다. 그림에서 릴리스는 8번의 스프린트로 구성되는데, 현재 실적을 반영해보니 기간이 더 필요한 상태임을 가는 점선으로 예측하고 있다. 그림 오른쪽의 번다운

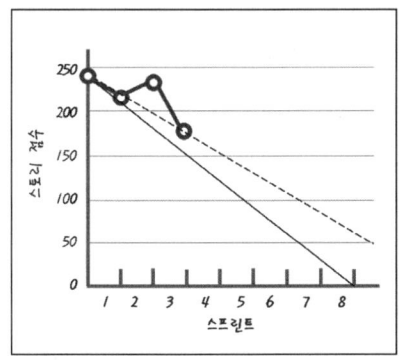 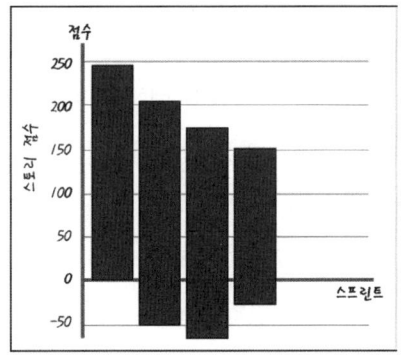

[그림7-20] 릴리스 번다운 차트와 번다운 막대 차트

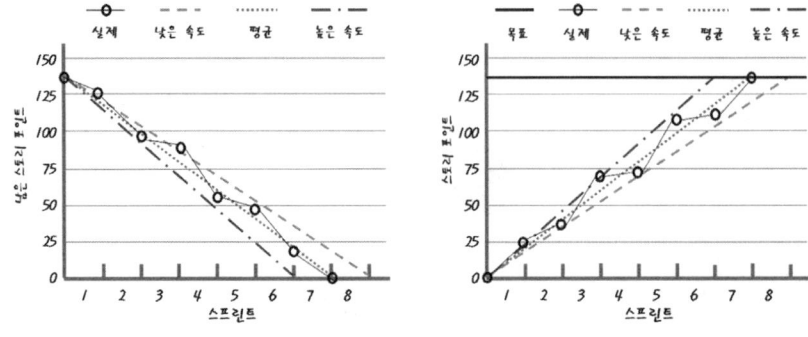

[그림7-21] 번다운 차트와 번업 차트

막대 차트는, 일이 끝나면 막대 차트의 윗부분이 아래로 내려오며 줄어든 만큼이 속도가 된다. 일거리가 재추정되면 막대 윗부분이 올라가거나 내려온다. 새로운 일이 추가되면 막대 아랫부분이 내려오고 일이 제거되면 막대 아랫부분이 위로 올라간다.

번다운 차트는 릴리스를 위한 번다운 차트와 스프린트를 위한 번다운 차트가 있다. 번다운 차트의 기간을 표시하는 X축은, 릴리스 번다운 차트의 경우에는 릴리스 기간 동안의 스프린트들로 구성되며, 스프린트 번다운 차트의 경우는 스프린트를 구성하는 날짜들로 표시된다.

릴리스 계획에는 날짜 고정 출시와 범위 고정 출시가 있다. 날짜 고정 출시에서는 출시에 필요한 스프린트의 개수를 사전에 정확히 알고 있다. 진행 상황을 통해서 얻고자 하는 목표는, 완성할 것이라고 기대하는 제품 기능의 범위와 매 스프린트마다 그 범위를 향해 진행되는 상황을 파악하고 공유하는 것이다. 전통적인 번다운 차트는 날짜 고정 출시보다는 범위 고정 출시에 더욱 효율적인 도구이다. 이는 번다운할 총 범위를 이미 알고 있다고 가정하기 때문이다. 선호도나 용도에 따라 번다운(Burn-down) 혹은 번업(Burn-up) 차트를 이용할 수 있다. 번업 차트는 잔여 스토리 포인트가 아닌 누적 스토리 포인트를 기준으로 한다.

6. 스프린트(이터레이션) 계획

릴리스 계획으로 첫번째 릴리스를 통해 대략 앞으로 2~3개월 동안 우선적으로 해야 할 제품 백로그들이 정해졌다면, 이제 2~4주 단위로 스프린트(이터레이션)을 반복 수행해야 하는데, 한 번의 스프린트에서 얼마만큼의 일을 할지 그 속도를 고려하여 반복해야 할 스프린트 기간 단위를 결정해야 한다. 이 반복을 애자일 방법론의 종류에 따라 이터레이션 혹은 스프린트라고 부른다.

2~4주의 짧은 스프린트를 반복하는 이유는 계속 전력 질주할 수 없기 때문에 짧게 전력 질주한 후에 쉬고 다시 전력 질주를 반복하는 것이다. 또한 짧은 기간은 계획 수립도 용이하며 짧은 기간이므로 지루하지 않고 흥미를 부여할 수 있다. 애자일은 빈번한 체크와 빠른 실패를 통한 피드백을 중요하게 생각하므로, 일단 하나의 스프린트를 끝까지 해보고 확인 후에 다시 하거나 개선하는 방법을 적용한다. 그러므로 하나의 스프린트는, '좋은 품질의 작동하는 소프트웨어', 혹은 '잠재적으로 출시 가능한 제품 증분(Potentially Shippable Product Increments)'이 산출물이 된다. 여기서

'작동하는 소프트웨어'나 '출시 가능한 제품 증분'이 한 번의 스프린트 결과물로 반드시 나올 수는 없다. 다만 고객에게 '가치'를 부여하는 결과물이어야 한다.

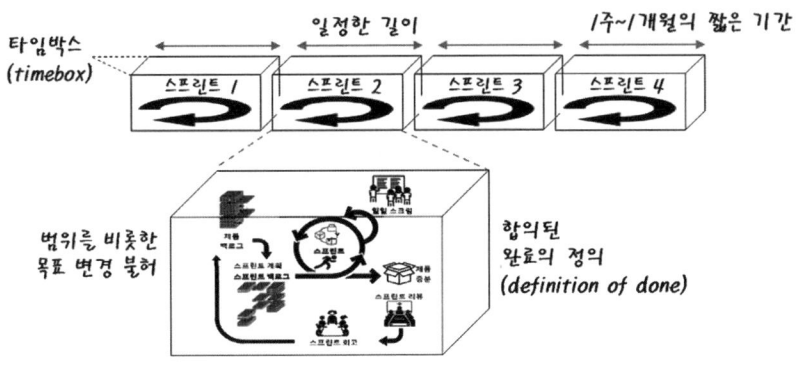

[그림7-22] 스프린트의 특징
(출처: "에센셜 스크럼, 2016, 케네스 S. 루빈, 제이펍, 68p. 그림 4.1"인용)

[그림7-22]와 같이 하나의 스프린트는 다음과 같은 특징을 갖는다.

① 타임박스로 구성

타임박스는 시작과 종료일이 있는 틀이며 스프린트 목표에 맞춰 선택한 업무를 지속 가능 속도로 수행할 수 있는 시간관리 기법이다. 즉, 시간을 정해 놓으면 시간 내에 수행할 수 있는 작업의 제한과 우선순위를 정할 수 있고, 진행 상황 파악과 예측이 가능해진다.

② 길이를 한 번 결정하면 변경 없이 일정

일정한 기간을 유지하면 케이던스라고 하는 예측 가능한 리듬을 갖을 수 있으며 동일 기간의 스프린트 속도에 맞는 계획을 수립할 수 있다.

③ 변경 없는 목표

스프린트 실행 중에는 범위나 인원 변경을 불허하며 스프린트의 목표를 변경할 수 없다. 스프린트 목표는 해당 스프린트의 목적과 가치를 설명하는 것으로 스프린트 계획 동안에 합의한 팀과 제품 책임자의 약속이다. 그 목표를 달성하기 위해 제품 백로그 항목 중에 스프린트에서 구현할 항목을 정하게 된다.

④ 잠재적 출시 가능하고 팀이 합의한 완료 정의에 맞는 수준의 제품 증분을 완성

스프린트의 결과물은 '잠재적으로 출시 가능한 제품 증분'으로 반드시 실제 출시가 아닐 수 있으며, 출시를 위한 일부 가치 있는 결과물일 수 있다. '잠재적 출시 가능' 여부를 판단하기 위해서는 '완료의 정의 (DoD, Definition of Done)'가 필요하다. 완료의 정의(DoD)는 결과물이 잠재적으로 출시 가능하다고 공표하기 전에 팀이 성공적으로 완수해야 한다고 기대되는 일의 체크리스트이다.

스프린트 계획에서 핵심은 다음 스프린트에서 만들어질 가장 중요한 제품 백로그 하위 항목을 정하는 것이다. 제품 백로그 항목의 선정 방법은 직감을 이용하는 방법, 우선순위를 정하는 방법, 추정 속도를 이용하는 방법이 있다. 이들 중에서 추정 속도를 이용하는 방법의 예를 들면 다음과 같다.

4명으로 구성된 팀이 3주(15일)짜리 스프린트를 수행하고 있다. [그림 7-23]과 같이 다음 스프린트 동안에 김대리와 박대리는 작업 가능 기간이 15일이고, 이대리는 2일 휴가, 최대리는 50% 투입될 것으로 예상하여 총 50 man-day가 가능하다. 추정 속도를 이용한 제품 백로그 항목의 선

정을 위해서는 다음과 같은 추정 속도와 집중도가 필요하다.

(최근 스프린트) 집중도 = 실제 속도 / 가능 man-day
(다음 스프린트) 추정 속도 = 가능 man-day × 집중도

최근 스프린트에서 3명으로 구성된 팀이 3주간 스프린트에서 총 45 man-day를 일해서 18 스토리 포인트 완료했다면, 최근 스프린트 집중도를 반영한 다음 스프린트 추정 속도는 다음과 같다.

최근 스프린트 집중도: 18 point / 45 md = 40%
다음 스프린트 추정 속도: 50 man-day × 40% = 20 story point

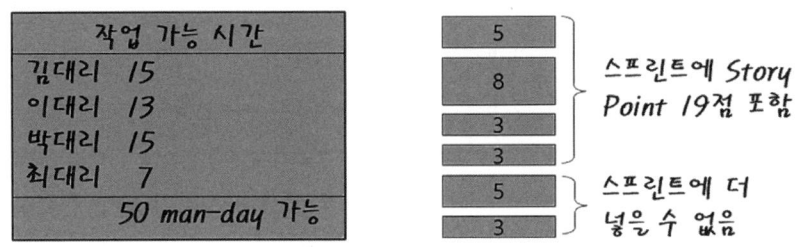

[그림7-23] 추정 속도를 이용한 제품 백로그 항목 선

그러므로 다음 스프린트 속도인 20 스토리 포인트 내에서 구현 가능한 제품 백로그 항목은 상위에서부터 4개의 항목을 선정할 수 있다.

스프린트는 앞서 설명한 리듬과 같은 케이던스와 같이 동일 기간으로 반복하는 것을 원칙으로 한다. 또한 스프린트 계획에서는 각 스프린트에서 할 일인 스프린트 백로그와 더 구체적인 작업(Task)들을 정해야 한

다. 이는 다가올 스프린트에 대해서만 정하는 것이지 모든 스프린트에 대해 정하는 것은 아니다. 한 번의 스프린트가 끝나고 그 결과를 반영하여 백로그 추가, 우선순위 재평가, 작업 속도 등을 반영하여 다시 다음 스프린트에서 해야 할 일을 매번 결정하는 것이다.

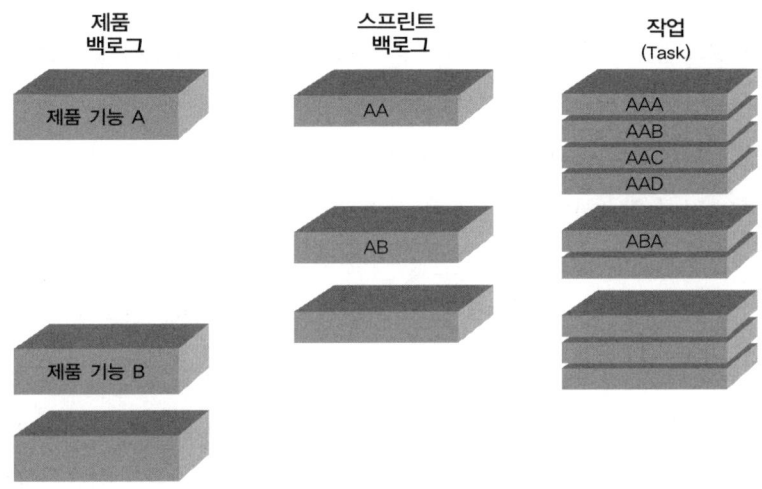

[그림7-24] 제품 백로그와 스프린트 백로그

애자일 계획은 릴리스 계획과 스프린트 계획의 두 단계로 구성되는데 스프린트 계획은 릴리스 계획보다 상세하게 수립된다. 스프린트 시작 시 스프린트 계획 수립은 팀의 최근 습득 지식을 활용하게 되며 스프린트 계획 수립 동안 팀원들은 자연스레 제품 설계와 소프트웨어 설계에 관해 논의하게 된다.

스프린트 기획 동안에는 특정 자원에게 작업을 할당하는 것이 불필요하다. 전통적인 예측형 프로젝트 방법에서는 작업 정의와 함께 그 작업을 담당할 자원 배정이 기본이지만 애자일팀은 자율 구성팀으로 "우리는 한 팀이다."라는 개념으로 함께 수행하는 것이 원칙이다. 그러므로 스프린트를 시작할 즈음에 누가 할지가 자연스럽게 보이며, 스프린트 시작 뒤에 한 두개 연관된 작업을 할당하게 된다. 또한 이미 할당 받은 작업은 종료 전까지 새로운 작업을 시작하지 않는 것이 원칙이다.

작업(Task)을 정의하기 위해서는 제품 백로그 항목이나 사용자 스토리가 필요한데, 이 스토리는 너무 작거나 너무 크면 안된다. 필요할 경우에 사용자 스토리를 작은 스토리로 분해해야 한다. 이 때 작게 나눈 스토리들이 여전히 비즈니스 가치를 제공할 수 있는 출시 가능한 단위인지 확인하는 것이 필요하다. 결국 사용자 스토리를 작업(Task) 단위로 나누어야 하는데 스토리와 작업의 차이점을 이해하고 적용하여야 한다. 스토리는 무엇을(What)을 만들 것인지에 대한 제품책임자가 관심을 갖는 전달 가능한(Deliverable) 것이며, 작업은 어떻게(How) 만들 것인지에 대한 전달할 수는 없는 것으로 제품책임자가 관심을 갖지 않는 것이다. [그림7-25]의 좌측은 사용자 스토리를 작은 스토리로 분해하는 예이며, 우측은 사용자 스토리를 작업 단위로 나누는 예이다.

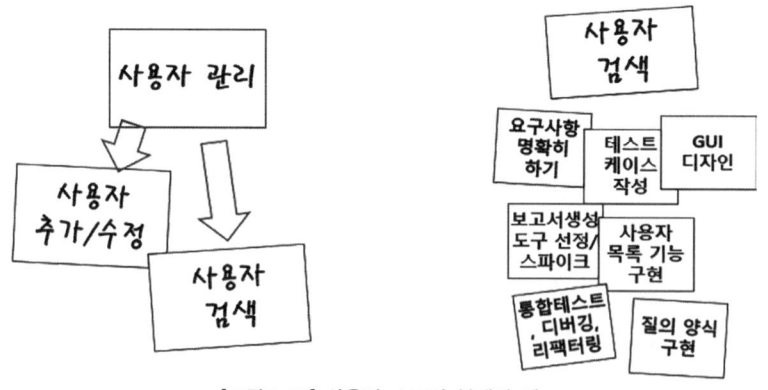

[그림7-25] 사용자 스토리 분해의 예

행	자원관리 시스템 개발 사용자 스토리 / 작업	시간
1	관리자는 특정 작업에 자원을 배정할 수 있다	
2	- 어떤 작업에 누구를 배정할 것인지에 대한 규칙 결정	6
3	- 이 규칙이 어떻게 적용될지를 보이는 인수테스트 정의	8
4	- 사용자 인터페이스 설계	16
5	- 사용자 인터페이스 구현	8
6	- DB 테이블과 내장 프로시저 추가	6
7	- 테스트 자동화	6
8	자원은 자신의 신상 정보를 갱신할 수 있다	
9	- 인수 테스트 정의	5
10	- 신상 정보 조회 페이지를 열람에서 편집 기능까지 부여	6
11		

[그림7-26] 사용자 스토리의 작업 단위 나누기의 예

이터레이션(스프린트) 계획은, 스프린트 길이와 함께 한 번에 얼마나 많은 양의 스토리들을 처리할 것인지의 속도를 결정하고, 이 속도를 근거로 프로젝트 동안 몇 번의 스프린트를 수행할지 결정한다. 또한 당장 다음 스프린트에서 수행할 스프린트 백로그와 작업들을 결정하고, 그 우선순위와 작업의 기간을 추정한다. 하나의 스프린트에 확정된 시간적 기간(Fixed Time Period) 개념이 적용되는 것을 '타임 박스(Time Box)'라고 한다.

스프린트 길이는 2~4주 정도의 반복되는 일정한 기간으로, 처음부터 스프린트의 길이를 정하는 것은 어려운 일이다. 처음에는 일반적인 길이인 2주로 시작하면서 프로젝트와 팀에 적합한 길이로 점차 기간을 조정해 갈 수 있다. 2~3번의 스프린트를 실행한 후에 그 길이를 평균하여 정할 수도 있다. 애자일에서 '속도'는 스프린트 계획 시 한 번의 스프린트 동안 인도할 수 있는 제품 백로그 항목의 양인 총 점수(스토리 포인트)이다. 그러므로 몇 번의 스프린트가 필요한지 스프린트의 수를 계산하기 위해서는, 총 작업량(전체 스토리 포인트)을 팀의 업무 속도(한 스프린트 동안 할 수 있는 포인트)로 나누면 된다.

이를 정리하면 스프린트 계획에는 다음 사항을 포함한다.

- 프로젝트 속도 및 스프린트 길이 결정
- 스프린트 백로그 결정
- 작업(Task) 결정
- 우선 순위 결정
- 기간 추정
- 스프린트 목표 설정

앞서 상위 수준의 제품 백로그 중에 '(1순위) 한국을 대표하는 트로트 가수 2명 선발하기'를 다음과 같이 구체화된 백로그로 세분화하였다.

- 트로트 가수 지망 연습생 모집 및 훈련
- 가수 경연 대회 개최
- 최종 선발 가수 트로트 신곡 발표하기

그 중에서 다시 우선순위가 높은 제품 백로그인 '트로트 가수 지망 연습생 모집 및 훈련'을 [그림7-27]과 같이 스프린트 백로그로 세분화하였고, 첫번째 이터레이션(스프린트) 목표에 맞는 백로그들을 작업 속도에 맞게 선정하였다. 이터레이션이 시작되면, 이번 스프린트에서 수행할 스프린트 백로그들을 작업(Task)으로 분할한 후에 팀에서 업무를 배정하고 실행한다.

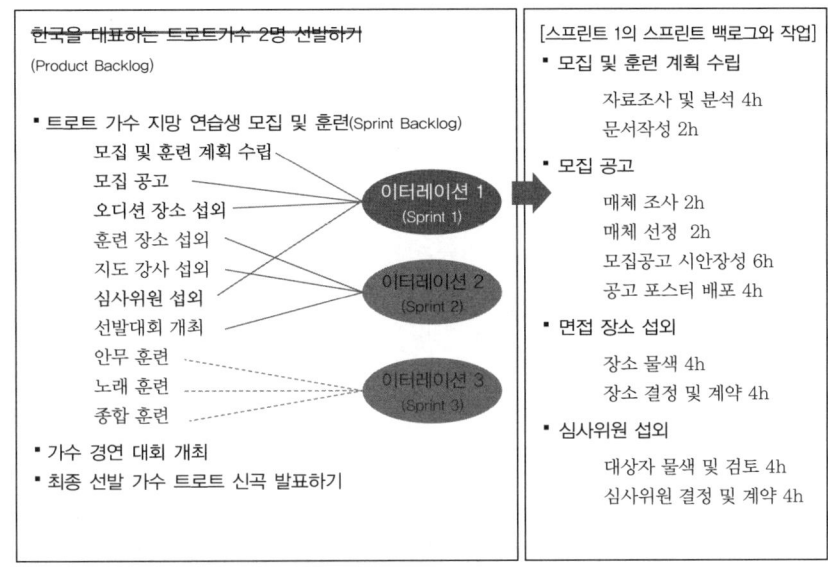

[그림7-27] 스프린트 백로그 및 작업 만들기

7. 스프린트(이터레이션) 실행

　스프린트 계획이 끝나면 스프린트를 본격적으로 실행한다. 스프린트 실행은 잠재적으로 출시 가능한 제품 증분을 만들기 위해 필요한 일을 계획, 관리, 실행, 소통하는 작은 프로젝트 같은 것이다. 스프린트 실행의 가장 핵심은 스프린트 백로그 작성과 같은 실행 계획과 흐름 관리이다. 스프린트 백로그 작성은 제품 백로그 항목, 제품 백로그 연관 작업, 추정 작업 시간 목록으로 이루어진 스프린트 백로그 만들기를 말한다. 흐름 관리는 얼마나 많은 일을 병행해야 하는지, 언제 특정 항목을 시작해야 하는지, 어떻게 업무 수준의 일을 조직해야 하는지, 어떤 일을 완료해야 하는지, 누가 그 일을 해야 하는지 등을 결정하는 것이다. 예를 들어, 얼마나 많은 제품 백로그 항목을 동시 작업할지에 대한 병렬 작업을 결정하거나, 새로운 항목에 대한 작업을 시작하기 전에 작업 역량이 있는 팀원들이 모여 이미 시작한 일을 함께 마무리하는 스워밍(Swarming) 등을 결정하는 것을 포함한다.

스프린트 실행 기간 동안에는 일일 스탠드업 미팅을 수행하고, 스프린트 끝에서 결과물인 '잠재적으로 출시 가능한 제품 증분'이 나오면, 이를 대상으로 이해관계자들이 모여 그 결과물을 검토하는 스프린트(이터레이션) 검토를 수행한다. 스프린트 검토 후에는 스프린트의 마지막인 스프린트 회고를 수행하는데, 이는 스프린트 동안 수행한 방법이나 프로세스들을 점검하고 개선하는 회의이다. 전통적인 프로젝트관리 방법에서 주간 회의는 이번 주에 시작되거나 끝나는 작업 외에도 다음주에도 계속 진행되어야 할 작업을 논의한다. 또한 새롭게 요청되는 추가 작업도 주간 회의에서 프로젝트에 반영한다. 그러나 애자일에서는 하나의 스프린트 동안에는 새로운 업무 범위가 추가되면 안되고, 스프린트에 계획된 모든 일은 스프린트 내에서 시작되고 완료되어야 한다.

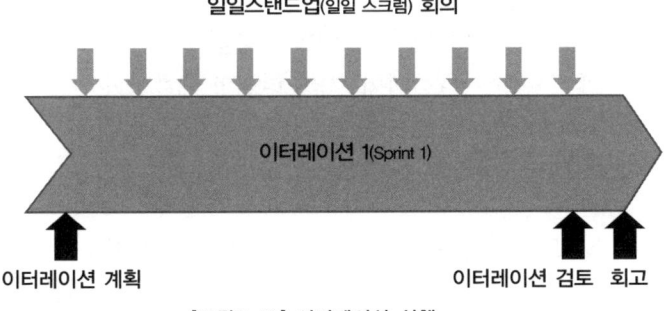

[그림7-28] 이터레이션 실행

일일 스크럼(Daily Scrum)은 일일 스탠드업(Stand-up) 형식으로 15분 이내 수행한다. 이터레이션 첫날의 이터레이션 계획과 마지막 날의 이터레이션 검토 및 회고를 제외하고 매일 수행한다. 일일 스탠드업은 팀이 일을 더 잘할 수 있도록 자기조직화(Self-organizing)하는 것을 돕는 검토 활동, 동기화 활동, 일일 적응 계획 활동이다. 회의 동안에는 라운드 로빈 방식으로 돌아가면서, 어제 무엇을 했는가, 오늘은 무엇을 할 것인가, 오늘 어떻게 그 작업을 끝낼 것인가, 혹은 특별한 이슈는 없는가 등을 논의한다. 업무 진행 보고나 문제 해결을 논의하는 회의가 아니고, 일일 스탠드업을 통해 각자 상황을 파악하고 도움을 주거나 받을 수 있게 하기 위한 회의이다.

- 일일 스크럼의 목표
  - 스프린트 목표 달성을 위해, 무슨 일이 일어나고 있는지에 대한 큰 그림 공유
  - 얼마나 많은 일이 남았는지, 어떤 항목을 시작할지, 어떻게 하면 팀원 간에 일을 잘 조직화할 수 있는지에 대한 이해
- 일일 스크럼의 질문
  - 지난 일일 스크럼 이후 무엇을 했는가?
  - 다음 일일 스크럼까지 무슨 일을 할 계획인가?
  - 업무 진행에 방해가 되거나 장애물이 있는가?

일일 스탠드업에서는 가시화된 도표들을 이용하여 프로젝트 상황을 파악하고 의사소통을 한다. 대표적 방법인 업무 상황판(Task Board)과 번다운/번업(Burn down/Burn up) 차트가 소통을 위한 주요 정보 레디에이터(Information Radiator)로 사용된다. 먼저 태스크 보드인 업무 상황판은 프로젝트 상황판(Project Dashboard), 스토리 보드(Story Board)라고 부르기도 한다. [그림7-29]와 같이, 해당 제품 백로그와 관련된 작업(Task)들 중에서, 해야 할 작업(To Do), 진행 중인 작업(Doing), 완료된 작업(Done)으로 구분하여 현황을 쉽게 식별할 수 있는 방법을 이용한다. 일일 스탠드업에서는 이 현

[그림7-29] 태스크 보드의 예

황판을 매일 업데이트한다. 이 태스크 보드는 어느 누가 아침 일찍 출근해도 다음에 할 일이 무엇인지 정확히 알 수 있게 해주기 때문에 유용하게 쓰이며, 지금 개발 중인 제품에서 어느 곳이 병목(Bottleneck)이고, 자원을 어느 작업에 배치해야 하는지를 알 수 있게 해준다.

번다운 차트는, 세로 Y축은 남아있는 일의 양(즉, 스토리 포인트)이며, 가로 X축은 기간이나 스프린트를 나타낸다. 이는 각 기간마다 잔여 작업

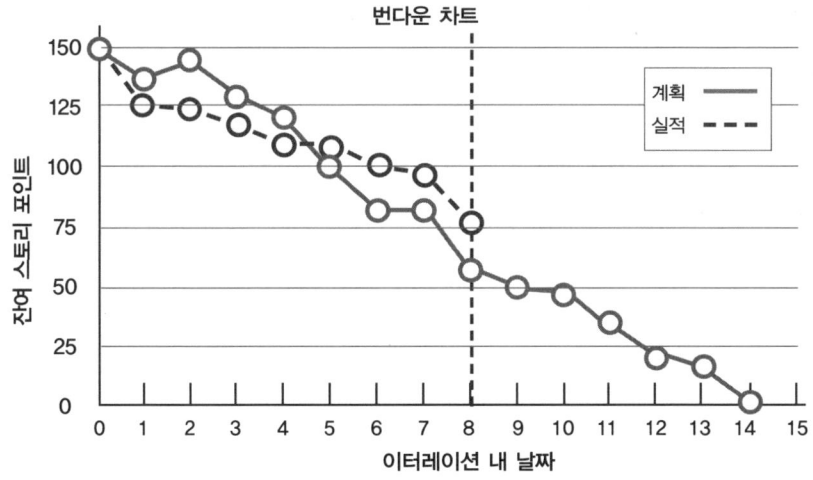

[그림7-30] 스프린트 번다운 차트의 예

량인 점수를 기록하고, 이를 이어서 그래프로 만들면 된다. 이때 선의 기울기가 팀의 업무 속도이다. 번다운 차트는 프로젝트 전체의 상황이나 하나의 릴리스를 대상으로 표현할 수도 있고, 하나의 스프린트의 상황만을 나타낼 수도 있다. 그림에서 가장 진한 실선이 계획을 나타낸다. 이 계획선에 대해 세로축인 Y축을 보면, 첫번째 스프린트에서 작업해야 할 프로젝트의 총 스토리 포인트는 150에서 시작한다. 즉, 이 스프린트 시점에서 수행해야 할 제품 백로그들의 스토리 포인트를 모두 합한 것이 150포인트인 것이다. 그리고 이터레이션 1이 끝났을 때, 잔여 백로그는 137점 정도 된다. 첫번째 이터레이션을 통해 13점을 완료해야 한다는 계획이다. 가로축인 X축은 시간 흐름으로 총 14일(2주) 걸리는 스프린트를 표시한다. 마지막 날에 검정색 선은 0 스토리 포인트가 된다. 14일인 2주 동안 150 스토리 포인트를 완료해야 하는 목표 계획이다. 점선의 경우를 보면, 이터레이션 1이 끝났을 때, 잔여 스토리 포인트 실적은 125점으로, 계획인 137점보다 더 많은 작업을 완료한 상황이 된다. 이터레이션 2가 완료된 후에 잔여 작업에 대한 계획이 증가하였는데, 이는 프로젝트 범위 추가 등으로 추가된 백로그가 있다는 것을 의미한다. 이 번다운 그래프는 작업이 얼마나 완성되었고 얼마나 남았는가, 우리 팀의 업무 속도는, 그리고 예상되는 출시 날짜는 언제인가 등을 분석할 수 있게 한다. 번업(Burn up) 차트의 경우는 이와 반대로 잔여 작업 포인트 대신, 계획된 작업과 완료된 작업에 대해 누적으로 표시하여, 그래프가 우상향하게 된다.

스프린트 실행에서 의사소통관리를 위한 대표적인 종합 현황 보고는 작업 상황판(Project Dashboard)이다. [그림7-31]은 작업 상황판의 사례로 태스크 보드와 번다운 차트를 도두 포함하는 종합 상황판이다. 여기서 모든

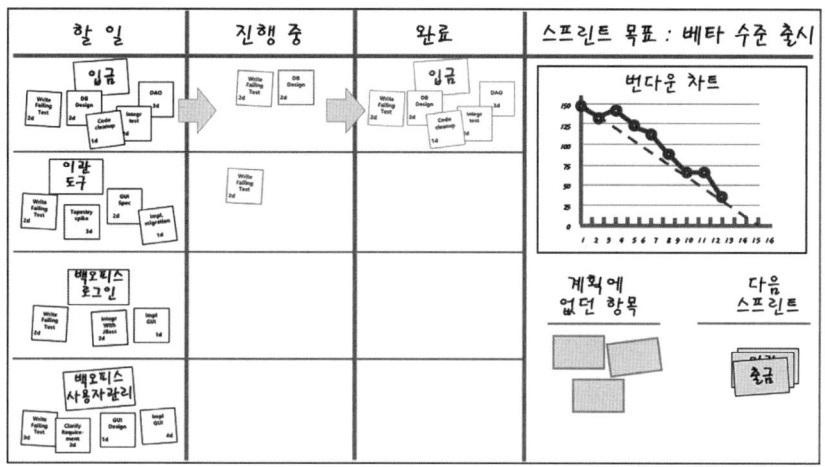

[그림7-31] 작업 상황판(Project Dashboard)의 사례

작업 포스트잇은 우측으로 옮겨지며, 해당 백로그가 모두 완료되면 백로그 항목 포스트잇을 완료 칸으로 옮긴다.

- 할 일: 오늘 아무도 하지 않는 작업
- 진행 중: 오늘 누군가 하고 있는 작업
- 완료: 아무도 더 이상 하지 않을 작업
- 번다운 차트: 일일 스크럼을 마친 뒤 새로운 점을 찍기
- 다음 스프린트: 스프린트가 끝나기 전에 백로그 항목을 모두 완료하면 여기에 새 항목을 추가

여기서 태스크 보드는 칸반 보드로 잘 알려져 있다. 칸반(Kanban)은 일본어이며 그 의미는 작업 신호 카드이다. Visual Card, 혹은 Signal Card라는 용어로도 사용한다. 작업 흐름(Work Flow) 단계를 관리하기 위해 보드 형태에 필요한 정보 목록으로 구성된 비주얼 카드이다. 이 비주얼 카드에

는 해당 항목에 대한 세부 정보가 기재되어 있다.

　애자일과 함께 적용하는 칸반(Kanban)은 작업을 연속적인 흐름으로 처리하는 방법으로 작업 완료 데드라인은 없다. 칸반에서 중요한 개념 중 하나는 작업량을 처리 용량에 맞게 제한을 두는 것으로 WIP라고 부르는데, 이는 Work in Progress, 혹은 Work in Process를 의미한다. 칸반의 제한으로 동시에 개발 또는 동시에 작업이 진행될 수 있는 항목 수가 제한된다. 이것은 진행 과정 중 작업을 제한시켜 작업자의 초과 할당을 막으려는 목적으로 WIP가 사용된다. 또한 나간 만큼만 들어오게 하여 과부하 상태를 미연에 방지하려는 관리 및 통제의 목적이다. WIP에 여유가 있을 때만 작업을 왼쪽 단계에서 오른쪽 다음 단계로 이동시킬 수 있다. 개발 과정 중에 업무량 제한(Limit WIP)은 인적 자원과 같은 팀의 개발 역량에 따라 조정될 수 있다. 칸반 적용은 애자일 스크럼과 달리 마감일, 납기일, 데드라인이 없으나 동시에 처리할 수 있는 이슈의 수를 제한(WIP)하여 생산성과 속도를 통제한다. 또한 한 팀으로 구성되고 수행되는 스크럼과는 달리 칸반은 각 단계(작업 보드 상의 세로 열)마다 서로 다른 팀이 수행한다.

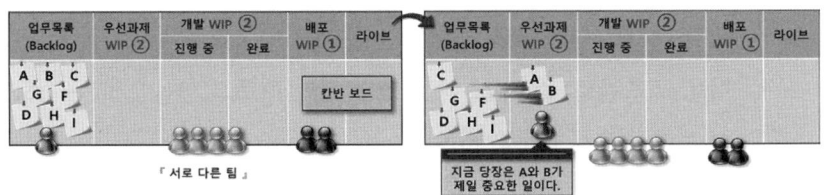

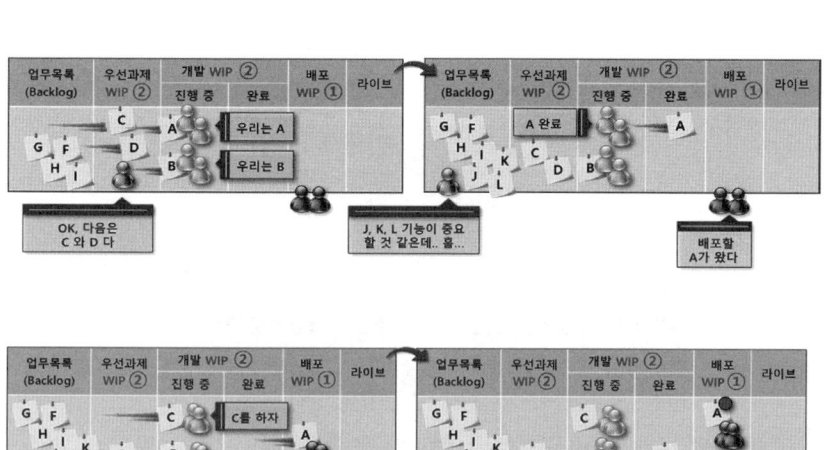
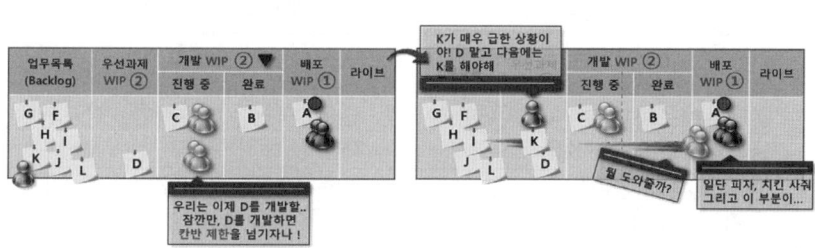

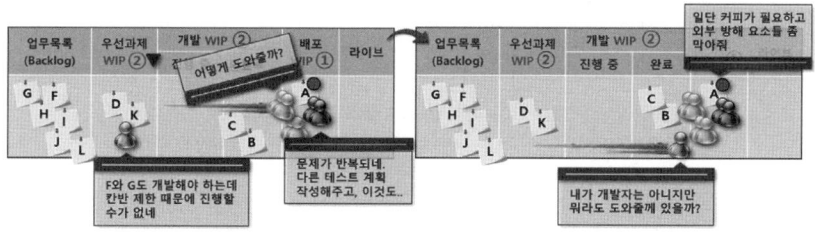

PART7 애자일 프로세스의 탐구 405

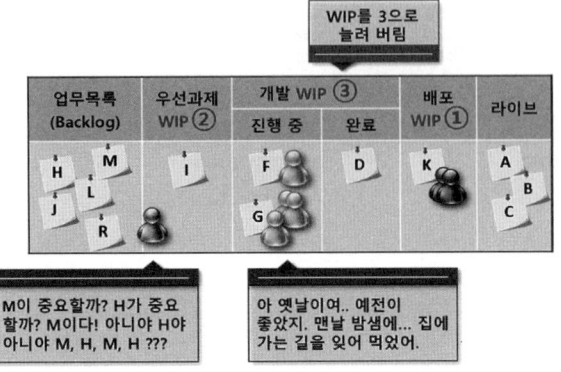

[그림7-32] 칸반 보드의 적용 사례

애자일 스크럼	칸반
• 작업들이, 통상 1~4주 걸리는 스프린트 내에 마무리됨 • 목적은 매 스프린트마다 유의미한 산출물을 만들어 내는 것임	• 스프린트처럼 정해진 작업 기간은 없고, 앞 작업이 끝나면 백로그에서 우선순위가 높은 다음 작업이 팀에 의해 자동적으로 수행됨
• 최종 산출물의 출시는 스프린트 기간에 따라 결정됨 • '3개의 스프린트 후에 출시 가능' 혹은 '6주 후에 출시 가능'등 사전에 정할 수 있음	• 최종 산출물은 준비가 되면 언제라도 출시할 수 있음
• 팀 내부의 '교차 기능적' 협업을 중시함 • 팀은 독자적인 역할을 가지지 않고 팀원 모두가 함께 역할을 수행함	• 팀원들은 자신들의 전문성과 관련이 있는 작업들을 선택할 수 있음 • 그러나 지나친 전문화는 오히려 팀의 전체적 효과성을 저하시킬 수 있음
• 스프린트 계획/ 일일 스탠드업/ 스프린트 리뷰/ 스프린트 회고 미팅 등은 스크럼 프로세스에서 중요 역할을 하는 회의임	• 정례화된 회의는 없으나 대신 지속적으로 프로세스의 개선을 강조함

[그림7-33] 애자일 스크럼과 칸반의 차이
(출처: Beginner's Guide to Kanban for Agile Marketing, Agilesherpa)

8. 스프린트 검토(Sprint Review)

수립된 스프린트 계획으로 스프린트를 실행하고 스프린트 기간 동안 일일 스탠드업 미팅을 수행하면 그 결과로 스프린트 산출물인 '잠재적으로 출시 가능한 제품 증분'이 나온다. 이 제품을 대상으로 이해관계자들이 모여 그 결과물을 검토하는 스프린트(이터레이션) 검토를 수행한다. 이때 개발된 제품에 대한 데모를 주로 수행하는 조직도 있다. 스프린트 검토 후에는 스프린트의 마지막 활동인 스프린트 회고를 수행하는데, 스프린트 동안 수행한 방법이나 프로세스들을 점검하고 개선한다.

스프린트 검토는 일의 결과인 잠재적 출시 가능한 제품 증분을 검토하고 적응하는 것이다. 여기서 제품에 대한 검토와 함께 수행하는 '적응한다'라는 표현은, 스프린트를 통한 일부 증분된 제품에 대해 미래의 제품 방향 혹은 출시 목표에 맞게 제품 개발을 조정해 나가는 것을 의미한다. 이러한 스프린트 검토는 질문, 관찰, 제안을 통해 주어진 현실에서 어떻게 하면 좋을지 논의를 거쳐 제품의 현재 상태에 대한 명확한 관점을 제공한다.

스프린트 검토의 일반적인 접근 방법은 다음과 같다.

① 스프린트 목표 관련 달성한 것과 달성 못한 것에 대한 요약이나 설명
제품 책임자가 스프린트 목표, 목표와 관련된 제품 백로그 항목, 스프린트 동안 달성된 제품 증분에 대한 개요 설명

② 잠재적 출시 가능한 제품 기능의 시연
스프린트 검토를 스프린트 데모 혹은 데모라고 잘못 부르기도 하는데, 시연은 스프린트 리뷰의 전부가 아니며, 구체적 무엇인가를 중심으로 대화를 촉진하는 효과적인 수단일 뿐이다. 최소한 팀은 제품 책임자가 만족할 수준으로 일이 완료되었음을 보여줄 수 있는 일련의 테스트를 갖는 것이 중요하다.

③ 제품의 현재 상태에 대한 논의
제품 방향에 대한 관찰, 코멘트, 논의를 하되 문제 해결은 아니다. 문제 해결을 위해서는 별도의 회의 시간을 갖는다.

④ 미래의 제품 방향을 적합하게 변경하여 적응
시연과 논의 결과는 제품 백로그와 출시 계획에 반영하여 제품을 적응해간다. 특히 제품 백로그 항목에 대한 다듬기인 그루밍을 포함한다.

스프린트 종료가 가까울 때, 팀은 스프린트 검토와 회고와 같은 중요한 검토 및 적응 활동을 한다. 스프린트 검토는 제품 자체에 초점을 맞추고, 회고는 제품을 만들기 위해 사용한 프로세스를 검토한다. 스프린트

검토는 스프린트에서 완료한 일의 결과에 대해 이야기하거나 완료하는 과정에서 있었던 일을 함께 이야기할 수도 있다. 예를 들면, '트로트 가수 지망 연습생 모집'을 위해 '오디션 장소 섭외' 작업을 했는데, 장소가 다소 협소해서 다음 스프린트에서 수행할 '오디션 심사위원 섭외'에서 그 인원 수를 조정할 필요가 있을 수 있다는 것이다.

스프린트 검토의 목표는 제작되고 있는 제품을 검토하고 적응하는 것으로 스프린트 결과물인 '출시 가능한 제품 증분'을 검토한다. 팀과 이해관계자들이 참석해서 결과물에 대한 데모, 관찰, 질문, 제안 등을 수행하는데, 대화의 초점은 전체적인 개발 맥락에서 이번에 막 완성된 제품 기능을 검토하는데 맞춘다. 실제는 팀원이 아닌 사람들이 스프린트 결과의 제품 기능을 검토하고 피드백을 제공함으로써 팀이 스프린트 목표를 잘 성취하도록 돕는다. 참석자 모두가 앞으로 어떤 일이 일어날지에 대해 명확히 알고 비즈니스에 가장 적합한 해결책을 만들 수 있도록 개발 지침을 수립하는데 도움되는 스크럼에서 가장 중요한 학습 고리이다.

애자일에서는 하나의 스프린트 동안에는 새로운 업무 범위가 추가되면 안되고, 스프린트에 계획된 모든 일은 스프린트 내에서 시작되고 완료되어야 한다. 만일 업무 추가가 필요하면, 다음 스프린트 계획에서 검토하여 새로운 제품 백로그로 추가하거나 필요 시 이후 진행하는 스프린트에 추가하면 된다. 스프린트 검토의 개념을 정리하면 다음과 같은 내용을 포함한다.

- 스프린트 종료를 위한 제품 검토
- 일의 결과인 출시 가능한 제품 증분을 검토
- 스크럼 팀과 이해관계자들이 참석

- 제품에 대한 데모, 관찰, 질문, 제안
- 애자일 프레임워크에서 가장 중요한 학습 고리

스프린트 검토에서의 쟁점 중 하나는, 이 검토 회의가 제품 백로그 항목의 종료 즉, 승인에 과연 적절한 방법인가 하는 문제이다. 이 검토는 공식적 승인이나 종료 행사가 아니다. 스프린트 동안 사전에 제품 책임자에 의해 이미 '승인'이 되어야 한다. 만일 제품 증분에 대해 주요 이해관계자가 동의하지 않는다면, 그들의 요청 사항을 반영하여 신규 제품 백로그를 만들고 앞으로의 스프린트를 통해 제품 기능을 변화시키는 계획을 수립하여야 한다.

9. 회고(Retrospective)

스프린트 검토 후에는 스프린트의 마지막인 스프린트 회고를 수행하는데, 이 회고는 스프린트 동안 수행한 방법이나 프로세스들을 점검하고 개선하는 회의이다.

회고는 스프린트가 끝날 때마다, 지속적인 개선을 위해 팀원들만 모여서 팀이 일하는 방식에 대해 되돌아보고 이야기하는 시간이다. 스프린트에서 발생한 일이나 일하는 방식을 분석하고 개선을 위한 방식을 찾고 이를 실행하기 위한 계획을 수립한다. 운동 선수들이 경기 후에 모여서 자신들의 경기를 시청하거나 회고하면서 잘한 점과 잘못한 점을 확인하고 개선하는 노력을 하지 않으면 발전이 없는 것과 같다. 그러나 회고 미팅은 팀원의 잘잘못을 따지는 자리가 아니고 업무 방식인 프로세스 개선을 위해 편하게 이야기를 나누는 회의이다. 애자일에서 가장 중요하지만 가장 과소평가되어 형식적인 회의로 그치는 문제점이 있다.

회고는 스프린트 혹은 시간이 정해진 타임박스 내에 다음과 같은 일을 한다.

- 일어난 일들 살펴보기
- 일하는 방식 분석하기
- 개선 방법 찾기
- 개선을 실행할 계획 수립하기

회고 동안에 논의할 사항은 다음과 같다.

- 이번 스프린트에서 잘되어서 지속하고 싶은 것은?
- 이번 스프린트에서 잘 되지 않아 중단하고 싶은 것은?
- 팀이 새롭게 시작하거나 개선해야 할 것은?

회고에서 스프린트에 대한 각자 다른 관점은 실행 가능한 결과에 초점을 두기보다 의견을 토론하는 시간으로 전락할 수 있다. 그러므로 스프린트의 객관적 관점과 큰 그림을 보는 관점으로 상황을 공유하는 것이 필요한데, 회고에 맞춘 초점을 바탕으로 약속했던 제품 백로그 항목, 완성된 항목, 결함의 수 등의 객관적 데이터를 공유하는 것이 필요하다.

스프린트 회고에는 전체 팀원이 참석하며, 스크럼 마스터는 이 회고가 개발 과정의 필수이며 프로세스에 대한 권위를 갖기에 필히 참여해야 한다. 많은 조직들이 스프린트 회고를 하지 않거나 저조한 참석률을 보이고, 의견만 많고 실속이 없는 회고를 하는 경우가 많다. 미숙한 진행과 함께 명확히 보이는 문제를 무시하거나 서로를 탓하고 비난하면서 회고를 불평 시간으로 전락시키기도 한다. 특히 회고 자체를 개선이라고 착각하여 개선을 회고로 대체하거나 비현실적인 개선 목표 수립과 함께 후속 조치를 하지 않는 문제점들이 있다. 스크럼 마스터는 이런 회고의 문제를 줄이기 위해 세심한 회고 준비와 진행, 그리고 결정을 해야 한다.

참고자료

- A Guide to the Project Management Body of Knowledge 6th Ed., Project Management Institute, 2018
- Project Management for small projects, Sandra F. Rowe, Management Concepts, 2007
- Project Management 10th Ed.: A systems Approach to Planning, Scheduling, and Controlling, Harold R. Kerzner, Wiley, 2013
- Project Management Survival, Richard Jones, 2007
- Project Management: A Managerial Approach, Jack R. Meredith, Wiley, 2012
- Project Management: The Managerial Process 2nd Ed., Clifford F. Gray, McGraw-Hill, 2003
- Project Management for Business, Engineering and Technology: Principles and Practice 3rd Ed., John M. Nicholas, Butterworth-Heinemann, 2008
- Project Scheduling and Cost Control: Planning, Monitoring and Controlling the Baseline, James Taylor, Ross Publishing, 2008
- Risk Management: A Guide to Managing Project Risks & Opportunities, R. Max Wideman, Project Management Institute, 1992
- Risk Management Concept and Guidance, Carl L. Pritchard, ESI International, 1997
- Step Project Management: Guide for Science, Technology, and Engineering Projects, Adedeji B. Badiru, CRC Press, 2009
- The Fast Forward MBA in Project, Eric Verzuh, 2005

- The Practice Standard for Scheduling, PMI, Project Management Institute, 2007
- 경쟁우위를 위한 프로젝트 관리학, 강창욱 외, 도서출판 북파일, 2015
- 글로벌 스탠다드 프로젝트 경영, 김승철 외, 한경사, 2014
- 실무 사례로 풀어가는 프로젝트 경영, 한국프로젝트경영협회, 대영사, 2010
- 실무에 바로 활용하는 프로젝트 관리 템플릿, 민택기 외, 0213
- 원가의 모든 것, 정재식, 청림출판, 2001
- 일주일 만에 끝내는 프로젝트 매니지먼트, 마크브라운, 유정형 역, 이콘, 2005
- 팀장이 알아야 할 프로젝트 기획과 실전, 마멜라멕기 외, 유리장, 2007
- 프로젝트 라이프사이클 관리, 이동길, 유원북스, 2013
- 프로젝트 매니지먼트, 제프 데이비슨, 러닝솔루션, 2002
- 성공적인 애자일 도입을 위한 에센셜 스크럼, 케네스 S. 루빈, 제이펍, 2016

프로젝트 관리를 알면
프로젝트가 보인다
애자일 vs 워터폴의 프로젝트 관리 방법

초판 발행일 2019년 9월 16일
개정판 발행일 2024년 9월 9일

글쓴이 민택기
펴낸이 박승합
펴낸곳 노드미디어

편   집 박효서
주   소 서울시 용산구 한강대로 341 대한빌딩 206호
전   화 02-754-1867
팩   스 02-753-1867
이메일 nodemedia@daum.net
홈페이지 www.enodemedia.co.kr

등록번호 제302-2008-000043호

ISBN 978-89-8458-355-9 03320
정   가 19,000원

■ 저자와 출판사의 허락없이 인용하거나 발췌하는 것을 금합니다.
■ 잘못된 책은 구입한 곳에서 교환해 드립니다.